I0868571

Gerhard Pauli

Die Rechtsprechung des Reichsgerichts in Strafsachen zwischen 1933 und 1945 und ihre Fortwirkung in der Rechtsprechung des Bundesgerichtshofes

Die Rechtsprechung des Reichsgerichts in Strafsachen zwischen 1933 und 1945 und ihre Fortwirkung in der Rechtsprechung des Bundesgerichtshofes

von

Gerhard Pauli

1992

Walter de Gruyter · Berlin · New York

© Gedruckt auf säurefreiem Papier, das die US-ANSI-Norm über Haltbarkeit erfüllt.

Die Deutsche Bibliothek – CIP-Einheitsaufnahme

Pauli, Gerhard:
Die Rechtsprechung des Reichsgerichts in Strafsachen zwischen 1933 und 1945 und ihre Fortwirkung in der Rechtsprechung des Bundesgerichtshofes / von Gerhard Pauli. – Berlin ; New York : de Gruyter, 1992.
Zugl.: Trier, Univ., Diss., 1990/1991
ISBN 3-11-013024-6
NE: GT

© Copyright 1992 by Walter de Gruyter & Co., D-1000 Berlin 30.

Dieses Werk einschließlich aller seiner Teile ist urheberrechtlich geschützt. Jede Verwertung außerhalb der engen Grenzen des Urheberrechtsgesetzes ist ohne Zustimmung des Verlages unzulässig und strafbar. Das gilt insbesondere für Vervielfältigungen, Übersetzungen, Mikroverfilmungen und die Einspeicherung und Verarbeitung in elektronischen Systemen.
Printed in Germany.
Druck: WB-Druck, Rieden am Forggensee
Buchbinderische Verarbeitung: Dieter Mikolai, Berlin

Vorwort

Bei der vorliegenden Arbeit handelt es sich um eine Dissertation, die dem Fachbereich Rechtswissenschaft der Universität Trier im Wintersemester 1990/91 eingereicht wurde. Sie entstand während meiner Tätigkeit als wissenschaftlicher Mitarbeiter am Lehrstuhl von Prof. Dr. Knut Amelung in den Jahren 1986 - 1990. In ihren frühen Anfängen wurde die Arbeit durch ein Promotionsstipendium der Studienstiftung des deutschen Volkes gefördert, wofür ich Dank zu sagen habe. Danken möchte ich auch Frau Marina Roth für die Hilfe bei der Erstellung des Manuskriptes. Das Thema der Arbeit geht auf eine Anregung von Prof. Amelung zurück, ohne dessen ständige Bereitschaft zur Diskussion, seine nie bevormundenden Ratschläge und Hilfen das Buch in seiner jetzigen Form nicht denkbar wäre. Ihm, der meinen Werdegang seit 1979 entscheidend geprägt hat, sei das Werk daher auch in Dankbarkeit zugeeignet.

Hagen, im September 1991 *Gerhard Pauli*

Inhaltsübersicht

Literaturverzeichnis

Ackermann, Barbara: Das Analogieverbot im geltenden und zukünftigen Recht, 1934

Adami, Friedrich Wilhelm: Anm. zu RGSt 69, 321, JW 1935, 3468
Das Programm der NSDAP und die Rechtsprechung,DR 1939, 486

Allfeld, Philipp: Der Rücktritt vom Versuch, Festgabe für Reinhard von Frank, Band II, 1930, S. 74 ff.

Amelung, Knut: Rechtsgüterschutz und Schutz der Gesellschaft,Frankfurt 1972
Die Rechtfertigung von Polizeivollzugsbeamten, JuS 1986, 329

Anderbrügge, Klaus: Völkisches Rechtsdenken - Zur Rechtslehre in der Zeit des Nationalsozialismus, Berlin 1978

Arndt, Adolf: Zum Problem der strafrechtlichen Verjährung, JZ 1965, 145 ff.

Arzt, Gunther: Der strafrechtliche Ehrenschutz - Theorie und praktische Bedeutung, JuS 1982, 717.

Baratta,Allessandro: Ideologie und Methodologie bei der Entwicklung der Strafrechtswissenschaft, in: ders., Philosophie und Strafrecht, Köln u.a. 1985, S. 301 ff.

Barth, Heinrich: Die Nothilfe im neuen deutschen Strafrecht, JW 1935, 2320

Behrens: Richter und Staatsanwalt als politischer Leiter, DR 1944, 786

Bellmer, W.: Gewerbsmäßige Hehlerei-Handlungen, JW 1938, 2884

Bemmann, Günther: Zur Frage der nachträglichen Verlängerung der Strafverfolgungsverjährung, JuS 1965, 333 ff.

Bendix, Ludwig: Die irrationalen Kräfte der zivilrichterlichen Tätigkeit auf Grund des 110. Bandes der Entscheidungen des Reichsgerichts in Zivilsachen, Breslau 1927;
Die irrationalen Kräfte der strafrichterlichen Urteilstätigkeit auf Grund des 56. Bandes der Entscheidungen des Reichsgerichts,in: Zur Psychologie der Urteilstätigkeit des Berufsrichters und andere Schriften, mit einer biographischen Einleitung von Reinhard Bendix, hrsg. von Manfred Weiss, Neuwied 1968, S. 284 ff.

Benjamin, Hilde, (Hrsg.): Zur Geschichte der Rechtspflege in der DDR 1945/49, Berlin 1976

Benz, Wolfgang: Erzwungenes Ideal oder zweitbeste Lösung? Intentionen und Wirkungen der Gründung des deutschen Weststaates, in: Herbst, L. Westdeutschland 1945-1955, München 1986, S. 135.

Bepler, Hans J.R.: Übersicht über die Rechtsprechung der deutschen Gerichte zur entsprechenden Anwendung von Strafgesetzen, JW 1938, 1553
Richterliche Rechtsschöpfung, DR 1939, 257.

Bleuel, Hans Peter: Das saubere Reich - Theorie und Praxis des sittlichen Lebens im Dritten Reich, Bonn und München 1972.

Bloy, Rene: Die dogmatische Bedeutung der Strafausschliessungs- und Strafaufhebungsgründe, Berlin 1976.

Binding, Karl: Handbuch des Strafrechts, 1. Band, Leipzig 1885
Grundriß des Deutschen Strafrechts. Allgemeiner Teil, 8. Aufl. Leipzig 1913.
Lehrbuch des gemeinen deutschen Strafrechts Besonderer Teil, Erster Band, 2. Aufl. Leipzig 1902, Zweiter Band, 2. Aufl. Leipzig 1904.

Boberach, Heinz: Richterbriefe, Dokumente zur Beeinflussung der deutschen Rechtsprechung 1942-1944. Schriften des Bundesarchivs 21 Boppard, 1975.

Bockelmann, Paul:Wandlungen in der Betrugsrechtsprechung des Reichsgerichts, DR 1942, 1112.
Anmerkung zu RG DR 1942, 429 (RG St 75, 393), DR 1942, 431

Der Unrechtsgehalt des Betruges, in: Probleme der Strafrechtserneuerung, Festschrift für Eduard Kohlrausch, Berlin 1944, S. 226
Zur Abgrenzung der Vorbereitung vom Versuch, JZ 1954, 468.
Zum Problem der Meineidsbeihilfe durch Unterlassen, NJW 1954, 697.
Wann ist der Rücktritt vom Versuch freiwillig? NJW 1955, 1417 ff.
Boehmer, Gustav: Grundlagen der bürgerlichen Rechtsordnung, 2. Buch, 1. Abt.: Dogmengeschichtliche Grundlagen des bürgerlichen Rechts, Tübingen 1951.
Bötticher, Eduard: Der Bundesgerichtshof, DRiZ 1950, 251
Bottke, Wilfried: Zur Freiwilligkeit und Endgültigkeit des Rücktritts vom Versuch, JR 1980, 441 ff.
Anm. zu BGH NJW 1980, 602, JA 1981, 63
Brandt, Günther: Unsere Ehre, DR 1934, 393.
Brettle, Emil: Ein Jahr Nichtigkeitsbeschwerde, DR 1941, S. 561 ff.
Zusammenarbeit der Reichsanwaltschaft und des Reichsgerichts, in: Erwin Bumke zum 65. Geburtstag, Berlin 1939, S. 163 ff.
Breuer, J./ Hund, W.D./Seegert, Chr.: Konservatives Faschismusbild und Entnazifizierung 1945. Das Memorandum Wilhelm Kiesselbachs zur Entnazifizierung der Justiz. DuR 1985, S. 140.
Broszat, Martin: Zur Perversion der Strafjustiz im Dritten Reich. Vierteljahreshefte für Zeitgeschichte, 1958, S. 390.
Siegerjustiz oder strafrechtliche "Selbstreinigung". Vierteljahreshefte für Zeitgeschichte, 1981, S. 477 ff.
Bruns, Hans-Jürgen: Die Befreiung des Strafrechts vom zivilistischen Denken, Berlin 1938
Zur Frage der Strafbarkeit des "Versuchs" eines untauglichen Subjekts, DStR 1938, 161
Strafzumessungsrecht. 2. Aufl. Köln u. a. 1974.
Die sog. "tatsächliche" Betrachtungsweise im Strafrecht, JR 1984. 133.
Bülow, Oskar: Gesetz und Richteramt, Leipzig 1885, Neudruck Aalen 1972.
Bundesgerichtshof: Festschrift zur Eröffnung des Bundesgerichtshofs in Karlsruhe, 8. Oktober 1950.
Cadus, Joachim M.: Die faktische Betrachtungsweise, Berlin 1984.
Calvelli-Adorno, Franz: Die Verlängerung der Verjährungsfrist für die Strafverfolgung von Verbrechen, die mit lebenslangem Zuchthaus bedroht sind, NJW 1965, 273.
Caroni, P.: Art. Kodifikation, in Erler/Kaufmann (Hrsg.), Handwörterbuch zur Deutschen Rechtsgeschichte Bd. 2, Sp. 907.
Dahm, Georg/Schaffstein, Friedrich: Liberales oder autoritäres Strafrecht ? Hamburg 1933.
Dahm, Georg: Die Ehre im Strafrecht, DR 1934, 417
Anm. zu RGSt 67, 360, JW 1934, 1176
Nationalsozialistisches und faschistisches Strafrecht, Berlin 1935
Verbrechen und Tatbestand, in: Larenz (Hg.), Grundfragen der neuen Rechtswissenschaft, Berlin 1935, S. 62 ff.
Der Ehrenschutz der Gemeinschaft, Festschrift für Wenzeslaus Graf Gleispach, Berlin 1936, 1.
Der strafrechtliche Ehrenschutz der Familie, JW 1936, 2497.
Anm. zu RG JW 1936, 2555, JW 1936, 2555.
Wissenschaft und Praxis, DR 1939, 824.
Bemerkungen zum Unterlassungsproblem, ZStW 59 (1940), S. 149.
Der Tätertyp im Strafrecht. Festschrift f. Siber. Leipzig 1941, S. 183 ff.
Anm. zu RG DR 1940, 1420 (2 D 174/40 v. 20.5.40), DR 1940, 1421.
Anm. zu RGSt 75, 271, DR 1941, 1994.
Anm. zu RG DJ 1942, 171, DJ 1942, 329.
Dickhut-Harrach,Hans-Jürgen von: "Gerechtigkeit statt Formalismus". Die Rechtskraft in der nationalsozialistischen Privatrechtspraxis, Köln u. a. 1986.

Diestelkamp, Bernhard: Rechtsgeschichte als Zeitgeschichte, ZNR 1985, 181.
Kontinuität und Wandel in der Rechtsordnung, 1945-1955, in: Herbst, L., Westdeutschland 1945-1955, München 1986, S. 85 ff.
Dohna, Alexander Graf zu: Das alternative Strafurteil, ZStW 55 (1935), 576.
Die Freiwilligkeit des Rücktritts vom Versuch im Lichte der Judikatur des Reichsgerichts, ZStW 59 (1940), 541
Unzucht und Beleidigung, DStR 1941, 34.
Betrachtungen über das fortgesetzte Verbrechen, DStR 1942, 19.
Dreher, Eduard: Kausalität der Beihilfe, MDR 1972, 553
Die Neuregelung des Sexualstrafrechts eine geglückte Reform ? JR 1974, 45
Dreher, Eduard/Tröndle, Herbert: Strafgesetzbuch und Nebengesetze, 44. Aufl. München 1988.
Dresler, A.: Ein Jahrzehnt faschistischer Strafrechtsreform, DR 1942, 593.
Eckhardt, Karl-August: Widernatürliche Unzucht, DRW 1938, 170 ff.
Engisch, Karl: Zur Strafbarkeit unzüchtiger Handlungen mit Abkömmlingen, ZAkDR 1939, 568.
Esser, Josef: Grundsatz und Norm in der richterlichen Fortbildung des Privatrechts, 3. Aufl. 1974.
Vorverständnis und Methodenwahl in der Rechtsfindung, Frankfurt 1972.
Exner, Franz: Fahrlässiges Zusammenwirken, in: Festschrift für Reinhard von Frank, Bd. I, 1930, Neudruck 1969, S. 569 ff.
Fangmann, Helmut D./Paech, Norman, (Hrsg.): Recht, Justiz und Fachismus nach 1933 und Heute, Köln 1984.
Fezer, Gerhard: Die erweiterte Revision - Legitimierung der Rechtswirklichkeit? Tübingen 1974.
Fischer, Fritz: Bündnis der Eliten. Zur Kontinuität der Machtstrukturen in Deutschland 1871-1945. Düsseldorf 1979.
Forsthoff, Ernst: Der Formalismus im öffentlichen Recht, DR 1934, 347.
Foschepoth, Josef: Zur deutschen Reaktion auf Niederlage und Besatzung, in: Herbst, L. Westdeutschland 1945-1955, München 1986, S. 151 ff.
Fränkel: Die Nichtigkeitsbeschwerde in der Praxis, DR 1941, 2309.
Fraenkel, Ernst: Zur Soziologie der Klassenjustiz, Neudruck der Ausgabe 1927, Darmstadt 1968.
Frank, Hans: Leitsätze über die Unabhängigkeit des Richters, DJZ 1936, 179
Nationalsozialistische Strafrechtspolitik, München 1938.
Frank, Hans (Hrsg.) Nationalsozialistische Leitsätze für ein neues deutsches Strafrecht, 1. Teil, 3. Aufl. Berlin 1935.
Frank, Hans (Hrsg.) Nationalsozialistische Leitsätze für ein neues deutsches Strafrecht. Besonderer Teil, Berlin 1936.
Im Angesicht des Galgens. Deutung Hitlers und seiner Zeit auf Grund eigener Erlebnisse und Erkenntnisse. München-Gräfelfing 1953.
Frank, Reinhard: Das Strafgesetzbuch für das Deutsche Reich, 18. Aufl., Tübingen 1931.
Freisler, Roland: Willensstrafrecht; Versuch und Vollendung, in: Gürtner (Hrsg.), Das kommende deutsche Strafrecht Allgemeiner Teil, 1.Aufl. Berlin 1934, S. 8 ff.
Zur Befreiung des Rechtsdenkens, DJ 1936, 1568.
Nationalsozialitisches Recht und Rechtsdenken. Heft 4 der Schriftenr. des RV Dt. Verwaltungsakademien, Berlin 1938.
Gedanken zum Gesetz gegen das räuberische Stellen von Autofallen, DJ 1939, 37.
Gedanken zum rechten Strafmaß, DJ 1939, 329.
Frisch, Wolfgang: Revisionsrechtliche Probleme der Strafzumessung, Köln, Berlin, Bonn, München 1971.

Frommel, Monika: Von der Strafrechtsreform zur "Rechtserneuerung", in: Rottleuthner (Hrsg.), Recht, Rechtsphilosophie und Nationalsozialismus, (Vorträge der IVR-Tagung 1982). Wiesbaden 1983, S. 45 ff.

Strafjustiz in Republik und Führerstaat, Kontinuität der Rechtsprechung nach 1945, in:7. Strafverteidigertag Frankfurt 1983, Referate - Ergebnisse, S. 27 ff., Frankfurt 1984.

Welzels finale Handlungslehre. Eine konservative Antwort auf das nationalsozialitische Willensstrafrecht - oder die Legende von der "Überwindung des Wertneutralismus im Strafrecht", in: Reifner/Sonnen (Hrsg.) Strafjustiz und Polizei im Dritten Reich, Frankfurt/N. Y. 1984, S. 86 ff.

Fuchs, Ernst: Zur Bekämpfung der strafrechtlichen Begriffsjurisprudenz, LZ 1928, Sp. 17 ff.

Fürstenau, Justus: Entnazifizierung. Ein Kapitel deutscher Nachkriegspolitik. Neuwied u. a. 1969.

Gall, Lothar: Die Bundesrepublik in der Kontinuität der deutschen Geschichte, Historische Zeitschrift 239 (1984), 603 ff.

Gallas, Wilhelm: Beleidigung und Sittlichkeit, ZAkDR 1941, 15.

Anm. zu OLG Stuttgart, DRZ 1949, 42, DRZ 1949, 43

Zur Revision des § 330c StGB, JZ 1952, 396.

Geerds, Friedrich: Zur Lehre von der Konkurrenz im Strafrecht, Hamburg 1961

Gemmingen, H.D. von: Über Grundgedanke und Tragweite des Autofallengesetzes, DStR 1939, 1 ff. mit Vorbemerkung der Schriftleitung

Der Irrtum über die eigene Tatbereitschaft, ZStW 60 (1940) 1 ff.

Gerland, Heinrich: Anmerkung zu RG St 67, 294, JW 1933, 2282.

Gierke, Otto von: Die soziale Aufgabe des Privatrechts, Neudruck des Vortrages von 1890, hg. von Erik Wolf, Frankfurt a.M. 1948.

Gimbel, John: Amerikanische Besatzungspolitik und deutsche Tradition, in: Herbst, L., Westdeutschland 1945-1955, München 1986, S. 147 ff.

Gleispach, Wenzeslaus Graf: Unzucht, in: Gürtner (Hrsg.), Das kommende deutsche Strafrecht Besonderer Teil, 1. Aufl. Berlin 1935, S. 116.

Angriffe auf die Sittlichkeit, ebd. 2. Aufl. Berlin 1936, S. 195.

Göppinger, Hans: Kriminologie, 2. Aufl. München 1973.

Gribbohm, Günther: Richter und Strafrechtspflege im Dritten Reich, in: Albrecht/Clausen (Hrsg.) Justiz und Drittes Reich. Schriftenreihe der Akademie Sankelmark (n. F.) Heft 57, 1984, S. 15 ff.

Gruchmann, Lothar: Justiz im Dritten Reich 1933-1940, München 1988.

Grünberg, Volker: Nichtigkeitsbeschwerde gegen offensichtliche Rechtsmängel bei rechtskräftigen Strafurteilen, Diss. Tübingen 1977.

Grünhut, Max: Methodische Grundlagen der heutigen Strafrechtswissenschaft, Frank-Festgabe Bd. I., 1930, S. 1 ff.

Grünwald, Gerald: Tatrichterliches Ermessen bei der Strafzumessung? MDR 1959, 713 ff., 808 ff.

Günther, Hans-Ludwig: Verurteilungen im Strafprozeß trotz subsumtionsrelevanter Tatsachenzweifel, Berlin 1976

Hartung, Fritz: Die Strafe bei Tateinheit, DR 1939, 1484.

Zur Frage der Revisibilität der Beweiswürdigung, SJZ 1948, 579.

Aus der Werkstatt des Reichsgerichts, SJZ 1949, 306.

Der Rechtsirrtum in der Rechtsprechung des Reichsgerichts, DRZ 1949, 342.

Der "Badewannenfall", JZ 1954, 430

Jurist unter vier Reichen, Köln, Berlin, Bonn, München 1971.

Hassemer, Winfried: Die Freiwilligkeit beim Rücktritt vom Versuch, in: Lüderssen/Sack (Hrsg.), Vom Nutzen und Nachteil der Sozialwissenschaften für das Strafrecht, Frankfurt 1980, S. 229 ff.

Hattenhauer, Hans: Vom Reichsjustizamt zum Bundesministerium der Justiz, in: Bundesministerium der Justiz (Hrsg.), Vom Reichsjustizamt zum Bundesministerium der Justiz, Köln 1977, S. 9 ff.

Hedemann, Justus Wilhelm: Zehn Jahre Akademie für Deutsches Recht, DR 1943, 674.

Heinitz, Ernst: Zur neueren Rechtsprechung über den Untreuetatbestand, Festschrift für Hellmuth Mayer, 1966, S. 433.

Henke, Klaus-Dietmar: Die Grenzen der politischen Säuberung in Deutschland nach 1945, in: Herbst, L., Westdeutschland 1945-1955, München 1986, S. 127 ff.

Henkel, Heinrich: Strafrichter und Gesetz im neuen Staat, Hamburg 1934.

Herbst, Ludolf: Westdeutschland 1945-1955, München 1986. (Hrsg.)

Herzberg, Rolf Dietrich: Grund und Grenzen der Strafbefreiung beim Rücktritt vom Versuch, Festschrift für Lackner, 1987, S. 325 ff.

Hippel, Robert von: Deutsches Strafrecht. Zweiter Bd.: Das Verbrechen, Allgemeine Lehren, Berlin 1930.

"Historikerstreit": Die Dokumentation über die Einzigartigkeit der nationalsozialistischen Judenvernichtung, 2. Auflage München 1987.

Hirsch, Hans Joachim: Ehre und Beleidigung, Karlsruhe 1967

Hirsch, Martin/Majer, Diemut/Meinck, Jürgen: Recht, Verwaltung und Justiz im Natinalsozialismus, Köln 1984.

Hische, o.V.: Anm. zu RG DJ 1942, 171, ebd.

Höhn, Reinhard: Form und Formalismus im Rechtsleben, DR 1934, 346.

Holle, Rolf: Die Sittlichkeitsdelikte im Spiegel der polizeilichen Kriminalstatistik, Schriftenreihe des Bundeskriminalamtes, Wiesbaden 1964.

Huber, Ernst Rudolf: Der Führer als Gesetzgeber, DR 1939, 275.

Isay, Hermann: Rechtsnorm und Entscheidung, Berlin 1929.

Jagusch, Heinrich: Die Wahrung der Rechtseinheit, DRZ 1949, S. 434.

Jasper, Gotthard: Wiedergutmachung und Westintegration. Die halbherzige justizielle Aufarbeitung der NS-Vergangenheit in der frühen Bundesrepublik, in: Herbst, L., Westdeutschland 1945-1955, München 1986, S. 183 ff.

Jescheck, Hans-Heinrich: Lehrbuch des Strafrechts Allgemeiner Teil, 3. Aufl. 1978.

Johe, Werner: Die gleichgeschaltete Justiz. Organisation des Rechtswesens und Politisierung der Rechtsprechung 1933-1945 dargestellt am Beispiel des Oberlandesgerichtsbezirk Hamburg. Frankfurt 1967/Nachdruck Hamburg 1983.

Kant, Immanuel: Metaphysik der Sitten, 1. Aufl. 1797, in: Werke in zehn Bänden, hg. von W. Weischedel, Band 7, Darmstadt 1975.

Kaufmann, Arthur: Das Unrechtsbewußtsein in der Schuldlehre des Strafrechts, Mainz 1949; Neudruck Aalen 1985.

Kaul, Friedrich Karl: Geschichte des Reichsgerichts, Band IV, 1933-1945, Glashütten i. Taunus 1971.

Kern, Eduard: Urteilsanmerkung zu BGHSt 4, 110, JZ 1953, 702.

Kiehl, Walter H.: Das Ende der "kleinen Sexualdelikte"? NJW 1989, 3003 ff.

Kirchner, Carl: Reichsgericht und Bundesgerichtshof - Berufsherkunft, Alterszusammensetzung und Schicksal seiner Mitglieder, DRiZ 1959, 107.

Kirchner, Hildebert: "Von Rechts wegen" - Zum Verständnis einer überkommenen Rechtsformel, in: Festschrift für Gerd Pfeiffer, Köln u. a. 1988, S. 485.

Klee, Karl: Der Einfluß der Volksanschauung auf die strafrichterliche Praxis des Reichsgerichts, in: Die Reichsgerichtspraxis im deutschen Rechtsleben. Festgabe der juristischen Fakultäten zum 50jährigen Bestehen des Reichgerichts, hrsg. von Otto Schreiber, Berlin und Leipzig 1929.

Rechtfertigungs- und Entschuldigungsgründe, in: Gürtner, Franz, Das kommende deutsche Strafrecht Allgemeiner Teil, 1934, S. 56 ff.
Klippel, Diethelm: Juristische Zeitgeschichte. Die Bedeutung der Rechtsgeschichte für die Zivilrechtswissenschaft, Gießen 1985.
Kohlrausch, Eduard: Die Lehre vom Rechtsirrtum in Theorie und Praxis des heutigen Strafrechts, Berlin 1902.
Irrtum und Schuldbegriff im Strafrecht, Berlin 1903.
StGB, Textausgabe mit Erläuterung der Änderungen, Berlin 1947.
Kohlrausch, Eduard/Lange, Richard: Strafgesetzbuch, 36. Aufl. Berlin 1941; 41. Aufl. Berlin 1956.
Kolbe, Dieter: Reichsgerichtspräsident Dr. Erwin Bumke, Studien zum Niedergang des Reichsgerichts und der deutschen Rechtspflege, Karlsruhe 1975.
Kregel, Volker: Die Personalpolitik der Justiz im 3. Reich - dargestellt am Beispiel der Personalbewirtschaftung für den höheren Dienst im OLG-Bezirk Celle, Diss. Göttingen 1986.
Krey, Volker: Studien zum Gesetzesvorbehalt im Strafrecht, Berlin 1977
Zur Einschränkung des Notwehrrechts bei der Verteidigung von Sachgütern, JZ 1979, 702.
Keine Strafe ohne Gesetz, Berlin 1983
Strafrecht Besonderer Teil, Bd. 1, 7. Aufl. Stuttgart u.a. 1989
Krug, Karl: Wochenschau, DJ 1934, 535.
Kübler, Friedrich Karl: Der deutsche Richter und das demokratische Gesetz, AcP 162 (1963), S. 104 ff.
Kühl, Kristian: Die Bedeutung der Kantischen Unterscheidung von Legalität und Moralität sowie Rechtspflichten und Tugendpflichten für das Strafrecht, in: Jung/Müller-Dietz/Neumann (Hrsg.), Recht und Moral, Baden-Baden 1991
Küper, Wilfried: Die Richteridee der Strafprozeßordnung und ihre geschichtlichen Grundlagen, Berlin 1967.
Kuhn, Robert: Die Vertrauenskrise der Justiz (1926-1928). Der Kampf um die "Republikanisierung" der Rechtspflege in der Weimarer Republik, Köln 1983.
Labin, Hans: Anm. zu OLG Düsseldorf, MDR 1948, 59 f., MDR 1948, 60 ff.
Lackner, Karl: Anm. zu BGHSt 2, 212, MDR 1952, 375.
Strafgesetzbuch, 18. Aufl. München 1989.
Lämmle,o.V.: Aus der Rechtsprechung des Volksgerichtshofs- allgemeiner Teil des Strafgesetzbuches, DR 1944, 505.
Landau, Peter: Bemerkungen zur Methode der Rechtsgeschichte, ZNR 1980, 117 ff.
Lang-Hinrichsen, Dietrich: Tatbestandslehre und Verbotsirrtum, JR 1952, 302 ff., 356 ff.
Lange, Richard: Zur Strafrechtsreform, NJW 1949, 695 ff.
Larenz, Karl: Rechtsperson und subjektives Recht, in ders.: Grundfragen der neuen Rechtswissenschaft, Berlin 1935, S. 225 ff.
Methodenlehre der Rechtswissenschaft, 4. Aufl. Berlin u.a. 1979.
Laubenthal, Klaus: Beleidigung Jugendlicher durch sexuelle Handlung, JuS 1987, 700.
Leipziger Kommentar - Bearbeiter, 8. Aufl. 1957, 9. Aufl. 1974., 10. Aufl. ab 1985
Lengemann, Rolf: Höchstrichterliche Strafgerichtsbarkeit unter der Herrschaft des Nationalsozialismus, Diss. Marburg 1974.
Leppin, Rudolf: Nationalsozialistische Strafrechtspolitik. Besprechung von Frank, Hans: Nationalsozialistische Strafrechtspolitik, DR 1939, 1225.
Anm. zu RG JW 1939, 222, ebd.
Lepsius, M. Rainer: Die Bundesrepublik Deutschland in der Kontinuität und Diskontinuität historischer Entwicklungen: einige methodische Überlegungen, in: W. Conze/M. R. Lepsius (Hrsg.), Sozialgeschichte der Bundesrepublik Deutschland, Stuttgart, 1983.
Linkhorst,o.V.: Wohlanständigkeit eine rein persönliche Empfindung? DR 1939, 156.

Liszt, Franz von: Ueber den Einfluss des soziologischen undanthropologischen Forschungen auf die Grundbegriffe des Strafrechts, in: Strafrechtliche Aufsätze und Vorträge, 2. Band, Berlin 1905, S. 75 ff.

Liszt, Franz von/Schmidt, Eberhard: Lehrbuch des Deutschen Strafrechts, 25. Aufl., 1927.

Lobe, Adolf: Fünfzig Jahre Reichsgericht am 1. Oktober 1929, Berlin und Leipzig 1929.
Alternative Tatbestände, GS 104 (1934), 161.

Loening, Richard: Über geschichtliche und ungeschichtliche Behandlung des deutschen Strafrechts, ZStW 3 (1883), S. 219 ff.

Lorenzen, o.V.: Das Eindringen der Juden in die deutsche Justiz vor 1933, DJ 1939, 956.

Lüderssen, Klaus: Erfahrung als Rechtsquelle, Frankfurt a.M. 1972.

Maaß, Wolfgang: Betrug verübt durch Schweigen, Gießen 1982.

Majer, Diemut: "Fremdvölkische" im Dritten Reich. Schriften des Bundesarchivs 28, Boppard 1981.
Grundlagen des nationalsozialistischen Rechtssystems. Führungsprinzip, Sonderrecht, Einheitspartei. Stuttgart, Berlin, Köln, Mainz 1987.

Malz, Heinrich: Richtertum im nationalsozialistischen Staat, DR 1941, 2217.

Matzke, o.V.: Was bedeutet die Überwindung der liberalistischen Weltanschauung für die heutige Stellung des Richters zum Strafgesetz ? JW 1934, 1609.

Mannheim, Hermann: Beiträge zur Lehre von der Revision wegen materiellrechtlicher Verstöße im Strafverfahren, Berlin 1925.

Marxen, Klaus: Der Kampf gegen das liberale Strafrecht. Eine Studie zum Antiliberalismus in den Strafrechtswissenschaft der zwanziger und dreißiger Jahre, Berlin 1975.
Zum Verhältnis von Strafrechtsdogmatik und Strafrechtspraxis im Nationalsozialismus, in: Reifner/Sonnen (Hrsg.), Strafjustiz und Polizei im Dritten Reich, Frankfurt/N. Y. 1984, S. 77 ff.
Besprechung des Buches von Werle, Justizstrafrecht und polizeiliche Verbrechensbekämpfung im Dritten Reich, StV 1990, 429.

Maurach, Reinhart: Beihilfe zum Meineid durch Unterlassung, DStR 1944, 1.
Zur neueren Judikatur über Meineidsbeihilfe durch Unterlassen, SJZ 1949, 542.
Deutsches Strafrecht Allgemeiner Teil, 4.Aufl. 1971.
Strafrecht, Besonderer Teil, 5. Aufl. 1969.

Mayer, Hellmuth: Der Bundesgerichtshof über das Bewußtsein der Rechtswidrigkeit, MDR 1952, 392.
Anmerkung zum Urteilsentwurf RG JW 1934, 294.

Meinck, Jürgen: Justiz und Justizfunktion im Dritten Reich, ZNR 1981, S. 28.

Messerschmidt, Manfred/Wüllner, Fritz: Die Wehrmacht im Dienste des Nationalsozialismus, Baden-Baden 1987.

Menger, Anton: Das bürgerliche Recht und die besitzlosen Volksklassen, Neudruck der 4. Aufl. (1908), Darmstadt 1968.

Meurer-Meichsner, Dorothea: Untersuchungen zum Gelegenheitsgesetz im Strafrecht, Berlin 1974.

Mezger, Edmund: Anm. zu RG JW 1934, 1418, ebd.
Anm. zu RG JW 1935, 3385, ebd. S. 3386.
Anm. zu RGSt 70, 26, JW 1936, 730.
Anm. zu RGSt 71, 133, JW 1937, 1787.
Wesensschau und konkretes Ordnungsdenken im Strafrecht, ZAkDR 1937, 417
Urteilsanmerkung zu RGSt 73, 61, ZAkDR 1939, 203.
Bespr. von v. Gleispach, Das Kriegsstrafrecht, Teil I DR 1940, 628, Teil II DR 1940,1133.
Anm. zu RGSt 74, 217, DR 1940, 1277.
Anm. zu RG DR 1941, 147, 149.
Anm. zu RG DR 1941, 193, ebd. S. 194.

Anm. zu RGSt 73, 148, DR 1941, 921.
Anm. zu OLG Stuttgart, DRZ 1949, 42.
Anm. zu BGH NJW 1951, 531, JZ 1951, 521.
Anm. zu BGH NJW 1952, 514, ebd.
Mittelbach, Hans: Der Tätertyp im Kriegsstrafrecht, DR 1941, 235.
Zur Anwendung des § 1 Gewaltverbrecherverordnung, DR 1942, 113.
Richterliche Rechtsschöpfung, DR 1942, 407.
Die Entwicklung der Strafrechtspflege im Kriege, DR 1942, 424, 668.
Richterliche Rechtsschöpfung, DR 1943, 721.
Mittermaier, Carl Joseph Anton: Über die Grundfehler der Behandlung des Kriminalrechts in Lehr- und Strafgesetzbüchern, 1819; Neudruck in: Lüderssen, Theorie der Erfahrung in der Rechtswissenschaft des 19. Jahrunderts, Frankfurt a.M. 1968, S. 102 ff.
Mittermaier, Wolfgang: Anm. zu RG JW 1925, 366, ebd.
Möhring, Philipp: Der Bundesgerichtshof, NJW 1950, 47 ff.
Montesquieu: Vom Geist der Gesetze (De l'ésprit des lois), 1748. Dt. Ausgabe von Kurt Weigand, Stuttgart 1976.
Müller, Ingo: Rechtsstaat und Strafverfahren, Frankfurt a. M. 1980.
Das Strafprozeßrecht des Dritten Reiches, in: Reifner/Sonnen (Hrsg.), Strafjustiz und Polizei im Dritten Reich, Ffm./N. Y. 1984, S. 59 ff.
Das Strafrecht im Dritten Reich, in: Justiz und Nationalsozialismus -kein Thema für deutsche Richter? Schriftenreihe des Gustav-Stresemann-Instituts Bd.1, 1984.
Furchtbare Juristen. Die unbewältigte Vergangenheit unserer Justiz, München 1987.
Müller-Dietz, Heinz: Die Entwicklung des strafrechtlichen Gewaltbegriffs, GA 1974, 31 ff.
Mußgnug, Reinhard: Zustandekommen des Grundgesetzes und Entstehen der Bundesrepublik Deutschland, in: Isensee/Kirchhof (Hrsg.), Handbuch des Staatsrechts der Bundesrepublik Deutschland, Bd. I 1987, § 6.
Nagler, Johannes: Die Problematik der Begehung durch Unterlassung, Gerichtssaal 111 (1938), S. 1 ff.
Die Neue Rechtswissenschaft, GS 111 (1938), S. 122.
Rechtskraft und Ergänzungsklage im Strafprozeß, ZAkDR 1939, 371.
Nationalsozialistisches Strafrecht: Denkschrift des Preußischen Justizministers, Berlin 1933
Naucke, Wolfgang: Zur Lehre vom strafbaren Betrug, Berlin 1964.
Über Generalklauseln und Rechtsanwendung im Strafrecht, 1973, Recht und Staat 417.
Die Aufhebung des strafrechtlichen Analogieverbots 1935, in: Institut für Zeitgeschichte (Hrsg.), NS-Recht in historischer Perspektive, München/Wien 1981, S. 71.
Strafrecht. Eine Einführung, 5. Aufl. Frankfurt/M. 1987.
Neumann, Franz: Die Herrschaft des Gesetzes (1936), Dt. Ausgabe Frankfurt a.M. 1980.
Niederreuther, o.V.: Rechtskraft und materielle Gerechtigkeit, DJ 1938, 1752.
Niederschriften: Niederschriften über die Sitzungen der Großen Strafrechtskommission, 2. Band, Bonn 1958.
Niethammer, Emil: Zulässigkeit der Verurteilung wegen Diebstahls oder Hehlerei, DRZ 1934, 167.
Strafbares Unterlassen, ZStW 57 (1938), S. 437.
Über das Wesen des Meineids und die rechtliche Möglichkeit eines fahrlässigen Falscheids, DStR 1940, 161.
Lehrbuch des Besonderen Teils des Strafrechts, Tübingen 1950.
Fortdauernde Wirksamkeit der Entscheidungen des Reichsgerichts, DRZ 1946, S. 11.
Niethammer, Lutz: Zum Wandel der Kontinuitätsdiskussion, in: Herbst, L., Westdeutschland 1945-1955, München 1986, S. 65 ff.
Nipperdey, Thomas: 1933 und die Kontinuität der deutschen Geschichte, Historische Zeitschrift 227 (1978), 86 ff.

Kann Geschichte objektiv sein ? in ders.: Nachdenken über die deutsche Geschichte, München 1986, S. 218.
Noack, Erwin: Die Ehre des Rechtswahrerstandes, DR 1934, 405.
Noam, Ernst/Kropat, Wolf Arno: Juden vor Gericht, 1933-1945, Wiesbaden 1975.
Nörr, Knut Wolfgang: Zwischen den Mühlsteinen - Eine Privatrechtsgeschichte der Weimarer Republik, Tübingen 1988
Nolte, Ernst: Das Vergehen der Vergangenheit. Antwort an meine Kritiker im sogenannten Historikerstreit, 2. Aufl. Berlin u.a. 1988.
Nüse, Karl-Heinz: Das Problem der Alternativ-Schuldfeststellung im Strafprozeß, Breslau-Neukirch 1933.
Die Zulässigkeit von Alternativschuldfeststellungen im Strafrecht, JW 1934, 463.
NS-Recht in historischer Perspektive: Kolloquien des Instituts für Zeitgeschichte, München/Wien 1981.
Oehler, Dietrich: Liegt beim gutgläubigen Erwerb vom Nichtberechtigten ein Vermögensschaden im Rahmen des Betruges vor ? GA 1956, 161.
Oetker, Friedrich: Anm. zu RG JW 1924, 1604, ebd. S.1605.
Die Reform der Strafprozeßordnung, ZAkDR 1936, 215.
Alternative Schuldfeststellungen, GS 106 (1934) S. 401 ff.
Olshausen/Bearbeiter: Kommentar zum StGB, 11. Aufl. 1927.
Ostendorf, Heribert: Das Nürnberger Juristenurteil und seine Nachgeschichte, DuR 1985, 281 ff.
Otto, Harro: Anm. zu BGH St 26, 201, NJW 1976, 578.
Anm. zu BGHSt 36, 145, JZ 1989, 802.
Perels, Joachim: Die Restauration der Rechtslehre nach 1945. Kritische Justiz 1984, S. 359 ff.
Pestalozza, Baldur Graf von: Gewerbsmäßige Hehlerei-Handlungen, JW 1938, 3272.
Die Rechtmäßigkeit der Amtsausübung im Sinne des § 113 StGB, DStR 1939, 34
Peters, Karl: Strafprozeß, 4. Aufl., Heidelberg 1985.
Tat-, Rechts- und Ermessensfragen in der Revisionsinstanz, ZStW 57 (1937), 53.
Die Umgestaltung des Strafgesetzes 1933-1945, in: Flitner, A. (Hrsg.), Deutsches Justizleben und Nationalsozialismus, Tübingen 1965, S. 160.
Petersen, Georg: Die Tradition des Reichsgerichts, in: Festschrift zur Eröffnung des Bundesgerichtshofes in Karlsruhe 1950, S. 25 ff.
Petersen, Peter: Die Richter des Bundesgerichtshofes, DRiZ 1960, S. 361.
Pfeifer, Gerd: Das Reichsgericht und seine Rechtsprechung, DRiZ 1979, 325.
Pföhler, Jürgen: Zur Unanwendbarkeit des strafrechtlichen Rückwirkungsverbots im Strafprozeßrecht, Berlin 1988.
Popper, Karl R.: Das Elend des Historizismus, Tübingen 1965.
Poliakov, Leon/Wulf, Josef: Das Dritte Reich und seine Denker, Berlin 1959.
Preiser, o.V.: Milderung der Strafe bei vermindert Zurechnungsfähigen, DJ 1935, 1589.
Aufspaltung der Sammelstraftat, insbesondere der fortgesetzten Handlung, ZStW 58 (1938), 743.
Radbruch, Gustav: Rechtswissenschaft als Rechtsschöpfung. Archiv für Sozialwissenschaft und Sozialpolitik, N.F. Bd. 4 (1906) S. 355 ff.
Grundzüge der Rechtsphilosophie, 1. Aufl. 1914.
Das Reichsgericht und die Politik, DRZ 1949, 433.
Rasehorn, Theo: Rechtsfindung und Gerichtspraxis, NJW 1972, 81 ff.
Rehbein, Klaus: Zur Funktion von Strafrecht und Kriminologie im nationalsozialistischen Rechtssystem, MSchr Krim 1987, 193 ff.
Reifner, Udo: Justiz und Faschismus, in: Reifner/Sonnen (Hrsg.), Strafjustiz und Polizei im Dritten Reich, Ffm./N. Y. 1984, S. 9 ff.

Reimer, o.V.: Verjährung, in: Gürtner, Das kommende Strafrecht Allgemeiner Teil, 2. Aufl. 1935, S. 246.
Riehle, Gerhard: Die rechtsstaatliche Bedeutung der Staatsanwaltschaft unter besonderer Berücksichtigung ihrer Rolle in der nationalsozialistischen Zeit, Diss. Frankfurt 1985.
Rietzsch, Otto: Anm. zu SonderG Kassel DR 1943, 393, ebd. S.394
Die vorgetäuschte Straftat und die fahrlässige Aussage, DStR 1943, 97.
Röhl, Kaus F.: Rechtssoziologie, Köln u.a. 1987.
Roelleke, Gerd: Zur Problematik der höchstrichterlichen Entscheidung, Darmstadt 1982.
Rosenberg, Werner: Beiträge zur Lehre von den Prozeßvoraussetzungen, ZStW 36 (1916), 522 ff.
Rossmanith, Günther: Rechtsgefühl und Entscheidung Hermann Isay (1873-1838), Berlin 1975.
Rotberg, Hans: Entpolitisierung der Rechtspflege, DRZ 1947, 107.
Rottleuthner, Hubert (Hrsg.): Recht, Rechtsphilosophie und Nationalsozialismus. Vorträge aus der Tagung der dt. Sektion der IVR in der BRD vom 11. und 12. Okt. 1982 in Berlin (West).
Roxin, Claus: Literaturbericht Allgemeiner Teil, ZStW 77 (1965), 60.
Über den Rücktritt vom unbeendeten Versuch. Festschrift für Ernst Heinitz 1972, S. 251.
Tatentschluß und Anfang der Ausführung beim Versuch, JuS 1979, 1.
Täterschaft und Tatherrschaft, 4. Aufl. Berlin 1984.
ESJ - Strafrecht Allgemeiner Teil, 2. Aufl. 1984.
Rudolphi, Hans-Joachim/Horn, Eckhard/Samson, Erich: Systematischer Kommentar zum Strafgesetzbuch, 4. Aufl. Neuwied/Frankfurt a.M.
Rückerl, Adalbert: NS-Verbrechen vor Gericht, 2. Aufl. Heidelberg 1984
Rüping, Hinrich: Bibliographie zum Strafrecht im Nationalsozialismus, 1985.
Strafjustiz im Führerstaat, GA 1984, 297.
Nullum crimen sine poena. Zur Diskussion um das Analogieverbot im Nationalsozialismus. Festschrift für Dietrich Oehler; Köln u.a. 1985 S. 27 ff.
Rüthers, Bernd: Die unbegrenzte Auslegung. Zum Wandel der Privatrechtsordnung im Nationalsozialismus, Tübingen 1968.
Wir denken die Rechtsbegriffe um..., Weltanschauung als Auslegungsprinzip, Zürich/Osnabrück 1987.
Sauer, Wilhelm: Die grundsätzliche Bedeutung der höchstrichterlichen Rechtsprechung für Praxis und Wissenschaft, in: Die Reichsgerichtspraxis im deutschen Rechtsleben. Festgabe der jur. Fakultäten zum 50j. Bestehen des RG, Berlin 1929, S. 122 ff.
Grundlagen des Prozeßrechts, 2. Aufl. Stuttgart 1929.
Juristische Methodenlehre, Stuttgart 1940.
Sax, Walter: Das strafrechtliche "Analogieverbot", Göttingen 1953.
Schaefer, August: Das große Sterben im Reichsgericht, DRiZ 1957, 249.
Schäfer, Ernst/Dohnanyi, Hans von: Die Strafgesetzgebung der Jahre 1931 - 1935, Nachtrag zu Frank, StGB 18. Aufl., Tübingen 1936.
Schäfer, Ernst/Wagner, Otto/Schafheutle, Josef: Gesetz über gefährliche Gewohnheitsverbrecher und über Maßregeln der Sicherung und Besserung, Berlin 1934.
Schäfer, Ernst: Die leitenden Gedanken der beiden Gesetze zur Änderung des Strafgesetzbuches sowie zur Änderung des Strafverfahrens und des Gerichtsverfassungsgesetzes vom 28.Juni 1935, DJ 1935, 991.
Die Schuldlehre, in: Gürtner, Das kommende deutsche Strafrecht Allgemeiner Teil, 2. Aufl. 1935, S. 49.
Schäfer, Karl: Anm. zu RG JW 1935, 3379, ebd. S. 3380.
Schaffstein, Friedrich: Die Zulässigkeit der alternativen Tatbestandsfeststellungen im Strafprozeß, JW 1934, 531.

Politische Strafrechtswissenschaft, Hamburg 1934.
Anmerkung zu RGSt 68, 257; JW 1934, 2049.
Formalismus im Strafrecht, DR 1934, 349.
Das Verbrechen als Pflichtverletzung, in :Larenz (Hrsg.), Grundfragen der neuen Rechtswissenschaft, Berlin 1935, S. 108 ff.
Das Verbrechen eine Rechtsgutsverletzung ? DStR Bd. 2 (1935), 97.
Anmerkung zu RGSt 69, 369,; JW 1936, 195.
Die unechten Unterlassungsdelikt im System des neuen Strafrechts, in: Gegenwartsfragen der Strafrechtswissenschaft, Festschrift für Gleispach, 1936, S. 70 ff.
Der Meineid in der neuesten Rechtsprechung des Reichsgerichts, JW 1938, S. 145 ff.
Anm. zu RGSt 72, 20, JW 1938, 578.
Die neuen Voraussetzungen der Wahlfeststellung im Strafverfahren, NJW 1952, 725.
Notwehr und Güterabwägungsprinzip, MDR 1952, 132 ff.

Schickert, Hans: Die Rechtsprechung des Reichsgerichts in Strafsachen in den Jahren 1939 und 1940, DR 1941, 115.
Die Bedeutung des Reichsgerichts auf dem Gebiete der Strafrechtsprechung, DR 1943, 119.

Schmidhäuser, Eberhard: Studienbuch Allgemeiner Teil, 2. Aufl. 1985.

Schmidt, Eberhard: Leitsätze zum Thema Notwehr, Notstand und Nötigungsnotstand, Erster Teil: Notwehr, in: Niederschriften über die Sitzungen der großen Strafrechtskommission, Bd. 2, Anh. Nr. 21, S. 53 ff.
Anmerkung zum Urt. d. OLG Düsseldorf v. 8.12.1949, SJZ 1950 Sp. 284, 286 ff.
Anmerkung zu BGHSt 1, 313, JZ 1951, 756.
Zum Begriff der Sammelstraftat, JZ 1952, 136.
Die Bestechungstatbestände in der höchstrichterlichen Rechtsprechung von 1879 - 1959, München - Berlin 1960.
Die Grenze zwischen schwerer und leichter passiver Bestechung eines Ermessensbeamten, NJW 1960, 802.
Einführung in die Geschichte der deutschen Strafrechtspflege, 3. Aufl. Göttingen 1965.

Schmidt-Klevenow, Kurt: Die Bindung des Richters an das Gesetz, DR 1939, 337.

Schmidt-Leichner, Erich: Unrechtsbewußtsein und Irrtum in ihrer Bedeutung für den Vorsatz im Strafrecht, Breslau-Neukirch 1935.
Das Gesetz zur Änderung des Reichsstrafgesetzbuchs vom 4. Sept. 1941 und die Durchführungsverordnung vom 24. Sept. 1941, DR 1941, 2145.
Fortsetzungszusammenhang und gefährlicher Gewohnheitsverbrecher, DR 1943, 822.
Anm. zu BGHSt 2, 212, NJW 1952, 712.
Zur Problematik der Irrtumslehre, GA 1954, 1.
Anmerkung zu BGHSt 4, 323, NJW 1953, 1761.

Schmitt, Carl: Gesetz und Urteil, Berlin 1912.
Der Begriff des Politischen, 3. Aufl. Hamburg 1933.
Neue Leitsätze für die Rechtspraxis, JW 1933, 2793.
Nationalsozialistisches Rechtsdenken, DR 1934, 225 ff.
Über die drei Arten des rechtswissenschaftlichen Denkens, Hamburg 1934.
Nationalsozialismus und Rechtsstaat, JW 1934, 713.
Der Weg des deutschen Juristen, DJZ 1934, 691.

Schmitt, Rudolf: Die Konkurrenz im geltenden und künftigen Strafrecht, ZStW 75 (1963), 43.

Schneidewin, Karl: Die Rechtsprechung in Strafsachen, in: Lobe (Hrsg.), Fünfzig Jahre Reichsgericht, Berlin 1929, S. 270 ff.
Anmerkung zu BGHSt 7, 28 in JZ 1955, 505 ff.

Schönke, Adolf: Die Änderung des Strafrechts und des Strafverfahrensrechts durch die Novellen vom 29. Mai 1943, DR 1943, 721 ff.

Die Wiederherstellung der Rechtseinheit im Gerichtsverfassungsrecht und im Prozeßrecht in der Bundesrepublik Deutschland, DRZ 1949, S. 433 ff.
Strafgesetzbuch, 4. Aufl. 1949.
Schönke-Schröder: Strafgesetzbuch, bearbeitet von Cramer, Eser, Lenckner, Stree, 23. Aufl. 1988.
Schorn, Hubert: Der Richter im Dritten Reich, Frankfurt 1959.
Die Gesetzgebung des Nationalsozialismus als Mittel der Machtpolitik, Frankfurt/M. 1963.
Schreiber, Hans-Ludwig: Zur Zulässigkeit der rückwirkenden Verlängerung von Verjährungsfristen früher begangener Delikte, ZStW 80 (1968), 248ff.
Gesetz und Richter. Zur geschichtlichen Entwicklung des Satzes nullum crimen, nulla poena sine lege, Frankfurt 1976.
Schroeder, Friedrich-Christian: Die Notwehr als Indikator politischer Grundanschauungen, Festschrift für Reinhart Maurach, Karlsruhe 1972, S. 127.
Schröder, Rainer: Die Entwicklung des Kartellrechts und des kollektiven Arbeitsrechts durch die Rechtsprechung des Reichsgerichts vor 1914, Ebelsbach 1988.
"...aber im Zivilrecht sind die Richter standhaft geblieben !", Baden-Baden 1988.
Schünemann, Bernd: Grund und Grenzen der unechten Unterlassungsdelikte, Göttingen 1971.
Schürholz, o.V.: "Die deutschen Juristen". Eine Entgegnung, DRZ 1946, 175.
Schulz, Günther: Blick in die Zeit, MDR 1950, 662 ff.
Schulze, Winfried: Einführung in die Neuere Rechtsgeschichte, Stuttgart 1987.
Schumacher, Ulrich: Staatsanwaltschaft und Gericht im Dritten Reich, Köln 1985.
Schwarz, Otto: Der Strafrichter als Rechtsschöpfer, DJZ 1936, 209.
Sammelstraftat und fortgesetzte Handlung, ZAkDR 1938, 539.
Die Straffestsetzung bei Tateinheit, ZAkDR 1939, 672.
Fortgesetztes Delikt und Sammelstraftat als Mittel zur Vereinfachung der Strafrechtspflege, DJ 1943, 497.
Strafgesetzbuch, 14. Aufl. München u.a. 1951, 15. Aufl. 1952.
Schwerin, Claudius von: Die Ehre im älteren deutschen Recht, DR 1934, 394.
Schwinge, Erich: Teleologische Begriffsbildung im Strafrecht, Bonn 1931.
Grundlagen des Revisionsrechts, 2. Aufl. Bonn 1960.
Schwinge, Erich/Zimmerl, Leopold: Wesensschau und konkretes Ordnungsdenken im Strafrecht, Bonn 1937.
Seibert, Claus: Oberlandesgerichte und Bundesgerichtshof, JR 1950, 740 f.
Seiffert, Helmut: Einführung in die Wissenschaftstheorie, Bd. 2, 8. Aufl., München 1983.
Seydel, Helmut: Recht und Justiz, DR 1942, 817.
Gerechtigkeit im Kriege, DR 1943, 880.
Siegert, Karl: Der Treuegedanke im Strafrecht, DR 1934, 528.
Auslegung und Analogie im heutigen Strafrecht, JW 1935, 889.
Simon, Dieter: Die Unabhängigkeit des Richters, Darmstadt 1975.
Simson, Gerhard/Geerds, Friedrich: Straftaten gegen die Person und Sittlich keitsdelikte in rechtsvergleichender Sicht, München 1969.
Sörgel, Werner: Konsensus und Interesse. Eine Studie zur Entstehung des Grundgesetzes für die Bundesrepublik Deutschland, Stuttgart 1969.
Staff, Ilse (Hrsg.): Justiz im Dritten Reich. Eine Dokumentation, 1. Aufl. Frankfurt 1964.
Stolleis, Michael/Simon, Dieter: Vorurteile und Werturteile der rechtshistorischen Forschung zum Nationalsozialismus, in: Institut f. Zeitgeschichte (Hrsg.), NS-Recht in historischer Perspektive, München/Wien 1981, S. 13 ff.
Stolleis, Michael: Gemeinwohlformeln im nationalsozialistischen Recht, Berlin 1974.
Buchbesprechung zu Anderbrügge, Völkisches Rechtsdenken (1978), ZNR 1979, 99 ff.

Art. Nationalsozialistisches Recht, in: Erler/Kaufmann, (Hrsg.) Handwörterbuch zur Deutschen Rechtsgeschichte, Bd. 3 Berlin 1981, Sp. 873.

Thesenpapier, in: Die Justiz und der Nationalsozialismus, Ursachen und Folgen einer Perversion des Rechtsdenkens. Protokolldienst der Evangelischen Akademie Bad Boll, 25/82, S. 21 ff.

Rechtsordnung und Justizpolitik 1945-1949, in: Festschrift für Helmut Coing, Bd. 1, 1983, S. 383.

Furchtbare Juristen. Besprechung des Buches von Ingo Müller. Rechtshistorisches Journal 1987, 73 ff.

Strauss, Walter: Reichsgericht und Bundesgerichtshof in: 75 Jahre Reichsjustizgesetze, hg. vom Bundesminister der Justiz, Bonn 1954, S. 51.

Die Oberste Bundesgerichtsbarkeit, Heidelberg 1949.

Die rechtsprechende Gewalt im Bonner Grundgesetz, SJZ 1949, Sp. 523 ff.

Sturm, Richard: Das Vierte Gesetz zur Reform des Strafrechts, JZ 1974, 1.

Tegtmeyer, Werner: Das Deutsche Kriegsrecht: Der außerordentliche Einspruch, DR 1939, 2057.

Thierack, Otto Georg: Meine jungen Berufskameraden! DR 1943, 1.

Thomsen, o.V.: Das unzüchtige Bild in der Rechtsprechung des Reichsgerichts, GS 80 (1913), 214.

Tiedemann, Klaus: Tatbestandsfunktionen im Nebenstrafrecht, Tübingen 1969.

Wirtschaftsstrafrecht und Wirtschaftskriminalität I, Reinbek bei Hamburg 1976.

Grundfragen bei der Anwendung des neuen Konkursstrafrechts, NJW 1977, 777 ff.

Tiwisina, Erich: Rechtsprechung nach Weisung oder gelenkte Rechtsprechung, DR 1942, 1108.

Ulsenheimer, Klaus: Grundfragen des Rücktritts vom Versuch in Theorie und Praxis, Berlin/New York 1976.

Viehweg, Theodor: Topik und Jurisprudenz, 5. Aufl. München 1974.

Vismar, E.: Perversion und Verfolgung unter dem deutschen Faschismus, in Lautmann (Hrsg.), Seminar Gesellschaft und Homosexualität, Frankfurt 1977.

Vogel, Hans von: Auflockerung des Strafverfolgungszwanges bei fehlendem Sühnebedürfnis, DR 1940, 1085.

Vormbaum, Thomas: Der strafrechtliche Schutz des Strafurteils, Berlin 1987

Eid, Meineid und Falschaussage, Berlin 1990.

Wachinger, Michael: Rechtsschöpferische Rechtsprechung des RG im materiellen Strafrecht, in: Erwin Bumke zum 65. Geburtstag, hg. im Auftrag des Reichsministers der Justiz von Dr. Wolfgang Mettgenberg, Berlin 1939.

Wagner, Heinz: Die Polizei im Faschismus, in: Reifner/Sonnen (Hrsg.), Strafjustiz und Polizei im Dritten Reich, Frankfurt/New York 1984, S. 161 ff.

Wassermann, Rudolf: Kontinuität oder Wandel? Konsequenzen aus der NS-Herrschaft für die Entwicklung der Justiz nach 1945, Hannover 1984.

Weber, Max: Rezension des Buches von Lotmar, Der Arbeitsvertrag, in: Archiv für soziale Gesetzgebung und Statistik 17 (1902), S. 723 ff.

Wirtschaft und Gesellschaft, 1. Aufl. Tübingen 1922.

Rechtssoziologie, hrsg. v. J.Winckelmann, 2. Auflage, Neuwied und Berlin 1967.

Wehler, Hans-Ulrich: Historische Sozialwissenschaft und Geschichtsschreibung. Studien zu Aufgabe und Tradition deutscher Geschichtswissenschaft, Göttingen 1980.

Entsorgung der deutschen Vergangenheit ? Ein polemischer Essay zum "Historikerstreit", München 1988.

Aus der Geschichte lernen ? in ders.: Essays, München 1988, S. 11.

Weinkauff, Hermann: Die Aufgaben des Bundesgerichtshofs, in: Festschrift zur Eröffnung des Bundesgerichtshofes, o.O. 1950, S. 39.

75 Jahre Reichsgericht, in: 75 Jahre Reichs-Justizgesetze, hg. vom Bundesminister der Justiz, Bonn 1954, S. 45.
Welcker, Carl: Art. Strafrecht, Strafrechtstheorie, Strafpolitik, in: Rotteck/Welcker (Hrsg.), Staatslexikon, Bd. 15, 1843, S. 226.
Welzel, Hans: Über die Ehre von Gemeinschaften, ZStW 57 (1938), 28.
Anm. zu BGH NJW 1951, 532, MDR 1951, 501.
Der Irrtum über einen Rechtfertigungsgrund, NJW 1952, 564.
Zur Dogmatik der echten Unterlassungsdelikte, insbesondere des § 330c StGB, NJW 1953, 327.
Das Deutsche Strafrecht, 3. Aufl. 1954.
Wenzlau, Joachim Reinhold: Der Wiederaufbau der Justiz im Nordwestdeutschland 1945-1949, Königstein/Ts. 1979.
Werle, Gerhard: Justiz-Strafrecht und polizeiliche Verbrechensbekämpfung im Dritten Reich, Berlin u.a. 1989.
Westphalen, Daniela: Karl Binding (1841-1920) - Materialien zur Biographie eines Strafrechtlers, Frankfurt 1989.
White, Hayden: Auch Klio dichtet oder Die Fiktion des Faktischen - Studien zur Tropologie des historischen Diskurses, Stuttgart 1986.
Wieacker, Franz: Aufstieg, Blüte und Krisis der Kodifikationsidee, Festschrift für Gustav Boehmer, 1954, S. 34.
Privatrechtsgeschichte der Neuzeit, 2. Aufl. Göttingen 1967.
Art. Methode der Rechtsgeschichte, in: Erler/Kaufmann (Hrsg.), Handwörterbuch zur Deutschen Rechtsgeschichte, Bd. 3 1981, Sp. 518.
Formalismus und Naturalismus in der neueren Rechtswissenschaft. Ausgewählte Schriften, Bd. 2, 1983, S. 139.
Wolf, Erik: Anm. zu RGSt 72, 1, ZAkDR 1938, 100.
Wolter, Jürgen: Alternative und eindeutige Verurteilung auf mehrdeutiger Grundlage im Strafrecht, Berlin 1972.
Wahlfeststellungen und in dubio pro reo, Berlin 1987.
Wrobel, Hans: Verurteilt zur Demokratie - Justiz und Justizpolitik in Deutschland 1945-1949, Heidelberg 1989.
Würtenberger, Thomas: Die geistige Situation der deutschen Strafrechtswissenschaft, 2. Aufl. Karlsruhe 1959.
Zeiler, Alois: Die alternative Tatsachenfeststellung durchden Tatrichter, DRiZ 1914, Sp. 521, 569.
Verurteilung auf Grund wahldeutiger Tatsachengrundlage, ZStW 40 (1920), 168.
Verurteilung auf Grund wahldeutiger Tatsachenfeststellung, ZStW 42 (1922), 665.
Noch einmal die Verurteilung auf Grund wahldeutiger Tatsachenfeststellung, ZStW 43 (1923), 596.
Grenzen der wahldeutigen Tatsachenfeststellung im Strafrecht? JW 1938, 149.
Meine Mitarbeit, o. J. (1938).
Zur Lehre von der Wahlfeststellung, JW 1937, 1758.
Verurteilungen auf wahldeutiger Tatsachengrundlage. Eine rechtsvergleichende Darstellung, ZStW 64 (1952), 156.
Zur Frage der Verurteilung auf wahldeutiger Tatsachengrundlage, ZStW 72 (1960), 4.
Zimmermann, Reinhard: Der oberste Gerichtshof für die Britische Zone und die Fortbildung des bürgerlichen Rechts, ZNR 1981, S. 158.
Zipfel, Friedrich: Kirchenkampf in Deutschland 1933-1945, Berlin 1965.

Teil A: Einleitung

"Sie feiern heute nicht den 75. Geburtstag eines vergangenen Gerichts, das allerdings in höchstem Maße einer solchen Feier wert wäre, nein meine Damen und Herren, Sie feiern die 75. Wiederkehr des Gründungstages Ihres eigenen Gerichts. Jedenfalls nach der Auffassung derjenigen von uns, die an den maßgebend von dem damaligen Bundesjustizminister *Dr. Thomas Dehler* persönlich mitgestalteten Gesetzgebungsarbeiten 1949/50 beteiligt waren, wurde am 1. Oktober 1950 das Reichsgericht wiedereröffnet." Dies sagte der damalige Staatssekretär im Bundesjustizministerium *Walter Strauß* anläßlich einer Feierstunde am 2. Oktober 1954 im Bundesgerichtshof zum Gedenken an die 75 Jahre zurückliegende Gründung des Reichsgerichts[1]. Das Zitat zeigt, daß man bei der Organisation der bundesdeutschen Justiz davon ausging, im Bundesgerichtshof kein neues Obergericht zu schaffen, sondern bewußt die Kontinuität zum Reichsgericht, das mit dem Einmarsch amerikanischer Truppen in Leipzig am 20. April 1945 seine Tätigkeit eingestellt hatte[2], herstellte. Bundesjustizminister *Dehler* hatte anläßlich der Einweihung des BGH am 8. Oktober 1950 daher auch an die ausgezeichneten Leistungen des RG erinnert und den Wunsch ausgesprochen, "daß der Geist dieses Gerichts auch die Arbeit des Bundesgerichtshofs durchwaltet"[3]. Auch in seinem Selbstverständnis sieht sich der BGH als Nachfolger des RG. Äußerlich zeigt sich dies z. B. an der im Gebäude des BGH angebrachten Gedenktafel für die in sowjetischer Internierungshaft umgekommenen Mitglieder der RG[4]. Dem Versuch, diese Gedenktafel zu entfernen, hat sich der vormalige Präsident des BGH, *Pfeiffer*, erfolgreich widersetzt[5]. Diese äußere Kontinuität kommt beispielsweise auch zum Ausdruck in der Übernahme der Geschäftsordnung des RG durch den BGH, wie auch in der Verwendung der Formel "Von Rechts wegen" zu Beginn der Urteilsbegründung (von den Bundesgerichten machen dies nur der BGH und das Bundesarbeitsgericht, die sich eben als Nachfolger des RG verstehen)[6]. Sie wurde in den Gründungsjahren des BGH verstärkt durch die Bemühungen, ehemalige Mitglieder des RG zu Richtern am BGH zu machen[7]. Der äußeren entspricht offenbar auch eine innere Kontinuität, denn der BGH trägt keine prinzipiellen Bedenken, zur

---

[1] 75 Jahre Reichsjustizgesetze, hrsg. vom Bundesminister der Justiz, 1954, S. 53.

[2] Wenzlau, Der Wiederaufbau der Justiz in Nordwestdeutschland 1945-1949, 1974, S. 53.

[3] Geleitwort zur Festschrift zur Eröffnung des Bundesgerichtshofs in Karlsruhe, 1950.

[4] Hierzu siehe Schäfer, DRiZ 1957, S. 249 f. und Kolbe, Reichsgerichtspräsident Dr. Erwin Bumke, 1975, S. 402.

[5] Frankfurter Allgemeine Zeitung vom 6.1.1988; vgl. auch Pfeiffer, DRiZ 1979, 325 ff., 332.

[6] Vgl. Kirchner, FS für Gerd Pfeiffer, Köln u. a. 1988, S. 485 ff.

[7] Petersen, FS zur Eröffnung des Bundesgerichtshofes in Karlsruhe, 1950, S. 27.

Begründung seiner Entscheidungen auf Erkenntnisse des RG, und zwar auch auf solche, die nach 1933 ergangen sind, Bezug zu nehmen. Eine Begründungstechnik mit Hilfe von Präjudizien ist historisch gesehen bedenklich, worauf *Klippel* hingewiesen hat, da es naiv sei, zeitlich weit vorgelagerte Entscheidungen zur Begründung aktueller Lösungen heranzuziehen, wenn man nicht das historische Umfeld dieser Entscheidungen beleuchte[8]. Die Herstellung von Kontinuität wird um so problematischer, wenn man die historischen Rahmenbedingungen bedenkt, unter denen das RG von 1933-1945 judizierte. Andererseits ist es von besonderem Reiz zu untersuchen, ob der BGH eine unterschiedslose Kontinuität zu den Entscheidungen des RG herstellt, oder ob er hier differenziert, Urteile beispielsweise, die gegen rechtsstaatliche Prinzipien verstoßen, besonders kennzeichnet. Dies herauszufinden ist ein Ziel der folgenden Untersuchung. Daneben ist der Rahmen aber noch weiter gesteckt. Nicht nur der BGH im Jahre 1950, sondern auch das RG im Jahre 1933 standen ja an einer historischen Bruchstelle. Wie hat sich die Rechtsprechung des RG unter der Herrschaft des Nationalsozialismus verändert, und wie hat der BGH auf diese Veränderungen reagiert? Dabei geht es insbesondere um Rechtsprechung zu dem Normenmaterial, das der nationalsozialistische Staat übernahm und das im wesentlichen unverändert auch in der Bundesrepublik fortgalt[9]. Gibt es hier systemübergreifende Entwicklungen, die von der Weimarer Zeit über den Nationalsozialismus bis in die Bundesrepublik hineinreichen?

1. Gang der Untersuchung

Die Arbeit beginnt mit einem Methodenteil, der den Stellenwert und die Problematik von Kontinuitätsuntersuchungen in der Geschichtswissenschaft erörtert. In diesem Zusammenhang wird speziell auf die Probleme eingegangen, die sich bei Untersuchungen zum Thema Nationalsozialismus, und hier insbesondere zur Rechtsprechung im Dritten Reich, ergeben. Danach werden die zeitgeschichtlichen Rahmenbedingungen der Untersuchung skizziert. Es soll dargestellt werden, wie das RG das Jahr 1933 erlebte, und welche Änderungen der Beginn der nationalsozialistischen Herrschaft mit sich brachte. Darüberhinaus wird zu zeigen sein, welche organisatorischen Änderungen, insbesondere im Bereich der Zuständigkeit, bis 1945 erfolgten. Im Anschluß soll die Situation des BGH im Jahre 1950 geschildert werden, wobei darüberhinaus auf die Reorganisation der Nachkriegsjustiz in Westdeutschland eingegangen wird.

---

[8] Klippel, Juristische Zeitgeschichte, Gießen 1985, S. 41.

[9] Dazu, ob ein solcher Vergleich von Normen in so unterschiedlichen Situationen wie dem NS-Staat und der Bundesrepublik unhistorisch ist, wie Werle, Justiz-Strafrecht und polizeiliche Verbrechenbekämpfung im Dritten Reich, S. 3, behauptet, s. u.

Es folgen dann in drei großen Teilen die Untersuchungen zum materiellen Recht. Diese sind, gemäß dem methodischen Ansatz, wie er unten dargestellt wird, den bei der systematischen Rechtsprechungsanalyse gefundenen **Strukturen** gemäß angeordnet. Dieses Verfahren bietet neben der Darstellung epocheübergreifender Entwicklungsstrukturen den Vorteil, die Fülle der behandelten Rechtsprechung in nachvollziehbare Obergruppen zu gliedern. Innerhalb dieser Obergruppen ist in einzelne Themenbereiche gegliedert, wobei die Rechtsprechung, um Entwicklungslinien deutlich zu machen, chronologisch geordnet wird.

2. Zur Methode

Wer Kontinuitäten untersucht, versucht einen historischen Zustand aus einem vorhergehenden zu erklären. Das ist ein allgemeines Anliegen der Geschichtswissenschaft[10] und an sich wenig aufregend. Spannend sind Kontinuitätsuntersuchungen aber immer dort, wo große, äußerlich sichtbare historische Brüche auftreten, wie sie für die Geschichte Deutschlands im 20. Jahrhundert charakteristisch sind[11]. Die Übergänge vom Kaiserreich zur Weimarer Republik, von dort zur nationalsozialistischen Herrschaft und schließlich zur parlamentarischen Demokratie des Grundgesetzes stellen Brüche allein schon im politischen System dar, die zunächst eine diskontinuierliche Betrachtung der deutschen Geschichte nahelegen. Gerade dies provoziert aber die Frage, ob "in einer langfristigen Betrachtungsweise, die über die jeweiligen Regimephasen hinausgreift, nicht Entwicklungstendenzen sichtbar (werden), die in relativer Indifferenz gegenüber den politischen Herrschaftssystemen stehen"[12]. Hinter einer solchen Fragestellung steht ein Geschichtsbild, das sich von der Ereignisgeschichte des Historismus löst und sich einer Verlaufs- oder Strukturgeschichte zuwendet, sich für die relativ dauerhaften, schwer veränderbaren Phänomene interessiert. Dieses Verfahren "zielt auf die Erfassung übergreifender Zusammenhänge, damit letztlich auf den Kern des historischen Prozesses selbst oder jedenfalls seine wesentlichen Bestandteile"[13]. Es geht dabei nicht darum, ein individuelles Ereignis oder eine Erscheinung zu beschreiben[14], oder zu zeigen, wie etwas "wirklich" im Sinne der Geschichtsauffassung Leopold von Rankes war (ganz abgesehen davon, ob dies über-

---

10 Zur Differenzierung Verlaufs - Ereignisgeschichte s. u.

11 Gall, Historische Zeitschrift 227 (1978), S. 603, 606, spricht im Hinblick auf die deutsche Geschichte der letzten Jahrhunderte von einer "Kontinuität der Diskontinuität".

12 Lepsius, Die Bundesrepublik Deutschland in der Kontinuität und Diskontinuität historischer Entwicklungen. Einige methodische Überlegungen in: Conze/Lepsius (Hrsg.), Sozialgeschichte der Bundesrepublik Deutschland, Stuttgart 1983, S. 11, 14).

13 Schulze, Einführung in die Neuere Geschichte, Stuttgart 1987, S. 258.

14 Was Wieacker, Art. Methode der Rechtsgeschichte, HRG, Bd. 3, Sp. 518, 522 als "Äußere Rechtsgeschichte" bezeichnet.

haupt möglich ist)[15]. Eine solche Verlaufs- oder wie *Wieacker*[16] es bezeichnet, "innere" Rechtsgeschichte, die einen kontinuierlichen Entwicklungsprozeß nachzeichnet, hantiert mit falsifizierbaren Arbeitshypothesen[17], Möglichkeitsaussagen über die ihrem Untersuchungsgegenstand zugrundeliegenden Strukturen. Wenn also im Folgenden von Kontinuität bzw. Diskontinuität in Bezug auf epochenübergreifende Strukturmerkmale höchstrichterlicher Strafrechtsprechung die Rede ist, so ist die Annahme dieser Strukturen, die hier als Materialisierung und Subjektivierung bezeichnet werden, eine aufgrund der untersuchten Entscheidungen gewonnene (und belegte) Hypothese. Mehr als hypothetische Aussagen sind aber auch schon deshalb nicht möglich, weil sich die Quellen, die RG- und BGH-Entscheidungen nur im Weg eines hermeneutischen Verfahrens[18] erschließen lassen, von einem anderen Betrachter also auch anders, auf der Grundlage eines anderen Vorverständnisses verstanden werden können.

Die Hypothesenbildung bestimmt auch den Aufbau der Untersuchung, die nicht durch "vorurteilslose" Einzeluntersuchungen allmählich zur Feststellung von Strukturmerkmalen gelangt, sondern diese Strukturmerkmale, wie sie sich nach der Analyse der Quellen herauskristallisierten, bewußt als Gliederungspunkte benutzt. Dies bietet dem Leser von vorneherein eine Orientierung, welchem Strukturmerkmal die einzelne Entscheidung zugeordnet wird. So wird beispielsweise die erstmalige Einschränkung des Notwehrrechts in RGSt 71, 133[19] nicht zusammenhanglos zwischen die Geschichte der Wahlfeststellung[20] und die Strafmilderung bei verminderter Zurechnungsfähigkeit[21] gestellt, sondern diese Vorgänge werden durch ihren gemeinsamen Nenner, die Loslösung von formalen Entscheidungskriterien (Materialisierung) verbunden und in einen übergeordneten Zusammenhang gestellt.

Die Leistungsfähigkeit des Kontinuitätsbegriffes für die Geschichtswissenschaft ist allerdings in jüngerer Zeit in Zweifel gezogen worden. *Thomas Nipperdey* hat im Hinblick auf die Erklärungsversuche zur Entstehung der nationalsozialistischen Herrschaft darauf aufmerksam gemacht, daß der Kontinuitätsbegriff komplex ist, eine Vielzahl von teilweise auch gegenläufigen Einzelkontinuitäten umfaßt:"... diese Mehrzahl der Kontinuitäten relativiert jede einzelne. Jede einzelne Kontinuität erschöpft nicht die Vergangenheit, vereinseitigt ja de-

---

15 Zum Diskussionsstand vgl. Schulze, a.a.O., S. 239 ff.; s. a. die neuere sprachphilosophische Kritik von Hayden White, Auch Klio dichtet oder Die Fiktion des Faktischen, Studien zur Tropologie des historischen Diskurses, Stuttgart 1986.

16 A.a.O. Sp. 522.

17 Vgl. Wieacker, a.a.O., Sp. 523.

18 Vgl. auch dazu Wieacker, a.a.O., Sp. 524.

19 Vgl. Teil B, Kapitel 3.

20 Teil B, Kapitel 2.

21 Teil B, Kapitel 4.

formiert sie vielmehr"[22]. Das Argument, daß die Beschreibung einzelner Kontinuitäten die geschichtliche Wirklichkeit deformiere, findet sich auch bei anderen Autoren[23]. Es sollte hieraus jedoch kein voreiliger Schluß bzgl. der Brauchbarkeit von Kontinuitätsuntersuchungen gezogen werden[24]. Die Bedeutung der Aussagen *Nipperdeys* wird erst auf dem Hintergrund seiner grundlegenden Kontroverse mit *H. U. Wehler*[25] über Funktion und Methodik der Geschichte verständlich. *Nipperdey* wendet sich entschieden gegen eine perspektivische Geschichtsschreibung, die unter bewußter Einnahme eines subjektiven Standpunktes die Vergangenheit aus der Gegenwart erklärt (was *Nipperdey* "Kontinuitätshistorie" nennt), erklärt aber im Grundsatz die Beschreibung von Kontinuitäten in zeitlich umgekehrter Richtung für zulässig und notwendig:"Die Frage nach der Kontinuität, mit der das Spätere aus dem Früheren erklärt werden kann, ist notwendig und legitim. Die Richtung der Frage ist nicht umkehrbar: ich kann das Frühere vom Späteren allein - als ob es eine Quasi-Teleologie gäbe - nicht erklären"[26]. *Nipperdey* gesteht einer Kontinuitätsbetrachtung auf der Grundlage seines Geschichtsverständnisses, das man verkürzt als eine Wiederbelebung des *Rankeschen* Objektivitätsideals beschreiben könnte[27], ihre ausdrückliche Berechtigung zu, stellt allerdings gewisse Bedingungen. So verlange die wissenschaftliche Logik, daß stets der Begriff der Diskontinuität mit in Betracht gezogen werde, da die Diskontinuität erst die Bedingung der Möglichkeit sei, von Kontinuität zu reden[28]. Zudem sei eine genaue Eingrenzung des zu untersuchenden Gegenstandes notwendig, da Kontinuität mehr als Kausalität sei. Natürlich gebe es langfristig historische Zusammenhänge, die aber noch keine Kontinuitäten darstellten. Davon könne man erst bei einer Ähnlichkeit der untersuchten Glieder, bei einer partiellen Identität sprechen[29]. Hiervon ausgehend wäre es beispielsweise unsinnig, die Rechtsprechung des Reichskammergerichts mit der des BGH zu vergleichen, weil es an der notwendigen Identität von Funktion und Gegenstand dieser beiden Gerichte fehlt.

Gerade die eingangs erwähnte Tatsache, daß der BGH bewußt die Kontinuität zum RG sucht, rechtfertigt eine Untersuchung der Frage, ob es diese Kontinuität uneingeschränkt gab, wie sie hergestellt wurde, und wo vor den zeitgeschichtlichen Entstehungsbedingungen der RG-Rechtsprechung diese Kontinuität problematisch

[22] Historische Zeitschrift 227 (1978), S. 86, 108.

[23] Nachweise bei Schulze, a.a.O., S. 274.

[24] So aber anscheinend Nörr, Zwischen den Mühlsteinen - Eine Privatrechtsgeschichte der Weimarer Republik, 1988, S. 241 f.

[25] Vgl. ders.: Historische Sozialwissenschaft. Studien zu Aufgaben und Traditionen deutscher Geschichtswissenschaft, Göttingen 1980

[26] A.a.O. S. 110.

[27] Vgl. ebd. S. 110; s.a. Nipperdey, Kann Geschichte objektiv sein ?, in ders.: Nachdenken über die deutsche Geschichte, München 1986, S. 218 ff.

[28] A.a.O. S. 90.

[29] Ebd. S. 90, 92.

erscheint. In diesem Sinne ist der Wert und die Berechtigung von Kontinuitätsuntersuchungen in der Geschichtswissenschaft im Grunde auch unbestritten. Eine prinzipielle Entscheidung zwischen den beiden Lagern der Geschichtswissenschaft, denjenigen, die von der Möglichkeit einer objektiven Darstellung des Vergangenen ausgehen und denjenigen, die dies für unmöglich halten und als Konsequenz daraus eine perspektivisch-subjektive Haltung einnehmen, ist daher auch nicht notwendig. Anknüpfungspole sind äußerlich feststellbare Tatsachen einer Rechtsprechungsänderung durch das RG, bzw. eines Beharrens des RG an einer tradierten Rechtsprechung in der Zeit zwischen 1933-1945 und die Frage, wie der BGH in der betreffenden Frage judiziert hat. Dies ist eine thematische Begrenzung, die sicherlich auch den Anforderungen *Nipperdeys* genügt. Sie bezieht sich auf einen teilidentischen Gegenstand, nämlich die höchstrichterliche Rechtsprechung, die sich nach 1950 als explizit identisch mit ihrer Vorgängerin definierte[30].

Es soll also die höchstrichterliche Rechtsprechung zum materiellen Strafrecht untersucht werden, wobei im Zentrum die Rechtsprechung des RG zwischen 1933 und 1945 steht, deren Kontinuität bzw. Diskontinuität in zwei Richtungen untersucht werden soll. Einmal inwieweit diese Rechtsprechung sich im Vergleich zur Judikatur vor 1933 ändert, und zum anderen, wie der BGH ab 1950 mit diesen Veränderungen umgeht. Aus der Kontinuitätsperspektive folgt dabei eine Beschränkung bzw. Präzisierung dessen, was mit materiellem Strafrecht gemeint ist. Rechtsprechung zu Normen, die nicht über das Jahr 1945 hinaus fortgalten, insbesondere weil sie von den Alliierten aufgehoben wurden[31], bleibt grundsätzlich außer Betracht. In Einzelfällen wird hingegen auf Entscheidungen zu Novellen nach 1933, die nach dem Kriege fortgalten (etwa die unterlassene Hilfeleistung, § 330c a. F. StGB), eingegangen, obwohl hier der Blick auf die Kontinuität zur Zeit vor 1933 naturgemäß nicht möglich ist. Durch diese Präzisierung des Themas und den Anspruch, hier nur das Spätere, die BGH-Rechtsprechung, auf der Basis des Früheren, der RG-Rechtsprechung in den besonderen Umständen der NS-Zeit, darzustellen, genügt die Arbeit methodisch auch den Anforderungen *Nipperdeys* und der ihm folgenden Historiker, ohne daß man deren Geschichtsverständnis teilen müßte.

Die Untersuchung begnügt sich allerdings nicht damit, Abweichungen bzw. Gleichbleibendes in der Rechtsprechung der verschiedenen Epochen festzustellen, gleichsam statistisch vorzugehen. Da allein die Feststellung einer Abweichung eine Frage der Interpretation ist, wäre eine solche Vorgehensweise nicht nur naiv, sondern auch mit dem gewählten methodischen Ansatz nicht zu vereinbaren. Vielmehr geht es darum, Strukturen der Rechtsprechung herauszuarbeiten, die sich in den

---

30 Vgl. a. Lepsius, a.a.O., S. 15, der die exakte Bestimmung des Analyseobjekts als Kernproblem von Kontinuitätsuntersuchungen betrachtet.

31 Nachweise bei Stolleis, Europäisches Rechtsdenken in Geschichte und Gegenwart, Festschrift für Helmut Coing zum 70.Geburtstag, S. 383 ff., 387 Fn. 17.

verschiedenen Epochen ändern, bzw. gleichbleiben, und nach den Ursachen dieser Prozesse zu fragen. Es wurden daher nach Durchsicht der veröffentlichten Entscheidungen des RG zwischen 1933 und 1945[32] nach gemeinsamen Strukturmerkmalen gesucht und die Entscheidungen entsprechend geordnet[33]. Aufgrund der hohen Anzahl der Entscheidungen, war eine solche bewußte Selektion[34], die im übrigen der gewählten Methode entspricht, notwendig, um eine überschaubare Darstellung möglich zu machen.

Die untersuchten Entscheidungen betreffen Strafnormen, die zum großen Teil bereits vor 1933 in Kraft waren und auch nach 1945, zum überwiegenden Teil bis heute, galten oder gelten. Hiergegen kann eingewandt werden, daß ein Gesetz einen zeitabhängigen Inhalt hat, den man historisch korrekt nur erfassen kann, wenn man ihn aus der jeweiligen Zeit heraus, aus der "Binnenperspektive" versteht[35]. Nun ist sicher richtig, daß sich der Bedeutungsinhalt einer Norm, insbesondere wenn es sich z. B. um die von *Werle* ausschließlich untersuchte originäre Strafrechtssetzung des Nationalsozialismus handelt, nur voll erschließt, wenn man die Norm im historischen Umfeld ihrer Entstehung betrachtet. Dies hindert indes nicht, Kontinuitäten zu untersuchen, insbesondere, wenn und soweit diese Kontinuitäten durch den Rechtsanwender hergestellt werden. Wenn z. B. RGSt 69, 273 im Gegensatz zu seiner bis dahin geltenden Rechtsprechung die gegenseitige Onanie zwischen erwachsenen Männern als strafbare Homosexualität i.S.v. § 175 StGB a. F.[36] bewertet, und der BGH sich dies in BGHSt 1, 80 und 4, 323 zu eigen macht[37], kann es auf den zeitspezifisch unterschiedlichen Normgehalt des § 175 StGB kaum ankommen. Der BGH stellt hier die Kontinuität her, und dadurch wird sie wirklich, und zwar über die verschiedene historische Situation hinweg.

Mit der Mahnung, Rechtsnormen nur vom jeweiligen zeitgeschichtlichen Kontext her zu verstehen, ist ein weiteres Problem verbunden, das speziell die

---

[32] Die unveröffentlichten Urteile des RG konnten sich kaum auf die Rechtsprechung des BGH auswirken, da der BGH über Fallsammlungen des RG nicht verfügt, vgl. Lengemann, Höchstrichterliche Strafgerichtsbarkeit unter der Herrschaft des Nationalsozialismus, Diss. Marburg 1974, S. 2.

[33] Zu den einzelnen Merkmalen s. u.

[34] Zur "bewußten Einführung eines vorgefaßten selektiven Standpunktes in die historische Forschung" als zulässige und notwendige Reduktion von Komplexität vgl. Popper, Das Elend des Historizismus, 1965, S. 117 f.

[35] So Werle, a.a.O., S. 3 unter Berufung auf Stolleis, Vorurteile und Werturteile der rechtshistorischen Forschung zum Nationalsozialismus, in: NS-Recht in historischer Perspektive, 1981, S. 26. Darauf, daß die Betrachtung aus der "Binnenperspektive des zeitgenössischen Kontextes" die Feststellung von Kontinuitäten behindert, weist Marxen in der Kritik der Arbeit von Werle (StV 1990, 429, 430) hin.

[36] In der Fassung des StGB von 1871 "Widernatürliche Unzucht zwischen Personen männlichen Geschlechts"; die Tatbestandsfassung "Ein Mann, der mit einem anderen Mann Unzucht treibt...", die allgemein als weitergehend verstanden wurde, führte erst das Gesetz zur Änderung des StGB v. 28. Juni 1935 (RGBl. I, 839) ein, das nach diesem Urteil in Kraft trat.

[37] Im Einzelnen s.u. Teil D, Kapitel 4.

Rechtsprechungsanalyse für die Zeit des Nationalsozialismus betrifft. Hier ist eingewandt worden, daß die meisten Betrachtungen zur nationalsozialistischen Rechtsprechung diese je nach dem ideologischen Standpunkt des Betrachters in "typisch nationalsozialistische" und "andere" Urteile unterteilen[38]. Dieser dichotomischen Sichtweise wird entgegengehalten, daß sich die Rechtsprechung jener Zeit nur als "differenziert strukturierte Einheit"[39] begreifen lasse[40]. Die dichotomische Betrachtungsweise ist allerdings durch die mit ihr erfolgten, teilweise apologetischen Zielsetzungen[41] diskreditiert. Auf der anderen Seite muß man zugeben, daß bei einer strukturellen Betrachtung der Rechtsprechung, insbesondere wenn man auf ihre Funktion für die Aufrechterhaltung des nationalsozialistischen Herrschaftssystem abstellt, sich eine monistische Betrachtungsweise geradezu aufdrängt. Hier sollte indes genau differenziert werden, auf welcher Analyseebene man sich eigentlich bewegt. Bei einer Gesamtbetrachtung des Rechtssystems oder eines seiner Teilbereiche im NS-Staat hilft eine Trennung zwischen letztlich moralisch als gut oder böse qualifizierten Teilen kaum weiter, endet zumeist in "einer .. kaum trennbaren Mischung von Selbstanklage und Selbstrechtfertigung"[42]. In der Einzelanalyse einer Entscheidung hingegen macht es Sinn herauszuarbeiten, was an ihr der tradierten Rechtsprechung entspricht, bzw. was neu ist, und worauf die Andersartigkeit beruht. Diese Fragestellung bewegt sich auf einer anderen, konkreten Analyseebene. Hinzu kommt folgendes: Wenn der BGH auf RG-Urteile aus der Zeit des Nationalsozialismus Bezug nimmt, verfolgt er offenbar auch ein dichotomisches Modell, in dem er jedenfalls diese Urteile für zitierbar und verwertbar hält, andere RG-Entscheidungen, die er entweder übergeht oder ausdrücklich ablehnt, hingegen nicht. Hierin spiegelt sich, daß es dem BGH eben nicht um ein Gesamturteil zur Justizfunktion im Nationalsozialismus geht, sondern um die Verwertung konkreter Einzelentscheidungen. Die vorliegende Untersuchung kann sich dabei nicht mit der Feststellung begnügen, daß der BGH in dieser Weise verfährt. Es wird darüberhinaus zu fragen sein, warum der BGH einzelne Entscheidungen zum Beleg seiner eigenen Rechtsprechung anführt, andere hingegen nicht, und ob

---

38 Insbes. Meinck, ZNR 1981, S. 42 f.; Naucke, Die Aufhebung des strafrechtlichen Analogieverbots 1935, in: NS-Recht in historischer Perspektive, 1981, S. 71, 96, jeweils mit weiteren Nachweisen. Naucke vertritt die These, daß das Gesetzlichkeitsprinzip im späten 19. und insbesondere im 20. Jahrhundert zugunsten einer politischen Instrumentalisierung des Strafgesetzes immer weiter zurückgedrängt wurde, und sieht in der NS-Zeit insofern weder ein Spezifikum, noch einen historischen Bruch; insofern geht Naucke von einer weit ausgreifenderen Kontinuitätsthese, allerdings auf normativer Ebene, aus als die vorliegende Untersuchung.

39 Meinck, a.a.O.

40 Zusammenfassende und eingehende Darstellung dieser Ansätze bei Werle, a.a.O., S. 5 ff.

41 Besonders deutlich in der von Erich Schwinge betreuten Dissertation von Lengemann, Höchstrichterliche Strafgerichtsbarkeit unter der Herrschaft des Nationalsozialismus, 1974.

42 Stolleis, Art. Nationalsozialistisches Recht, HRG Bd. 3, Sp. 873, 875.

er über solche Entscheidungen stillschweigend hinweggeht oder sich mit ihnen auseinandersetzt.

In engem Zusammenhang mit dem zuvor genannten Einwand steht ein weiteres Gegenargument zu Kontinuitätsuntersuchungen im Vergleich Nationalsozialismus - Bundesrepublik. Die speziellen Bedingungen des Nationalsozialismus hätten zu einer eigenen Qualität von Recht und Rechtsprechung geführt, die einen Vergleich mit dem demokratischen Rechtsstaat Bundesrepublik Deutschland von vorneherein problematisch erscheinen lasse. *Werle*[43] folgert dies aus dem von ihm konstatierten Wandel der Gesetzesfunktion im Nationalsozialismus. Das Gesetz sei hier nur noch einer von mehreren politischen Lenkungsmechanismen gewesen. Es habe jede machtkritische und freiheitsschützende Funktion verloren, sei nur eine Äußerungsform des für das nationalsozialistische Rechtssystem entscheidenden Führerwillens ("Lex" als Instrument des "Dux") gewesen. Strafrecht sei nur noch ein Mittel eingriffsintensiver staatlicher Verbrechensbekämpfung, die Justiz nur noch ein Organ zur Ausübung von Strafgewalt gewesen. Von daher sei der Bruch zwischen nationalsozialistischer und rechtsstaatlicher Verbrechensbekämpfung unverkennbar und setze jeder Kontinuitätsuntersuchung Grenzen. *Nörr* stellt aufgrund der Annahme, daß "Recht" und "Rechtsstaat" unlösbar miteinander verknüpft seien, die Frage, ob man das Dritte Reich nicht als im Grundsatz rechtsleeren Raum betrachten müsse[44]. Die Verhöhnung der Rechtsstaatsidee durch das NS-Regime stelle einen so starken Bruch mit der Weimarer Republik dar, daß eine Kontinuität - hier zwischen Weimar und dem Dritten Reich - nicht angenommen werden könne[45].

Auch zu diesen Einwänden gilt zunächst das, was schon zum Problem der zeitbedingten Relativität von Normtexten gesagt worden ist. Den BGH hat die Tatsache, daß die Rechtsfunktion im Nationalsozialismus eine andere war als die in einem demokratisch verfaßten Gemeinwesen, wenig gestört, wenn eine Bezugnahme auf Entscheidungen des RG das eigene Urteil untermauerte[46]. Insoweit wurde Kontinuität hergestellt; ob sie hätte hergestellt werden dürfen, ist eine andere Frage. Die Verbindung von "Recht" und "Rechtsstaat" bewegt sich überdies auch auf einer anderen Ebene als der, mit der es der BGH in seiner praktischen Alltagsarbeit zu tun hatte. Mag man bei einer philosophischen Betrachtung das Dritte Reich als "rechtsleeren Raum" betrachten, führt doch kein Weg an der Feststellung vorbei, daß damals, neben anderen von *Werle*[47] dezidiert beschriebene Formen, auch in rechtlichen Formen und mit Normen, die über 1945 hinaus fortgalten, Verbrechensbekämpfung betrieben wurde, und daß der BGH sich hier-

[43] A.a.O., S. 733 ff.
[44] Nörr, a.a.O., S. 243 f.
[45] S. 242.
[46] Einzelnachweise s. u.
[47] A.a.O.

von hat beeinflussen lassen. Überhaupt muß vor der Gefahr gewarnt werden, im Gefolge des "Historikerstreits"[48] das Dritte Reich zu singularisieren, den Vergleich mit den Epochen vor 1933 und nach 1945 aufgrund der Einzigartigkeit des nationalsozialistischen Herrschaftssystems für nicht angängig oder gar "unhistorisch" zu erklären. Aus dem "Historikerstreit" kann sicherlich die wichtige Konsequenz gezogen werden, daß man nicht durch historische Vergleiche versuchen sollte, Ereignisse, zumal wenn sie das eigene Volk schwer belasten, zu verharmlosen. Dies kann aber doch nicht bedeuten, daß man historische Längsschnittuntersuchungen mit dem Argument für unzulässig erklärt, eine bestimmte Epoche oder einzelne ihrer Phänomene seien so einzigartig gewesen, daß man nicht Bezüge zur vorhergehenden, bzw. nachfolgenden Epoche herstellen dürfe. Wer den historischen Vergleich in diesem Sinne ablehnt, nimmt sich die Möglichkeit, aus der Geschichte zu lernen[49]. Zu lernen in dem Sinne, als wir aktuelle Probleme nicht mehr in ihrer historischen Bedingtheit erklären können, wenn wir nicht hinter das Jahr 1945 zurückgehen dürfen. Sicherlich fehlt zum Nationalsozialismus noch manche epochenimmanente Untersuchung, und gerade das Buch von *Werle* schließt hier eine empfindliche Lücke. Das kann aber nicht heißen, daß Untersuchungen zum Recht im Nationalsozialismus im Jahre 1945 enden müssen, Fortwirkungen über diese Zeit hinaus nicht in Betracht gezogen werden dürfen. Dies hätte zwei entscheidende Nachteile. Zum einen würde man über die Nachkriegsjustiz einen Mantel decken, dessen es u. U. gar nicht bedürfte, denn schließlich bot sich für den BGH unter dem Gesichtspunkt der Diskontinuität auch die Möglichkeit einer rechtsstaatlichen Profilierung. Zum anderen ist es ja nicht notwendig, daß Phänomene, die uns in der Rechtsprechung nach 1933 begegnen, originär nationalsozialistisch gewesen sein müssen. Epocheübergreifende Tendenzen, wie sie etwa *Naucke*[50] im allmählichen Verlust der Gesetzesorientierung sieht, wären nicht mehr feststellbar, wenn der Blick nicht über die jeweilige Epochegrenze hinausgehen dürfte[51]. Gerade die Einseitigkeit der nationalsozialistischen Diktatur bietet zum Beispiel die Chance, bestimmte, bis dahin im Pluralismus der parlamentarischen Demokratie Weimars gehemmte Entwicklungstendenzen plastisch hervortreten zu lassen. Es ist von hohem Interesse, Entwicklungstendenzen die durch den Wegfall von Konkurrenz im National-

[48] Hierzu vgl. "Historikerstreit". Die Dokumentation der Kontroverse um die Einzigartigkeit der nationalsozialistischen Judenvernichtung, München 1987; als Stellungnahme der "Parteien": Ernst Nolte, Das Vergehen der Vergangenheit, 2. Aufl. Berlin u.a. 1988 einerseits, H.U. Wehler, Entsorgung der deutschen Vergangenheit, München 1988 andererseits.

[49] Hierzu s. H.U. Wehler, Aus der Geschichte lernen ?, München 1988, S. 11 ff.

[50] Die Aufhebung des strafrechtlichen Analogieverbots 1935, in NS-Recht in historischer Perspektive, 1981, S. 71, 96 ff.

[51] Für die übergreifende Kontinuitätsuntersuchung plädiert am Beispiel der Ausagedelikte eindringlich Vormbaum, Eid, Meineid und Falschaussage, Berlin 1990. S. 190 ff.; ebenso Marxen, StV 1990, 429, 430 in der Besprechung der Arbeit von Werle.

sozialismus enorm belebt wurden[52], in ihrer Fortentwicklung nach 1945 zu beobachten.

Ein weiteres Problem ist hierbei schon angesprochen worden. Die Annahme, es könne Entwicklungstendenzen nicht typisch nationalsozialistischer Art in der Rechtsprechung zwischen 1933-1945 geben, setzt Klarheit darüber voraus, was typisch nationalsozialistische Entwicklungsvorgänge im Recht gewesen sind. Dies zielt auf einen neuralgischen Punkt aller Untersuchungen zum Nationalsozialismus, nämlich die Frage, was "nationalsozialistische Weltanschauung" ist[53]. Die Erklärungsansätze hierzu sind disparat[54], und es steht zu bezweifeln, ob es jemals gelingen wird, ex-post die nationalsozialistische Ideologie zu definieren, da diese von ihrem unsystematischen Ansatz her einer inneren Kohärenz von vorneherein ermangelt.

Stolleis hat die Lage desjenigen, der Leitprinzipien der nationalsozialistischen Rechtslehre herausarbeiten möchte, mit derjenigen eines Fotografen verglichen, der versuche, einen Nebel auf die Platte zu bannen[55]. Von einer kaum zu übersehenden Vielzahl von Autoren liegen zeitgenössische Äußerungen darüber vor, was nationalsozialistischem Rechtsdenken entspricht. Nicht nur die Tatsache, daß hierbei zumeist die "Dynamik und Intensität des Bekenntnisses" vor der "Rationalität und der logischen Kontingenz der Aussagen"[56] rangiert, macht es dabei schwierig, wenn nicht gar unmöglich, ein System zu deduzieren. Angesichts des Theoriedefizits des Nationalsozialismus finden sich auch durchaus widersprüchliche Aussagen darüber, was einer "wahrhaften" nationalsozialistischen Anschauung entspricht[57]. Welche Äußerungen soll man als repräsentativ für den Nationalsozialismus ansehen? Ist es angängig, aus der Fülle der Veröffentlichungen die "schlimmen ideologisch geprägten" zu verwenden[58], oder muß man sich in die Feststellung fügen, daß es bisher nicht gelungen sei, die nationalsozialistische Weltanschauung zu definieren, so daß es auch nicht möglich sei, die Strafrechtsentwicklung 1933-1945 als Verwirklichung eines weltanschaulichen Programms zu beschreiben?[59].

Da es bestimmte Grundmerkmale nationalsozialistischer Ideologie gibt, die auch durch wissenschaftliche Untersuchungen belegt sind[60], wäre es töricht, aus der Tatsache, daß diese Merkmale sich nicht zu einem geschlossenen, wi-

---

52 Vgl. Hierzu unten die Teile B und C.

53 Hierzu vgl. eingehend Werle, a.a.O., S. 45 ff.

54 Vgl. Werle, a.a.O.

55 Stolleis, ZNR 1979, S. 99, 100.

56 Stolleis, a.a.O.

57 Kohlrausch sprach in diesem Zusammenhang einmal von der oft vorschnell ausgespielten Karte der Weltanschauung; vgl. Eb. Schmidt, SJZ 1950, Sp. 290.

58 So Schröder, "... aber im Zivilrecht sind die Richter standhaft geblieben!" 1988, S. 205.

59 So Werle, a.a.O., S. 48 f.

60 Vgl. z. B. Majer, Grundlagen des nationalsozialistischen Rechtssystems, 1987; Anderbrügge, Völkisches Rechtsdenken, 1978.

derspruchsfreien System fügen, den Schluß zu ziehen, man könne nicht "typisch" nationalsozialistische Phänomene als solche kennzeichnen.

So sind Führerprinzip, Volksgemeinschaft, Rassegedanken zentrale Begriffe der nationalsozialistischen Ideologie, die sich auch in der Gesetzgebung des Nationalsozialismus niederschlagen. Neben solchen Prinzipien des Nationalsozialismus stehen eine Reihe von Begriffen, die die Ideologie besetzte, wie etwa "Ehre", "Treue", "Gemeinschaft", "Kampf gegen Entartung"[61]. Nichts spricht dagegen, Begründungen rechtlicher Entscheidungen, die mit diesen Prinzipien und Begriffen operieren, als nationalsozialistisch beeinflußt zu kennzeichnen. Dies gilt zumal dann, wenn die Ergebnisse dieser Entscheidungen mit rechtspolitischen Zielvorstellungen des Nationalsozialismus übereinstimmen. Wichtige Quellen hierfür sind z.B. die "Nationalsozialistischen Leitsätze für ein neues deutsches Strafrecht" herausgegeben vom "Reichsjuristenführer" *Hans Frank*. Hierher gehören aber auch Äußerungen von führenden Parteijuristen, etwa *Roland Freislers*, der lange, bevor er Präsident des Volksgerichtshofs wurde (1942), als Staatssekretär zunächst im Preußischen (1933), dann im Reichsjustizministerium (1934) Einfluß auf die Strafrechtsentwicklung nahm[62]. Darüber hinaus können auch Stellungnahmen von Strafrechtslehrern den nationalsozialistischen Gehalt von Entscheidungen erhellen; es ist bekannt und belegt[63], daß bestimmte Professoren, wie insbesondere *Dahm* und *Schaffstein*, von der Machtergreifung des Nationalsozialismus an sich stark für ein nationalsozialistisches Strafrecht engagierten. Dieses Verfahren ist umso mehr vertretbar, als es in der vorliegenden Arbeit nicht darum geht, die Konzeption des nationalsozialistischen Strafrechts nachzuzeichnen, sondern den (möglichen) Einflüssen des Nationalsozialismus auf die höchstrichterliche Rechtsprechung nachzugehen. In Verfolgung des gewählten strukturgeschichtlichen Ansatzes werden dabei auch Phänomene, die nicht im Nationalsozialismus neu auftraten, sondern deren Wurzeln jenseits des Jahres 1933 liegen, als **nicht** typisch nationalsozialistisch gekennzeichnet[64]. Darüber kann man streiten. Aber es ist ein Ziel dieser Arbeit, nach übergreifenden Aspekten der Rechtsprechungsentwicklung zu fragen und Möglichkeiten zur Diskussion zu stellen.

Ein letztes methodisches Problem sei noch erwähnt. Ein Grundproblem der Rechtsprechungsanalyse eines bestimmten Gerichtes ist, daß man zwar oft von "der" Rechtsprechung "des" RG oder "des" BGH spricht, es sich aber präziser zumeist um die Rechtsprechung eines einzelnen Senates handelt, die den übrigen Senaten des betreffenden Gerichts nicht ohne weiteres zugerechnet werden kann. Da-

---

61 S. u. Teil D.

62 Freisler war z. B. gleichzeitig Mitglied der amtlichen Strafrechtskommission und Vorsitzender des Zentralausschusses der Akademie für Deutsches Recht;vgl. Werle, a.a.O., S. 211.

63 Etwa durch die Arbeit von Marxen, Der Kampf gegen das liberale Strafrecht, Berlin 1975.

64 Vgl. u. B 1.

her wurde insbesondere dort, wo innerhalb des Gerichts kein Konsens bestand, nach Senaten differenziert. Warum der einzelne Senat so und nicht anders entschieden hat, bleibt, soweit die Motive in den Entscheidungsgründen nicht angegeben werden, bei dem deutschen System der Kollegialgerichtsbarkeit im Dunkeln. Wo es allerdings aufgrund richterlicher Selbstzeugnisse[65] möglich war, Hintergründe einer Entscheidung zu ermitteln, werden auch diese mitgeteilt.

3. Das RG in der Zeit von 1933-1945 - die äußeren Bedingungen für Kontinuität und Diskontinuität

a) Personalsituation

Die "Machtergreifung" des Nationalsozialismus am 30. Januar 1933 war keine Revolution. Sie beeinflußte das RG zunächst weder institutionell noch personell. Einen ersten Einbruch in den Personalbestand brachte das "Gesetz zur Wiederherstellung des Berufsbeamtentums" vom 7. April 1933[66]. RG-Präsident *Bumke* hatte auf einer von ihm einberufenen Plenarversammlung der Richter des RG noch versucht, eine - angeblich vom Reichsjustizministerium initiierte - Entschließung verabschieden zu lassen, die sich gegen die Anwendung dieses Gesetzes auf Richter aussprach. Bei der Erörterung über diese Entschließung offenbarten sich allerdings ein Senatspräsident und drei Richter als NSDAP-Mitglieder. Diese waren nicht bereit, die Entschließung mitzutragen. Da *Bumke* sich nur von einer einstimmig verabschiedeten Entschließung Wirkung versprach, zog er seinen Entwurf zurück[67]. Aufgrund des Berufsbeamtengesetzes waren Beamte in den Ruhestand zu versetzen, die entweder nicht arischer Abstammung waren (§ 3 Abs. 1), oder die aufgrund ihrer bisherigen politischen Betätigung nicht die Gewähr dafür boten, "jederzeit rückhaltlos für den nationalen Staat" einzutreten (§ 4). 1 Senatspräsident, 6 Reichsgerichtsräte und 1 Reichsanwalt wurden, weil sie Juden waren, in den Ruhestand versetzt[68]. Dem Präsidenten des VIII. Zivilsenats, Dr. *Alfons David* nützte es dabei nichts, daß er in einem Brief an Hitler seine nationale Gesinnung beteuerte und um die Gelegenheit bat, auch dem neuen Reich seine Treue bezeugen zu dürfen[69]. Mitglieder des RG, die wegen politischer Unzuverlässigkeit hätten aus dem Dienst entfernt werden müssen, gab es nicht. Hier wäre einzig das Mitglied des III. Zivilsenats, Dr. *Hermann Grossmann*, in Betracht gekommen, erstes und einziges

---

[65] Aufschlußreich insbesondere Zeiler, Meine Mitarbeit, 1938, sowie Hartung, Jurist unter vier Reichen, 1971.

[66] RGBl. I, S. 175.

[67] Hartung, Jurist unter vier Reichen, S. 96.

[68] Lorenzen, DJ 1939, S. 956.

[69] Vgl. Kaul, Geschichte des RG IV, S. 54.

SPD-Mitglied, das jemals RG-Rat wurde. *Grossmann* hatte aber einen Tag vor Inkrafttreten des Berufsbeamtengsetzes um seine Versetzung in den Ruhestand gebeten[70].

Die durch personalpolitische Maßnahmen der Nationalsozialisten bedingten Veränderungen im Personalbestand des RG waren insgesamt gering. 8 von insgesamt 110[71] Angehörigen des RG und der Reichsanwaltschaft wurden wegen ihrer jüdischen Abstammung in den Ruhestand versetzt, ein Mitglied eines Zivilsenates zog aus seiner SPD-Mitgliedschaft die Konsequenz und bat von sich aus um die Versetzung in den Ruhestand[72]. 9 von 110, das ist kein Aderlaß, zumal offenbar die Strafsenate relativ unberührt blieben. Hier gab es teilweise Versetzungen in Zivilsenate, was *Hartung* für seine Person auf politische Vorbehalte zurückführte[73]. Andererseits war ein Austausch der Richter zwischen Straf- und Zivilsenaten durchaus üblich[74], und *Hartung* kehrte bereits ein Jahr später in den 3. Strafsenat zurück. Bedeutsam ist, daß die politische Einstellung der Richter am RG keinen Anlaß zu Eingriffen der neuen Führung gab. So schwor auch jeder Richter nach dem Tode des Reichspräsidenten *Hindenburg* am 20. August 1934 den Diensteid auf den "Führer des Deutschen Volkes Adolf Hitler", wie sich aus ausdrücklichen Vermerken in den Personalakten ergibt[75].

Die Anzahl der Senate schwankte verschiedentlich ab 1933[76]. 1933 wurde die Zahl der Zivilsenate von 8 auf 7 gekürzt, und dafür ein 6. Strafsenat geschaffen, der 1934, nach Übergang der erstinstanzlichen Zuständigkeit im Hoch- und Landesverratssachen auf den Volksgerichtshof wieder abgeschafft, 1935 aber wiederum eingeführt wurde. Während die Anzahl der Zivilsenate konstant 7 betrug, kürzte man für das Geschäftsjahr 1938 die Zahl der Strafsenate wieder, mußte aber im Zuge des "Anschlusses" Österreichs und der Annexion weiterer Gebiete durch das Deutsche Reich wieder einen 6. Strafsenat schaffen, der im wesentlichen mit den durch die Übernahme der Zuständigkeit des Wiener Obersten Gerichtshofes anfallenden Strafsachen beschäftigt war. In diesem Zusammenhang kam es auch zu nennenswerten personellen Veränderungen, insofern aus den Mitgliedern des Wiener Oberstem Gerichtshofes 2 Senatspräsidenten und 8 RG-Räte ernannt wurden, während die Schwankungen der Anzahl der Senate bis zu diesem Zeitpunkt keine nennenswerte Änderung im Personalbestand des RG zur Folge hatte. Die Anzahl und die Besetzung der Senate blieb in der Folgezeit im wesentlichen unverändert.

---

70 Kaul, a.a.O., S. 54 f.;

71 Kaul, a.a.O., S. 51.

72 Was Grossmann die Pensionskürzung, die nach dem Berufsbeamtengesetz vorgeschrieben war, ersparte; vgl. Kaul, a.a.O., S. 56 f.

73 Hartung, a.a.O., S. 96.

74 So Niethammer, zitiert bei Kaul, a.a.O., S. 23 f.

75 Kaul, a.a.O., S. 59.

76 Übersicht bei Kaul, a.a.O., S. 21 ff.

Erst 1944 wurden 21 Reichsgerichtsräte zur Wehrmacht einberufen, was eine Umorganisation erforderlich machte. Durch die "Verordnung zur weiteren Anpassung der Strafrechtspflege an die Erfordernisse des totalen Krieges" vom 13. Dezember 1944[77] wurde die Zahl der zur Beschlußfähigkeit notwendigen Mitglieder eines Senates von 5 auf 3 Richter, außerhalb der Hauptverhandlung sogar auf 2 Richter, herabgesetzt, sowie die Zahl der Zivilsenate von 8 auf 7, die der Strafsenate von 6 auf 4 vermindert, wobei auch dann noch einzelne Richter mehreren Senaten zugleich zugeteilt waren.

Der Personalbestand des RG zeigt, selbst wenn man die Entfernung seiner jüdischen Mitglieder aus dem Dienst in Betracht zieht, ein hohes Maß an Kontinuität. Zwar ist für den Verlauf des Dritten Reiches des öfteren von einer "einseitigen nationalsozialistischen Personalpolitik"[78] die Rede, doch finden sich hierfür nur wenige Beispiele. *Kirchner* zählt hierzu die Ernennung von drei Senatspräsidenten, darunter *Thieracks*, der ab 1936 Präsident des Volksgerichtshofs und ab 1942 Reichsjustizminister war, beläßt es aber im übrigen bei der Bemerkung, daß die Beförderung von Nicht-Parteigenossen immer seltener wurde. Immerhin konnte z. B. 1938 noch ein politisch nicht unverdächtiger Mann wie *Hans von Dohnanyi*, Nicht-Parteimitglied, mit 36 Jahren (und ohne "Arier-Nachweis"!) zum jüngsten jemals ernannten RG-Rat avancieren[79]. Im Personalbestand des RG hat es nach 1933 keine groß angelegte Auswechslung und Neubesetzung mit nationalsozialistisch gesinnten Richtern gegeben. Dies wäre auch atypisch für die Personalpolitik des Dritten Reiches gewesen. Eine völlige Neubesetzung auch nur der oberen Behördenebene war mangels personeller Alternative nicht möglich[80], sie war angesichts der Loyalität, die die Mehrheit der Beamten dem neuen Staat gegenüber aufbrachte, auch nicht nötig[81]. Natürlich spielte von nun an insbesondere bei Beförderungen die Frage der Parteimitgliedschaft eine Rolle, wie bei anderen Behörden auch. Das RG behielt aber, und dies ist entscheidend, über das Jahr 1933 hinaus einen Personalstamm bei, der in der Lage war, die Rechtsprechungstradition des RG vor 1933 fortzusetzen. Es gab nach 1933, bezogen auf das Richterpersonal insgesamt, kein "neues" oder "anderes" RG.

b) Sachliche Zuständigkeit

Die sachliche Zuständigkeit des RG änderte sich im Verlauf des Dritten Reiches teilweise erheblich. Durch die "Verordnung der Reichsregierung über die Bildung

---

77 RGBl. I, S. 339.

78 Kirchner, DRiZ 1957, S. 107, 108; vgl. auch Niethammer, DRZ 1946, 11, 12.

79 Zum Hintergrund vgl. Gruchmann, Justiz im Dritten Reich 1933-1940, S. 253 ff., 257f.

80 Vgl. hierzu Schütze, Beamtenpolitik im Dritten Reich, in Pfundtner, (Hrsg.), Dr. Wilhelm Frick und sein Ministerium, München 1937, S. 54 ff., abgedruckt in Hirsch/Majer/Meinck, Recht, Verwaltung und Justiz im Nationalsozialismus, 1984, S. 297.

81 Speziell für das RG vgl. hierzu Kolbe, Reichsgerichtspräsident Dr. Erwin Bumke, 1975, S. 219 ff.

von Sondergerichten" vom 21. März 1933[82] wurde für jeden Oberlandesgerichtsbezirk ein Sondergericht gebildet, das für die Aburteilung von Straftaten nach der Verordnung des Reichspräsidenten zum Schutz von Volk und Staat vom 28. Februar 1933[83] und der Verordnung zur Abwehr heimtückischer Angriffe gegen die Regierung der nationalen Erhebung vom 21. März 1933[84] zuständig war. Die sachliche Zuständigkeit der Sondergerichte wurde bis zum Jahr 1940 ständig erweitert[85], zumal ihre Zuständigkeit auch dann gegeben war, wenn auch nur für eine von mehreren Handlungen die Sondergerichte zuständig waren, die Zuständigkeit im übrigen auch dann erhalten blieb, wenn sich nach Erhebung der Anklage die Unzuständigkeit des Sondergerichts herausstellte[86]. Die Errichtung der Sondergerichte schränkte die Kompetenz des RG insofern ein, als gegen die Entscheidungen der Sondergerichte, die ja durchaus auch Tatbestände des StGB betreffen konnten, kein Rechtsmittel zulässig war, das RG als Revisionsgericht also ncht mehr tätig werden konnte. Einen weiteren Kompetenzverlust brachte das Gesetz zur Änderung von Vorschriften des Strafrechts und des Strafverfahrens vom 24. April 1934[87], das die Hoch- und Landesverratssachen, die bisher zur erstinstanzlichen Zuständigkeit des RG gehört hatten, dem neugeschaffenen Volksgerichtshof als erster und letzter Instanz übertrug. Die ersten beiden Jahre der nationalsozialistischen Herrschaft brachten also einen erheblichen Kompetenzverlust für das RG. Teilweise war dieser auch politisch motiviert. So stand die Schaffung des Volksgerichtshofs zur Aburteilung der Hoch- und Landesverratssachen in direktem Zusammenhang mit der Unzufriedenheit der Nationalsozialisten über den Ausgang des Reichstagsbrandprozesses, der zwar mit dem Todesurteil für *van der Lubbe*, aber auch mit Freisprüchen für die Kommunisten *Torgler*, *Dimitroff*, *Popoff* und *Taneff* geendet hatte[88]. Der Kompetenzverlust durch die Einführung der Sondergerichte wird deutlicher, wenn man die gleichzeitige Ausdehnung der Wahlmöglichkeiten der Staatsanwaltschaft, bei welchem Gericht Anklage erhoben werden soll, in Betracht zieht[89]. Im Endzustand, wie er durch die Zuständigkeits-Verordnung vom 21.2.1940 erreicht war, konnte die Staatsanwaltschaft nahezu jedes Delikt, für das keine ausschließliche Zuständigkeit des Volksgerichtshofs bestand,

---

[82] RGBl. I, S. 136.

[83] ReichstagsbrandVO, RGBl. I, S. 83.

[84] RGBl. I, S. 135.

[85] Nachweise bei Ingo Müller, Rechtsstaat und Strafverfahren, 1980, S. 85.

[86] § 14 SondergerichtsVO v. 21. März 1933.

[87] RGBl. I, S. 341.

[88] Das Urteil ist in Teilen in Kopie bei Kaul, a.a.O., S. 341 ff. wiedergegeben; diese Motivation wird von Müller, Furchtbare Juristen, S. 146, mit Hinblick auf frühe Äußerungen Hitlers und Fricks in Zweifel gezogen. Gegen Müller spricht jedoch, daß der Volksgerichtshof jedenfalls zunächst nicht zu dem Tribunal wurde, das Zehntausende der Gegner des Nationalsozialismus der physischen Vernichtung durch justizielle Maßnahmen zuführte.

[89] Dokumentiert bei Schumacher, Staatsanwaltschaft und Gericht im Dritten Reich, 1985, S. 132 ff.

bei einem Sondergericht, dem "Standgericht der Heimat"[90], anklagen, und somit der Revisionskompetenz des RG entziehen.

Eine gewisse Kompensation erfuhr der Kompetenzverlust des RG durch die zu Beginn des 2. Weltkrieges geschaffenen rechtskraftdurchbrechenden Rechtsbehelfe "außerordentlicher Einspruch" und "Nichtigkeitsbeschwerde"[91]. Mit dem "außerordentlichen Einspruch", geschaffen durch das Gesetz zur Änderung von Vorschriften des allgemeinen Strafverfahrens, des Wehrmachtsstrafverfahrens und des Strafgesetzbuches vom 16.9.1939[92] gab man dem Oberreichsanwalt die Möglichkeit, binnen eines Jahres nach Eintritt der Rechtskraft **jedes** Urteil in Strafsachen anzufechten, wenn er "schwerwiegende Bedenken" gegen die Richtigkeit des Urteils hatte. Dies hatte zur Folge, daß die Sache quasi erstinstanzlich vor dem eigens gebildeten "Besonderen Senat" des RG (bei Anfechtung von Entscheidungen des Volksgerichtshofes war dessen "Besonderer Senat" zuständig) neu verhandelt wurde. Vom außerordentlichen Einspruch, dessen rechtskraftdurchbrechende Wirkung ausdrücklich mit der obersten Gerichtsgewalt des Führers gerechtfertigt wurde[93], der also ein politisches Instrument zur Urteilskorrektur war, wurde allerdings nur wenig Gebrauch gemacht[94].

In der Praxis von weitaus größerer Bedeutung war die durch die Verordnung über die Zuständigkeit der Strafgerichte, der Sondergerichte und sonstige strafverfahrensrechtliche Vorschriften vom 21.2.1940[95] geschaffene "Nichtigkeitsbeschwerde". Sie war das Korrelat für die Tatsache, daß, ebenfalls in dieser Zuständigkeitsverordnung, aber auch in einer Reihe weiterer Verordnungen seit 1938, die Zuständigkeit der Sondergerichte beständig ausgeweitet[96] und somit die Zahl der sofort rechtskräftigen Entscheidungen enorm ausgedehnt worden war. Zusätzlich bestimmte § 14 ZuständigkeitsVO, daß die Angeklagebehörde auch solche Taten vor dem Sondergericht anklagen könne, die an sich nicht in dessen Kompetenz fielen, bei denen aber "die sofortige Aburteilung durch das Sondergericht mit Rücksicht auf die Schwere oder die Verwerflichkeit der Tat, wegen der in der Öffentlichkeit hervorgerufenen Erregung oder wegen ernster Gefährdung der öffentlichen Ordnung oder Sicherheit geboten ist". Darüberhinaus wurde auch die Zahl der Sondergerichte ausgeweitet, die nunmehr bei einem oder mehreren Landgerichten eines OLG-Bezirkes angesiedelt waren (§ 10 Abs. 1 ZuständigkeitsVO).

---

[90] Klee, ZAKDR 1940, S. 89.

[91] Eingehend hierzu Grünberg, Nichtigkeitsbeschwerde gegen offensichtliche Rechtsmängel bei rechtskräftigen Strafurteilen, Diss. Tübingen 1977, sowie besonders bezüglich der praktischen Bedeutung Schumacher, a.a.O., S. 170 ff., 187 ff.

[92] RGBl. I, S. 1841.

[93] Nachweise bei Schumacher, a.a.O., S. 172.

[94] Aus den fast vollständig überlieferten Akten des Besonderen Senates des RG ergibt sich, daß insgesamt 19 Verfahren durchgeführt wurden, vgl. Kaul, a.a.O., s. 181 ff., 184 f.

[95] RGBl. I, S. 405.

[96] Übersicht bei Hartung, a.a.O., S. 104, 107 f.

Hinzu kam, daß nach § 16 Abs. 2 der Verordnung über Maßnahmen auf dem Gebiete der Gerichtsverfassung und der Rechtspflege vom 1.9.1939[97] auch gegen die Berufungsurteile der Strafkammern kein Rechtsmittel mehr zulässig war. Die Nichtigkeitsbeschwerde hatte also revisionsähnliche Funktionen und war daher zunächst auch nur möglich, wenn ein Urteil "wegen eines Fehlers bei der Anwendung des Rechts auf die festgestellten Tatsachen ungerecht" war[98], so daß die ordentlichen Strafsenate des RG, denen die Entscheidung über die Nichtigkeitsbeschwerde zugewiesen war, wie bei der Revision keine Feststellungen im Tatsächlichen zu treffen hatten. In dem Wort "ungerecht" kommt allerdings auch schon zum Ausdruck, daß die Nichtigkeitsbeschwerde daneben auch der Korrektur rechtskräftiger Strafurteile unter Wertungsgesichtspunkten diente[99], es ihre Aufgabe war, wie es Oberreichsanwalt *Brettle* formulierte, "der wahren Gerechtigkeit zum Siege zu verhelfen"[100]. Die Funktion als revisionsähnliches Rechtsmittel beruhte hingegen auf eher konservativen, wahrscheinlich vom RG selbst inspirierten Motiven, unter der Berufung auf die Wahrung der Rechtseinheit die verlorenen Revisionszuständigkeiten zurückzugewinnen[101]. Es lag aber in der Konsequenz der Materialisierungstendenz der Rechtsentwicklung im Nationalsozialismus[102], daß die Nichtigkeitsbeschwerde nicht auf den Revisionscharakter beschränkt blieb. Mit der Verordnung zur weiteren Vereinfachung der Strafrechtspflege vom 13.8.1942[103] wurde die Nichtigkeitsbeschwerde zugelassen, "wenn die Entscheidung wegen eines Fehlers bei der Anwendung des Rechts ungerecht ist" (Art. 7 § 2). Das RG wurde im Wege der Nichtigkeitsbeschwerde faktisch zur Tatsacheninstanz; damit wurde nach Ansicht *Hartungs*, dem damaligen Vertreter des RG-Präsidenten *Bumke* im Vorsitz des 3. Strafsenates, "die Aufgabe des RG ... wesentlich erweitert und erschwert"[104]. Konnte das RG nach der ursprünglichen Fassung der ZuständigkeitsVO vom 21.2.1940 schon über den - damals wie heute - im Revisionsverfahren geltenden § 354 Abs. 1 StPO hinaus in der Sache selbst entscheiden, wenn die tatsächlichen Feststellungen des angegriffenen Urteils dazu ausreichten, so konnte es nach der Ausweitung der Nichtigkeitsbeschwerde durch die VO vom 13.8.1942 sogar Beweis erheben, was die Möglichkeit in der Sache selbst zu entscheiden wesentlich erweiterte.

---

97 RGBl. I, S. 1658.
98 § 34 ZuständigkeitsVO v. 21.4.1940 (RGBl. I, S. 405).
99 Dazu eingehend Teil B, Kapitel 5.
100 DJ 1941, S. 561.
101 Vgl. Kaul, a.a.O., S. 218 f. und Brettle, Bumke-FS, S. 163 ff., 188.
102 Hierzu ausführlich unten Teil B.
103 RGBl. I, S. 508, also entgegen Hartung, a.a.O., S. 110, vor dem Amtsantritt Thieracks am 20.8.1942.
104 Hartung, a.a.O., S. 111.

Über die praktische Bedeutung der Nichtigkeitsbeschwerde lassen sich exakte statistische Aussagen nicht machen, da lediglich die Akten des 3. Strafsenates und der diesem entsprechenden 3. Abteilung der Reichsanwaltschaft in weiten Teilen erhalten sind[105]. Hieraus ergibt sich, daß der Oberreichsanwalt in den Jahren 1940-1945 beim 3. Senat 437 Nichtigkeitsbeschwerden einlegte, in den ersten beiden Jahren überwiegend zugunsten des Angeklagten, ab 1942 meist zu dessen Ungunsten. Da die Zuständigkeit der Strafsenate nicht nach Sachgebieten, sondern territorial begründet war[106], kann der Geschäftsanfall an Nichtigkeitsbeschwerden beim 3. Senat als repräsentativ gelten, so daß man von einer Gesamtzahl von nicht weniger als 2000 Nichtigkeitsbeschwerden ausgehen muß. Dem entspricht auch die zunehmende Veröffentlichung von Entscheidungen auf Nichtigkeitsbeschwerde hin in der amtlichen Sammlung[107]. Sind es in Band 74 aus dem Jahre 1941 5 Nichtigkeitssachen unter 125 abgedruckten Entscheidungen, so sind es in Band 77, dem letzten veröffentlichten Band, der mit Urteilen vom Mai 1944 endet, 27 Nichtigkeitssachen auf 135 Entscheidungen.

Aus diesem Überblick über die sachliche Zuständigkeit ergibt sich, daß es zwar im Verlaufe des Dritten Reiches erhebliche Kompetenzverschiebungen auf dem Gebiet der Strafrechtspflege gab[108], diese das RG aber nicht daran hinderten, seine Rechtsprechung zum materiellen Strafrecht fortzuführen. Mit Ausnahme der Militärstraftaten, für die mit der Kriegsstrafverfahrensverordnung vom 17. August 1938[109] - die allerdings erst zum 26.8.1939 in Kraft gesetzt wurde[110] - das Reichskriegsgericht anstelle des RG als oberste Instanz bestimmt worden war[111], waren nur die Staatsschutzdelikte mit der Gründung des Volksgerichtshofes aus der Kompetenz des RG ausgeschieden. Der drohende Kompetenzverlust durch die Ausweitung der Zuständigkeit der Sondergerichte wurde insbesondere durch die Einführung der Nichtigkeitsbeschwerde kompensiert[112]. Im Ganzen gesehen war dem RG während der gesamten Herrschaft des Nationalsozialismus die Möglich-

---

105 Im Zentralen Staatsarchiv der DDR in Potsdam augewertet von Kaul, a.a.O., S. 221 f.

106 Im einzelnen vgl. Kaul, a.a.O., S. 32 ff.

107 Erkennbar an dem Aktenzeichen "C" statt "D".

108 Auf die konkurrierende polizeiliche Verbrechensbekämpfung im Dritten Reich, die insbesondere Werle im 3. Teil seiner Habilitationsschrift (a.a.O.) eingehend dargestellt hat, braucht hier nicht eingegangen zu werden, da sie für die Frage der Rechtsprechungskontinuität keine Bedeutung haben.

109 RGBl. I 1939, S. 1457.

110 RGBl. I 1939, S. 1482.

111 Zur Wehrmachtsjustiz vgl. Messerschmidt/Wüllner, Die Wehrmachtjustiz im Dienste des Nationalsozialismus, Baden-Baden 1987.

112 Hieran knüpften sich allerdings auch konkrete politische Erwartungen, wie sich aus der z. T. bereits zitierten Äußerung der Oberreichsanwalt Brettle, DJ 1941, S. 561 ergibt:"Die Betrauung des Oberreichsanwalts und des Reichsgerichts ist zugleich ein Beweis für das Vertrauen der politischen Führung, daß die Rechtspflege in der Lage ist, begangene Irrtümer wiedergutzumachen".

keit geblieben, seine überkommene Rechtspflege auf dem Gebiete des materiellen Strafrechts fortzuentwickeln, oder sie zu ändern.

c) Verfahrensrechtliche Änderungen

Bei der Schaffung des RG hatte der Gesetzgeber des Gerichtsverfassungsgesetzes in § 136 GVG die Bedingung für Rechtsprechungskontinuität gelegt. Diese Norm sah vor, daß in einer Rechtsfrage ein Zivilsenat von der Entscheidung eines anderen Zivilsenates oder ein Strafsenat von der Entscheidung eines anderen Strafsenates nicht abweichen durfte, sondern die **Vereinigten Zivil**- bzw. **Strafsenate** anzurufen hatte. Wollte ein Zivil- von einem Strafsenat oder umgekehrt abweichen, so mußte er eine Entscheidung des Plenums des RG herbeiführen. Zum Zustandekommen einer solchen Plenarentscheidung war die Teilnahme von mindestens zwei Drittel der Mitglieder des RG erforderlich. Dieses außerordentlich aufwendige Verfahren ermunterte naturgemäß die Senate nicht dazu, von Entscheidungen anderer Senate - jedenfalls offiziell - abzuweichen. Man sprach insofern allgemein vom "horror pleni"[113]. Im Ergebnis führte dieses Verfahren zu einer engen Präjudizienbindung, die die Rechtsprechung des RG einerseits berechenbar, andererseits aber auch relativ unflexibel machte.

Mehr Flexibilität sollte hier die Strafprozeßnovelle des Jahres 1935[114] bringen. Sie schaffte die Vereinigten Senate und das Plenum ab, und setzte an deren Stelle in § 131a GVG die Großen Senate für Zivil- bzw. Strafsachen, und, für den Fall der Divergenz zwischen Zivil- und Strafsenat, die Vereinigten Großen Senate. Dies hatte zwei Vorteile: zum einen wurde die Zahl der beteiligten Richter auf eine handhabbare Zahl reduziert, zum anderen wurden die Mitglieder der Großen Senate direkt durch das Reichsjustizministerium ernannt, was der politischen Führung einen Zugriff auf diese Gremien eröffnete.

Die Strafprozeßnovelle[115] begnügte sich indes nicht mit dieser wesentlichen Vereinfachung des Abweichungsverfahrens. Sie befreite, und dies mit ausdrücklicher politischer Zielrichtung, das RG darüberhinaus von der Bindung an Urteile, die vor dem Inkrafttreten der Novelle ergangen waren. Artikel 2 des Gesetzes lautete:

> *Befreiung des Reichsgerichts von Bindungen an alte Urteile*
>
> *Das Reichsgericht als höchster deutscher Gerichtshof ist berufen, darauf hinzuwirken, daß bei der Auslegung des Gesetzes dem durch die Staatserneuerung eingetretenen Wandel der Lebens- und Rechtsanschauung Rechnung ge-*

---

113 Vgl. Hartung, Jurist unter vier Reichen, S. 101.

114 Gesetz zur Änderung von Vorschriften des Strafverfahrens und des Gerichtsverfassungsgesetzes vom 28.6.1935, RGBl. I, S. 844.

115 Zu den Änderungen insgesamt im Überblick Müller, Rechtsstaat und Strafverfahren, S. 86 f.

tragen wird. Damit es diese Aufgabe ungehindert durch die Rücksichtnahme auf die aus einer anderen Lebens- und Rechtsanschauung erwachsene Rechtsprechung der Vergangenheit erfüllen kann, wird folgendes bestimmt:

Bei der Entscheidung über eine Rechtsfrage kann das Reichsgericht von einer Entscheidung abweichen, die vor dem Inkrafttreten dieses Gesetzes ergangen ist.

Dies war in seiner Intention ein revolutionärer Eingriff in die deutsche Gerichtsverfassung, die Rechtssicherheit immer auch dadurch garantiert sah, daß die Oberinstanz nicht beliebig von ihrer eigenen Rechtsprechung abweichen konnte, zumal sie so auch ihre Orientierungsfunktion für die Untergerichte verloren hätte. Die Lösung von der Präjudizienbindung führte im Ganzen, dies sei als Vorgriff hier schon gesagt, indes nicht dazu, daß das RG sich von seiner bisherigen Rechtsprechung verabschiedete und eine neue, aus "gewandelter" Lebens- und Rechtsanschauung erwachsende Rechtsprechungstradition begründete. Der Gesetzgeber hatte hier die weiteren Funktionen von Rechtsprechungstradition, die immer auch Legitimation ist, und insofern die Begründung einer Entscheidung erleichtert, unterschätzt. Eine Ausnahme gilt hier für die Sexualdelikte, was noch im einzelnen darzustellen sein wird[116].

Die Strafprozeßnovelle trat am 1. September 1935 in Kraft (Art. 9 Nr. 7). Interessanterweise erging aber die erste Entscheidung, die von der "Befreiung des RG von Bindungen an alle Urteile" Gebrauch machte, bereits am 1. August 1935. In RGSt 69, 273 bejahte der 5. Senat entgegen der bisherigen Rechtsprechung die Strafbarkeit der Vornahme onanistischer Handlungen am Körper eines anderen Mannes nach § 175 StGB a. F.[117]. Der materiell-rechtliche Gehalt dieser Entscheidung wird später noch eingehend zu würdigen sein[118]. Prozessual ist von Bedeutung, daß der 5. Senat die Abweichung von der bisherigen Rechtsprechung des RG, die er im übrigen nicht korrekt darstellt, unter Berufung auf ein Gesetz rechtfertigt, das zum Zeitpunkt der Entscheidung noch nicht in Kraft ist. Diese Vorwirkung wird damit begründet, daß eine Entscheidung der Vereinigten Strafsenate erst zu einem Zeitpunkt ergehen könne, zu dem das Änderungsgesetz bereits in Kraft sei. Zudem sei nicht anzunehmen, "daß der Gesetzgeber den einzelnen Senaten des RG erst vom 1. September an die erwähnte Freiheit hätte geben, sie dagegen in den wenigen Wochen bis dahin an die bisherige Rechtsprechung des RG auch insoweit hätte binden wollen, als sie durch die nunmehrige Lebens- und Rechtsanschauung überholt ist.... Es wäre ein Unding, eine neue Gesinnung des Richters und ihre Betätigung erst vom 1. September an zu verlangen. Lebens- und Rechtsanschauungen kann man nicht mit befristeter Wirkung zur Geltung bringen"[119]. Das RG fühlt sich offenbar auch durch die Lösung von der Präjudizienbindung in gewissem Maße geschmeichelt:"Der Gesetzgeber hat ... eine hohe Auffassung von der Bedeutung des höchsten Richteramtes bewiesen. Er hat

116 Vgl. u. insbes. Teil D, Kapitel 4.

117 Fassung vom 15. Mai 1871: Widernatürliche Unzucht zwischen Personen männlichen Geschlechts.

118 S. u. Teil D, Kapitel 4.

119 RGSt 69, S. 275 f.

damit zu erkennen gegeben, welche Stellung dem Reichsgericht im heutigen Staate zukommt"[120].

Sicher spiegelt sich in diesen Sätzen auch die Verunsicherung des RG über seine Position im neuen Staat angesichts der verlorengegangenen Kompetenzen (s. o.). Es ist aber bemerkenswert, daß diese in Form und Inhalt den Erwartungen des neuen Staates so entsprechende Entscheidung ausweislich der Besetzung des 5. Senats[121] nicht von "wilden" Nationalsozialisten gefertigt wurde, sondern von Richtern, die schon vor 1933 am RG tätig waren, und von denen zum Zeitpunkt der Entscheidung keiner Mitglied der NSDAP war[122]. Dies weist darauf hin, daß das RG im Dritten Reich den gleichen Assimmilationsprozeß vollzogen hat, wie er auch von anderen Institutionen, etwa der Reichswehr, her bekannt ist.

Neben dieser formellen Möglichkeit zur Rechtsprechungsänderung bestanden nach 1933 natürlich auch die informellen Methoden, Rechtsprechung ohne ausdrücklich Hinweis zu verändern, fort. Im Revisionsrecht gehört hierzu namentlich die Unterscheidung zwischen Tat- und Rechtsfrage. Daß das Revisionsgericht, gestützt auf § 337 StPO, nur die Rechtsausführungen, nicht aber die tatsächlichen Feststellungen des angefochtenen Urteils überprüfen könne, gehört zu den Dogmen des Revisionsrechts. Die Praxis behauptet seit je, daß eine klare Trennungslinie zwischen diesen beiden Bereichen existiert. So geht z. B. *Hartung*, 15 Jahre lang Reichsgerichtsrat, selbstverständlich davon aus, die Rechtsprechung habe "in langer Entwicklung die Grenzen klar abgesteckt, die der Freiheit der Beweiswürdigung gezogen sind, und damit zugleich gezeigt, wie weit auf der anderen Seite das Recht des Revisionsgerichts zur Nachprüfung reicht"[123]. In der Lehre war hingegen schon früh[124] bezweifelt worden, ob das Revisionsgericht überhaupt eindeutig zwischen Tat- und Rechtsfrage unterscheiden könne und solle[125]. Die Rechtsprechung des RG blieb, wie die des BGH, von dieser Kritik unbeeindruckt. Für die Revisionsentscheidung des BGH hat *Fezer*[126] nachgewiesen, daß die Rechtsprechung einerseits die selbstgesetzten Grenzen der Überprüfbarkeit von Tatsachenfeststellungen ständig überschreitet, andererseits floskelhaft Urteilsteile, über die nicht entschieden werden woll, als zur "Tatfrage" gehörig bezeichnet. Insbeondere Letzteres ist ein beliebtes Mittel zur Veränderung von Rechtsprechung. Hierzu zwei Beispiele aus der Rechtsprechung des RG.

---

120 A.a.O., S. 276.

121 Bei Kaul, a.a.O., S. 326.

122 Vgl. die Lebensläufe bei Kaul, a.a.O., S. 261 ff.

123 SJZ 1948, S. 579.

124 Z. B. Mannheim, Beiträge zur Lehre von der Revision in Strafverfahren, 1925; vollständiger Überblick bei Fezer, Möglichkeiten einer Reform der Revision in Strafsachen, 1975, S. 83 ff.

125 Für eine Ausweitung der Überprüfung seit jeher Peters, ZStW 57 (1937), S. 53 ff.; ders., Strafprozeß, 4. Aufl. 1985, S. 638; dagegen Schwinge, Grundlagen des Revisionsreschts, 2. Aufl. 1960, S. 48.

126 Die erweiterte Revisions-Legitimierung der Rechtswirklichkeit?, 1974.

In der (bereits erwähnten) Entscheidung RGSt 69, 273 wurde die Feststellung der "Beischlafähnlichkeit" - nach Rechtsprechung . und Lehre Voraussetzung der Strafbarkeit homosexueller Betätigung[127] - dem Tatrichter zugewiesen, ohne hierfür eine Begründung zu geben. Im Zirkelschluß wird dann ausgeführt: "Wenn die genannte Feststellung (der Beischlafsähnlichkeit, G.P.) Sache der tatsächlichen Beurteilung ist, so muß es dem Tatrichter auch überlassen bleiben, zu entscheiden, worin er die Ähnlichkeit zwischen der Ausführung des natürlichen Beischlafs und der abzuurteilenden Tat finden... will. Das Ergebnis seines Ermessens ist als tatsächliche Feststellung grundsätzlich der Nachprüfung des Revisionsgerichts entzogen; nur soweit die Ausübung des Ermessens einen Rechtsirrtum erkennen läßt, ist die Entscheidung mit der Revision anfechtbar"[128].

Das gewünschte Ergebnis, Strafbarkeit der gegenseitigen Onanie, wird dadurch hergestellt, daß ein von Rspr. und Lehre aufgestelltes, ungeschriebenes TB-Merkmal zur Tatfrage gerechnet wird; das Revisionsgericht muß sich dadurch zum Problem nicht mehr äußern, will dies auch gar nicht, da ihm das Ergebnis der Entscheidung der 1. Instanz willkommen ist.

Ein weiteres Beispiel für diese Methode bildet die Entscheidung des 3. Senats vom 15. März 1937, RGSt 71, 119 zu § 224 StGB. Im angegriffenen Urteil hatte das Landgericht entschieden, daß eine Verminderung der Sehschärfe auf ein Fünfzigstel als Verlust des Sehvermögens im Sinne von § 224 StGB anzusehen sei. Seit RGSt 14, 4 ging das RG davon aus, daß eine schwere Herabminderung der Sehschärfe dem Verlust der Sehfähigkeit nicht ohne weiteres gleichgestellt werden kann[129], und erst dann, wenn das Auge lediglich noch Hell- Dunkel unterscheiden und Gegenstände auch nicht umrißhaft erkennen könne, Verlust der Sehfähigkeit vorliege. In der Entscheidung RGSt 71, 119 behauptet das RG nunmehr, die "Grenzziehung zwischen bloßer Herabminderung und dem Verlust des Sehvermögens liegt aber in jedem Fall auf tatsächlichem Gebiet." Das Landgericht habe in den Feststellungen ausgeführt, daß das Sehvermögen auf ein Fünfzigstel herabgemindert sei, und es sei **rechtlich** nicht zu beanstanden, daß das Landgericht dies mit der vollständigen Erblindung gleichgesetzt habe. Wurden in früheren Entscheidungen exakte Angaben darüber verlangt, was das Opfer auf welche Entfernung noch erkennen kann[130] um dann zu werten, ob die verbliebene Sehfähigkeit so gering ist, daß sie dem entspricht, was die Rspr. des RG bislang als Verlust der Sehfähigkeit angesehen hat, wird nun die "Grenzziehung" "wesentlich" auf das nicht revisible "tatsächliche Gebiet" verlegt und sich mit einer prozentualen Angabe der Minderung der Sehschärfe begnügt. Die Wertung des Landgerichts ist dann "rechtlich" nicht mehr zu beanstanden, wobei unklar bleibt, was das RG hiermit eigentlich meint. In Verbindung mit dem in JW 1937, 1332 Nr.33 abgedruckten Leitsatz: "Die Verminderung der Sehschärfe auf 1/50 des normalen Sehvermögens ist der völligen Blindheit gleichzusetzen", wird beim Leser der Eindruck erweckt, das RG selbst setze den Grenzwert für den Verlust der Sehfähigkeit bei einer Herabminderung der Sehfähigkeit auf den angegebenen Wert fest. Dabei konnte der Verletzte auf eine Entfernung von 1 m die Finger der Hand zäh-

---

127 Vgl. Frank, 18. Aufl., § 175, II; eingehend dazu unten, Teil D, Kapitel 4.

128 RGSt 69, S. 274.

129 Vgl. z.B. RGSt 63, 423, 424; RG HRR 1935, Nr. 1187.

130 So noch der 1. Senat in HRR 1935, Nr. 1187.

len, eine Fähigkeit, bei der RGSt 58, 173, allerdings auf eine Distanz von 1,5 m, noch den Verlust der Sehfähigkeit verneint hatte.

Im Urteil vom 2. September 1938[131] führt der 1. Senat die Rechtsprechung des 3. Senats dahingehend fort, daß er in einem obiter dictum und ohne jede Begründung sagt: "Richtig ist, daß ein Auge, dessen Sehkraft auf 1/50 herabgesetzt ist, i.S. des § 224 StGB kein Sehvermögen mehr besitzt". Seinen Abschluß findet die Veränderung der Rechtsprechung zu § 224 StGB dann in dem Urteil wiederum des 3. Senates aus dem Jahr 1941[132], in dem unter Bezugnahme auf das Urteil desselben Senats RGSt 71, 119 und die Entscheidung RGSt 72, 321, wo sich das lapidare obiter dictum findet, behauptet wird:"In der Rspr. ist... anerkannt, daß die Verletzung eines Auges, die dessen Sehkraft bis auf einen geringen Rest (1/50) vermindert, i.S. des § 224 StGB einem Verlust des Sehvermögens gleichzustellen ist". Interessant ist, daß nach den "besonderen Umständen des Einzelfalls" der Verlust dieser (Rest-) Sehkraft, die kein Sehvermögen i.S. des § 224 mehr ist, wieder dem § 224 (als Verlust des Sehvermögens!) unterfallen kann.

Die zuletzt beschriebene Methode hat spezifisch nichts mit dem Nationalsozialismus zu tun. Sie zeigt nur, daß man sich bei der Untersuchung, ob sich die Rechtsprechung im Verlaufe der Zeit ändert, nicht mit benannten Veränderungen begnügen darf, sondern auch auf verdeckte Änderungen achten muß, die ohne äußeren Aufwand das Ergebnis von Rechtsprechung ändern können.

Soviel skizzenhaft zu den äußeren Rahmenbedingungen, unter denen das RG im Dritten Reich judizierte. Die inneren Pressionen und Zwängen der Rechtsprechung unter dem Nationalsozialismus darzustellen, ist nicht Aufgabe dieser Arbeit[133]. Da aber auch die Fortsetzung dieser Rechtsprechung durch den BGH untersucht werden soll, muß im Folgenden noch auf die Rahmenbedingungen, in die der BGH im Jahre 1950 gestellt war, eingegangen werden.

4. Der Wiederaufbau der Justiz und die Errichtung des BGH im Jahre 1950

Wieso wurde anläßlich der Eröffnung des BGH am 8. Oktober 1950 die "Tradition des Reichsgerichts"[134] beschworen, konnte *Walter Strauss*[135] 1954 RG und BGH

131 RGSt 72, 321.

132 DR 1941, 1403 Nr. 5.

133 Vgl. insofern z.B. Kolbe, Reichsgerichtspräsident Dr. Erwin Bumke, 1975, S. 204 ff.; für ein Oberlandesgericht Schröder, "...aber im Zivilrecht sind die Richter standhaft geblieben !", 1988, S. 247 ff.

134 So der Titel des Beitrages von Petersen, Festschrift zur Eröffnung des Bundesgerichtshofes in Karlsruhe, S. 25 ff.; vgl. auch die Geleitworte von Adenauer und Dehler ebd.

135 Strauss war 1948 zum Präsident des neu errichteten Rechtsamtes des Vereinigten Wirtschaftsgebietes - organisatorischer Vorgänger des Bundesjustizministeriums - ernannt worden und war danach 14 Jahre lang Staatssekretär im Bundesministerium der Justiz; vgl. Hattenhauer, Vom

als ein und dasselbe Gericht bezeichnen?[136]. Um diese Frage beantworten zu können, muß man einiges über die Reorganisation der Justiz in Westdeutschland nach 1945 wissen.

a) Personelle Kontinuität und die Tradition des RG

Stolleis[137] hat die Personalpolitik als den Schlüssel für die im Westen ganz bewußt vorgenommene Fortführung der Tradition des Reichsgerichts bezeichnet. Die Personalpolitik bezieht sich dabei nicht, oder jedenfalls nicht nur auf die Rekrutierung der ersten Bundesrichter, sondern betrifft den Personalbestand insgesamt, mit dem die westdeutsche Justiz nach dem Zusammenbruch des Dritten Reiches wieder aufgebaut wurde.

Durch Art. 3 der Proklamation Nr. 1[138] hatte Eisenhower als Oberbefehlshaber der Alliierten Streitkräfte nach der Besetzung alle deutschen Gerichte zunächst schließen lassen, während die Beamten verpflichtet wurden, bis auf weiteres auf ihren Posten zu verbleiben. Dies führte dazu, daß zwar die Gerichte geschlossen, die Justizverwaltungen jedoch, soweit vorhanden, intakt waren[139]. Die Militärregierung hatte aber die Wiedereröffnung der deutschen Gerichte in Aussicht gestellt, und bereits Ende Mai 1945 begannen die ersten Amts- und Landgerichte wieder zu arbeiten[140]. Vor der erneuten Zulassung zum öffentlichen Dienst stand jedoch zunächst die Entnazifizierung, mit der die Alliierten die personell für das Funktionieren des Dritten Reiches Verantwortlichen ausscheiden wollten[141]. Dies geschah zum Teil, insbesondere von Seiten der Amerikaner, mit hohem moralischen Anspruch, war indes im Endeffekt zum Scheitern verurteilt[142]. Von den verschiedenen Gründen hierfür[143] war für die Justiz insbesondere der personelle Aufwand der Rekonstruktion des Justizapparates auf der Grundlage des Gerichts-

Reichsjustizamt zum Bundesministerium der Justiz, FS zum 100jährigen Gründungstag des Reichsjustizamtes am 1. Januar 1987, 1977, S. 9 ff., S. 103.

136 S. o. S. 1.

137 In: Europäisches Rechtsdenken in Geschichte und Gegenwart, Festschrift für Helmut Coing zum 70. Geburtstag, 1982, S. 383 ff., 398.

138 Amtsblatt der Miltärregierung Nr. 1, o. O., o. J.

139 Im Einzelnen vgl. Wenzlau, Der Wiederaufbau der Justiz in Nordwestdeutschland 1945-1949, S. 50 ff., S. 69 ff.

140 Vgl. Wenzlau, a.a.O., S. 69 ff.; Stolleis, Coing-FS, S. 390 f.

141 Vgl. Diestelkamp, Kontinuität und Wandel in der Rechtsordnung, 1945-1949, in Herbst (Hrsg.), Westdeutschland 1945-1955, S. 85 ff, 93.

142 Vgl. grundlegend Fürstenau, Entnazifizierung. Ein Kapitel deutscher Nachkriegspolitik, 1969; Niethammer, Entnazifizierung in Bayern. Säuberung und Rehabilitierung unter amerikanischer Besatzung, Frankfurt a. M. 1972 (2. Aufl. "Die Mitläuferfabrik" 1982); speziell zur Justiz: Wenzlau, a.a.O., S. 94 ff.

143 Zu den sozialpsychologischen Barrieren vgl. Henke, Die Grenzen der politischen Säuberung in Deutschland nach 1945, in: Herbst (Hrsg.), Westdeutschland 1945-1955, S. 127 ff. und Foschepoth, Zur deutschen Reaktion auf Niederlage und Besatzung, ebd. S. 151 ff.

verfassungsgesetzes von 1924[144] entscheidend, der in keinem Verhältnis zur Zahl unbelasteter Volljuristen stand[145]. Da die drei Westalliierten, anders als die Sowjets in ihrer Besatzungszone, nicht dazu bereit waren, Laien in Schnellkursen zu "Volksrichtern" auszubilden[146], zwang dies dazu, zunächst im "Huckepack-Verfahren" für jeden unbelasteten einen formell belasteten Juristen einzustellen, bis - jedenfalls in der britischen Zone - Mitte Juni 1946 auch dieses Verfahren aufgehoben, und jeder zum Justizdienst zugelassen werden konnte, der ein Entnazifizierungsverfahren durchlaufen hatte. Dies führte dazu, daß 1948 unterhalb der Repräsentations- und Führungsebene der frühere Personalbestand wiederhergestellt war, wobei man belasteten Richtern durch Beibehaltung der alten Planstellenbewirtschaftung sogar die Rückkehr in ihre vorige Planstelle ermöglichte, während unbelastete Juristen als "beauftragte Richter" oder "Richter auf Zeit" beschäftigt wurden[147]. Diese Entwicklung fand ihren Abschluß mit dem Ausführungsgesetz zu Art. 131 GG vom 11. Mai 1951[148], das in der Fassung der Novelle von 1953[149] allen Personen, die am 8. Mai 1945 im öffentlichen Dienst standen, einen Rechtsanspruch auf Wiedereinstellung und Nachforderung ihrer Bezüge gab. Dieses Gesetz wurde getragen von einer "Schlußstrichmentalität"[150], die die Entnazifizierung beendet sehen wollte, und stabilisierte die Kontinuität im Beamtenkörper[151]. Diese personelle Restauration wurde dabei ausdrücklich unter das Leitmotiv "Entpolitisierung" gestellt, was vieldeutig war. Einerseits zielte dies auf die Unabhängigkeit der Rechtspflege und ihren Schutz vor politischen Eingriffen, was vor dem Hintergrund der Erfahrungen des Dritten Reiches ein gutes Argument war. Andererseits verdeckte man aber, daß - wie *Stolleis*[152] schreibt - "unter der Flagge der "Entpolitisierung" auch ein ausgesprochen restauratives Programm segeln konnte". Bedeutender als die Tatsache, daß auch die meisten "Belasteten" den Weg zurück in den Justizdienst fanden, ist dabei wohl die Tatsache, daß dieser Personenkreis schon allein von der Altersstruktur her[153] nicht vom Nationalsozialis-

---

144 Kontrollrat-Proklamation Nr. 3 v. 20.10.1945; KontrollratG Nr. 4 v. 30.10.1945.

145 Vgl. Wenzlau, a.a.O., S. 131, Anm. 5; hierzu neuestens Wrobel, Verurteilt zur Demokratie - Justizpolitik in Deutschland 1945 - 1949, Heidelberg 1989, S. 133 ff.

146 Wenzlau, a.a.O., S. 108; zu den Volksrichterkursen vgl. H. Benjamin, Zur Geschichte der Rechtspflege in der DDR, 1976, S. 91 ff.; Stolleis, Coing-FS, S. 393 f.; Diestelkamp hat darauf hingewiesen, daß die Besetzung der Stellen im öffentlichen Dienst in der sowjetisch besetzten Zone mit systemtreuen Neulingen u. a. deshalb so einfach war "weil die alte, bürgerliche Funktionselite sowieso möglichst bald den Weg in den Westen suchte und fand", Kontinuität und Wandel S. 93.

147 Vgl. Wenzlau, a.a.O., S. 138, 140.

148 BGBl. I, 307.

149 BGBl. I, 980.

150 So Jasper, Wiedergutmachung und Westintegration, in Herbst (Hrsg.), Westdeutschland 1945-1955, München 1986, S. 183 ff., 199.

151 Ebd.

152 Coing-FS, S. 399.

153 Vgl. Diestelkamp, a.a.O., S. 94.

mus, sondern gesellschaftlich und beruflich durch die bürgerlichen Standarts des Kaiserreichs und der Weimarer Republik geprägt war[154]. Der neue Staat "Bundesrepublik Deutschland" wurde hauptsächlich mit Personen wiederaufgebaut, die im Dritten Reich aktiv waren, und deren Grundeinstellung konservativ-traditionalistisch war. Im Antikommunismus des neuen Staates fanden sie einen gemeinsamen positiven Anknüpfungs- und Identifikationspunkt[155]. Man etablierte im Endeffekt einen konservativen Rechtsstab und stellte damit die Kontinuität zu Weimar her[156].

b) Die Bemühungen um die Schaffung eines obersten Revisionsgerichts

Diese Restauration der Justiz mit dem alten Personalbestand endete auf der Ebene der Oberlandesgerichte. Ein einheitliches oberstes Revisionsgericht gab es bis zur Schaffung des BGH nicht. Das RG war mit dem Einmarsch amerikanischer Truppen in Leipzig im April 1945 geschlossen worden, hielt sich allerdings mit den dort verbliebenen Justizangehörigen formal "dienstbereit"[157]. Zur Verwaltung hatten die Amerikaner eine Kommission eingesetzt, der Mitglieder des Gerichts, ein Reichsanwalt, ein Bibliotheksrat und ein Rechtsanwalt angehörten[158]. Diese Kommission versuchte bei der Sowjetischen Militäradministration und beim Alliierten Kontrollrat erfolglos die Wiedereröffnung des RG zu erreichen. Am 8. Oktober 1945 wurden mit Hilfe der Kriminalpolizei die letzten im RG anwesenden Personen zur Räumung gezwungen, die Kommissionsarbeit für beendet erklärt und das RG endgültig geschlossen[159].

Damit fehlte eine den Oberlandesgerichten übergeordnete Revisionsinstanz. Dies machte sich alsbald in divergierenden Entscheidungen von Oberlandesgerichten bemerkbar, die angesichts der nach dem Krieg bestehenden Rechtsunsicherheit insbesondere in Hinblick auf die Fortgeltung nationalsozialistischen Rechts nahezu unvermeidbar war. Das Gesetz Nr. 1 der Militärregierung Deutschlands[160] und später das Gesetz Nr. 1 des Kontrollrats vom 20. September 1945[161] sowie das Gesetz Nr. 11 des Kontrollrats vom 30. Januar 1946[162] hoben Gesetze des Nationalsozialismus, insbesondere auch im Bereich der Strafrechtspflege, auf, die in ihrem Inhalt den Kernbestand nationalsozialistischer Ideologie widerspie-

[154] Ebd.

[155] Vgl. Diestelkamp, ebd. Jasper, a.a.O., S. 195.

[156] Vgl. zum Justizpersonal in den Spitzenpositionen die Einzelnachweise bei Wenzlau, a.a.O., S. 106 ff.

[157] H. Benjamin, a.a.O., S. 16.

[158] Ebd. S. 323, Anm. 4.

[159] Ebd.

[160] Amtsblatt der Militärregierung Nr. 3.

[161] Amtsblatt S. 6.

[162] Amtsblatt S. 55.

gelten[163]. Gleichzeitig galt ein Verbot, weitergeltendes Recht nach nationalsozialistischen Lehren auszulegen oder anzuwenden, sowie Literatur und Rechtsprechung, die dies tat, zu zitieren oder zu befolgen[164]. Man verfuhr also nach einer Technik, die nur einen - jederzeit erweiterbaren - Katalog von genuin nationalsozialistischen Gesetzen außer Kraft setzte, im übrigen aber das aus praktischen Erwägungen heraus nur zum geringen Teil ausgetauschte Justizpersonal auf eine neue Wertordnung verpflichtete. Dies führte zu allgemeiner Unsicherheit über das anwendbare Recht. So war beispielsweise unklar, ob die §§ 175, 175a StGB i.d.F. des Gesetzes vom 28.6.1935 anwendbar waren, oder ob nicht auf die davor geltende Fassung des § 175 StGB zurückgegriffen werden müßte[165]. Diese Unsicherheit spiegelt sich noch in der 1951 erschienenen Kommentierung von *Schwarz* zum StGB (14. Auflage), die zu einer Reihe von Vorschriften den vor 1933 geltenden Text sowie die jüngere, aus der NS-Zeit stammende Fassung wiedergibt. Dem traditionellen Rechtsstab, wie er sich allmählich wiederherstellte, war die durch diese Unsicherheit herbeigeführte Abweichung der Oberlandesgerichte voneinander schwer erträglich. Man sah die "deutsche Rechtsprechung ... im Begriff, aus der früher gewahrten Einheitlichkeit in eine weitreichende Rechtszersplitterung abzusinken"[166]. Da eben diese Einheitlichkeit der Rechtsprechung in Deutschland aus historischen Gründen einen hohen Rang genoß, suchte man nach Wegen der Abhilfe. Zunächst versuchte man Divergenzen der Rechtsprechung durch Abstimmung unter den Präsidenten der Oberlandesgerichte auszugleichen, was aber, insbesondere in strafrechtlichen Fragen, in denen das Ergebnis der Erörterung der Chefpräsidenten an die unteren Instanzen weitergegeben werden sollte, von einzelnen OLG-Präsidenten als "Lenkung" abgelehnt wurde[167]. Die Bemühungen, ein für alle Zonen, oder doch zumindest für die britische und die amerikanische Zone zuständiges Obergericht zu schaffen, kamen, obwohl seit 1946 im Gang, nicht voran[168].

Das Bedürfnis nach einem gemeinsamen Obergericht war am dringendsten in der Britischen Zone, die acht Oberlandesgerichtsbezirke[169] umfaßte, auf die bsp. zwei Drittel der in der amtlichen Sammlung des RG enthaltenen Revisionsentscheidungen in Zivilsachen der Jahre 1924-1943 entfielen[170]. Die Briten entschlossen sich schließlich, ein ausschließlich für ihre Zone zuständiges oberstes

163 Vgl. Stolleis, Coing-FS, S. 387 ff.
164 Art. III des Gesetzes Nr. 1 der Militärregierung Deutschlands.
165 Nachweise bei Stolleis, a.a.O., S. 402, Fn. 90, im Einzelnen s.u. Teil D, Kapitel 4.
166 Niethammer, Lehrbuch des Besonderen Teils des Strafrechts, 1950, S. IV.
167 Vgl. Wenzlau, a.a.O., S. 300 m. w. N.
168 Vgl. Wenzlau, a.a.O., S. 297 ff.
169 Braunschweig, Celle, Düsseldorf, Hamburg, Hamm, Kiel, Köln, Oldenburg.
170 Vgl. Wenzlau, a.a.O., S. 298 m. w. N.

Revisionsgericht zu schaffen[171], den "Deutschen Obersten Gerichtshof für die Britische Zone"[172] (OGH) mit Sitz in Köln, der am 29.5.1948 eröffnet wurde. Man suchte dabei die Kontinuität zum RG herzustellen. So wurde die Tatsache, daß der Präsident des OGH, der 1933 emigrierte ehemalige Präsident der Berliner Rechtsanwaltskammer *Ernst Wolff*, ein Enkel des ersten Reichsgerichtspräsidenten, *Eduard von Simson* war, in der Eröffnungsansprache *Kiesselbachs*, des Präsidenten des Zentraljustizamts der Britischen Zone, besonders herausgestrichen[173]. Der OGH war das erste Gericht, das über den Oberlandesgerichten zumindest einer Zone stand, so daß in den Augen der nunmehr wieder im Amt befindlichen, im Gerichtsaufbau von vor 1945 "groß" gewordenen Juristen die Assoziation mit dem RG unvermeidlich war. Auch in seiner Rechtsprechung stellt der OGH das Bindeglied zwischen RG und BGH dar[174]. Für den OGH bestanden keine prinzipiellen Bedenken, auf der Rechtsprechung des RG aufzubauen; er stellte sich bewußt in dessen Tradition. Es ist bezeichnend für die Stärke dieses Traditionsstranges, daß das zweite in dieser Zeit geschaffene Obergericht, das "Deutsche Obergericht für das Vereinigte Wirtschaftsgebiet"[175] mit dem vormaligen Präsidenten des Hanseatischen Oberlandesgerichts (Hamburg), *Hermann Ruscheweyh*, an der Spitze, praktisch ohne Wirkung blieb[176]. Dieses Gericht sollte in dem durch Zusammenschluß der britischen mit der amerikanischen Zone geschaffenen "Vereinigten Wirtschaftsgebiet" staatsgerichtliche Streitigkeiten zwischen der Verwaltung des "Vereinigten Wirtschaftsgebiets" und den Ländern entscheiden, daneben aber auch für Revisionen in Zivil- und Strafsachen, soweit sie Fragen aus den Gesetzen des Vereinigten Wirtschaftsgebiets betrafen, zuständig sein[177]. Das Deutsche Obergericht konnte abstrakt-normative Entscheidungen mit bindender Kraft treffen, was im deutschen Recht neu war, eine bewußte Parallele zum amerikanischen Supreme Court[178]. Die Fremdartigkeit dieses Gerichts, hier war z. B. ein Generalanwalt mit umfassender Kontrollfunktion tätig, führte dazu, daß es "keine Spuren in der Gerichtsorganisation der Bundesrepublik hinterlassen (hat)"[179]. Durch das Gesetz Nr. 38 der Alliierten Hohen Kommission vom 21.9.1950[180] wurden die Kompetenzen des Deutschen Obergerichts den im Aufbau befindlichen Bundesgerichten

171 Zur Vorgeschichte vgl. Wenzlau, a.a.O., S. 297 ff.

172 So die Verordnung Nr. 98 der britischen Militärregierung vom 1.9.1947, MRABl. S. 572.

173 Vgl. Wenzlau, a.a.O., S. 309.

174 Vgl. Zimmermann, ZNR 1981, S. 158 ff., insbesondere zum Zivilrecht.

175 Mit Wirkung zum 9.2.1948 eingesetzt durch die amerikanische Proklamation Nr. 7, US-MRABl. I, S. 1 bzw. durch die britische Verordnung Nr. 126 MRABl. S. 691.

176 Hier Wenzlau, a.a.O., S. 310 ff.

177 Ebd. S. 312.

178 Ebd. S. 313 m. w. N.

179 Sörgel, Konsensus und Interesse. Eine Studie zur Entstehung des Grundgesetzes für die Bundesrepublik Deutschland, 1969, S. 144.

180 ABl. AHK S. 600.

schrittweise übertragen, bis schließlich durch die Verordnung vom 27.12.1951 das Obergericht und die Generalanwaltschaft aufgelöst wurden.

Im Gegensatz zu diesem Gericht, dessen Tätigkeit überhaupt nur mühsam in Gang kam[181], war der Arbeitsanfall beim OGH von Beginn an enorm. Auf den einzelnen Richter entfielen pro Geschäftsjahr 103 Fälle, während es beim RG pro Jahr und Richter im Schnitt 50 Fälle gewesen waren[182]. Verschärft wurde die Situation durch die personelle Unterbesetzung. Es war kaum möglich, Spitzenkräfte zu finden, zumal die Mitgliedschaft in der NSDAP Ausschlußkriterium war[183]. So führte der Strafsenat im Oktober 1949 einen bis in den November 1950 reichenden Terminkalender.

Die politische Entwicklung war indes über die Einsetzung des OGH hinweggegangen. Am 1. Juli 1948 hatten die Militärgouverneure der drei Westzonen den Ministerpräsidenten der Länder ihrer Besatzungszonen die Ermächtung erteilt, eine "Verfassungsgebende Versammlung" wählen zu lassen[184]. Ab dem 1. September 1948 tagte in Bonn der Parlamentarische Rat, der schließlich am 23. Mai 1949 in seiner feierlichen Schlußsitzung das Grundgesetz ausfertigte, das am gleichen Tag verkündet wurde[185]. Das Grundgesetz behandelte in seinem IX. Abschnitt die Rechtsprechung, konkretisierte von den Bundesgerichten allerdings nur in den Art. 93, 94 das Bundesverfassungsgericht genauer, während es in Art. 95 Abs. 1 von einem "Obersten Bundesgericht" sprach, das zur Wahrung der Rechtseinheit des Bundesrechts errichtet werden sollte. Art. 96 GG sah vier obere Bundesgerichte vor, u. a. eines für die ordentliche Gerichtsbarkeit. Diese Konstruktion war Folge einer Initiative von *Walter Strauß*, dem Leiter des Rechtsamtes des Vereinigten Wirtschaftsgebietes - aus dem Rechtsamt sollte später das Bundesjustizministerium hervorgehen[186] - im Parlamentarischen Rat[187]. *Strauß* hatte in einer Denkschrift[188], die er dem zuständigen Unterausschuß des Parlamentarischen Rates vorlegte, eine von der bisherigen deutschen Gerichtsverfassung abweichende Regelung der obergerichtlichen Zuständigkeit vorgeschlagen. Die Oberlandesgerichte sollten grundsätzlich die letzte Revisionsinstanz sein. Ih-

---

181 Vgl. Wenzlau, a.a.O., S. 313.

182 Ebd. S. 309.

183 Ebd. S. 308.

184 Im einzelnen vgl. Mußgnug, Zustandekommen des Grundgesetzes und Entstehen der Bundesrepublik Deutschland, in: Isensee/Kirchof (Hrsg.), Handbuch des Staatsrechts der Bundesrepublik Deutschland, Bd. I, § 6, Rdnr. 22 ff.

185 Ebd. Rdnr. 87.

186 Vgl. Hattenhauer, a.a.O., S. 102 ff.

187 Strauß war Spitzenjurist der CDU und von dieser in den Parlamentarischen Rat entsandt worden; vgl. Mußgnug, a.a.O., Rdnr. 47; zu den Beratungen des Parlamentarischen Rates über den Aufbau der Justiz vgl. neuestens Wrobel, Verurteilt zur Demokratie, 1989, S. 290 ff., 296 f. zum Obersten Bundesgericht.

188 Die Oberste Bundesgerichtsbarkeit, Heidelberg 1949.

nen übergeordnet sollte das Oberste Bundesgericht auf Zulassung der Oberlandesgerichte nur über grundsätzliche Rechtsfragen entscheiden. Hiermit konnte sich *Strauß* im parlamentarischen Rat nicht durchsetzen[189]. Dabei kam die entschiedenste Gegenwehr von Seiten der Praktiker[190], wobei der Hinweis auf das Reichsgericht, das im Rahmen des Revisionsrechts sowohl der Einzelfallgerechtigkeit als auch der Fortbildung des Rechts gedient habe, nicht fehlte[191]. Das RG habe bei alledem kaum Mühe gehabt, die Rechtseinheit wirksam zu wahren, ein Argument, das letztlich die Notwendigkeit der Einrichtung eines Obersten Bundesgerichts nach Art. 95 ff. grundsätzlich in Frage stellte, und auf die "lange erprobte Einrichtung der Großen Senate"[192] verwies. Diese Äußerungen der Praxis zielten in Hinblick auf die Gerichtsverfassung letztlich auf die Wiederherstellung des status quo ante. Der Parlamentarische Rat hatte dem mit den vier in Art. 96 Abs. 1 GG vorgesehenen oberen Bundesgerichten schon Rechnung getragen. Lediglich das in Art. 95 GG vorgesehene Oberste Bundesgericht stellte ein Novum dar, wofür sich der Parlamentarische Rat die Kritik gefallen lassen mußte, daß bei solch grundlegenden Entscheidungen zunächst der fachliche Rat der Rechtslehrer und Rechtspraktiker hätte eingeholt werden sollen[193].

Zur Einrichtung des "Obersten Bundesgerichts" kam es nie, was bezeichnend ist für die Macht, mit der der traditionelle Gerichtsaufbau bewahrt wurde. Das 16. Gesetz zur Änderung des Grundgesetzes vom 18.6.1968[194] führte an seiner Stelle in Art. 95 Abs. 3 GG den "Gemeinsamen Senat" der obersten Gerichtshöfe des Bundes ein, dem die Aufgabe zugewiesen ist, eine einheitliche Rechtsprechung der verschiedenen Bundesgerichte sicherzustellen[195].

Mit dem Gesetz zur Wiederherstellung der Rechtseinheit auf dem Gebiete der Gerichtsverfassung, der bürgerlichen Rechtspflege, des Strafverfahrens und des Kostenrechts vom 12.9.1950[196], das am 1.10.1950 in Kraft trat, kehrte der Gesetzgeber auf dem Gebiet der Gerichtsverfassung zu dem Rechtszustand zurück, wie er vor 1933 in Deutschland bestanden hatte[197]. Mit dem Bundesgerichtshof wurde ein Revisionsgericht für die ordentliche Gerichtsbarkeit des gesamten Bundesgebietes geschaffen. Der personellen Restauration der Justiz folgte damit auch die institutionelle, und man darf annehmen, daß das Eine die Bedingung des Ande-

189 Vgl. Strauß, SJZ 1949, Sp. 523 ff., 528 f.

190 Vgl. Jagusch, DRZ 1949, S. 434 ff., 437 Fn. 1; Möhring, NJW 1949, S. 1 f., 41 f.; NJW 1950, S. 47.

191 Vgl. Jagusch, a.a.O., S. 436 f.

192 Ebd. S. 435.

193 Jagusch, a.a.O., S. 437.

194 BGBl. I S. 657.

195 Art. 95 Abs. 3 GG wird ausgeführt durch das Gesetz zur Wahrung der Einheitlichkeit der Rechtsprechung der obersten Gerichtshöfe des Bundes vom 19.6.1968, BGBl. I S. 661.

196 BGBl. S. 455.

197 Vgl. Schönke, DRZ 1950, S. 433 ff.

ren war. Diese Annahme wird gestützt durch einen Vergleich zum Gerichtsaufbau in der DDR, der sich in den gleichen Jahren vollzog. Statt eines obersten Revisionsgerichts wurde dort 1949 nach dem Kassationsprinzip ein Obergericht gegründet , dessen wesentliche Funktion die Wahrung der Einheitlichkeit der Rechtspflege war[198]. Neben den grundsätzlich anderen Bedingungen in der DDR darf man einen Grund für diese Änderung der Gerichtsverfassung wohl auch darin suchen, daß die zur bürgerlichen Funktionselite zählenden Juristen aus dem Gericht der DDR sich zur überwiegenden Zahl damals bereits im Westen befanden[199].

c) Aufbau und Zuständigkeit des BGH

Der BGH begann seine Arbeit am 1. Oktober 1950 mit 64 Richterplanstellen, die sich auf 5 Zivil- und 4 Strafsenate verteilten. Die Planstellen wurden bis Juli 1952 auf 86 erhöht, doch erreichte der BGH erst am 1. Juli 1953 seine planmäßige Besetzung, was zum einen auf Schwierigkeiten, geeignete Persönlichkeiten zu finden, zum anderen auf eine Überalterung der Erstbesetzung, von der einige Richter bald nach ihrer Ernennung in den Ruhestand traten, zurückzuführen war[200]. Der Wille, an die Tradition des RG anzuknüpfen, zeigte sich daran, daß von den ersten Senatspräsidenten fünf RG-Räte oder Reichsanwälte gewesen waren[201]. Ein ehemaliger Reichsanwalt (*Richter*) wurde mit fast 72 Jahren noch zum Präsidenten des 1. Strafsenats ernannt[202]. Erster Präsident des BGH wurde Hermann Weinkauff, der seit 1925 Hilfsarbeiter bei der Reichsanwaltschaft und ab 1.3.1937 Reichsgerichtsrat gewesen war[203]. Insgesamt waren 11 ehemalige Mitglieder des Reichsgerichts bzw. der Reichsanwaltschaft am BGH tätig. Daß es nicht mehr waren, wurde ausdrücklich bedauert[204]; seinen Grund hatte dies in der Tatsache, daß ca. 1/3 der Angehörigen des RG in sowjetischer Internierung umgekommen, die Überlebenden andererseits zum großen Teil zu alt waren, um noch einmal eine höchstrichterliche Funktion übernehmen zu können oder zu wollen. Immerhin hatte man mit der Ernennung des Gerichts- und der ersten Senatspräsidenten ein deutliches Zeichen gesetzt, daß mit dem BGH kein völlig neues Gericht eröffnet wurde, sondern man an die Tradition des Reichsgerichts anknüpfen wollte. Dem entsprach auch die sachliche Zuständigkeit des BGH[205], der im wesentlichen Revisionsgericht war, wobei im Vergleich zum RG seine Zuständigkeit insofern erweitert

198 Vgl. Schulz, MDR 1950, S. 662, 663.
199 Vgl. Diestelkamp, a.a.O., S. 93.
200 Vgl. Petersen, DRiZ 1960, S. 361.
201 Kirchner, DRiZ 1959, S. 107 ff., 105.
202 Ebd.
203 Vgl. Kaul, Geschichte des RG IV, S. 257.
204 Vgl. G. Petersen in FS zur Eröffnung des BGH, S. 27; quasi-offiziell W. Strauß, 75 Jahre Reichsjustizgesetze, S. 54.
205 Hierzu vgl. Weinkauff, FS zur Eröffnung des BGH, S. 39 ff.

wurde, als in Zivilsachen die Möglichkeit einer Zulassung durch das OLG geschaffen wurde, während in Strafsachen ein OLG vorlegen mußte, wenn es von einer nach dem 1. April 1950 ergangenen Entscheidung eines anderen OLG oder des BGH abweichen wollte [206]. Die Vorlegungspflicht bei Abweichung wurde von OGH übernommen, in dessen Zuständigkeitsbereich sie zur Vereinheitlichung der Rechtsprechung beigetragen hatte[207]. Darüberhinaus war der BGH erst- und letztinstanzlich für Hoch- und Landesverratssachen zuständig, ganz ähnlich wie das RG bis zur Schaffung des Volksgerichtshofs. Vom RG übernommen (oder beibehalten) wurden auch die Einrichtung der Großen Senate, die bei Dissens der einzelnen Senate zu entscheiden haben.

Die Rechtseinheit, die das oberste Revisionsgericht sichern sollte, begann **rechtlich** für die Oberlandesgerichte mit dem 1.4.1950 (§ 121 Abs. 3 GVG), für den Bundesgerichtshof erst mit seinen ersten Urteilen. Formell waren weder die Oberlandesgerichte noch der BGH an die Urteile des RG oder des OGH gebunden. Der Grund hierfür wurde darin vermutet, daß man keine Bindung an Urteile nicht mehr bestehender Gerichte herbeiführen wollte[208]. Ganz allgemein hat man aber die Verbindung der Bundesrepublik zum Deutschen Reich als dessen Rechtsnachfolger nirgends so weit getrieben, daß man schlicht die Institutionen des Reiches fortbetrieben hat. Auf nichts anderes wäre es aber hinausgelaufen, hätte man den BGH an die RG-Rechtsprechung gebunden; man hätte sonst den BGH gleich als RG bezeichnen können. Es war aber ein Grundsatz der Bundesrepublik, daß die neuen Institutionen - auch wenn sie die gleichen Funktionen wie die Vorgängerorganisation im Deutschen Reich ausfüllten - einen neuen, "bundesbezogenen" Namen bekamen[209]. Da es sich beim BGH also zumindest formell um eine Neugründung handelte, konnte man ihn schlecht an die Urteile eines nicht mehr existierenden Gerichts binden. Der BGH befand sich also im Grunde in derselben Situation wie das RG im Jahre 1935, als es vom nationalsozialistischen Gesetzgeber von der "Bindung an alte Urteile"[210] befreit wurde. Der BGH hat sich trotzdem, so viel kann hier schon gesagt werden, den Erkenntnissen des RG immer verpflichtet gefühlt, besonders in den ersten Jahren seiner Judikatur. Es gab keine formelle Bindung, aber es gab, wie der ehemalige RG-Rat *Petersen* in der Festschrift zur Eröffnung des BGH schrieb, eine "sichtbare" und eine "unsichtbare" Tradition des RG, sichtbar in seinen Entscheidungen, unsichtbar in seiner Arbeitsweise, und es gab, dies ist entscheidend, beim BGH den Willen und die Voraussetzung, auf dieser Tradition aufzubauen. Schon 1946 hatte der ehemalige RG-Rat *Niethammer* von der "Fortdauernden Wirksamkeit der Entscheidungen des

---

[206] Vgl. Schönke, DRZ 1950, S. 433.
[207] Vgl. Seibert, JR 1950, S. 740 f.
[208] Seibert, a.a.O., S. 741.
[209] Zur Namensgebung vgl. W. Strauß, 75 Jahre Reichsjustizgesetze, S. 53.
[210] S. o.

Reichsgerichts" geschrieben[211], die auf den "inneren Gehalt" und der "überzeugenden Kraft" dieser Erkenntnisse beruhe[212]. Der Tradition des RG mußte sich der BGH schon deshalb verpflichtet fühlen, weil sich an den Rahmenbedingungen so wenig geändert hatte. Zwar wurde allenthalten auf den bedrückenden Unterschied zwischen der Eröffnung des RG und der des BGH aufmerksam gemacht[213], doch hatte sich durch Krieg und Niederlage, die für diese Situation verantwortlich waren, an den justiziellen Rahmenbedingungen wenig geändert. Ähnliches, teilweise sogar gleiches Personal sprach im Rahmen der im wesentlichen unveränderten Gerichtsverfassung Recht in Bezug auf im Kernbestand unveränderten Normen. Hinzu kam die Tatsache, daß die überwiegende Zahl der BGH-Richter der ersten Generation auch schon vor und während der Herrschaft des Nationalsozialismus während des Nationalsozialismus Richter gewesen waren, was sie zu einer positiven Voreingenommenhat gegenüber dem RG nahezu zwang. Um die Identität als Richter wahren zu können, mußte man an die Rechtsprechung im Dritten Reich - jedenfalls prinzipiell - anknüpfen können. Man bekannte zwar, daß das RG in der Spätphase des Nationalsozialismus "nicht mehr es selbst" gewesen sei[214], bestand aber darauf, daß auch damals die weitaus meisten Entscheidungen "in dem alten ehrenhaften richterlichen Geist" ergangen seien.

Angesichts dieses Umfeldes ist es nahezu selbstverständlich, daß der BGH an die Tradition des RG anknüpfen wollte, insbesondere, wenn man diese Anknüpfung funktionell betrachtet. In einem ausdifferenzierten Rechtssystem wie dem deutschen bietet eine Rechtsprechungstradition für das erkennende Gericht nicht nur eine Orientierungshilfe, sondern reduziert Komplexität, in dem aus der Fülle formell möglicher Entscheidungen kraft Vorerkenntnis eine Reihe von Möglichkeiten ausgeschieden werden. Ob es sich dabei um ein formelles Präjudiziensystem handelt, oder ob man sich eher formlos in eine Rechtsprechungstradition hineinstellt, ist letztlich ohne Belang. Für die Richter, die den BGH aufbauten, war es jedenfalls selbstverständlich, daß sie keine völlig neue Rechtsprechung begannen, sondern auf der Tradition des Reichsgerichts aufbauten. Das Gegenteil war für die Juristengeneration, die für den Wiederaufbau der Justiz in der Bundesrepublik verantwortlich war, undenkbar. Diese Richter waren so ausgebildet worden, daß sie stets die obergerichtliche Rechtsprechung bei ihrer Entscheidung in Betracht zogen. Von ihnen als BGH-Richter etwas anderes zu erwarten, wäre weltfremd gewesen. Wie diese Anknüpfung an die Tradition des RG vonstatten ging, ist ein Thema dieses Buches.

---

211 DRZ 1946, 11.

212 Was Niethammer im übrigen veranlaßte, angesichts der deutschen Rechtszersplitterung ein "Lehrbuch des Besonderen Teils des StGB auf der Grundlage der RG-Rechtsprechung zu schreiben, das er 1950, mit 81 Jahren, herausbrachte.

213 Vgl. den Bericht über die Eröffnung des BGH in DRiZ 1950, 261, sowie Seibert, JZ 1950, S. 740.

214 Weinkauff, 75 Jahre Reichsgericht, in: 75 Jahre Reichsjustizgesetze, S. 45, 49.

Die Anknüpfung an die Tradition des RG hatte über die arbeitstechnische und justizspezifische Seite hinaus auch noch eine politische, genauer - deutschlandpolitische - Dimension: *Walter Strauß*, Staatssekretär im Bundesjustizministerium, sagte anläßlich einer Feierstunden zum Gedenken an den Erlaß der Reichsjustizgesetze 1954 im BGH:"Ich habe im Juli d. J. während des Evangelischen Kirchentages mit tiefer Erschütterung von dem erhalten gebliebenen, seinem Zweck hohnvoll entfremdeten Gebäude des Reichsgerichts[215] gestanden, das ein Stück deutscher Rechtsgeschichte versinnbildlicht. Mir ist dabei der Gedanke gekommen, ob es nicht erwünscht wäre, nach dem Ende der heillosen Trennung Deutschlands alle oberen Bundesgerichte in der Hauptstadt Deutschlands räumlich zu vereinigen"[216]. Was *Strauß* hier gleichsam im Nebensatz im Zusammenhang mit der räumlichen Verteilung der obersten Bundesgerichte sagte, hatte einen offiziellen politischen Hintergrund. Die junge Bundesrepublik bezog ihre Legitimation aus ihrem Selbstverständnis als Rechtsnachfolger des Deutschen Reiches[217]. Ihre Institutionen waren Nachfolger der entsprechenden Reichsinstitutionen, mit diesen personell ja auch vielfach verknüpft[218]. In dem man sich selbst als legitimen Nachfolger ansah, grenzte man sich von der Parallelentwicklung im sowjetisch besetzten Teil Deutschlands ab und hielt gleichzeitig die Wiedervereinigungsoption offen. *Fritz Neumayer* (FDP), Nachfolger *Thomas Dehlers* im Amt des Justizministers, konnte daher 1954 erklären "Wir ersehnen den Tag, an dem die Rechtsprechung des Bundesgerichtshofs sich nicht nur auf die Bundesrepublik, sondern auf unser ganzes Deutschland erstrecken wird"[219]. Auch dies steht dahinter, wenn vom BGH als dem legitimen Nachfolger des Reichsgerichts[220] die Rede ist.

---

215 In dem Gebäude des ehemaligen RG wurde das "Georgi-Dimitroff-Museum" eingerichtet, zu Ehren eines der kommunistischen Angeklagten im Reichstagsbrand-Prozeß (G.P.).

216 75 Jahre Reichsjustizgesetze, S. 53.

217 Hierzu vgl. Diestelkamp, ZNR 1985, und ders., Kontinuität und Wandel in der Rechtsordnung 1945-1955, a.a.O., S. 86 m. w. N.

218 Anders, nämlich rein normativ, sah dies lediglich Bötticher, DRiZ 1950, S. 251 ff., der aus der fehlenden Bindung des BGH an die Rechtspreschung des RG im GVG den Schluß zog, man dürfe den BGH nicht als Rechtsnachfolger des RG bezeichnen (ebd. S. 254.

219 75 Jahre Reichsjustizgesetze, S. 6.

220 Vgl. ebd. S. 5.

Teil B: Materialisierung

1. Einführung

Die Rechtsentwicklung des frühen 19. Jahrhunderts ist gekennzeichnet durch die Bemühung um den formalen Rechtsstaat. Ausdruck dieser Bemühung sind die vielfältigen Kodifikationen, nicht nur im Strafrecht, sondern auch im Zivilrecht und besonders im Verfassungsrecht[1]. Der geistesgeschichtliche Hintergrund der Kodifikationsbewegung ist die **Aufklärung**, die einerseits ein noch ungebrochenes Vertrauen in die Möglichkeit einer umfassenden Kodifikation hatte, andererseits hierin politisch das Mittel erblickte, die Freiheitsrechte des Bürgers ein für allemal vor staatlicher Willkür zu schützen[2]. Diese freiheitsgewährleistende Funktion wird in der Strafrechtsentwicklung jener Zeit insbesondere in der Formulierung des Satzes "nulla poena sine lege" durch *Feuerbach*[3] deutlich, womit, neben der straftheoretischen Begründung[4] vor allem auch ein in der Staatslehre der westeuropäischen Aufklärung wurzelndes politisches Prinzip gemeint ist[5]. Dieses politische Prinzip drückte sich rechtlich im **Formalismus** aus, versinnbildlicht in den frühen Kodifikationen[6]. Es ging dabei in erster Linie um Willkürausschluß, also um Rechtssicherheit[7].

In dem Maße, wie die mechanistische Richteridee der Aufklärung[8] sich als illusionär herausstellte, entstand eine **naturalistische** Gegenströmung[9], die die Werthaftigkeit der richterlichen Entscheidung betonte und damit gegen die Begriffsjurisprudenz und das positivistische Richterideal zu Felde zog[10]. Im Grunde geht es dabei um den Gegensatz zwischen Rechtssicherheit und Gerechtigkeit,

---

[1] Zur Kodifikationsidee vgl. Schreiber, Gesetz und Richter, 1976, S. 48 ff.

[2] Zum Kodifikationsbild der Aufklärung vgl. Caroni, Art. Kodifikation, HRG Bd. 2, Sp. 913 ff.

[3] In der 1. Aufl. seines Lehrbuchs von 1801, § 19.

[4] Hierzu Schreiber, a.a.O., S. 103 ff.

[5] Was Schreiber, a.a.O., S. 110 besonders betont; zum nulla-poena-Satz speziell s.u. Kapitel 2.

[6] Hierzu Wieacker, Aufstieg, Blüte und Krisis der Kodifikationsidee, in: Festschrift für Gustav Boehmer, 1954, S. 34 ff.

[7] Am Beispiel Feuerbach vgl. Loening, ZStW 3 (1883), S. 219 ff., 320; Küper, Die Richteridee der Strafprozeßordnung und ihre geschichtlichen Grundlagen, 1967, S. 76 f.

[8] Hierzu vgl. Krey, Studien zum Gesetzesvorbehalt im Strafrecht, 1977, S. 56 ff. m.w.N.; speziell zum Richterbild Feuerbachs s. Küper, a.a.O., S. 78 f.

[9] Vgl. Wieacker, Formalismus und Naturalismus in der neueren Rechtswissenschaft, Ausgewählte Schriften, Bd. 2, S. 139 ff., 146 f.

[10] Zur Ablösung der Begriffsjurisprudenz vgl. Krey, a.a.O., S. 61 ff.; zum positivistischen Richterideal vgl. Küper, a.a.O., S. 350 ff. jeweils m.w.N.

oder, wie *Max Weber* es ausdrückt, zwischen formaler und materialer Rationalität[11]. Die Rechtssicherheit wird dabei von der Positivität oder Formalität des Rechts garantiert, wozu *Radbruch* schreibt:"... wie ungerecht immer das Recht sich seinem Inhalte nach gestalten möge, einen Zweck wird es stets, schon durch sein bloßes Dasein erfüllen: den der Rechtssicherheit. Der Richter, indem er sich dem Gesetze ohne Rücksicht auf seine Gerechtigkeit eidlich dienstbar macht, wird also trotzdem nicht bloß zufälligen Zwecken der Willkür dienstbar: auch, wenn er, weil es das Gesetz so will, aufhört, Diener der Gerechtigkeit zu sein, bleibt er doch immer Diener der Rechtssicherheit. Wir verachten den Pfarrer, der gegen seine Überzeugung predigt, aber wir verehren den Richter, der sich durch sein widerstrebendes Rechtsgefühl in seiner Gesetzestreue nicht beirren läßt - denn das Dogma hat nur den Ausdruck des Glaubens, das Gesetz aber nicht nur als Niederschlag der Gerechtigkeit seinen Wert, sondern auch als Instrument der Rechtssicherheit, und vornehmlich als solches ist es in die Hand des Richters gegeben"[12].

Als *Radbruch* diese Sätze 1914 schrieb, war die hohe Wertschätzung der Rechtssicherheit und der Gesetzesbindung des Richters nicht mehr allgemeine Auffassung. In der Freirechtsbewegung um *Eugen Ehrlich, Hermann Kantorowicz* und *Ernst Fuchs* hatte sich eine Gegenbewegung zum herrschenden Positivismus formiert[13], die die richterliche Rechtsfindung vom Gesetz lösen und entscheidend auf das **Wollen** des Richters, auf sein subjektives Rechtsgefühl abstellen[14]. Dieser Voluntarismus war keineswegs auf das Zivilrecht beschränkt. In seinem Aufsatz "Zur Bekämpfung der strafrechtlichen Begriffsjurisprudenz"[15] bezeichnet *Ernst Fuchs*[16] die gängige Strafrechtspraxis als "formalistisches Konstruktionsunwesen". Demgegenüber empfahl er eine "Vertiefung ins Seelenleben", die zum "gerechten und verständigen Urteil" führen solle. Der Formalismus sei dem deutschen Wesen fremd; statt der "Zwangsjacke der formallogischen Tyrannei" bedürfe es "Menschenkenntnis und Herzenswärme"[17].

Die Freirechtsbewegung ist dabei nur die extreme Ausprägung einer gegen Ende des 19. Jahrhunderts einsetzenden Tendenz, die richterliche Entscheidungsfindung von einem formalen Rechtsfindungsprozeß weg zu einer materiellen Ergebnisorientierung zu entwickeln. *Max Weber* hatte zu Beginn des 20. Jahrhun-

---

[11] Wirtschaft und Gesellschaft, 1. Aufl. 1922, S. 130, 664; vgl. hierzu Röhl, Rechtssoziologie, 1987, S. 37.

[12] Grundzüge der Rechtsphilosopohie, 1. Aufl. 1914, S. 183.

[13] Zur Freiheitsbewegung vgl. statt vieler: Larenz, Methodenlehre der Rechtswissenschaft, 4. Aufl., S. 64 ff.; Wieacker, Privatrechtsgeschichte der Neuzeit, 2. Aufl., § 29 III 3 c.

[14] Vgl. Krey, a.a.O., S. 66.

[15] LZ 1928, Sp. 17 ff.

[16] Weitere Literaturhinweise zu Fuchs bei Röhl, Rechtssoziologie, 1987, S. 43, 45.

[17] LZ 1928, Sp. 31; letzteres wurde, unter audrücklicher Berufung auf Ernst Fuchs, anläßlich der Gründung des BGH auch diesem für seine Rechtsprechung gewünscht, vgl. Seibert, JR 1950, 741, 742.

derts auf eine Entwicklung hingewiesen, welche die durch die logische Eigengesetzlichkeit jedes Rechtsdenkens bedingte formale Methodik zugunsten einer materiellen, und zwar ökonomischen oder ethischen Betrachtungsweise aufzulösen[18]. Hier waren nach Ansicht *Webers* "Rechtsinteressenten" wie die Arbeiterschaft, aber durchaus auch Vertreter des Rechtsstabes selbst am Werk, "die ein soziales Recht auf der Grundlage pathetischer sittlicher Postulate ('Gerechtigkeit', 'Menschenwürde') verlangen. Dies aber stellt den Formalismus des Rechts grundsätzlich in Frage"[19]. Es bestand also die Tendenz, sich zugunsten einer wertenden Betrachtung vom Wortlaut des Gesetzes zu lösen. Während *Ernst Fraenkel* die Arbeiterschaft eindringlich vor diesem Methodenwechsel in der Rechtsgewinnung warnte[20], weil angesichts der Richterschaft der Weimarer Republik nur eine streng formale Orientierung vor einer Willkürrechtsprechung schützen könne, begrüßte *Wilhelm Sauer* in der Festgabe der juristischen Fakultäten zum 50jährigen Bestehen des Reichsgerichts (1929) die freiere Methode der Rechtsgewinnung durch richterliches Ermessen. Der Rechtsprechung gehe es um die gerechte Entscheidung; zu ihr führe das richterliche Ermessen, das deutschen Charakter trage:"weniger die Form als der Inhalt, weniger die Regel als das Wesen"[21].

Wie ideologieanfällig die Loslösung vom Formalismus ist, zeigt im Strafrecht sehr deutlich der unterschiedliche Stellenwert, den das formale Prinzip "nulla pone sine lege" auch schon vor 1933 genoß. So sah hierin *Franz von Liszt*, von dessen kriminalpolitischer Konzeption (Zweckstrafe) dies nicht unbedingt zu erwarten gewesen wäre[22], "das Bollwerk des Staatsbürgers gegenüber der staatlichen Allgewalt, gegenüber der rücksichtslosen Macht der Mehrheit, gegenüber dem 'Leviathan'"[23], und bezeichnete das Strafgesetzbuch mit dem bekannten Wort als "die magna charta des Verbrechers"[24]. Demgegeüber erachtet ein dem Zweckgedanken im Strafrecht so fernstehender Mann wie *Binding* den nulla-poena-Satz für überflüssig, ja schädlich[25]. Der Hintergrund dieser Divergenz ist ein politischer[26], bestimmt durch die unterschiedliche Auffassung über das Verhältnis des einzelnen zur staatlichen Strafgewalt und über die Natur des Staates[27]. Spricht *Liszt* vom

---

[18] Rechtssoziologie (1913), hrsg. von J. Winckelmann, 2. Aufl. 1967, S. 335 f.; vgl. ders., Rezension von Lotmar, Der Arbeitsvertrag, Archiv für soziale Gesetzgebung und Statistik 17 (1902), S. 723, 725.

[19] Rechtssoziologie, S. 336.

[20] Zur Soziologie der Klassenjustiz (1927), Neudruck Darmstadt 1967, S. 17 ff.

[21] Die Reichsgerichtspraxis im deutschen Rechtsleben, 1. Band, Berlin und Leipzig 1929, S. 122, 131.

[22] Hierzu Schreiber, a.a.O., S. 178 ff.

[23] Aufsätze II, S. 75, 80.

[24] Ebd.

[25] Handbuch des Strafrechts, 1. Band, 1885, S. 17 ff.

[26] Vgl. auch Schreiber, a.a.O., S. 173.

[27] Zu Bindings autoritärer Staatsauffassung vgl. neuestens Westphalen, Karl Binding (1841-1920), 1989, S. 476 ff., die die Auffassung, Binding sei ein hervorragender Vertreter der rechtsstaatlichen

"Leviathan", dem er den mit Rechten ausgestatteten Bürger, auch als Rechtsbrecher, gegenüberstellt, haben *Binding* und seine Anhänger eine hohe Auffassung vom Staat, stellen sich einen stets maßvoll handelnden und der Gerechtigkeit dienenden Gesetzgeber vor[28], dem der Übeltäter mit prinzipiell unbeschränkter "Straferduldungspflicht" unterworfen ist[29]. Wo *Liszt* aus dem formalen Grund des nulla-poena-Prinzips dem staatlichen Strafanspruch Schranken setzt, sieht *Binding* keinen vernünftigen Grund, den Verbrecher der verdienten Strafe zu entziehen:"Es ist bei unserer traditionellen Schonung des Delinquenten nur natürlich, dass bei diesem Conflict zwischen den Interessen der Gemeinheit und des Einzelnen letzterer den Sieg davonträgt. Wer indessen Verständnis für das Verbrecherleben und dafür besitzt, dass die Gesetzgebung demselben nicht in alle Schlupfwinkel zu folgen vermag, wer empfindet, was es heisst, schwere Misstaten blos in Ermangelung des Gesetzesbuchstabens straflos zu lassen, der muss dem Richter die Verurteilung auf Grund der Analogie nicht nur freigeben, sondern sie von ihm fordern"[30].

Die *Bindingsche* Position gewann - nicht so sehr, was die offene Gegnerschaft zum nulla-poena-Satz, als vielmehr was das kriminalpolitische Vorverständnis, sich an der "verdienten" Bestrafung nicht durch formelle Gründe hindern zu lassen angeht - im 20. Jahrhundert mehr und mehr an Boden. Dies meint der Begriff "Materialisierung". "Ungerechtfertigte Freisprechungen" sollen verhindert werden, wobei diese Formulierung schon beinhaltet, daß sich der Richter unter Aufgabe der strengen Bindung an den Wortlaut des Gesetzes an einem subjektiv als gerecht empfundenen Ergebnis bei der Urteilsfindung orientiert.

Der Wille, die Strafverfolgung von formellen Hindernissen zu befreien, bestand also tendenziell bereits vor 1933; die Tendenz war indes keineswegs herrschend. Das läßt sich wiederum sehr gut am Stellenwert des nulla-poena-Satzes bis zum Ende der Weimarer Republik zeigen[31]. So bezeichnete *Prof Dr. Kahl*, DVP-Abgeordneter und langjähriger Vorsitzender des Rechtsausschusses des Reichstags, den nulla-poena-Satz 1927 als "fundamentale(n) Grundsatz jedes Kultur- und Rechtsstaaates"[32], während ihn *v. Hippel* in seinem 1930 erschienenen Lehrbuch die "maßgebliche Grundlage des modernen Kulturstrafrechts" nennt[33].

Der prinzipielle Streit zwischen formalem und materiellem Rechtsfindungsprozeß wurde vom Nationalsozialismus eindeutig zugunsten des Letzteren entschieden. Der Nationalsozialismus sah das gesamte Rechtssystem, speziell aber das

---

Liberalität gewesen (Eb. Schmidt, Geschichte der deutschen Strafrechtspflege, 3. Aufl. S. 304) widerlegt.

28 So Schreiber, a.a.O., S. 176 f.

29 Binding, Handbuch S. 236.

30 Handbuch S. 28.

31 Hierzu eingehend Schreiber, a.a.O., S. 181 ff., 184 ff.

32 Reichstag,3. Wahlperiode, 32. Ausschuß, Protokoll der 2. Sitzung v. 21.9.27, S. 3.

33 Lehrbuch, Bd. II, S. 34.

Strafrecht als in formalen, "normativistischen" Fesseln gebunden an. Der Kampf gegen den "volksfremden Formalismus" wurde rechtspolitisches Programm, dem Bastionen des formalen Rechtsstaates wie der nulla-poena-Satz, aber auch die Rechtskraft[34] zum Opfer fielen.

Die Rechtskraft als formale Schranke der Rechtsdurchsetzung wurde unter der Losung "Gerechtigkeit statt Formalismus" sowohl im Zivilrecht[35], als auch im Strafrecht angegriffen. Im Strafrecht geht hierauf die Einführung der rechtskraftdurchbrechenden Rechtsbehelfe außerordentlicher Einspruch[36] und Nichtigkeitsbeschwerde[37] zurück. Beide Rechtsbehelfe[38] beruhen auf der Überzeugung, daß es der politischen Führung möglich sein muß, Urteile, mit deren Ergebnis sie nicht einverstanden ist, aus der Welt zu schaffen, ohne durch die Formalie der Rechtskraft daran gehindert zu sein.

Die Orientierung am Ergebnis wird besonders deutlich bei der Nichtigkeitsbeschwerde. Der Oberreichsanwalt konnte sie erheben, wenn ein Urteil wegen eines Fehlers bei der Anwendung des Rechts auf die festgestellten Tatsachen **ungerecht** war. Durch die Verordnung vom 13.8.1942[39] wurde die Nichtigkeitsbeschwerde auch allgemein gegen den (rechtskräftigen!) Strafausspruch zugelassen.

An den ausserordentlichen Rechtsbehelfen zeigt sich besonders deutlich die Willkürproblematik einer materialen Orientierung. Was "gerecht" war, entschied letztlich die politische Führung, die sich durch die Formalie der Rechtskraft nicht daran hindern lassen wollte, Urteile, mit deren Ergebnis sie nicht einverstanden war, aus der Welt zu schaffen[40].

In Bezug auf den nulla-poena-Satz fand die antiformale Geisteshaltung des Nationalsozialismus ihren gesetzgeberischen Ausdruck in der Aufhebung des Analogieverbotes und der Zulassung der Wahlfeststellung[41]. Der federführende Ministerialbeamte kennzeichnete das Leitmotiv der beiden Novellen zum materiellen Strafrecht und zum Strafverfahrensrecht des Jahres 1935 als "Überordnung der materiellen Gerechtigkeit über die formale Gerechtigkeit und zu diesem Zweck Auflockerung der Strafrechtspflege und freiere Stellung des Richters und des Staatsanwaltes"[42].

---

[34] Zu deren Wert für das liberale Rechtsstaatsverständnis vgl. Radbruch, Rechtsphilosophie, 1. Aufl. S. 175.

[35] Hierzu v. Dickhut-Harrach, "Gerechtigkeit statt Formalismus" - Die Rechtskraft in der nationalsozialistischen Privatrechtspraxis, 1986, S. 328 ff. m.N.

[36] Eingeführt durch G. v. 16.9.1939, RGBl. I S. 1841.

[37] Eingeführt durch G. v. 21.2.1940, RGBl. I S. 405, 410.

[38] Im einzelnen vgl. Grünberg, Nichtigkeitsbeschwerde, Diss. Tübingen 1977, S. 50 ff.

[39] RGBl. I S. 508.

[40] Vgl. hierzu Schuhmacher, Staatsanwaltschaft und Gericht im Dritten Reich, 1985, S.179 ff., 196 ff.

[41] Durch das G. v. 28.6.1935, RGBl. I S. 839

[42] Ernst Schäfer in DJ 1935, 991.

Weitere gesetzgeberische Maßnahmen der Entformalisierung waren die Erweiterung der Strafrahmen, insbesondere durch Einführung besonders schwerer Fälle, gipfelnd in der Volksschädlingsverordnung vom 5. September 1939[43], die in weitem Rahmen die Verhängung der Todesstrafe in das Ermessen der Gerichte stellte.

Mit der Flexibilisierung der Strafrahmengrenzen schließlich entsprach der Gesetzgeber Punkt 9 der "Nationalsozialistischen Leitsätze für ein neues deutsches Strafrecht"[44]: "Im nationalsozialistischen Strafrecht kann es kein formelles Recht oder Unrecht, sondern nur den Gedanken der materiellen Gerechtigkeit geben".

Auch von Seiten der Rechtslehre wurde dem Formalismusproblem große Aufmerksamkeit zu Teil. Ein ganzes Heft der Zeitschrift des Bundes nationalsozialistischer deutscher Juristen (BNSDJ) "Deutsches Recht", Jahrgang 1934 war diesem Thema gewidmet. *Carl Schmitt* hatte mit dem konkreten Ordnungsdenken die Kategorie definiert, die das formale Rechtsdenken ablösen sollte. Dabei handelte es sich nicht nur um die Ablösung einer Auslegungsmethode durch eine andere, sondern um einen eminent politischen Vorgang. Der Begriff "Formalismus" stand für den liberalen Rechtsstaat, für individuelle Rechtssicherheit, konkretes Ordnungsdenken hingegen für die Gemeinschaftsideologie des Nationalsozialismus, die sich nicht der Rechtsgewährung für den Einzelnen, sondern dem Volksganzen verpflichtet fühlte. Die gesamte Rechtsordnung sollte einer revolutionären Umformung unterworfen werden, für die *Carl Schmitt* in der ihm eigenen programmatischen Art die Losung formulierte: "*Wir denken die Rechtsbegriffe um.* Das ist kein Vorgang, den man als bloß gefühlsmäßig emotional und irrational mit den Antithesen von Politisch und Juristisch oder Weltanschaulich und Juristisch, abtun könnte. Es ist ein Vorgang, dessen Totalität gerade die denkerische und die echt wissenschaftliche Seite des Rechtslebens erfaßt, ein Vorgang, an dem teilzuhaben ein jeder von uns deutschen nationalsozialistischen Juristen stolz sein muß. *Wir sind auf der Seite der kommenden Dinge!*"[45]. Die Loslösung vom "Formalismus" identifizierte man zu einem großen Teil mit der Emanzipation vom Zivilrecht bzw. vom zivilistischen Rechtsdenken. Dies sollte insbesondere im Strafrecht gelingen. *Freisler* schrieb 1936: "Gelingt der Strafrechtspflege die tatsächliche, nicht nur gesetzliche Befreiung aus den Ketten der überkommenen zivilistisch ausgerichteten Denkweise, so besteht die Möglichkeit, daß von ihr aus das volkstümliche Rechtsdenken überhaupt wieder zurückerobert wird"[46].

---

[43] RGBl. I S. 1679.

[44] Hans Frank (Hrsg.), Nationalsozialistische Leitsätze für ein neues deutsches Strafrecht. Besonderer Teil, Berlin 1936, S. 128 ff.

[45] DR 1934, 225, 229; Hervorhebungen im Original; die konservative Gegenposition bezogen für das Strafrecht *Schwinge* und *Zimmerl* in ihrer Schrift "Wesenschau und konkretes Ordnungsdenken im Strafrecht", 1937.

[46] DJ 1936, 1568, 1574.

Wie sah dieser Vorgang, der hier als **Materialisierung** bezeichnet wird, nun in der Praxis aus ? Bevor in den folgenden Kapiteln ausgewählte Themenkreise unter dem Gesichtspunkt der **Kontinuität** dargestellt werden, soll an einigen Urteilen des RG, die keine nennenswerten Fortwirkung in der Rechtsprechung des BGH hatten, beispielhaft gezeigt werden, wie dieser Prozeß vor sich ging.

Die "Befreiung aus den Ketten der zivilstischen Denkweise" (*Freisler*)[47] konnte zum einen in der bewußten Loslösung von zivilrechtlichen Vorgaben liegen. Ein Beispiel hierfür ist die Entscheidung RGSt 68, 365. Der Angeklagte hatte seine Tochter sexuell mißbraucht. Er war jedoch nicht der wirkliche Vater des Kindes, galt aber kraft gesetzlicher Vermutung (§ 1591 Abs. 2 BGB) als solcher, da das Kind in der Ehe geboren worden war und er die Ehelichkeit nicht angefochten hatte. In seiner alten, vor der Novelle vom 29.5.1943 geltenden Fassung privilegierte der § 174 Nr. 1 StGB den Vater, dessen unzüchtige Handlungen am Kind nicht erfaßt waren; die Strafbarkeit begann erst beim Inzest. Das RG hatte nun zu entscheiden, ob diese Privilegierung auch dem Täter zugute kommen soll, der nicht in Wirklichkeit, sondern nur kraft bürgerlich-rechtlicher Vermutung Vater ist. Davon war eine frühe Entscheidung aus dem Jahre 1882[48] noch ausgegangen. RGSt 68, 365, 367 führt dagegen aus:"Es wäre unerträglich, wenn eine bürgerlichrechtliche Unterstellung und eine rechtliche Formung zugunsten des Rechtsbrechers auf die strafrechtlichen Wirkungen Einfluß haben sollte, die auf Grund der tatsächlichen Feststellungen eintreten müßten". Die Abweichung von RGSt 7, 307, 309 wird damit begründet, daß diese Entscheidung noch vor Inkrafttreten des BGB ergangen sei, und daher für die jetzigen Rechtsverhältnisse keine Bedeutung mehr habe. Es bestehe kein Grund den Angeklagten zu privilegieren, da er nicht Blutsverwandter der Tochter sei, und darüberhinaus auch nicht eine intakte Ehe geschützt werde: "Auch verdient der Frieden einer Ehe, in der die Frau dem Manne nicht die Treue hält, nicht denselben Schutz des Gesetzes wie die Ehe, in der, entsprechend den Vermutungen des bürgerlichen Rechtes, die Treue gewahrt wird"[49]. Nachdem das Urteil damit festgestellt hat, daß der Angeklagte im strafrechtlichen Sinn nicht der Vater des Opfers war, wird angenommen, daß er dessen Pflegevater gewesen sei, und als solcher unterfällt er dem § 174 Nr. 1 StGB a. F.

"Entformalisierung" oder "Materialisierung" meint nicht nur Loslösung des Strafrechts von den Vorgaben anderer Rechtsgebiete, insbesondere des Zivilrechts. Es bedeutet auch, daß man sich innerhalb des Strafrechts von dessen formalen Anforderungen, vor allem von der strengen Wortlautbindung frei macht, wenn diese der Herstellung des gewünschten Ergebnisses im Wege steht. Dies wird deutlich in

---

[47] Zu dem Werk von Bruns, Die Befreiung des Strafrechts vom zivilistischen Denken (1938), dessen Titel an dieses Freisler-Zitat angelehnt ist, s.u. Kapitel 11.

[48] RGSt 7, 307, 309.

[49] Ebd. S. 366.

der Entscheidung RGSt 67, 294. Hier entschied der Feriensenat des Reichsgerichts im Juli 1933 einen Fall, bei dem der Angeklagte Falschgeld gefunden und ausgegeben hatte, wobei das Landgericht davon ausgegangen war, daß er, bevor er das Geld ausgab, dessen Falschheit erkannt hatte. Nach § 148 StGB machte sich nur strafbar, wer "nachgemachtes Geld als echtes empfängt und nach erkannter Unechtheit als echtes in Verkehr bringt". Das Reichsgericht mußte entscheiden, ob auch der Fund "empfangen" i.S.v. § 148 ist[50], oder ob dazu ein abgeleiteter Erwerb notwendig ist[51]. Das Reichsgericht entscheidet sich für die erste Ansicht, stellt also "den Fund" dem "Empfang" gleich, nicht ohne zu erkennen, daß nach dem Sprachgebrauch beide Begriffe nicht gleichgestellt werden dürfen. Es gelangt zu dieser Gleichstellung aber durch eine Auslegung nach dem Sinn des Gesetzes, da "gerade ein nicht am Wortlaut haftende, zweckgerichtete Rechtsprechung ... vom Volksempfinden heute besonders nachdrücklich gefordert (wird)"[52]. Die gegenteilige Auffassung führe, wenn nicht § 263 eingreife, zur Straflosigkeit, was dem Volksempfinden widerspreche[53]. *Gerland* vertrat in einer Anmerkung[54] die historisch präzis untermauerte Auffassung, daß das Reichsgericht hier nicht teleologische Auslegung, sondern unter der Geltung des § 2 Abs. 1 StGB verbotene Lückenfüllung betreibe, da der historische Gesetzgeber nur den derivaten Erwerb bestrafen wollte[55]. Seiner - später[56] noch im einzelnen darzustellenden - Grundeinstellung folgend, trat *Bruns* der Auffassung des RG bei[57].

Ein ähnliches Beispiel bietet die Entscheidung RGSt. 67, 360. Hier hatte der 3. Senat des Reichsgerichts im Rahmen der §§ 324, 326 StGB a. F. (heute §§ 319, 320) zu entscheiden, ob "vergiftete oder mit gefährlichen Stoffen vermischte Sachen" auch solche sind, die 80 - 90 % Gift enthalten, und denen im übrigen ein ungefährlicher Stoff beigemischt ist. Das Reichsgericht erkannte, daß eine Auslegung von "Beimischen" oder "Vermischen", die sich an den Wortlaut hält, nicht die Fälle erfassen könne, in denen der Grundstoff Gift sei, dem lediglich ein ungefährlicher Stoff beigemischt sei. Zur Strafbarkeit gelangte das Gericht entgegen der herrschenden Lehre[58], in dem es auf den Sinn und Zweck der §§ 324, 326 abstellt. Durch diese "soll die Gefährdung der allgemeinen Gesundheit durch Überlassung solcher Gegenstände an Käufer oder Verbraucher verhütet werden, die, weil sie, entgegen der von den Empfängern vorausgesetzten Beschaffenheit, Stoffe der in

---

[50] So Olshausen-Lorenz, 11. Aufl. 1927, § 148, 1.
[51] So die überwiegende Literatur, Nachweise bei Frank, 18. Aufl. § 148 I.
[52] S. 295.
[53] S. 297.
[54] JW 1933, 2282.
[55] Ebd. S. 2284.
[56] S.u. Teil C Kapitel 11
[57] A.a.O. S. 201
[58] Nachweise bei Dahm, JW 1934, 1167.

§ 324 StGB bezeichneten Art überhaupt enthalten, die menschliche Gesundheit zu zerstören geeignet sind. Dann kann es aber weder auf das Mischungsverhältnis noch auf den Grundstoff noch darauf ankommen, ob dem Gegenstand der gefährliche Stoff von vornherein oder erst nachträglich beigemischt worden ist"[59]. Einen Beleg für diesen Sinn und Zweck führt das Reichsgericht ebensowenig an, wie es ausführt, wie diese Auslegung mit dem Wortlaut der Norm zu vereinbaren ist. *Dahm* führt hierzu aus[60] :"Die Entscheidung zeigt... deutlich, daß man schon heute das radikale Analogieverbot offen preisgeben und dem Richter jede Auslegung gestatten sollte, die dem erkennbaren materiellen Willen des Gesetzes entspricht... Wenn das Reichsgericht hier den entscheidenden Schritt noch nicht getan hat, so ist die vorliegende Entscheidung doch ein erfreuliches Zeichen dafür, daß das Reichsgericht schon heute auf dem Wege ist, das Analogieverbot praktisch aufzugeben".

Ein weiteres Beispiel für eine explizite Entscheidung gegen den Wortlaut findet sich in RGSt 68, 194 für die nachträgliche Anordnung der Entmannung nach Art. 5 Nr. 2 u. 3 des Gewohnheitsverbrechergesetzes vom 24. November 1933. Danach konnte die Entmannung auch gegen solche Täter angeordnet werden, die sich **nach** dem 1. Januar 1934 in Strafhaft befanden. Der 1. Senat des Reichsgerichts erklärte die Anordnung der Entmannung gegen den Beschwerdeführer, der **am** 1. Januar 1934 entlassen worden war, sich nach diesem Termin also nicht mehr in Strafhaft befand (und zudem schon hätte am 31. Dezember 1933 entlassen werden müssen) für rechtens. Dem Wortlaut sei "keine zu große Bedeutung"[61] zuzumessen, da der Wille des Gesetzgebers dahin gehe, diejenigen Täter zu erfassen, die bei Inkrafttreten des Gesetzes, also **am** 1. Januar 1934 in Strafhaft seien.

Die Ergebnisorientierung, die zur Lösung vom Wortlaut führte, war bisweilen auch explizit politisch motiviert. Dies zeigt sich z.B. an einer Entscheidung zu § 134a StGB, aufgenommen durch die VO des Reichspräsidenten zur Erhaltung des inneren Friedens vom 19.12.1932[62]. Unter Strafe gestellt wurde die öffentliche Beschimpfung oder die böswillige und mit Überlegung begangene Verächtlichmachung des Reichs, seiner Farben oder Flaggen oder der deutschen Wehrmacht, nicht aber die Beschimpfung eines Organs des Reiches. Der 1. Senat des RG entschied 1935[63], daß abfällige Äußerungen über den Führer und Reichskanzler dem § 134a unterfielen, da durch das Gesetz über das Staatsoberhaupt des deutschen Reiches vom 1. August 1934[64] das Reich mit der Person des Führers aufs engste verbunden worden sei. Dieses Gesetz, das lediglich zwei Paragraphen umfaßt, verfügt in knappen Worten die Personalunion zwischen den Ämtern von

[59] S. 361 f.
[60] JW 34, 1176.
[61] S. 195.
[62] RGBl. I 548.
[63] JW 1935, 3384 Nr. 13.
[64] RGBl. I 747.

Reichskanzler und Reichspräsident. Das RG legt also den Begriff Reich i.S.v. § 134a dahingehend aus, daß er nicht nur Organisationsbegriff sei, sondern auch einzelne Organe und darüberhinaus auch eine konkrete Einzelperson umfaßt. Mit klassischen Auslegungsgrundsätzen ist dies unvereinbar, da das Gesetz erkennbar schon nicht die Organe, und noch viel weniger Individuen schützen wollte. Zum subjektiven Tatbestand führt das RG weiter aus, daß ein Deutscher seit dem August 1934 regelmäßig das Gefühl dafür haben muß, in der Person *Hitlers* auch zugleich das von diesem Mann verkörperte Deutsche Reich zu schmähen[65].

Das letztgenannte Urteil erging am 17. September 1935; am 1. September 1935 war die Novelle vom 28.6.1935[66] in Kraft getreten, die das Analogieverbot förmlich aufgehoben hatte. Es wäre also möglich gewesen, sich offen über den Wortlaut des Gesetzes hinwegzusetzen. Die offene Analogie war indes die Sache des RG nicht. Dies zeigt auch das Urteil des 4. Senats in RGSt 72, 1. Es geht dabei um die Frage, ob die Vernichtung von Bienenvölkern eine gemeinschädliche Sachbeschädigung nach § 304 StGB sein kann. Der Angeklagte hatte fremde Bienen, die an seinen Stöcken Nahrung suchten, mit arsenhaltiger Zuckerlösung gefüttert, worauf 44 Bienenvölker teils vernichtet, teils stark geschädigt wurden. Da kein fristgerechter Strafantrag gestellt war, schied eine Bestrafung nach § 303 StGB aus. Für den Senat ist klar, daß das Verhalten des Angeklagten Strafe verdient[67]. Da nach § 303 StGB mangels Antrag nicht bestraft werden kann, und eine strafbegründende Analogie immer erst dann in Betracht gezogen wird, wenn kein Tatbestand unmittelbar einschlägig ist , prüft der Senat § 304 StGB. Hier ist problematisch, daß nach der Rechtsprechung des Reichsgerichts[68] zu den in § 304 StGB geschützten Gegenständen nur solche zählen, die **unmittelbar** dem öffentlichen Nutzen dienen und hierzu auch bestimmt sind. Für den Senat ist in Bezug auf die Bienenvölker "ohne weiteres ersichtlich, daß dieser Nutzen der Volksgemeinschaft unmittelbar zugute kommt"[69]. Über eine weitere Hürde des Tatbestandes, daß nämlich die beschädigten Sachen zum öffentichen Nutzen **bestimmt** gewesen sein müssen, setzt sich der Senat durch die Einbeziehung der politischen Entscheidung des nationalsozialistischen Gesetzgebers bezüglich des Aufbaus des **Reichsnährstandes** hinweg. Da die Reichsregierung seit 1933 planmäßig daran gehe, die Versorgung Deutschlands mit Obst und Ölsaaten vom Ausland unabhängig zu machen, sei auch die Imkerei dem öffentlichen Nutzen bestimmt. Mittel zur Erreicherung dieses Ziels sei der Reichsnährstand, der eine lebenskräftige Stütze für den Aufbau, die Erhaltung und die Kräftigung des deutschen Volkes sein solle. Jeder fühlbare Eingriff in die Grundlagen der Ernährungswirtschaft gelte als Be-

---

65 Ebd.
66 RGBl. I 839
67 Vgl. RGSt 72, 1, 4.
68 RGSt 58, 348; 66, 204.
69 RGSt 72, 2.

einträchtigung der Volksgemeinschaft und sei deshalb schon tatbestandsmäßig i.S.d. § 304 StGB[70]. Daß Gegenstände, die ausschließlich im Privateigentum stehen und deren Produkte zunächst nur dem Eigentümer zugute kommen zum öffentlichen Nutzen i.S.v. § 304 StGB bestimmt sein können, war in der Rechtsprechung des Reichsgerichts ein Novum[71]. *Erik Wolf* kritisiert in einer Anmerkung zu dieser Entscheidung deshalb auch die direkte Anwendung des § 304 StGB, hält die Entscheidung gleichwohl für richtig, begründet dies aber mit einer Analogie zu § 304 StGB[72]. *Wolf* hebt andererseits lobend hervor, daß die Entscheidung ein Beispiel dafür sei, wie das Reichsgericht seit einigen Jahren "den Weg einer möglichst extensiven, zweckgebundenen oder 'teleologischen' Gesetzesauslegung"[73] beschreitet und weitergeht. Was *Wolf* hier als Beleg für das Bestreben des Reichsgerichts "dem Verlangen nach einer volkstümlichen Rspr. zu genügen" sieht, ist Rechtsfindung mit einer klaren politischen Intention: Die mangels Strafantrag nicht verfolgbare Sachbeschädigung wird, weil sie wegen der konkreten Art der Ausführung und des Schadens besonders strafwürdig erscheint, zum qualifizierten Tatbestand hochgestuft. Der Senat macht sich die rechtspolitische Wertung, die in der Verurteilung durch das Landgericht liegt, zu eigen, was in dem Satz deutlich wird:"Daß jede umfangreiche Vernichtung nach gesundem Volksempfinden Bestrafung verdient, ist klar"[74]. Hier wird mit einer extensiven Auslegung die offene Analogie umgangen, was für die Rechtsprechung des RG typisch ist[75], die äußerst zurückhaltend mit der offenen Analogie zu Lasten des Beschuldigten verfuhr[76]. Seinen Grund hat dies darin, daß das RG eine Analogie nur dann zuließ, wenn man durch "Auslegung" nicht zur Strafbarkeit gelangen konnte[77]. Dies war einerseits der Motor einer extensiven Auslegung, andererseits aber auch eine Bedingung für Kontinuität, da sich ein Gericht nach dem Ende des Dritten Reiches schwerlich auf eine Entscheidung hätte berufen können, die auf einer offenen Analogie zu Lasten des Angeklagten beruhte. Von daher ist es auch vertretbar, daß Analogieproblem als Beispiel der Materialisierung im Rahmen dieser Einführung gleichsam marginal zu behandeln. Die offenen Analogien hatten keine Kontinuität, und die verdeckten

---

70 Vgl. zu dieser Entscheidung Stolleis, Gemeinwohlformeln im nationalsozialistischen Recht, Berlin 1974, S. 279, 280.

71 Vgl. die Übersicht bei Olshausen, 11. Aufl., 2. Bd., 1927, § 304, 2 f.

72 ZdAkfDR 1938, 100.

73 Ebd.

74 a.a.O. S. 4.

75 Vgl. die Habilitationsschrift von Sax, Das strafrechtliche "Analogieverbot", 1953, der der Auslegung des RG attestiert, sie habe "das überkommene Analogieverbot im Grunde bewährt" (S.115), und zwar durch die extensive und wortlautüberdehnende Auslegung.

76 Eine Aufstellung, aus der die zurückhaltende Anwendung des § 2 StGB n. F. durch das Reichsgericht hervorgeht findet sich bei Krey, Keine Strafe ohne Gesetz, 1983, S. 32.

77 Vgl. RG HRR 1936, Nr. 848, RGSt 70, 218, 220; 360, 362, 363; 71, 390, 391 m.w.N.

Analogien werden in den folgenden Kapiteln im Zusammenhang mit dem jeweils betroffenen Problembereich behandelt.

Die in der Einführung genannten Beispielsfälle hatten in der Tat keine, oder jedenfalls keine bedeutende Fortwirkung beim BGH. Zu dem Problem, ob auch der Scheinvater nach § 174 StGB strafbar sein könne[78], konnte der BGH nie Stellung nehmen, da durch die Novelle vom 29.5.1943[79] die Unzucht mit Abhängigen auf alle der Erziehung anvertrauten Personen ausgedehnt wurde und dadurch die Privilegierung für den leiblichen Vater entfiel. Der BGH hat jedoch zu einem Parallelproblem bei § 170b StGB in BGHSt 5, 106 zunächst die Auffassung vertreten, daß die Strafgerichte nicht an die zivilrechtlichen Wertungen hinsichtlich der Vaterschaft gebunden seien. Dies führte zu einer Strafbarkeitseinschränkung, da der Scheinvater dann nicht unterhaltspflichtig im Sinne des § 170b StGB war. Später[80] hat sich jedoch die Auffassung durchgesetzt, daß es auf die tatsächliche Sachlage nicht ankomme, und daher auch der Scheinvater wegen Verletzung der Unterhaltspflicht strafbar sein könne[81].

Auch zu der Frage, ob ein abgeleiteter Erwerb für das "Verschaffen" i.S.v. § 148 StGB notwendig ist[82], hat sich der BGH nie geäußert, wenngleich er in BGHSt 3, 154 für die Frage des "Verschaffens" i.S.v. § 147 StGB auf RGSt 67, 294 Bezug nimmt, woraus gefolgert werden muß, daß der BGH sowohl für das "Verschaffen" wie auch für das "Empfangen" jede Art des Besitzerwerbs als ausreichend ansieht, für § 148 mangels konkreter Fallgestaltung dies jedoch nicht ausdrücklich ausführen mußte. Das Problem ist durch die Neufassung der Geldfälschungsdelikte durch das EGStGB von 1974 obsolet geworden[83].

Ebenfalls nicht geäussert hat sich der BGH zu der Frage, welches Mischungsverhältnis für das Tatbestandsmerkmal vergiften erforderlich ist[84]. Es ist jedoch völlig herrschende Meinung[85], daß es für die Frage des "Vergiftens" nicht auf die Mischungsverhältnisse ankommt, so daß jeder Stoff, auch das reine Gift, der die Gesundheit zu zerstören geeignet ist, unter § 319 n. F. fällt.

In der Auslegung des § 304 StGB ist es eher zu einer Diskontinuität zwischen BGH und RG, jedenfalls was die Entscheidung RGSt 72, 1 betrifft, gekommen. Bereits die ersten Kommentierungen nach dem Krieg bezweifelten die Richtigkeit der angeführten Entscheidung[86]. Der BGH[87] greift in seiner Rechtsprechung zu § 304 StGB wohl auf die Entscheidungen RGSt 66, 203; 58, 348, nicht aber auf RGSt 72, 1 zurück. Dabei betont der BGH die tatbestandseinschränkende Funktion der Unmittelbarkeit des öffentlichen Nutzens, die die beschädigte Sache erst unter die

---

[78] S.o. RGSt 68, 365

[79] RGBl. I 341.

[80] Ab BGHSt 12, 166.

[81] Heute h. M., vgl. Schönke-Schröder-Lenckner, 23. Aufl., § 170b, 9.

[82] S.o. RGSt 67, 294.

[83] Vgl. § 147 StGB n. F.

[84] S.o. RGSt 67, 360.

[85] Nachweise bei LK-Wolff, 10. Aufl., § 319, 6.

[86] Schönke, StGB, 5. Aufl. 1951, § 304, III c; Schwarz, StGB, 15. Aufl. 1952, § 304, F; a. A. noch 14. Aufl., § 304, F.

[87] Vgl. BGHSt 31, 185, 186.

Tatobjekte des § 304 StGB fallen läßt. Ausdrücklich wendet sich der BGH dabei gegen eine Entscheidung des OLG Hamm[88], das einen Funkstreifenwagen deshalb zu den in § 304 StGB geschützten Sachen zählt, weil sich aus der Gemeinwohlfunktion der Sache ergäbe, daß jedermann aus ihr Nutzen ziehen könne. Darin sieht der BGH nur einen mittelbaren Nutzen, da der Streifenwagen nur Hilfsgerät des polizeilichen Einsatzes sei, und nur dieser unmittelbar dem Bürger nütze.

Auf die Diskussion um das Analogieverbot soll im Folgenden in Bezug auf das Institut, das eine nachverfolgbare Fortwirkung hatte, näher eingegangen werden: die ungleichartige Wahlfeststellung.

2. Wahlfeststellung und Analogieverbot

In ständiger Rechtsprechung hatte das RG bis zum Jahr 1934 eine wahlweise Feststellung verschiedener Tatbestände für unzulässig erklärt[89]. Stand z. B. fest, daß ein Angeklagter einen Gegenstand entweder gestohlen oder hehlerisch erworben hatte, konnte aber weder Diebstahl noch Hehlerei eindeutig festgestellt werden, so war der Angeklagte freizusprechen:

"Die bloße Möglichkeit, daß der Angeklagte entweder den einen oder den anderen gesetzlichen Tatbestand verwirklicht habe ... kann zu keiner Bestrafung führen. Solche verlangt vielmehr den Nachweis wirklicher Ereignisse, einer bestimmten im Gesetz mit Strafe bedrohten Handlungsweise. Erst bei vollem Schuldbeweis ist der staatliche Strafanspruch und die staatliche Strafpflicht feststellbar und begründet"[90].

Das RG hatte dies auch aus dem Analogieverbot hergeleitet: "Der Grundsatz 'nullum crimen sine lege' beherrscht so sehr das gesamte Strafrecht, daß eine Strafe nur dann ausgesprochen werden darf, wenn die zur Bestrafung gezogene Handlung derart festgestellt werden kann, daß sie ein bestimmtes Strafgesetz erfüllt, daß in ihr sämtliche Merkmale einer bestimmten Strafbest. zu finden sind"[91].

Das Analogieverbot war nun wegen seines streng formalen Gehalts einer der Hauptangriffspunkte der Vertreter des nationalsozialistischen Strafrechts. Vom "nulla poena sine lege" zum "nullum crimen sine poena", das war, von *Carl Schmitt*[92] auf eine griffige Formel gebracht, der Schwerpunkt ihres kriminalpolitischen Programms. *Schaffstein* bezeichnete den nulla-poena-Satz als das "Feldzeichen des Gegners", dessen Eroberung der erste Schritt zur Überwindung des "Formalismus" im Strafrecht darstelle. Der Preisgabe dieses Grundsatzes

---

[88] NStZ 1982, 31.
[89] Vgl. RGSt 53, 231, 232 m.w.N.; RGSt 56, 61; zuletzt RG JW 1933, 1661.
[90] RGSt 53, 231, 232.
[91] RGSt 22, 213, 216.
[92] JW 1934, 713, 714.

wurde dabei, worüber sich *Dahm*[93] angesichts der Bedeutung des nulla-poena-Satzes im Strafrecht bis 1933 wunderte, nahezu kein Widerstand entgegengesetzt. Obwohl der Grundsatz in Art. 116 WRV verfassungsrechtlich verbrieft war, ging man allgemein davon aus, "daß dieser Grundsatz auch ohne förmliche Aufhebung des Art. 116 aufgehört hat, einen Bestandteil der Verfassung als der Grundordnung des völkischen Lebens zu bilden"[94]. Als Folge dieser verfassungsrechtlichen Sichtweise sah sich der Gesetzgeber nicht gehindert, durch die Novelle vom 28.6.1935[95] das Analogieverbot aufzuheben, nachdem er zuvor schon mit der "lex van der Lubbe"[96] das Rückwirkungsverbot durchbrochen hatte. Neben der Analogie wurde im neuen § 2b StGB nun auch die Wahlfeststellung zugelassen:

> *"Steht fest, daß jemand gegen eines von mehreren Strafgesetzen verstoßen hat, ist aber eine Tatfeststellung nur wahlweise möglich, so ist der Täter aus dem mildesten Gesetz zu bestrafen".*

Dieser § 2b StGB wurde durch das Kontrollratsgesetz Nr. 11 vom 30. Januar 1946[97] wieder aufgehoben, so daß eine Beschäftigung mit der Wahlfeststellung aus Kontinuitätsgesichtspunkten müßig erscheinen könnte.

Indes, bevor die Wahlfeststellung 1935 durch den nationalsozialistischen Gesetzgeber zugelassen wurde, hatte sie das RG 1934 durch die Plenarentscheidung RGSt 68, 257 bereits auf bestimmte Sachverhaltsgestaltungen angewandt, und diese Rechtsprechung wirkte fort.

Gegen die enge Auffassung des RG hatte sich schon vor dem 1. Weltkrieg Widerspruch geregt, der insbesondere aus den Reihen der Richterschaft kam. 1913 forderte der Deutsche Richtertag die Zulassung der wahlweisen Verurteilung in den Fällen der Gesetzesalternativität[98]. Hauptprotagonist der ungleichartigen Wahlfeststellung war *Alois Zeiler*, Jahrgang 1868[99], der im Laufe seines Lebens sieben Aufsätze zum Thema Wahlfeststellung schrieb, den ersten 1914 als I. Staatsanwalt beim LG Zweibrücken[100], den letzten mit 92 Jahren als RG-Rat a. D. in der ZStW 72 (1960), 4 ff[101]. *Zeiler* votierte von Anfang an für die uneingeschränkte Zulassung der ungleichartigen Wahlfeststellung. Obwohl *Zeiler* seit 1919 RG-Rat war und dem 1. Strafsenat angehörte, änderte sich die Rechtsprechung des RG bis zum Jahr 1934 nicht.

---

93 Nationalsozialistisches und faschistisches Strafrecht, 1935, S. 13.

94 *Dahm*, a.a.O. S. 12; vgl. a. *Henkel*, Strafrichter und Gesetz im neuen Staat, 1934, S. 54: "Außerkrafttreten der Weimarer Verfassung"

95 RGBl I, 839.

96 Gesetz über Verhängung und Vollzug der Todesstrafe vom 29.3.1933, RGBl I, 151.

97 Amtsbl. S. 55.

98 DRiZ 1913, Sp. 812.

99 Vgl. *Kaul*, Geschichte des RG IV, S. 300.

100 DRiZ 1914, Sp. 521 u. 569.

101 Die übrigen Aufsätze finden sich in ZStW 40 (1918), 168; ZStW 42 (1921), 665; ZStW 43 (1922), 596; JW 1938, 149; ZStW 64 (1952), 156.

Dann geschah etwas Kurioses: In der JW 1934, 294 wird ein umfangreiches Urteil des 1. Strafsenats veröffentlicht, in welchem die ungleichartige Wahlfeststellung in den Grenzen des § 264 StPO für zulässig erklärt wird. Die Strafe sei dem mildesten Delikt zu entnehmen. Das Urteil trägt eindeutig die Handschrift *Zeilers*. Es beginnt mit der von *Zeiler* schon bis dahin oft wiederholten Beschreibung des Dilemmas, daß Gerichte, um ungerechtfertigte Freisprechungen zu vermeiden, oft vorspiegeln müßten, sie seien zu eindeutigen Feststellungen gelangt. Im Folgenden wird dann dargelegt, daß die ungleichartige Wahlfeststellung bereits mit dem geltenden Recht vereinbar sei. Die bisherige Position der Rechtsprechung beruhe auf einer "Übersteigerung des Rechtsstaatsgedankens und der damit zusammenhängenden Überbetonung des Schutzes des Angeklagten"[102]. Das Urteil endet mit Vorschlägen, wie künftig die Urteilsformeln in Fällen von Wahlfeststellung zu fassen seien. Die Kompetenz, von der bisherigen Rechtsprechung abzuweichen wird daraus abgeleitet, daß der 2. und 3. Senat erklärt hätten, nicht an ihrer bisherigen Rechtsprechung festhalten zu wollen. Die übrigen Senate seien neu gebildet worden, so daß ihre frühere Rechtsprechung nicht binde, und in ihrer Rechtsprechung nach der Neubildung seien sie mit dem Problem der Wahlfeststellung noch nicht befaßt gewesen.

Das Kuriosum besteht nun darin, daß es sich bei diesem "Urteil" in Wirklichkeit nur um einen Entwurf handelt, der "durch ein bedauerliches Versehen", wie der Präsident des 1. Strafsenates in der folgenden Ausgabe der JW mitteilt[103], hinausgegeben worden sei.

All zu forsch, so scheint es, war *Zeiler* hier vorgeprescht. Insbesondere in der Frage der Abweichungskompetenz scheint es innerhalb des RG zu einer Kontroverse gekommen zu sein, denn der 1. Senat legte die Sache den Vereinigten Strafsenaten mit der Frage vor, ob so, wie im Urteilsentwurf tenoriert, entschieden werden könne. Da sich im Verlauf der Beratung herausstellte, daß der Vereinigte Strafsenat die Wahlfeststellung nicht allgemein zulassen werde, hat "ein mitwirkender Richter"[104] einen Hilfsantrag dahingehend gestellt, daß eine wahlweise Feststellung wenigstens zwischen Diebstahl und Unterschlagung für zulässig erklärt werde. Der Kompromißvorschlag kam von *Niethammer*, der auf das Sprichwort verwiesen hatte, der Hehler sei nicht besser als der Stehler[105], und sich mit dieser simplen Gedankenführung dahingehend durchsetzte, daß die Wahlfeststellung nicht allgemein, wohl aber für die Alternative Diebstahl - Hehlerei zugelassen wurde.

---

[102] Ebd. S. 299.
[103] JW 1934, 366.
[104] RGSt 68, 258.
[105] Vgl. *Zeiler* ZStW 72 (1960), 4, 14

Dieser pragmatische Kompromiß war dogmatisch kaum zu begründen. So scheiterte denn auch der ursprünglich mit der Abfassung des Beschlusses betraute Berichterstatter mit zwei Entwürfen an dem Problem, warum allein zwischen Diebstahl und Hehlerei eine Alternativverurteilung möglich sein solle[106]. Schließlich wurde *Niethammer* mit der Abfassung der Gründe betraut. Hierin wird zunächst ausgeführt, daß die Vereinigten Senate berechtigt und verpflichtet seien, Lücken im Gesetz durch rechtsschöpferische Tätigkeit zu schließen, und dazu wie der Gesetzgeber vorgehen könnten[107]. Dessen Maßstab sei aber die **Zweckmäßigkeit** der beabsichtigten Regelung. Zweckmäßigkeitserwägungen sprächen aber gegen eine allgemeine Freigabe der ungleichartigen Wahlfeststellung. Das Operieren mit verschiedenen Möglichkeiten des Tatgeschehens bleibe so weit hinter der vom Richter zu verlangenden Sachverhaltsaufklärung zurück, daß die Gefahr eines Irrtums bedenklich nahe rücke. Dies entspräche nicht mehr den an die richterliche Überzeugung zu stellenden Anforderungen.

Auch die Wirkung des Urteils werde durch eine alternativ gefaßte Urteilsformel beeinträchtigt. Solch eine Formel entbehre "der Stärke und Wucht, ohne die kein nachhaltiger Eindruck erreicht wird"[108]. Außerdem werde der Angeklagte durch die Anführung einer Möglichkeit, hinter der keine Wirklichkeit stehe, zu Unrecht mit einem öffentlich-bescheinigten Verdacht belastet.

Eine Ausnahme von der generellen Unzulässigkeit der ungleichartigen Wahlfeststellung sei jedoch aufgrund des in der Beratung gestellten Zusatzantrags für die Alternative Diebstahl-Hehlerei, wie sie im Vorlagefall zugrunde lag, zu machen. Bei solch enger stofflicher Beschränkung des Alternativ-Verhältnisses seien die Bedenken, die einer generellen Zulassung der Wahlfeststellung entgegenständen, weniger gravierend. Auf der anderen Seite zwinge die genaue Befolgung der bisherigen Rechtsprechung des RG in diesen Fällen zum Freispruch, was ein Mißstand sei, der Abhilfe erheische. Insgesamt überwiege bei einer Freigabe der Wahlfeststellung zwischen Diebstahl und Hehlerei der Vorteil den Nachteil und trage auch dem allgemeinen Rechtsempfinden Rechnung.

Der Kompromiß, zu dem sich die Vereinigten Senate, ein Gremium, das kurz darauf mit der Novelle vom 28. Juni 1935[109] abgeschafft wurde, hier durchgerungen hatte, kennzeichnet exemplarisch die zwiespältige Situation, in der sich das RG im Jahr 1934 befand.

Auf der einen Seite stand die "jüngere" Strafrechtsschule um *Schaffstein*, *Dahm*, *Erik Wolf*, die sich spätestens seit der Tagung der deutschen Landesgruppe der Internationalen kriminalistischen Vereinigung in Frankfurt 1932[110] als Kampf-

---

106 So *Zeiler* ebd.
107 A.a.O. S. 259.
108 A.a.O. S. 261.
109 RGBl I 844.
110 Vgl. *Marxen*, Der Kampf gegen das liberale Strafrecht, 1975, S. 91 ff.

gruppe für die nationalsozialistische Umgestaltung des Strafrechts betätigte, und die auch innerhalb des RG ihre Sympathisanten hatte. Auf der anderen Seite stand die in ihrer Mehrzahl konservativ geprägte Richterschaft des RG, die nicht ohne Not eine über Jahrzehnte gefestigte Rechtsprechung im Wege freier Rechtsfindung über Bord werfen wollte.

Hellmuth Mayer hatte seine vernichtende Kritik des Urteilsentwurfs JW 1934, 294[111] damit eingeleitet, daß das RG hier ohne Not aus einer weltanschaulichen Perspektive heraus argumentiere, wo sich das Problem der alternativen Tatsachenfeststellungen doch rein juristisch lösen lasse (allerdings im Sinne der bisherigen Rechtsprechung). Dies provozierte sogleich zwei literarische Äußerungen. Zunächst von *Nüse*, auf dessen Dissertation[112] (mit einem Geleitwort von *Alois Zeiler*) sich der Urteilsentwurf des 1. Senates hauptsächlich stützt. *Nüse* ist der Auffassung, daß allein seine Auffassung, der der 1. Senat gefolgt ist, sich mit einer Weltanschauung verträgt, "die das Ganze in den Vordergrund ihrer Betrachtung stellt, die das Volk, die Gemeinschaft für das Erstwesentliche ansieht und nicht den einzelnen"[113]. Die "neue Staatsauffassung", der "nationalsozialistische Gedanke" im Gegensatz zum Liberalismus trete gerade im Strafrecht mehr und mehr in Erscheinung, und die im Urteilsentwurf enthaltene Auffassung stünde mit der neuen Staatsidee in Übereinstimmung.

Noch schärfer arbeitet *Schaffstein* in einem eine Woche später (3. März 1934)[114] erschienenen Aufsatz den ideologischen Gegensatz heraus, um den es hier geht. Mit *Carl Schmitt* ist *Schaffstein* der Auffassung, daß es keine "unpolitischen", rein juristischen Fragen gebe, daß vielmehr bereits die Entscheidung darüber, ob eine juristische Frage "unpolitisch" sei, eine politische Entscheidung darstelle[115]. Der Liberalismus habe mit der Vorstellung von der unpolitischen Neutralität der Rechtsprechung deren ideologischen Grundlagen, die sie zweifellos habe, verdeckt. Im Nationalsozialismus hingegen würden offen die weltanschaulichen und politischen Momente, die bei Gesetzesanwendung und Rechtsfindung entscheidend wären, genannt. Es sei das große Verdienst des Urteilsentwurfs, dies getan zu haben: "Das RG hätte seine bekanntlich manchmal angezweifelte Aufgeschlossenheit gegenüber der neuen politischen und wissenschaftlichen Bewegung nicht deutlicher unter Beweis stellen können, als durch diese Ausführungen des Urteilsentwurfs"[116].

---

111 Ebd.

112 Das Problem der Zulässigkeit von Alternativ-Schuldfeststellungen im Strafprozeß, 1933.

113 JW 1934, 463, 466.

114 JW 1934, 531.

115 Vgl. Carl Schmitt, Neue Leitsätze für die Rechtspraxis, Leitsatz 2, JW 1933, 2793

116 JW 1934, 531.

In der Tat ist der Urteilsentwurf von erstaunlicher Offenheit, was die die Entscheidung bestimmenden Motive anlangt. Da ist nicht nur vom weltanschaulichen Hintergrund die Rede, sondern es wird auch die Wirksamkeit irrationaler Momente bei der Rechtsfindung anerkannt[117], ein Gesichtspunkt, der in den zwanziger Jahren insbesonder durch die beiden (jüdischen !) Rechtsanwälte *Ludwig Bendix*[118] und *Hermann Isay*[119] in die Theorie der richterlichen Entscheidungsfindung eingeführt worden, und dessen Anerkennung in der Rechtsprechung des RG ungeheuerlich war.

Schaffsteins Äußerung ist außerordentlich bedeutsam, weil sie das Bekenntnis zur Entscheidungsfindung als Umsetzung politischer und weltanschaulicher Vorgaben in Recht, und zwar bewußter statt unbewußter Umsetzung enthält. Dies entsprach der "neuen rechtswissenschaftlichen Betrachtungsweise"[120] wie sie insbesondere *Carl Schmitt*[121] entwickelt hatte, und die in ihrer Offenlegung der Motive juristischer Entscheidung durchaus progressiv wa[122].

Die Gegenposition, wie sie wohl kennzeichnend für die Mehrzahl der Mitglieder des RG war, vertrat der Senatspräsident am RG i. R. *Adolf Lobe*. In der von *Oetker* und *Nagler* herausgegebenen Zeitschrift "Der Gerichtssaal"[123], Organ der "Deutschen Strafrechtlichen Gesellschaft", die 1925 als konservatives Gegenstück zur Internationalen Kriminalistischen Vereinigung gegründet worden war[124], bestreitet *Lobe* entschieden, daß weltanschauliche Gründe für die Zulassung der Wahlfeststellung entscheidend sein können:"Ich bin der Meinung, daß die Zulässigkeit oder Unzulässigkeit alternativer Feststellungen im Strafurteil mit nationalsozialistischer Rechtsauffassung gar nichts zu tun hat. Der Streit hierüber bestand schon vor dieser Bewegung, und die Frage wurde bejaht und verneint ohne jede politische und soziale Weltanschauung"[125]. Überhaupt sei es Mode geworden, die "überhandnehmenden Reformvorschläge", und teilweise auch schon die Rechtsprechung damit zu begründen, daß allein der eingeschlagene Weg der natio-

---

117 JW 1934, 297.

118 Vgl. *Bendix*, Die irrationalen Kräfte der zivilrichterlichen Tätigkeit auf Grund des 110. Bandes der Entscheidungen des Reichsgerichts in Zivilsachen, Breslau 1927; *ders.*, Die irrationalen Kräfte der strafrichterlichen Urteilstätigkeit auf Grund des 56. Bandes der Entscheidungen des Reichsgerichts, in: Zur Psychologie der Urteilstätigkeit des Berufsrichters und andere Schriften, mit einer biographischen Einleitung von *Reinhard Bendix*, hrsg. von *Manfred Weiss*, Neuwied 1968, S. 284 ff.

119 Rechtsnorm und Entscheidung, Berlin 1929, S. 60 ff., übrigens im scharfen Gegensatz zu *Bendix*, dem *Isay* Unwissenschaftlichkeit vorwirft (a.a.O. S.343). Zu *Isay* vgl. *Rossmanith*, Rechtsgefühl und Entscheidung, Hermann Isay (1873-1938), 1975. Es bestehen i.ü. auch klare Verbindungen zur Freirechtsschule, wie sich an dem Gesetzesvorschlag von *Ernst Fuchs*, LZ 1928, Sp. 17 ff., 28 zeigt.

120 *Schaffstein* a.a.O. S. 531.

121 Über die drei Arten des rechtswissenschaftlichen Denkens, Hamburg 1934.

122 Vgl. auch deutlich *Henkel*, Strafrichter und Gesetz, S. 36 ff.

123 GS 104 (1934) S. 161 f.

124 Vgl. *Oetker*, DJZ 1925, Sp. 1300 f.

125 A.a.O. S. 163.

nalsozialistischen Rechtsauffassung entspreche[126]. *Lobe* sieht im übrigen auch keinen Konflikt zur nationalsozialistischen Rechtsauffassung. Selbst bei einer Verlagerung des Schwerpunktes vom Schutz des Individuums auf den Schutz des Volkes sei doch auch die Rechtsordnung als Ganzes gewahrt, wenn der Einzelne von einer Verurteilung, die im Gesetz keine Stütze finde, bewahrt würde:"Jede Wahrung der gesetzlichen Freiheit durch Verschonung von einer nicht im Gesetz begründeten Strafe bedeutet zugleich Wahrung der Rechtsordnung selbst, sonach Wahrung der Bedürfnisse der Gesamtheit. Ein Konflikt zwischen einem Schutz des Rechtsgutes des Einzelnen und der Wahrung der Rechtsordnung liegt nicht vor. Jener Schutz wahrt diesen, und jede Verletzung der Freiheit des Einzelnen verletzt die gesamte Rechtsordnung selbst"[127]. Im übrigen widerspreche der vom 1. Senat vorgelegte Entscheidungsentwurf dem nulla-poena-Satz, der, solange er in § 2 Abs. 1 StGB stehe, die alternative Verurteilung verbiete. Auf *Nüse* eingehend sagt *Lobe*, daß dessen Ansichten auf die Wiedereinführung einer Verdachtsstrafe hinausliefen[128]. Nüse nehme eine Vorverurteilung des Angeklagten vor, wenn er von dem unmöglichen Ergebnis spreche, einen Verbrecher freizusprechen, nur weil diesem weder ein Diebstahl noch eine Hehlerei eindeutig nachzuweisen sei. Zu den Ausführungen *Schaffsteins* schreibt *Lobe*, daß sie auf ein künftiges, von *Schaffstein* möglicherweise unabhängig vom Nationalsozialismus gewolltes Strafrecht hinausliefen, in welchem der Richter allein nach der "Strafwürdigkeit" eine Strafe auswerfen solle, unabhängig davon, ob der Gesetzgeber die zugrundeliegende Handlung verboten und dadurch ein Strafanspruch begründet habe[129]. In der Tat hält *Schaffstein*[130] das Operieren mit einem "Strafanspruchsbegriff" für weltanschaulich-politisch bedingt und sieht es daher im neuen Staat als überholt an:"Die Vorstellung, daß dem Staat (!) durch die Strafrechtsordnung ein 'Anspruch' auf Strafe gewährt werde und zur Rechtfertigung der Strafe gewährt werden müsse, hat zur notwendigen Voraussetzung die Annahme einer primären 'staatsfreien' Individualsphäre, in welche der Staat in gewissen Fällen und unter Innehaltung der üblichen rechtsstaatlichen Kautelen ein 'Eingriffsrecht' erhalte. Mag nun auch der Strafanspruchsbegriff in Ermangelung eines besseren einstweilen noch in Lehrbüchern und Vorlesungen als konstruktiver Behelf dienen, so sollte man sich doch hüten, aus ihm im neuen totalen Staat praktisch bedeutsame Entscheidungen herzuleiten"[131]. Auf diesem Hintergrund ist klar, daß *Schaffstein* die Rechtsprechung zwecks Umsetzung der politischen Vorstellungen des Na-

---

126 Ebd.
127 A.a.O. S. 165.
128 A.a.O. S. 168.
129 A.a.O. S. 170.
130 JW 1934, 531.
131 Ebd.

tionalsozialismus zur großzügigen Lückenfüllung aufrufen kann[132], während nach dem Verständnis *Lobes* im Strafrecht überhaupt keine Lücken existieren, da dort, wo der Gesetzgeber keine Verbote erlassen habe, er auch keine Bestrafung will[133].

Hier prallen Welten aufeinander. Auf der einen Seite *Lobe*, Jahrgang 1860[134], ein im Bismarck-Reich großgewordener Richter, auf der anderen Seite *Schaffstein*, Jahrgang 1905, seit 1933 Professor in Leipzig. Für *Lobe* hat sich durch die Machtergreifung der Nationalsozialisten nichts an der klassischen Rollenverteilung zwischen Gesetzgeber und Rechtsprechung geändert. Für ihn ist weiterhin der Richter strikt an das Gesetz gebunden, und, da das Gesetz seiner Ansicht nach die Wahlfeststellung nicht zuläßt, kann sie auch nicht angewandt werden. *Lobe* weigert sich auch, die Rechtsprechung zur Umsetzung politischer Ziele einzusetzen. Er unterscheidet weiterhin zwischen rein juristischen und politischen Fragen, wie dies auch schon *Hellmuth Mayer* in der Urteilsanmerkung zum Entwurf des 1. Senates getan hatte. *Schaffstein* hingegen enttarnt auf dem Boden der von *Carl Schmitt* entwickelten Theorie des Politischen stehend die Unterscheidung zwischen politischer Gesetzgebung und unpolitischer Rechtsprechung als scheinheilig. Er bleibt indes nicht bei dieser Feststellung stehen, sondern möchte die Rechtsprechung, deren Ideologieabhängigkeit nach seiner Ansicht ja feststeht, dann auch für die Ideologie des neuen Staates einsetzen.

Dies ist der Hintergrund vor dem die Vereinigten Strafsenate ihre Entscheidung zu fällen hatten. Auf der einen Seite die Erwartung einer eher konservativen Richterschaft, das nicht ohne weiteres von einer feststehenden Rechtsprechung, schon gar nicht aus ideologischen Gründen, abgegangen wird. Auf der anderen Seite eine progressive, insbesondere von jungen Rechtswissenschaftlern getragene Bewegung, die von der Reichsgerichtsrechtsprechung erwartet, daß sie sich unzweideutig nicht nur auf den Boden der Gesetze des neuen Staates stellt, sondern auch in dessen Geiste entscheidet.

Der Kompromiß, den die Plenarentscheidung findet, wird auch deutlich als auf dem Konflikt verschiedener rechtswissenschaftlicher Generationen beruhend empfunden[135]. Es wird registriert, daß in der Plenarentscheidung im Gegensatz zum Urteilsentwurf des 1. Senates jede Ausführung zur weltanschaulichen-politischen Bedingtheit der Rechtsprechung fehlt[136]. *Schaffstein* kommentiert dies so:"Man mag es immerhin begreiflich finden, daß das RG., das über alle tagespolitischen Schwankungen hinweg eine möglichst einheitliche Linie der Rspr. innehalten möchte, aus Furcht, sich allzusehr festzulegen, in der grundsätzlichen Plenarentsch. auf solche sehr naheliegenden Fragen und politische Zusammenhänge

---

132 Ebd.

133 A.a.O. S. 170.

134 Siehe 50 Jahre Reichsgericht, S. 346 Nr. 49.

135 Vgl. die Anmerkung zum Plenarentschluß durch *Schaffstein* JW 1934, 2049 ff., 2050 f.

136 Ebd. S. 2051.

überhaupt nicht eingegangen ist. Aber man wird solcher Behutsamkeit doch entgegenhalten müssen, daß gerade in der gegenwärtigen Situation, in welcher die RGRspr. vielen - wenn auch nicht immer, so doch oft berechtigten - Angriffen ausgsetzt ist, ein etwas entschiedeneres und offeneres Bekenntnis zur Gegenwart manchem Gegner den Wind aus den Segeln genommen hätte"[137].

Die Plenarentscheidung war indes nicht das letzte Wort. In einem Urteil vom 24. September 1935 (RGSt 69, 369) ließ der 1. Senat eine Wahlfeststellung zwischen Betrug und versuchter Abtreibung zu. Das Urteil erging zwar nach Inkrafttreten des § 2 b StGB (1. September 1935), doch war diese Vorschrift nicht rückwirkend anwendbar[138], der Tatzeitpunkt aber lag vor dem 1. September 1935. Der 1. Senat[139] setzt sich bewußt über die im Plenarbeschluß genannten Grenzen hinweg, und verweist zur Begründung seiner Auffassung auf den aus Versehen veröffentlichten Urteilsentwurf vom 8. Dezember 1933[140]. Der Plenarbeschluß habe, so eng er auch die Grenzen der Wahlfeststellung gezogen habe, doch immerhin gezeigt, daß eine Verurteilung auf wahldeutiger Grundlage nach dem geltenden Straf- und Strafprozeßrecht möglich sei. Die Grenzen der Plenarentscheidung zu überschreiten glaubt sich der Senat befugt, weil sich der Gesetzgeber im neuen § 2 b StGB eindeutig auf die Seite der bereits früher vom Senat vertretenen Auffassung gestellt habe. Um **verfahrensmäßig** von einer Plenarentscheidung abweichen zu können, beruft sich der Senat auf Art. 2 des Gesetzes zur Änderung von Vorschriften des Strafverfahrens und des Gerichtsverfassungsgesetzes vom 28. Juni 1935[141], der das RG von der Bindung an "alte" Urteile, d.h. Entscheidungen, die vor Inkrafttreten des Gesetzes ergangen waren, befreite, damit das Gericht "dem durch die Staatserneuerung eingetretenen Wandel der Lebens- und Rechtsanschauung" Rechnung tragen könne.

Diesem Wandel maß nun der 1. Senat das entscheidende Gewicht zu. Seit dem 2. Mai 1934, dem Datum der Plenarentscheidung, hätte sich dieser Wandel insbesondere in der Entscheidung des Gesetzgebers zur Einführung des § 2 b StGB manifestiert. Dem müsse der Senat entsprechen und daher die Verurteilung auf wahldeutiger Tatsachengrundlage auch schon für Taten, die vor dem 1. September 1935 begangen worden seien, für unbeschränkt zulässig erklären[142]. Der Entscheidung des 1. Senats schloß sich der 6. Senat in RGSt 70, 42 an, und nahm Wahlfeststel-

---

[137] Ebd. S. 2052.

[138] Art. 14 d. Gesetzes vom 28. Juni 1935, RGBl. I S. 839.

[139] Noch unter Mitarbeit von *Alois Zeiler*, er trat am 1.10.1935 in den Ruhestand; vgl. *Kaul*, Geschichte des RG IV, S. 300.

[140] JW 1934, 294.

[141] RGBl. I S. 844; Wortlaut wiedergegeben in Teil A 3c)

[142] Einen weiteren interessanten Fall der Lösung von der Präjudizienbindung noch <u>vor</u> Inkrafttreten des Art. 2 ÄnderungsG bildet RGSt 69, 273; vgl. dazu oben Teil A 3c).

lung zwischen § 330 a (Vollrausch) und § 360 Abs. 1 Nr. 11 (grober Unfug) für eine Tat an, die vor dem Inkrafttreten des § 2 b begangen worden war.

Dies ist der vorläufige Endpunkt einer mit Beharrlichkeit betriebenen Entwicklung zur Änderung der Rechtsprechung, einer Entwicklung, der unter den besonderen Gegebenheiten der nationalsozialitischen Rechtspolitik ein unerwartet rascher Erfolg beschieden war. In den Memoiren von *Alois Zeiler*, die er nach seinem Ausscheiden als RG-Rat (1937) zu seinem siebzigsten Geburtstag (16.5.1938) veröffentlichte, liest sich dies so :

"Sachlich hat mir der Dienst am Reichsgericht eine hohe Befriedigung durch das Gefühl gewährt, an der Entwicklung des Rechts mitwirken zu dürfen mit einer Nachdrücklichkeit, daß das Ergebnis im Rechtsleben beachtet werden mußte, mehr als es mit dem schönsten Aufsatz oder dem dicksten Buch möglich gewesen wäre, und mit dem Erfolg, daß in aller Regel die durch die reichsgerichtliche Entscheidung gegebene Lösung endgültig war angesichts des Gewichts, das eine Entscheidung des höchsten Gerichts für das Rechtsleben hat.

So konnte auch dann und wann ein alter Lieblingsgedanke vorwärtsgetrieben werden. Freilich, man muß warten können, warten auf ein günstige Rechtssache und auf eine günstige Zusammensetzung im Senat. Doch die Beharrlichkeit konnte zum Ziele führen. Als Beispiel diene das Ringen um die Frage der Verurteilung auf wahldeutiger Tatsachengrundlage, die ich schon besprochen habe. Wenn es auch eine schwere Geburt war und dabei aus dem Schoße des Reichsgerichts nicht ein achtpfündiger Junge zur Welt gekommen ist, sondern ein dreieinhalbpfündiges, engbrüstiges Geschöpfchen, so ist der Junge nachher doch in die Hitlerjugend eingetreten, hat sich dort kräftig entwickelt und ist jetzt ein prächtiger Bengel"[143].

So recht laufen lernen wollte dieser Bengel andererseits aber auch nicht, denn Entscheidungen des RG zu § 2 b sind selten geblieben. In den Bänden 74-76 der amtlichen Sammlung wird § 2 b ausweislich des Paragraphenregisters nicht einmal erwähnt. Von Bedeutung ist allein die Entscheidung RGSt 72, 339, die ausspricht, daß § 2 b entgegen seinem Wortlaut auch die Fallgestaltung betrifft, bei der nicht genau feststellbar ist, bei welcher Gelegenheit der Täter ein und denselben Tatbestand erfüllt hat, also auf die gleichartige Wahlfeststellung (z. B. sich widersprechende Zeugenaussagen in unterschiedlichen Instanzen).

Die bescheidene Rolle, die die Wahlfeststellung trotz ausdrücklicher gesetzlicher Zulassung in den veröffentlichten Entscheidungen des RG spielte[144], kann auf zwei Gründe zurückzuführen sein:

Zum einen mögen die tatsächlichen Situationen, in denen ein Gericht zur Wahlfeststellung gezwungen ist, wie dies von den Gegnern der Zulassung der

---

143 *Alois Zeiler*, Meine Mitarbeit, S. 48.

144 Vgl. auch die Übersicht bei *Wolter*, Wahlfeststellung und in dubio pro reo, Berlin 1987, S. 174 ff.

Wahlfeststellung immer behauptet wurde[145], wesentlich seltener sein, als bei der Einführung des § 2 b von dessen Protagonisten angenommen worden war. Andererseits mag es ähnlich sein wie bei der Zulassung der Analogie, die auch nie die ihr zugedachte Rolle spielte, weil das neue Institut bei der konservativ eingestellten Richterschaft nicht auf eine entsprechende Akzeptanz stieß. Für letzteres spricht eine Äußerung *Zeilers*[146], der sich scharf gegen einen Vorschlag von *Schwarz*[147] ausspricht, den § 2 b als Ermessens-Vorschrift auszugestalten. Die Richter hielten ohnehin gegenüber einer neuen Vorschrift, die von der bisherigen Rechtspraxis abweiche, lieber an der alten Rechtsprechung fest. Durch Einräumen von Ermessen würde dies noch verstärkt.

Andererseits war im Schrifttum auch nach Inkrafttreten des § 2 b die Kritik an der ungleichartigen Wahlfeststellung nicht verstummt[148]. Unbehagen erregte insbesondere die Möglichkeit der Wahlfeststellung zwischen Delikten sehr verschiedenen Charakters und Unrechtsgehalts. *Schwarz*, als RG-Rat pragmatischen Lösungen zugeneigt, schlug daher wie erwähnt vor, die Wahlfeststellung in das Ermessen des Gerichts zu stellen. *Oetker* hingegen hielt die Position des RG bis 1934 für schlüssig, und das Ergebnis der Plenarentscheidung RGSt 68, 257 mit den darin aufgeführten Gründen für nicht vereinbar[149]. Jedenfalls setzte *Oetker* als Vorsitzender des Ausschusses für Strafprozeßreform der Akademie für Deutsches Recht eine Entschließung durch, daß es bei der Reform des Strafprozeßrechts nicht wünschenswert sei, die Wahlfeststellung über die Grenzen des Plenarbeschlusses RGSt 68, 257 hinaus zuzulassen[150]. Daß der Gesetzgeber gerade die §§ 2 b StGB, 267 b StPO in Kraft gesetzt hatte, focht *Oetker* nicht an; eine Gesamtreform des Strafprozeßrechts müsse auch über die Sinnhaftigkeit dieser Neuregelungen urteilen dürfen[151]. Es fehlte nicht an Stimmen, die entgegen RGSt 69, 369 Betrug und Abtreibung oder Blutschande und üble Nachrede[152] nicht für wahlweise feststellbar hielten. Anders *Zeiler*. Er war auch noch 1960 der Auffassung, daß man auf eine Vergleichbarkeit der Tatbestände keine Rücksicht zu nehmen brauche.

> Der Geist, der diesen Hauptprotagonisten der Wahlfeststellung dabei trieb, wird deutlich in seiner Stellungnahme zu dem (konstruierten) Beispiel, daß eine Frau ihren verstorbenen Vater bezichtigt, mit ihr Geschlechtsverkehr gehabt zu haben - also Alternative Blutschande (§ 173 Abs. 1) - Verunglimpfung des Andenkens Verstorbener (§ 189): "Dem unverbildeten Volksgefühl können diese zwei

---

[145] Vgl. *H. Mayer*, JW 1934, 295.

[146] JW 1937, 1758, 1760.

[147] DJZ 1936, 209, 214, 216.

[148] Vgl. *Schwarz*, DJZ 1936, 209, 214; *Oetker*, GS 106 (1935), 401, 408 ff.; *Graf zu Dohna*, ZStW 55 (1935) 576.

[149] GS 106 (1935), 401, 408 ff.

[150] Vgl. ZAkDR 1936, 215, 218.

[151] Ebd.

[152] Bsp. bei *Oetker*, GS 106, 413; vgl. auch *Sauer*, Juristische Methodenlehre (1940), S. 392, 394 f.

> Handlungen nicht so weit voneinander abstehen, daß es sich in seinem Urteil irre machen ließe, das Weib gehöre eingesperrt"[153]. Wie so oft ist es die Ergebnisorientierung auf die Verurteilung eines als strafwürdig empfundenen Täters hin, bzw. die ihm nachgerade unerträglich erscheinende Vorstellung, in einem solchen Fall freisprechen zu müssen, die den Antrieb für *Zeilers* Engagement bildet. So verteidigt er auch RGSt 69, 371, die Wahlfeststellung zwischen Betrug und versuchter Abtreibung:".... soll der dunkle Ehrenmann freigesprochen werden?"[154].

Durch Art. I des Kontrollratsgesetzes Nr. 11 vom 30. Januar 1946[155] wurde § 2 b ausdrücklich aufgehoben. Daraus folgte für den BGH indes nicht, daß die Wahlfeststellung nunmehr unzulässig geworden sei. Entscheidend war dabei, daß die erstmalige Zulassung der Wahlfeststellung durch die Plenarentscheidung RGSt 68, 257 vor Inkrafttreten des § 2 b StGB erfolgt war. Auf diese Entscheidung griff der BGH nun zurück, ohne zu bedenken, daß diese, wie oben gezeigt, erst durch die speziellen Umstände im Nationalsozialismus möglich geworden war. Der BGH hielt von Beginn seiner Judikatur an die Wahlfeststellung in den Grenzen von RGSt 68, 257 für zulässig[156]. In BGHSt 1, 275, 278 benutzte er dann erstmals die von *Kohlrausch*[157] entwickelte Formel, nach der eine Wahlfeststellung zwischen Tatbeständen, die "psychologisch und rechtsethisch nicht vergleichbar" seien, nicht zulässig ist. Konkret entschieden wurde dies für die Wahlfeststellung zwischen Vollrausch (§ 330 a) und der im möglicherweise nicht zurechnungsausschliessenden Rausch begangenen Tat. Das RG hatte unter der Geltung des § 2 b in diesen Fällen Wahlfeststellung für zulässig erachtet[158]. Der BGH hingegen hält Rauschmittelmißbrauch und Rauschtat für rechtsethisch nicht vergleichbar, und beruft sich hierfür auf eine h. L., die er durch Zitate aus den drei führenden Strafrechtskommentaren belegt. Den hinter dieser Entscheidung stehenden Sinneswandel kennzeichnen dabei folgende Sätze:"Das an sich durchaus berechtigte Bedürfnis nach einer lückenlosen Verbrechensbekämpfung muß hinter dem rechtsstaatlichen Grundsatz zurücktreten, daß eine Strafe, die vergelten und sühnen soll, nur auf Grund einer in allen Einzelheiten bestimmten Schuldfeststellung ausgesprochen werden darf. Das Streben nach Gerechtigkeit verlangt Rechtswahrheit und Rechtsklarheit; hinter diesen rechtsstaatlichen Gesichtspunkten haben 'Erfordernisse der Praxis' zurückzustehen"[159]. Der Preis des Rechtsstaats, so wird hier klar zum Ausdruck gebracht, ist eine Freisprechung auch dort, wo ein Strafbe-

---

153 ZStW 45 (1960), 20.
154 Ebd.
155 Amtsbl. S. 55.
156 BGHSt 1, 127, 128.
157 Kommentar, 36. Aufl. (1941) § 2 b II 2-4, wobei *Kohlrausch* diese Forderung allerdings aus der **Tätertypenlehre** heraus entwickelt
158 RGSt 70, 42, 85, 87, 326.
159 Ebd. S. 278.

dürfnis, oder ein "unverbildetes Volksgefühl" wie *Zeiler*[160] es ausdrückt, Verurteilung erwartet. Hier zeigt sich ein fundamentaler Wandel in der Einstellung der höchstrichterlichen Rechtsprechung zwischen RGSt 69, 369 und BGHSt 1, 275. Das späte RG entsprach dem Zeitgeist und der politischen Erwartung, "materiell gerechte" Entscheidungen hervorzubringen, getarnt zuweilen als "Erfordernisse der Praxis", was der BGH wohl auch deshalb in Anführungszeichen setzt. Der BGH hingegen besinnt sich auf die rechtsstaatlichen Restriktionen, denen der staatliche Strafanspruch unterliegt und auf die alte Weisheit, daß der Rechtsstaat sich gerade in der Freisprechung des möglicherweise Schuldigen bewährt. Insoweit begegnet uns also ein klarer Fall von **Diskontinuität** in der geistigen Einstellung zur Aufgabe von Strafrechtsprechung zwischen RG und BGH.

Die Tatsache, daß sich der BGH von der Rechtsprechung des RG zu § 2b distanziert, darf aber nicht darüber hinwegtäuschen, daß er im Ergebnis weit über das hinausgeht, was in RGSt 68, 257 als Grenze der Wahlfeststellung bezeichnet wird. Der gegenteilige Eindruck mag durch die Bezugnahme des BGH[161] erweckt werden, und im neueren Schrifttum wird insbesondere von *Wolter*[162] behauptet, bereits die Vereinigten Strafsenate hätten **im Ergebnis** die Zulassung der Wahlfeststellung zwischen Diebstahl und Hehlerei mit der rechtsethischen und psychologischen Vergleichbarkeit der beiden Straftatbestände begründet. Für eine solche Behauptung gibt der Wortlaut des Plenarbeschlusses überhaupt nichts her, was *Günther*[163] bereits zutreffend nachgewiesen hat. Die Begründung des Plenarbeschlusses ist, worauf bereits oben hingewiesen wurde, in sich nicht schlüssig, da sie keine plausible Erklärung dafür bietet, warum bei Beibehaltung der in der Rechtsprechung des RG entwickelten Grundsätze zur Wahlfeststellung diese allein zwischen Diebstahl und Hehlerei zugelassen werden sollte. Der Plenarbeschluß ist vielmehr nur zu verstehen, wenn man seine zeitgeschichtliche Bedingtheit in die Betrachtung mit einbezieht, was *Wolter* vollständig unterläßt. Es handelt sich um einen Kompromiß zwischen einer weitergehenden Forderung nach unbeschränkter Zulassung der ungleichartigen Wahlfeststellung, die von einer Minderheit im RG selbst und einer veröffentlichten Meinung vertreten wurde, und einer eher ablehnenden Haltung der Mehrheit des RG. Zum Kompromiß kam es, weil die Vertreter der weitergehenden Forderung die rechtspolitische Gunst der Stunde nutzten, die nationalsozialistische Rechtsauffassung für ihre Ansicht reklamierten und dieser dadurch vom Tatsächlichen her eine Wucht verliehen, die ihr argumentativ zuvor vielleicht abgegangen war.

---

160 ZStW 72, 20.

161 Z. B. BGHSt 1, 127, 128; 275, 276; 302, 304.

162 Alternative und eindeutige Verurteilung auf mehrdeutiger Tatsachengrundlage im Strafrecht, 1972, S. 21; ders., Wahlfeststellung und in dubio pro reo, 1987, S. 25.

163 Verurteilungen im Strafprozeß trotz subsumtionsrelevanter Tatsachenzweifel, 1976, S. 107 f.

Bezeichnenderweise spricht auch *Niethammer*, immerhin der Verfasser des Plenarbeschlusses, in seiner Kommentierung zu § 2 b aus dem Jahre 1936[164] nicht von einer Vergleichbarkeit der Tatbestände, sondern bezeichnet die Wahlfeststellung nur als besonders schwierig und verantwortungsvoll, wenn Tatbestände von verschiedener sittlicher und rechtlicher Bedeutung in Rede stehen. Hätte *Niethammer* in RGSt 68, 257 eine rechtsethische und psychologische Vergleichbarkeit der Tatbestände als Voraussetzung der Wahlfeststellung vorausgesetzt, müßte dies in seiner Kommentierung zum Ausdruck kommen. Von Vergleichbarkeit spricht *Niethammer* erst in einem Aufsatz aus dem Jahr 1946[165], wo eine Wahlfeststellung zwischen Tatbeständen, die eine "verschiedene seelische Verfassung des Täters voraussetzen und ihm eine verschiedene sittliche Bewertung zuziehen" als "Ungerechtigkeit" bezeichnet wird.

Fazit also: die wesentlich weiter gesteckten Grenzen, unter denen der BGH die ungleichartige Wahlfeststellung zuläßt, sind mit der Berufung auf RGSt 68, 257 nicht zu begründen, da es sich dabei nur um einen pragmatischen Kompromiß handelt. Dies wird deutlich angesprochen in der Entscheidung des 5. Strafsenats BGHSt 4, 340. RGSt 68, 257 lasse aus einem praktischen Bedürfnis heraus die Wahlfeststellung dort zu, wo sich im konkreten Fall die grundsätzlich gegen die Wahlfeststellung sprechenden Bedenken minimierten. Auf eine sittliche Vergleichbarkeit hingegen käme es nicht an. Diese Entscheidung ist scharf kritisiert worden[166] und ist in der Rechtsprechung des BGH vereinzelt geblieben. Sie "steht allein und bedarf ... keiner näheren Erörterung"[167].

Somit besteht die **Kontinuität** in der Rechtsprechung zur Wahlfeststellung zwischen RG und BGH im wesentlichen darin, daß RGSt 68, 257 die ungleichartige Wahlfeststellung **überhaupt** zuließ, und der BGH sich hierauf berufen kann. Von den Bedingungen, mit denen diese Zulassung versehen wurde, übernimmt der BGH nichts. Mit Recht stellt *Günther*[168] fest, daß von der "festen stofflichen Beschränkung", die für RGSt 68,257 essentiell war, angesichts der Fülle von Fallkonstellationen, in denen der BGH eine Wahlfeststellung für zulässig erachtet, keine Rede sein kann. Wie bereits der 1. Senat des RG in RGSt 69, 369, 371 festgestellt hat, liegt also der eigentliche Wert der Plenarentscheidung RGSt 68, 257 darin, stillschweigend die Vereinbarkeit der ungleichartigen Wahlfeststellung mit dem geltenden Recht bescheinigt zu haben. Nur dies macht sich auch der BGH zunutze, um die Zulassung der Wahlfeststellung auf ganz neue, über RGSt 68, 257 weit hinausgehende Grundlagen zu stellen. Paradoxerweise kommt ihm dabei die Rechtsprechung zu § 2 b zu Gute, denn von dieser aus gesehen bedeutet die BGH-

[164] Ergänzungsband zum Olshausen'schen Kommentar, § 2 b, 5.
[165] DRZ 1946, 11, 13.
[166] *LK-Jagusch*, 8. Aufl. § 2 b, 3 d a. E.
[167] BGHSt 9, 390, 393.
[168] A.a.O. S. 107 f.

Rechtsprechung eine Restriktion der Wahlfeststellung. Verschwiegen wird dabei, daß der BGH über die ursprünglich gesetzten Grenzen weit hinausgreift.

Im übrigen ist nicht zu übersehen, daß durch die Entscheidung RGSt 68, 257, die gesetzliche Zulassung der Wahlfeststellung und die Frage der Kontinuität nach 1945 die Problematik der Wahlfeststellung in der Bundesrepublik eine Bedeutung erlangt hat, die ihr in keinem anderen Land der Erde zukommt. So kennen Österreich, die Schweiz, die Niederlande und Frankreich das Problem im Grunde überhaupt nicht[169]. *Zeilers* unermüdlichen Bemühungen gelang es allein im Indischen StGB eine Vorschrift ausfindig zu machen, die dem § 2 b StGB entsprechen soll[170]. Bei den übrigen von *Zeiler* zitierten Auskünften hat man den Eindruck, daß er den Befragten das Problem eher suggeriert hat, als daß er sogleich auf Verständnis stieß.

3. Die Einschränkung des Notwehrrechts

Materialisierung bedeutet Abgehen von allgemeinen, formalen Entscheidungskriterien zugunsten einer materialen, gerechtigkeitsorientierten Bewertung des einzelnen Sachverhaltes. Da die formalen Schranken die Strafbarkeit meist begrenzen, führt dieses Verfahren in aller Regel zu einer Ausdehnung des Bereiches des Strafbaren. Hierzu kann man nicht nur durch eine Ausdehnung von Tatbestandsmerkmalen gelangen, sondern auch durch eine Einschränkung von Rechtfertigungsgründen. Dies läßt sich besonders deutlich an den Bemühungen um die **Einschränkung des Notwehrrechts** zeigen. Wenn die Geschichte des Notwehrrechts in unserem Jahrhundert im wesentlichen die Geschichte seiner Einschränkung ist[171], so ist doch bemerkenswert, wann diese Einschränkung einsetzt, wann sie von der Rechtsprechung rezipiert wird und wie sie fortwirkt. Es geht hierbei insbesondere um die Frage, inwieweit bei gegebener Notwehrlage der Notwehr Übende in Art und Maß seiner Abwehr Verhältnismäßigkeitsgesichtspunkte berücksichtigen muß. Die Rechtsprechung des Reichsgerichts wurde in dieser Frage bestimmt von einer Entscheidung des 1. Senats aus dem Jahre 1920[172], die den Paradefall des Schrotschusses auf die fliehenden Obstdiebe betraf. Das RG führt hier aus, die Abwehrmaßnahmen seien "nach Art und Umfang nicht anders beschränkt, als daß sie der äußeren Gestaltung der Sachlage angepaßt sein müssen, daß nicht mehr geschieht, als zur Erreichung des erlaubten Zweckes 'erforderlich' ist"[173]. Lägen diese Voraussetzungen vor, könne auch zum Schutze geringfügiger

---

169 Vgl. *Günther*, aaO. S. 214 ff. und *Zeiler*, ZStW 64 (1952) 156, 160 ff.

170 A.a.O., S. 175

171 So *Krey*, JZ 1979, 702.

172 RGSt 55, 82.

173 A.a.O. S. 85.

Sachwerte das Leben des Angreifers gefährdet werden:"Indes kann eine ... Rücksicht auf die Verhältnismäßigkeit der Güter unmöglich da gerechtfertigt sein, wo das Recht im Kampf gegen das Unrecht geschützt werden soll; hier dem Verteidiger zuzumuten, bei der Wahrung seiner Rechte darauf zu achten, daß er dem widerrechtlich angreifenden Gegner keinen Schaden zufügt, der höher bewertet wird, als der ihm selbst aus dem rechtswidrigen Angriffe drohende, ist nicht angängig" (a.a.O. S. 85 f). Daß man eher auf eine Verteidigung verzichten werde, die das Leben des Angreifers gefährde, wenn nur geringe Sachwerte geschützt werden sollen, sei eine Frge der "sittlichen Anschauungen" und des "Billigkeitsempfindens", beschränke jedoch das Notwehrrecht als solches nicht. Der Senat distanziert sich auch von einer eigenen Entscheidung aus dem Jahre 1892[174], die in einem obiter dictum die Notwehrbefugnis bei einem "beträchtlichen Mißverhältnisse" (Revolverschüsse zum Schutz von Bierkrügen) ausschließen wollte.

Im Gegensatz zur insoweit strikten Rechtsprechung standen in den zwanziger Jahren die Versuche des Gesetzgebers, in die Neufassung der Notwehrbestimmung eine Proportionalitätsklausel einzufügen. Sie begannen mit dem von *Radbruch* vorgelegten E 1922, der in § 21 Abs. 2 nur noch die "in einer den Umständen angemessenen Weise" erfolgende Verteidigung zuließ[175]. Diese Formulierung kehrte im E 1925 wieder, während der E 1927 die Proportionalitätsklausel des § 228 BGB für die Notwehr übernahm. Während E 1930 in § 24 Abs. 2 zur Formel des § 53 Abs. 2 StGB zurückkehrt, werden die Bestrebungen der zwanziger Jahre im E 1936 zwar nicht in dem Sinne wieder aufgenommen, daß eine Güterabwägungsformel vorgesehen wird, doch wird in § 23 Abs. 2 E 1936 die Erforderlichkeit dahingehend eingeschränkt, daß Notwehr nur die "nach gesundem Volksgefühl" erforderliche Verteidigung ist.

An diesen Gedanken knüpft das RG zunächst in einer Entscheidung zur Selbsthilfe (§ 229 BGB) an, bei der eine Verhältnismäßigkeitsprüfung deshalb erforderlich sei, weil der Gesetzgeber dies sogar bei der Notwehr plane[176]. In einer Anmerkung zu dieser Entscheidung führt *Mezger* aus, daß der Gedanke der Güterabwägung bereits vor der "nationalsozialistischen Rechtserneuerung" in zunehmendem Maße Bedeutung gewonnen, aber auch im nationalsozialistischen Rechtsdenken seinen Platz habe, da "jeder einzelne Fall in allen seinen Besonderheiten selbständig am Ganzen der völkischen Rechts- und Sittenordnung, wie sie im gesunden Volksempfinden zum Ausdruck kommt, zu messen und zu werten ist"[177]. Daher verzichte der Strafgesetzentwurf darauf, die Verhältnismäßigkeit der

---

[174] RGSt 23, 116.

[175] Vgl. *Eb. Schmidt*, Niederschriften über die Sitzungen der Großen Strafrechtskommission, Bd. 2, Anh. Nr. 51, S. 53 ff.

[176] RGSt 69, 308, 310.

[177] JW 1935, 3386.

Rechtsgüter als Notwehrvoraussetzungen zu verlangen, sondern stelle ganz allgemein auf das gesunde Volksempfinden ab.

In das Notwehrrecht floß die "gesunde Volksanschauung" erstmals in einer Entscheidung des Reichsgerichts aus dem Jahre 1937[178] ein[179]. Der 2. Senat, von dem auch die zuvor erwähnte Entscheidung zur Selbsthilfe[180] stammt, führt hier aus, daß es im Rahmen der erforderlichen Verteidigung dem Angegriffenen auch zugemutet werden kann, sich der Hilfe Dritter zu versichern oder dem Angriff ganz auszuweichen:"In Fällen, in denen der Angegriffene dem Angriff in anderer Weise als durch gewaltsame Abwehr entgehen kann, ohne sich dadurch etwas zu vergeben oder eigene oder fremde Interessen zu gefährden, widerspricht die gewaltsame Abwehr - besonders dann, wenn sie nur so möglich ist, daß dabei ein Mensch getötet wird, - so sehr der gesunden Volksanschauung, daß sie nicht als zur Verteidigung notwendig anerkannt werden kann (vgl. *Gürtner*, Das kommende Deutsche Strafrecht Allgemeiner Teil 2. Aufl. S. 75, 77)"[181].

Mezger weist in einer Anmerkung zu dieser Entscheidung[182] darauf hin, daß in dieser Aussage zur Erforderlichkeit der Verteidigung nicht die Güterproportionalität zum Ausdruck komme, sondern daß der Verweis auf mildere Mittel als die gewaltsame Abwehr "aus der sozialistischen Einstellung des heutigen Rechts" folge. Die Entscheidung des 2. Senats in RGSt 71, 133 wurde schließlich vom 3. Senat in RGSt 72, 57 bestätigt. In diesem Falle hatte der Hausrechtsinhaber sein Hausrecht durch Tötung des Störers verteidigt. Dies widerspricht "so sehr dem gesunden Volksgefühl, daß es nicht mehr als zur Verteidigung notwendig anerkannt werden kann"[183]. Vielmehr hätte sich der Angeklagte polizeilicher Hilfe bedienen müssen, um den Hausrechtsstörer aus der Wohnung zu entfernen.

Bestimmte sich das Maß der erforderlichen Abwehr, mit anderen Worten das mildeste Mittel, vor 1933 allein nach der **Intensität des Angriffs**[184], wurde durch die genannten Entscheidungen die Wahl des Abwehrmittels erheblich eingeschränkt: auch wenn dem Angegriffenen in der Notwehrsituation nur ein einziges, von ihm selbst zu handhabendes Abwehrmittel zur Verfügung steht, muß er auf dessen Einsatz verzichten, wenn dies dem "gesunden Volksgefühl" widerspricht. In diesem Fall muß er ausweichen oder sich der Hilfe Dritter, u.U. sogar der Polizei, bedienen. Die Verwendung der "Zauberformel"[185] vom "gesunden Volksempfin-

178 RGSt 71, 133.

179 Für *F. C. Schroeder* (Festschrift für *Maurach*, S. 127, 132) zeigt sich in der raschen Umsetzung der im E 1936 enthaltenen Gedanken in konkrete Rechtsprechung ein Merkmal totalitärer Staaten.

180 RGSt 69, 308.

181 RGSt 71, 133, 134.

182 JW 1937, 1787, 1788.

183 RGSt 72, 57, 58.

184 Vgl. RGSt 55, 82, 85; Nachweise aus der Literatur bei *Eb. Schmidt*, a.a.O. S. 54.

185 So *Eb. Schmidt*, a.a.O. S. 53.

den" hatte für die Rechtsprechung enorme Vorteile. Hierdurch wurde nämlich einerseits die Möglichkeit geschaffen, die Notwehrgrenzen enger zu ziehen, andererseits ein Wertungsspielraum eröffnet, den Anwendungsbereich der Notwehr nötigenfalls noch über das anerkannte Maß hinaus zu erweitern. So billigte der 3. Senat in RGSt 69, 179 einem SA-Standortführer, der am Abend des "Röhm-Putsches" von einem Untergebenen tätlich angegriffen worden war, für die Tötung des Angreifers mit dem "Ehrendolch" Notwehr zu, obwohl aufgrund körperlicher Überlegenheit der Angriff "mit Leichtigkeit" auch ohne Verwendung des Dolches hätte abgewehrt werden können. Überdies standen auch noch 8-10 SA-Männer dabei, die dem Vorgesetzten hätten helfen können.

Die Verwendung der Waffe rechtfertigt sich nach Ansicht des RG daraus, daß der Angegriffene nicht nur auf seinen persönlichen Schutz bedacht sein mußte, sondern vielmehr "berechtigt und verpflichtet (gewesen sei), das Ansehen und die Belange der in ihm verkörperten und durch ihn vertretenen Befehlsgewalt zu verteidigen"[186].

In einem ähnlich gelagerten Fall konzediert der 5. Senat einem SS-Mann, von seinem Dolch Gebrauch machen zu dürfen, obwohl auch eine Faustabwehr ausgereicht hätte, weil er "das Ansehen seiner Uniform wahren" mußte[187]:"Der Träger der SS-Uniform kann den Volksgenossen nicht das Schauspiel einer öffentlichen 'Balgerei' bieten. Das ist mit dem Ansehen der SS-Uniform unvereinbar (vgl. auch RGSt Bd. 69, S. 179, 183, 184)"[188].

Nach 1945 fand die veränderte Rechtsprechung des RG zunächst Eingang in den Entscheidungen einiger Oberlandesgerichte. So behauptet das OLG Celle in einem Urteil vom 4.12.1946[189] eine allgemeine Pflicht, einem rechtswidrigen Angriff auszuweichen, so lange man dies in Ehren tun könne. Wer dies unterlasse, dessen Abwehr sei nicht erforderlich, wobei auf RGSt 71, 134 und die entsprechende Anmerkung von *Mezger*, JW 1937, 1787 verwiesen wird. Noch deutlicher ist eine Entscheidung des OLG Stuttgart[190] in der ein Wachmann auf einen mit einer Sirupflasche im Wert von 0,10 RM fliehenden Dieb geschossen und ihn tödlich verletzt hatte. Zum Ausschluß des Notwehrrechts führt das Gericht aus: "Dem Grundsatz, Recht brauche dem Unrecht niemals zu weichen, ist eine Schranke gezogen. Vernichtung eines Menschenlebens um des Schutzes eines geringwertigen Vermögensgegenstandes willen kann nicht zugelassen werden. Das gesunde Rechtsgefühl müßte es beleidigen, wenn man zwar einen wertvollen Hund, der mit einem wertlosen Stück Fleisch davonläuft, nicht töten dürfte (§ 228

---

[186] RGSt 69, 179, 184.
[187] RGSt 72, 383, 384.
[188] RGSt 72, 383 enthält i.ü. auch bemerkenswerte Ausführungen zur Gegenwärtigkeit des Angriffs
[189] Auszugsweise abgedruckt bei *Eb. Schmidt* a.a.O. S. 55.
[190] DRZ 1949, 42.

BGB), wohl aber einen Menschen, der eine derart wertlose Sache wegnimmt und nicht anders abgewehrt werden kann"[191].

Nach Ansicht des OLG Stuttgart ist der Schußwaffengebrauch gegen einen mit einer Beute im Gegenwert von Pfennigen fliehenden Dieb ein "grober Verstoß gegen die primitiven Grundbegriffe des Naturrechts".

Hier liegt eine deutliche Kontinuität zur Rechtsentwicklung vor dem Krieg vor. Das vom OLG Stuttgart angeführte Hundebeispiel findet sich bereits bei *Klee* in der 1. Auflage des Berichts der amtlichen Strafrechtskommission[192].

Die Art, wie der BGH die vom RG begonnene Tendenz fortsetzt, läßt, so *Eb. Schmidt*[193], erkennen, daß er hierin eigentlich nichts Problematisches mehr erblickt. In der Sünderin-Entscheidung[194] heißt es lapidar:"Schließlich kommt noch hinzu, daß das Recht zur Verteidigung überall da entfällt, wo der Angegriffene die Rechtsverletzung auf andere Weise abwenden kann, ohne seiner eigenen Ehre etwas zu vergeben oder sonst seine Belange zu verletzen. Die durch das Recht zur Notwehr zugelassene Selbsthilfe ist nicht erforderlich, wo der Angegriffene dem Angriff ausweichen kann und ihm dies zuzumuten ist (RGSt 71, 133, 72, 58)".

In einer Entscheidung aus dem Jahre 1956[195] werden die Urteile RGSt 69, 308; 71, 133 und 72, 57 als Beleg dafür in Anspruch genommen, daß auch für das Notwehrrecht das allgemeine Verbot des Rechtsmißbrauchs gelte. Daher dürfe der Angegriffene nicht Abwehrhandlungen vornehmen, die "völlig maßlos und daher mit dem Rechtsgefühl unvereinbar" seien. Der BGH setzt also nahtlos die Rspr. des RG fort, "Volksgefühl"[196] durch "Rechtsgefühl" ersetzend, ohne das Problem als solches noch weiter zu thematisieren.

Die Rspr. nach dem Krieg stieß im Schrifttum, nicht immer in der Herleitung, wohl aber im Ergebnis, auf Zustimmung. In der Anmerkung zu OLG Stuttgart DRZ 1949, 42 f bemerkt *Gallas*, eine Einschränkung des Notwehrrechts entspräche zwar nicht der h. M., wohl aber der heutigen Rechtsanschauung. Für *Schaffstein*[197] ist die Tatsache, daß sich "der Gedanke einer gewissen Güterabwägung bei der Notwehr in Lehre und Rechtsprechung durchgesetzt hat... (ein) besonders deutliches Beispiel für jene 'immanente Strafrechtsreform', die sich in den letzten Jahrzehnten vollzogen hat. Die Berechtigung dieses Vorgangs, soweit er die Notwehr betrifft, soll ... nicht bestritten werden. Denn was sich in ihm Bahn gebrochen hat, ist nicht irgendeine Theorie, sondern ein durch die soziale Zeitströmung gewandeltes Rechtsgefühl, dem sich die Gesetzesauslegung auf die Dauer nicht zu ent-

191 DRZ 1949, 42, 43.

192 Das kommende Deutsche Strafrecht Allgemeiner Teil, hrsg. von *Franz Gürtner*, 1934, S. 58.

193 A.a.O. S. 55.

194 BGHSt 5, 245, 248 f.

195 *Lindenmaier-Möhring* Nr. 3 zu § 53.

196 RGSt 72, 58.

197 MDR 1952, 132, 133.

ziehen vermag". Was bei *Mezger* 1937[198] noch "aus der sozialistischen Einstellung des heutigen Rechts" folgte, ist nunmehr auf die "soziale Zeitströmung", die das "Rechtsgefühl" gewandelt hat, zurückzuführen.

Schaffstein und *Mezger* weisen mit ihren Bemerkungen auf eine Entwicklungstendenz des Rechts im 20. Jahrhundert vom liberalen **Individualrecht** zum **Sozialrecht**[199] hin. Auf die gesellschaftlichen Strukturgeränderungen, wie sie die Entwicklung zum modernen Industriestaat mit sich brachten, hatte die deutsche Gesetzgebung nur sehr unzureichend reagiert. Das RStGB von 1871 war mit seiner Zurückhaltung vor der Täterpersönlichkeit der Gedankenwelt des liberalen Rechtsstaats i.S. *Feuerbachs* verhaftet, und reagierte damit keinesfalls auf die sozialen und politischen Strukturveränderungen der Zeit[200]. Die Forderung nach einer sozialen Ausrichtung des Rechts kam mit Macht zum Ausdruck in der Kritik am Entwurf des BGB von konservativer[201] wie von sozialistischer[202] Seite. Wissenschaftler wie (wohl als erster) *Jhering*[203], *Gierke*[204] und *Menger*[205] betrieben den **sozialen Umbau des liberalen Rechtsstaats.** *Gierkes* Idee von der sozialen Gerechtigkeit[206], von der Gemeinschaftsbezogenheit des Individuums entsprach im Strafrecht die Ansicht *Franz von Liszts*, der 1893 von dem hereinbrechenden sozialistischen Staat, den er im Grundsatz begrüßte, erwartete, daß "er die Interessen der Gesamtheit stärker betont als wir es heute tun, weil er intensiver zielbewußter und rücksichtsloser gegen den sich auflehnenden einzelnen vorgehen muß"[207]. Fanden diese Auffassungen gegen Ende des 19. Jahrhunderts noch keinen legislatorischen Niederschlag, so begann doch ab dem Ersten Weltkrieg und der damit verbundenen Gesetzgebung der Sozialstaatsgedanke den klassischen Liberalismus mehr und mehr zu verdrängen[208]. Diese Tendenz brach im Nationalsozialismus keineswegs ab. Im Gegenteil. Die Gemeinschaftsgebundenheit des Einzelnen wird nun besonders betont. Eine Ausprägung hiervon ist die Beschränkung des Notwehrrechts. Wenn *Mezger* sie allerdings auf die "sozialistische Einstellung des heutigen Rechts" zurückführt, weist dies insofern in die Irre, als es sich nicht um ein originäres Phänomen des Nationalsozialismus handelt. Vielmehr verstärkt der

---

198 JW 1937, 1788.

199 Zu diesem, auf *Otto von Gierke* zurückgehenden Begriff vgl. *Wieacker*, Privatrechtsgeschichte der Neuzeit, 2. Aufl. S. 546.

200 Vgl. *Eb. Schmidt*, Einführung in die Geschichte der deutschen Strafrechtspflege, 3. Aufl., S. 344 f.

201 *Otto von Gierke*, Die soziale Aufgabe des Privatrechts, 1889.

202 *Anton Menger*, Das bürgerliche Recht und die besitzlosen Volksklassen, 1890.

203 Zu ihm vgl. *Wieacker*, Privatrechtsgeschichte, S. 450 ff.

204 Zu ihm ebd. S. 453 ff.

205 Zu *Gierke* und *Menger* und der ihn ihnene zum Ausdruck kommenden Zeitströmung vgl. *Boehmer*, Grundlagen der bürgerlichen Rechtsordnung II, 1, S. 139 f.

206 Hierzu eingehend *Boehmer*, a.a.O. S. 155 ff.

207 Aufsätze Bd. II, S, 81 f.

208 Hierzu *Wieacker*, Privatrechtsgeschichte, S.545 ff.

Nationalsozialismus hier nur eine bereits vorhandene Tendenz[209], und dies erklärt schlüssig, warum es nach 1945 zu der beschriebenen Kontinuität zwischen RG und BGH kam, denn die sozialstaatliche Entwicklungstendenz wirkte fort. Dies nicht zuletzt im Bekenntnis des Grundgesetzes zum Sozialstaatsgedanken in Art. 20 Abs. 1; das Bundesverfassungsgericht hat dies in einer Entscheidung aus dem Jahre 1954 so ausgedrückt: "Das Menschenbild des Grundgesetzes ist nicht das eines isolierten souveränen Individuums; das Grunndgesetz hat vielmehr die Spannung Individuum - Gemeinschaft im Sinne der Gemeinschaftsbezogenheit und Gemeinschaftsgebundenheit der Person entschieden, ohne dabei deren Eigenwert anzutasten "[210].

Diese sozialstaatliche Tendenz ist dabei eng mit dem Phänomen "Materialisierung" verwoben. Methodisch nimmt beides seinen Anfang mit der auf *Jhering* zurückgehenden Teleologisierung der Rechtsanwendung[211]. Die Ausrichtung des Rechts auf einen Zweck war von Anfang an auch auf den **sozialen** Zweck gerichtet[212]. Dies trifft sich mit der hinter der Materialisierungstendenz stehenden Überzeugung, daß die formale Herleitung einer Entscheidung aus einem starren System ihre Richtigkeit nicht garantiert, vielmehr die formale Begrenzung die subjektiv als richtig empfundene Entscheidung oftmals behindert. Von daher kommt der Abkehr *Jherings* von der Begriffsjurisprudenz eine Schlüsselfunktion sowohl für die sozialstaatliche Tendenz als auch für die Materialisierung im allgemeinen zu.

Es wird noch an weiteren Stellen[213] zu zeigen sein, wie der Sozialstaatsgedanke die Rechtsprechung im Nationalsozialismus beeinflußt hat.

4. Das Offenhalten von Wertungsspielräumen am Beispiel der Irrtumsdoktrin des RG im Vergleich zur Irrtumsrechtsprechung des BGH

Leitidee der Materialisierung ist die Überordnung der Gerechtigkeit über die Rechtssicherheit[214]. Das Abgehen von allgemeinen, formalen Entscheidungskriterien soll dabei die einzelfallgerechte Entscheidung ermöglichen. Ein ent-

---

209 Weitere Beispiele aus dem Strafrecht s.u. Teil D 2 a, 3; die Parallelsituation im öffentlichen Recht wird etwa mit *Forsthoffs* Schrift "Die Verwaltung als Leistungsträger" aus dem Jahre 1938 gekennzeichnet, in der er den Wandel der Staatsfunktion in Richtung auf die Daseinsvorsorge beschreibt.

210 BVerfGE 4, 7, 15 f.; ähnlich BVerfGE 7, 320, 323.

211 Hierzu besonders treffend *Boehmer*, Grundlagen II 1, S. 134 ff.

212 Vgl. *Boehmer* a.a.O.

213 Vgl. u. Teil D 2 a, 3.

214 Zur Geringschätzung der Rechtssicherheit als liberalem Wert in der nationalsozialistischen Strafrechtslehre vgl. eingehend *Henkel*, Strafrichter und Gesetz im neuen Staat, 1934, S. 63 ff.

scheidendes Mittel hierzu ist die Schaffung bzw. Erhaltung von **Wertungsspielräumen.**

Ein Bereich, in dem sich das RG seit jeher einen weiten Bewertungsspielraum offen gehalten hatte, war die von ihm vertretene Irrtumslehre. Das RG unterschied seit RGSt 1, 88 in ständiger Rechtsprechung zwischen Tat- und Rechtsirrtum. Ein Täter konnte sich nur auf einen Irrtum über Tatsachen, der gemäß § 59 StGB a. F. den Vorsatz ausschloß, berufen, nicht aber auf einen Irrtum über Rechte, Rechtsbegriffe bzw. das Verbotensein der Tat als solcher, wenn die Fehlvorstellung sich auf eine strafrechtliche Norm bezog. Der außerstrafrechtliche Rechtsirrtum hingegen, der sich z. B. auf die Fremdheit der Sache bei § 242 StGB, die sich nach bürgerlichem Recht beurteilt, bezog, schloß den Vorsatz aus[215]. An dieser Ansicht hat das RG bis zuletzt festgehalten[216], obwohl es bereits frühzeitig kritisiert und auf die Undurchführbarkeit der sauberen Abgrenzung zwischen Tat- und Rechtsirrtum hingewiesen worden war[217]. Auch nach 1933 änderte das RG seine Linie nicht, obwohl es erklärtes Ziel der nationalsozialistischen Strafrechtsreform war, das Bewußtsein der Rechtswidrigkeit als Vorsatzelement zu erfassen, womit die Unterscheidung des RG obsolet geworden wäre[218].

Auch in den Kreisen des RG war man, wie *Hartung*[219] berichtet, sich der Unzulänglichkeit der eigenen Doktrin bewußt, konnte sich jedoch nicht zu einer Änderung der Rechtsprechung entschließen[220]. *Hartung* räumt ein, daß die Judikatur des RG, vor allem zur Unterscheidung strafrechtlicher - außerstrafrechtlicher Irrtum darauf hinauslief, mehr oder weniger willkürliche Einzelfallentscheidungen zu treffen, deren Ergebnis mitunter zweifelhaft gewesen sei[221]. Man war sich sehr wohl der Beweiserleichterung bewußt, die es bedeutete, wenn das Bewußtsein der Rechtswidrigkeit nicht Strafbarkeitsbedingung war, und fürchtete andererseits bei einer entsprechenden Änderung der Rechtsprechung eine "große Zahl sachlich nicht gerechtfertigter Freisprechungen"[222].

Den Wertungsspielraum, den sich das RG durch das Festhalten an dieser Doktrin offenhielt, nutzte es vor allem auch in seiner Rechtsprechung gegenüber Minderheiten. In der bekannten Entscheidung RGSt 69, 273 löste sich das RG von seiner bisherigen Rechtsprechung zum Unzuchtsbegriff in § 175 StGB a. F. und sah

---

215 Vgl. z. B. RGSt 50, 183.

216 Vgl. z. B. RGSt 77, 230, 231.

217 Z. B. von *Kohlrausch*: Die Lehre vom Rechtsirrtum in Theorie und Praxis des heutigen Strafrechts, 1902; ders., Irrtum und Schuldbegriff im Strafrecht, 1903, S. 84 ff., 118 ff..

218 Vgl. *Ernst Schäfer*, Die Schuldlehre, in *Gürtner*, Das kommende deutsche Strafrecht, Allgemeiner Teil, 2. Aufl. 1935, S. 49, 63 f.; anders bemerkenswerterweise *Schmidt-Leichner*, Unrechtsbewußtsein und Irrtum in ihrer Bedeutung für den Vorsatz im Strafrecht, 1935, S. 10 f., 215 ff.

219 DRZ 1949, 342; ders., Jurist unter vier Reichen, 1971, S. 102 f.

220 Insbesondere *Bumke* selbst soll sich insofern widersetzt haben.

221 DRZ 1949, 343.

222 *Hartung*, DRZ 1949, 343.

auch die gegenseitige Masturbation als tatbestandsmäßig an[223]. In dem nur in JW 1935, 2732, 2734 abgedruckten Teil der Entscheidung ging der 5. Senat auf die Frage ein, wie das Vertrauen der Angeklagten auf die bisherige höchstrichterliche Rechtsprechung sich auf die Strafbarkeit auswirke. Apodiktisch heißt es hier:"Hat der Angekl. sein Tun für straflos gehalten, während es strafbar ist, so hat er sich in einem unbeachtlichen Irrtum über Sätze des Strafrechts befunden"[224]. Kein Wort dazu, daß der Angeklagte mit gutem Grund sein Tun für straflos halten durfte, weil es nach der bisherigen Rechtsprechung nicht strafbar war. Der Gedanke des Vertrauensschutzes als Ausfluß der Rechtssicherheit war völlig hinter die aus Gerechtigkeitsgründen (materiale Unrechtsbewertung) als notwendig empfundene Rechtsprechungsänderung zurückgetreten. Zwar ist dem RG zuzugeben, daß man nicht abstrakt auf die richterliche Subsumtion vertrauen darf, doch liegen die Dinge doch wohl dann anders, wenn es bezüglich eines Sachverhalts eine feststehende höchstrichterliche Rechtsprechung gibt. Das Argument "unbeachtlicher Strafrechtsirrtum" war indes zu wohlfeil, um solchen Bedenken Raum zu geben. So schloß sich dann auch der 3. Senat in der Entscheidung HRR 1936, 1388 dem 5. Senat unter Verweisung auf die zuvor zitierte Stelle an.

Neben den Homosexuellen waren es die Juden, denen die Irrtumsdoktrin des RG besonders schadete. Ein Irrtum über Art und Umfang der sich aus dem Blutschutzgesetz und den dazu ergangenen Verordnungen ergebenden Verbote vermochte ihnen nie zu nützen. Als Beispiel mag die Entscheidung RGSt 71, 397 dienen. Juden war es gem. § 3 Blutschutzgesetz vom 15. September 1935[225] verboten, weibliche Staatsangehörige deutschen oder artverwandten Blutes unter 45 Jahren in ihrem Haushalt zu beschäftigen. Wann eine Haushaltsbeschäftigung vorlag, definierte § 12 Abs. 2 der 1. AusführungsVO zum BlutschutzG vom 14. November 1935[226]. Danach war im Haushalt beschäftigt, wer in die Hausgemeinschaft aufgenommen oder mit alltäglichen Haushaltsarbeiten betraut war. Aufgrund dieser Vorschriften verurteilte der 5. Senat in der angegebenen Entscheidung drei jüdische Geschäftsleute, die von ihren arischen Lehrmädchen Botengänge zwischen Geschäft und Privatwohnung vornehmen ließen sowie sie einmal am Tage mit der achtjährigen Tochter der Familie spazieren schickten. Einen Irrtum über diesen, von ihm sehr weit gezogenen Begriff der Haushaltsbeschäftigung qualifiziert das RG als bloßen Strafrechtsirrtum, und zwar auch insoweit, als es um die AusführungsVO geht, da auch diese strafrechtlicher Natur sei[227]. Dies muß man in Beziehung setzen zu der Äußerung, daß das Ungenügen des RG mit der eigenen Irrtumsrechtsprechung gerade mit der Fülle der "strafrechtlichen Nebengesetze" zusam-

223 Hierzu vgl. u. Teil D 4.

224 A.a.O. S. 2734.

225 RGBl. I 1146.

226 RGBl. I S. 1334.

227 Die Entscheidung ist insoweit abgedruckt in JW 1938, 34, 36.

mengehangen haben soll, deren Normierungen nicht mehr im "allgemeinen Volksbewußtsein wurzelten"[228], so daß der Einzelne auch bei Kenntnis aller Tatumstände nicht unbedingt auf das Verbotensein seiner Handlung schließen konnte.

Auch Mitgliedern der "Bekennenden Kirche" wurde unter Verwendung der reichsgerichtlichen Irrtumsdoktrin eine Berufung auf die Unkenntnis der Verbotsnorm abgeschnitten. In RGSt 72, 329 entschied der 2. Senat einen Fall, in dem ein Pfarrer zu einer Kollekte zugunsten der "Bekennenden Kirche" aufgerufen hatte. Als Kollekte war diese an sich genehmigungsfrei nach dem SammlungsG, war aber nach Ansicht des RG durch die fünfte DurchführungsVO zum Gesetz zur Sicherung der Deutschen Evangelischen Kirche v. 2. Dezember 1935 (RGBl. I S. 1370) schlechthin verboten. Die DurchführungsVO wiederum enthielt keine Strafdrohung, die man dafür dem SammlungsG entnahm, weil die Genehmigungsfreiheit des SammlungsG nur solche Kollekten erfassen sollte, die "sich als mit den Belangen des Staates vereinbar erwiesen hatten"[229]. Da Kollekten zugunsten der "Bekennenden Kirche" hingegen eine Beeinträchtigung der öffentlichen Ordnung darstellten, sei es sachgerecht, auf diese Kollekten eine Strafnorm gegen Durchführung nicht genehmigter Sammlungen anzuwenden. Dem Angeklagten nutzt es nun nicht nur nichts, diese komplizierte und in der Begründung sehr zweifelhafte Verschachtelung von SammlungsG und DurchführungsVO nicht erkannt zu haben, er kann sich noch nicht einmal auf die gegenteilige Rechtsansicht des für seine Gemeinde zuständigen Oberlandesgerichts berufen: "Der Angeklagte wußte, daß eine andere Auffassung möglich war und von Staatsorganen vertreten wurde"[230]. Mag es sich bei der genannten DurchführungsVO auch um eine außerstrafrechtliche Norm gehandelt haben, diese habe der Angeklagte gekannt, und dies schließe einen entschuldbaren Irrtum aus.

Die Rigorosität, mit der das RG die mit seiner Irrtumsdoktrin verbundenen Beweiserleichterung in den genannten wie in vielen weiteren Fällen zum Einsatz brachte, läßt es allerdings in anderen Fallgestaltungen vermissen. So stellt der 4. Senat in RGSt 72, 305 subtile Erörterungen darüber an, was ein Revierjäger, der in Begleitung eines SS-Mannes einen vermeintlichen Kartoffeldieb mit einem gezielten Schrotschuß erschossen hatte, sich bezüglich seiner Berechtigung zu dieser Handlungsweise vorgestellt haben mag. Da das einschlägige Gesetz über Waffengebrauch der Jagdschutzberechtigten v. 26. Februar 1935[231] den Schuß, der zum Feldschutz abgegeben worden war, nicht rechtfertigte, erörtert das RG[232], welche Folgen es hätte, wenn der Jäger nun aber geglaubt hätte, daß dieses Gesetz seine

228 *Hartung*, DRZ 1949, 342, 343.
229 RGSt 72, 329, 336.
230 A.a.O. S. 338.
231 RGBl. I S. 313.
232 A.a.O. S. 309.

Vorgehensweise decke, stuft dies als außerstrafrechtlichen Irrtum ein und gelangt so zum Vorsatzausschluß.

In RGSt 71, 374 entscheidet der 2. Senat den Fall eines Amtsvorstehers, der einen Jugendlichen durch Androhung von Ohrfeigen zu einer Aussage gezwungen hatte. Den Vorsatz zur Aussageerpressung nach § 343 StGB hält der Senat nicht für gegeben, weil der Angeklagte möglicherweise die Ohrfeigem für ein zulässiges Mittel gehalten habe und die Rechtswidrigkeit des Mittels Tatbestandsmerkmal sei. *Mezger*[233] hält diese Entscheidung für einen ersten Schritt weg von der herkömmlichen Rechtsprechung zur Unbeachtlichkeit des Unrechtsbewußtseins im Tatbestandsvorsatz. Bemerkenswert allerdings, zu welcher Fallgestaltung sie erging.

Der Beschluß des Großen Senats in BGHSt 2, 194, den *Busch*, der in seiner Zeit als Privatdozent in Leipzig regen Kontakt zu Kreisen des RG gehabt hatte[234], entwarf, setzte der reichsgerichtlichen Irrtumsdoktrin ein Ende. Offenbar liegt hier also ein Fall der Diskontinuität zwischen der Rechtsprechung des RG und der des BGH vor. Bemerkenswert ist dabei, daß der BGH sich von einer Doktrin löste, die, wie gezeigt, dem erkennenden Richter einen weiten Bewertungsspielraum zur, nach seiner Ansicht, gerechten Einzelfallentscheidung ließ. Unter Kontinuitätsgesichtspunkten kann man indes auch danach fragen, ob die Entscheidung BGHSt 2, 194, teilweise als "Markstein in der neueren deutschen Strafrechtsgeschichte"[235] apostrophiert, auch tatsächlich zu einer Einschränkung richterlicher Entscheidungsspielräume führte, ob, wie *Welzel*[236] meint, Zufall und Willkür gebannt worden sind.

Neben zeitgenössischen Kritikern des BGH, die die RG-Rechtsprechung für richtig hielten[237], und dem BGH vorhielten, er habe lediglich die Begriffe ausgetauscht und bezeichne nun als "Verbotsirrtum", was man zuvor "strafrechtlichen Irrtum" genannt habe[238], meldete sich mit *Lang-Hinrichsen* (JR 1952, 302, 356) auch vehement ein Vertreter der Vorsatztheorie zu Wort. Er führt aus, daß der BGH sich zwar von der Irrtumslehre des RG durch die Anerkennung des Bewußtseins der Rechtswidrigkeit als Strafbarkeitsvoraussetzung verabschiedet habe, daß er aber durch die Entscheidung für die Schuldtheorie die Wertungsspielräume, die ihm dadurch verloren gegangen seien, wiedergewonnen habe:"Die Unterscheidung von Tatbestands- und Verbotsirrtum, mit der sich nunmehr Theorie und Praxis zu beschäftigen haben werden, ist ... einer Lösung ebensowenig zugänglich wie die Unterscheidung von strafrechtlichem und außerstrafrechtlichem Rechtsirrtum und

---

233 JW 1938, 33.
234 Vgl. *Hartung*, Jurist unter vier Reichen, S. 103.
235 *Jescheck*, AT, 3. Aufl., § 41 I 1.
236 NJW 1952, 564.
237 Vor allem *Hellmuth Mayer*, MDR 1952, 392; im Prinzip auch *Schmidt-Leichner*, GA 1954, 1.
238 *H. Mayer* a.a.O.

die Quadratur des Kreises. Die Qualifizierung der Irrtümer wird von der Überlegenheit in der Dialektik abhängen, hinter der kryptosoziologisch der Wille stehen wird, einem Irrtum eine größere, geringere oder gar keine Bedeutung beizumessen"[239]. Natürlich schwingt in diesen Worten die Verbitterung desjenigen, dessen eigener methodischer Ansatz vom BGH nicht aufgegriffen worden ist, mit. Die Verbitterung ist aber verständlich, wenn man sieht, mit welchen Argumenten der BGH die Vorsatztheorie verwirft. Ihre konsequente Anwendung bedeutet "bei der großen Zahl der nur vorsätzlich begehbarer Verbrechen ... eine kriminalpolitisch höchst unerwünschte und sachlich nicht gerechtfertigte Beschränkung der Strafbarkeit"[240]. Dieselbe Furcht vor ungerechtfertigten Freisprüchen, die schon das RG von einer Änderung seiner Irrtumssrechtsprechung abhielt[241], bestimmte also auch den BGH, sich der Schuldtheorie anzuschließen. Wäre er der Vorsatztheorie gefolgt, hätte jeder Irrtum über die Unrechtsverwirklichung, gleichgültig ob über ein Tatbestandsmerkmal oder ein Merkmal der Rechtswidrigkeit, den Vorsatz ausgeschlossen, so daß nur noch eine Bestrafung wegen eines fahrlässigen Delikts, soweit vorhanden, in Frage gekommen wäre.

Praktikabler für die Rechtsprechung ist indes die Schuldtheorie. Nur der Tatbestandsirrtum schließt den Vorsatz aus; der Verbotsirrtum hingegen führt zur **Vorsatzstrafe**, wenn er vermeidbar war; anderenfalls kommt eine Bestrafung aus dem Fahrlässigkeitstatbestand in Betracht. Der Rechtsprechung öffnen sich also zwei neue Wertungsspielräume: einmal in der Klassifizierung des Irrtums als Tatbestands- bzw. Verbotsirrtum, zum anderen in den an die Vermeidbarkeit des Verbotsirrtums zu stellenden Anforderungen. *Schmidt-Leichner* bezeichnet diese Entscheidung für die Schuldtheorie, nachdem der BGH zunächst das Unrechtsbewußtsein anerkannt hatte, als Vorbehalt des Rücktritts vom Versuch[242]. Die Entscheidung für die Schuldtheorie liegt indes im Duktus der höchstrichterlichen Strafrechtsprechung begründet, die immer auf die möglichen Folgen solcher grundsätzlicher Entscheidungen bedacht und in diesem Zusammenhang stets bemüht war, keine Strafbarkeitkeitslücken zu öffnen, bzw. bestehende Lücken zu schließen. *Lang-Hinrichsen* weist hier zu Recht auf die Definition der Urkunde und auf den strafrechtlichen Beamtenbegriff hin[243]. Es offenbart sich hier eine Rechtsprechungstradition, die man etatistisch oder besser "super-etatistisch" nennen mag, da sie auf eine Gesetzesauslegung hinwirkt, die zu einer Maximierung der Strafrechtsanwendung, und zwar unter Vorgriff auf oder gänzlich ohne eine gesetzliche Regelung hinausläuft. Es wäre ja in den genannten Problemfeldern denkbar gewesen,

---

239 A.a.O. S. 357.

240 BGHSt 2, 194, 207.

241 Vgl. *Hartung*, DRZ 1949, 342, 343.

242 GA 1954, 5.

243 JR 1952, 305; zu ergänzen wäre z. B. der strafrechtliche Rechtmäßigkeitsbegriff in § 113 StGB, vgl. hierzu *Amelung*, JuS 1986, 329, 334 f.

daß die Rechtsprechung durch restriktive Auslegung Strafbarkeitslücken gelassen hätte und so, wenn diese Lücken in der Tat unerträglich gewesen wären, den Gesetzgeber in Zugzwang gebracht hätte. An der Irrtumsrechtsprechung läßt sich gut zeigen, wie RG und BGH das Problem genau umgekehrt angehen. Das RG ändert seine Doktrin, deren Reformbedürftigkeit erkannt ist, aus Furcht vor einer dann möglichen "großen Zahl sachlich nicht gerechtfertigter Freisprüche"[244] überhaupt nicht. Als der BGH schließlich, die Zeit war aufgrund der vielfältigen theoretischen Vorarbeiten überreif, das Unrechtsbewußtsein als Strafbarkeitsvoraussetzung anerkennt, entscheidet er sich gleichzeitig für die nach seiner Ansicht zu den richtigen kriminalpolitischen Konsequenzen führende Schuldtheorie. Daß der BGH sich durch diese Entscheidung Wertungsspielräume offenhalten wollte, wurde von den zeitgenössischen Kritikern zutreffend empfunden. Es war abzusehen, daß die prima facie so einleuchtende Unterscheidung zwischen Tatbestands- und Verbotsirrtum spätestens in der Frage der Behandlung normativer Tatbestandsmerkmale wie auch beim Erlaubnistatbestandsirrtum schwierig werden würde. Zwanzig Jahre nach BGHSt 2, 194 wirft *Maurach* der BGH-Rechtsprechung vor, sie sei, was die Bewertungswillkür angeht, auf die Ebene der RG-Rechtsprechung zurückgekehrt[245]. Es ist hier nicht zu untersuchen, ob der BGH tatsächlich, wie *Maurach* meint, wieder zwischen Tat- und Rechtsirrtum unterscheidet. Dies würde eine Spezialuntersuchung zum Irrtum voraussetzen, die unter Kontinuitätsgesichtspunkten wenig Erfolg verspricht, da es eine Sache der Bewertung ist, ob man den BGH in die alte Doktrin des RG zurückfallen sieht. Fragt man indes nach Kontinuitäten der Rechtsprechung so kann man, auch ohne eingehende Bewertungen vornehmen zu müssen, aus der Irrtumsrechtsprechung folgende Schlüsse ziehen:

BGHSt 2, 194 brach vordergründig mit der Irrtumsrechtsprechung des RG, indem das Bewußtsein der Rechtswidrigkeit als Strafbarkeitsvoraussetzung anerkannt wurde. Mit der Entscheidung für die Schuldtheorie setzt der BGH andererseits die Kontinuität höchstrichterlicher Rechtsprechung fort, sich in Irrtumsfragen weite Bewertungsspielräume offen zu halten. Diese Bewertungsspielräume sollen "gerechte" Einzelfallentscheidungen garantieren, was im Ergebnis darauf hinausläuft, mögliche Strafbarkeitslücken erst gar nicht entstehen zu lassen. Mit diesem rechtspolitischen Motiv stellt sich der BGH in eine Tradition höchstrichterlicher Rechtsprechung, die dort, wo sie Auslegungsmöglichkeiten hat, sich für die strafbarkeitsausdehnende Auslegung entscheidet. Die Rechtsprechung überläßt es nur ungern dem Gesetzgeber, dort, wo kriminalpolitischer Handlungsbedarf besteht, tätig zu werden. Soweit sie sich selbst dazu in der Lage sieht, schließt die Rechtsprechung solche, wenn auch nur gedanklich möglichen, Lücken meist selbst. An der Irrtumsrechtsprechung läßt sich dies gut erkennen: die veraltete RG-

---

244 *Hartung*, DRZ 1949, 343.

245 *Maurach*, Deutsches Strafrecht AT, 4. Aufl. 1971, § 37 I E 2.

Rechtsprechung wird aufgegeben und durch eine neue Doktrin ersetzt, die aber "praktikabel" sein muß. "Praktikabel" heißt, ungerechtfertigte - sprich ungewollte - Freisprüche müssen vermieden und zu diesem Zweck Wertungsspielräume dem erkennenden Gericht eröffnet werden. Diesen Anforderungen genügt nur die Schuldtheorie, für die sich folgerichtig der BGH dann auch entscheidet. BGHSt 2, 194 steht insoweit in der Kontinuität ergebnisorientierter höchstrichterlicher Rechtsprechung.

5. Die Behandlung der Strafmilderungsmöglichkeit im Rahmen der verminderten Zurechnungsfähigkeit

Ähnlich wie in der Irrtumsrechtsprechung, so findet sich auch zu dem Problem der fakultativen Strafmilderung bei verminderter Schuldfähigkeit eine, wenn auch eingeschränkte, Kontinuität zwischen RG und BGH, soweit es um das Offenhalten eines einmal eröffneten Wertungsspielraums geht. Durch das Gewohnheitsverbrechergesetz vom 24.11.1933 wurde erstmals im deutschen Strafgesetzbuch der Begriff der "verminderten Zurechnungsfähigkeit" eingeführt, der bereits in den Entwürfen 1913[246], 1919[247], 1925[248], 1927[249] und 1930[250] verwandt worden war. Hintergrund war die Schaffung der "Maßregeln der Sicherung und Besserung ", die als §§ 42 a-n in das StGB eingefügt wurden. Diese beruhten wiederum auf Reformvorschlägen der 20er Jahre[251] und sahen die Möglichkeit vor, auch einen nur vermindert Zurechnungsfähigen in einer Heil- und Pflegeanstalt unterzubringen (§ 42b StGB). Dies bedingte eine Definition der verminderten Zurechnungsfähigkeit, die in § 51 Abs. 1 StGB erfolgte. In § 51 Abs. 2 StGB wurde dann, im Anschluß an § 13 Abs. 2 E 1927 eine fakultative Strafmilderungsmöglichkeit unter Zugrundelegung des Versuchsstrafrahmens geschaffen. Alle anderen Reformentwürfe hatten bei verminderter Zurechnungsfähigkeit eine obligatorische Strafmilderung vorgesehen. Die Entscheidung für die fakultative Strafmilderung in § 51 Abs. 2 StGB wurde in Übereinstimmung mit den Motiven zum E 1927 damit begründet, daß es bei Psychopathen nach ärztlicher Erfahrung verfehlt sei, sie durchweg milder zu behandeln als Gesunde; vielmehr könne durch ernstliche Strafen vielfach nachhaltiger auf die abgeschwächte seelische Widerstandsfähigkeit des Psychopathen eingewirkt werden[252]. Aus dieser Begründung zog der 2. Senat des RG

---

246 § 20 Abs. 2.

247 § 18 Abs. 2.

248 § 17 Abs. 2.

249 § 13 Abs. 2.

250 § 19 Abs. 2.

251 E 1925: §§ 42 - 62, E 1927: §§ 55 - 64.

252 Vgl. amtl. Begründung zum GewohnhVerbG, Reichsanzeiger v. 27. November 1933, 1. Beilage, S. 1 einerseits und die amtliche Begründung zum E 1927, S. 15 andererseits.

1935 in zwei Entscheidungen[253] den Schluß, daß die Strafmilderung bei Vorliegen der Voraussetzung des § 51 Abs. 1 StGB die Regel, das Absehen von Milderung aus erzieherischen Gründen hingegen die Ausnahme sein soll. Ein Absehen von der Strafmilderung "wegen der groben Nichtachtung aller gesetzlichen Vorschriften" sei beispielsweise nicht angängig[254].

Diese Entscheidungen stießen bei *Karl Schäfer*[255] und bei *Preiser*[256] auf Kritik. *Schäfer* weist dabei auf ein seiner Meinung nach abweichendes Urteil des 3. Senates (RGSt 69, 314, 317 f.) hin, in dem für ein Absehen von Strafmilderung lediglich "ausreichende Gründe" verlangt werden, und das Beispiel genannt wird, daß eine herabgesetzte Strafe nicht mehr wirksam genug sei. In der gleichen Entscheidung steht allerdings auch, daß "die erheblich verminderte Zurechnungsfähigkeit ... aber rechtsnotwendig den Schuldgehalt und damit die Strafwürdigkeit der Tat (vermindert)"[257].

Eingehender ist die Kritik von *Preiser*[258], der sich zwei Jahre nach Inkrafttreten des Gewohnheitsverbrechergesetzes auffallend darum bemüht, die gesetzgeberische Begründung für § 51 Abs. 2 StGB, die ja im wesentlichen aus dem Jahre 1927 stammt und 1933 ad hoc übernommen worden war, zu relativieren, um das Argument des RG, aus dieser Begründung ergebe sich ein Regel-Ausnahme-Verhältnis zugunsten der Strafmilderung, zu widerlegen. Der Wille des Gesetzgebers habe im Gesetz nur unvollkommen Ausdruck gefunden und daher sei allein der Wortlaut maßgeblich:"Jegliche Einschränkung des richterlichen Ermessens würde dem klaren Wortlaut und Sinn des Gesetzes Gewalt antun"[259]. Dann wendet sich *Preiser* den praktischen Auswirkungen der Ansicht des 2. Senats zu. Wenn man von der Strafmilderung nur noch aus erzieherischen Gründen absehen dürfe, wo also das volle Strafmaß eindringlich auf den Täter einwirken solle, könne man die Todesstrafe, die, auf den Täter bezogen naturgemäß keine erzieherische Wirkung habe, gegenüber vermindert zurechnungsfähigen Tätern nicht mehr verhängen:"Bei der großen Zahl vermindert zurechnungsfähiger Kapitalverbrechen würde die Auffassung des Reichsgerichtsurteils dazu führen, daß die Straf-, Heil- und Pflegeanstalten in unverantwortlicher Weise mit solchen Verbrechern angefüllt und auf Kosten der Allgemeinheit verpflegt würden ... Eine solche Milderung hat unser heutiger Gesetzgeber zweifellos nicht gewollt"[260]. Die Kritik lief darauf hinaus, die Gerichte in der Frage der Strafmilderung völlig frei zu stellen, mit dem Ziel, daß

---

[253] HRR 1935, 467; JW 1935, 3379.
[254] HRR 1935, 467.
[255] JW 1935, 3380.
[256] DJ 1935, 1589.
[257] A.a.O. S. 317.
[258] DJ 1935, 1589.
[259] S. 1590.
[260] A.a.O. S. 1591.

möglichst wenig von der aus dem E 1927 überkommenen Milderungsmöglichkeit Gebrauch gemacht werde. Konsequent zitiert *Preiser* als Beleg für seine Ansicht den Kommentar von *Schäfer/Wagner/Schafheutle* zum GewohnheitsverbrecherG, die vor einer großzügigen Anwendung des § 51 Abs. 2 StGB warnen; von der Milderungsmöglichkeit solle nach dem Willen des Gesetzgebers nur dann Gebrauch gemacht werden, "wenn trifftige Gründe hierfür sprechen"[261]. Dies kehrt das vom 2. Senat aufgestellte Regel-Ausnahmeverhältnis geradewegs um.

1937, knapp zwei Jahre nach dieser Kontroverse, hat der 1. Senat des RG die Frage zu entscheiden, ob 2 Angeklagte, bei denen die verminderte Zurechnungsfähigkeit festgestellt ist, trotzdem zum Tode verurteilt werden können[262]. Im Endergebnis hat der 1. Senat hieran keinen Zweifel. Zwar zitiert das Urteil auch die amtliche Begründung zu § 51 Abs. 2 StGB, sieht in Letzterer indes kein Hindernis, auch bei verminderter Zurechnungsfähigkeit auf die Todesstrafe zu erkennen. Begründet wird dies bemerkenswerterweise nicht mit dem Willen des historischen, sondern des aktuellen Gesetzgebers, indem ausführlich aus dem Bericht der amtlichen Strafrechtskommission, die ein neues Strafgesetzbuch erarbeiten sollte[263], zitiert wird. Deren Ausführung[264] macht sich der Senat zu eigen wenn er schreibt:"Denn die Stellung des nationalsozialistischen Staates gegenüber den vermindert Zurechnungsfähigen ist grundsätzlich die, daß das neue Strafrecht gegenüber den Interessen des Einzelnen die Interessen der Volksgemeinschaft in den Vordergrund zu rücken habe"[265]. Weiter zitiert das RG wörtlich:"von demjenigen, der infolge seines geringen Unterscheidungs- und Hemmungsvermögens eine größere Gefahr für die Volksgenossen bedeute, müsse die Volksgemeinschaft verlangen, daß er durch erhöhte Kraftanstrengung einen Ausgleich schaffe; tue er das nicht und werde er, seiner minderwertigen Anlage folgend, straffällig, so dürfe er nicht seine verminderte Zurechnungsfähigkeit als Entschuldigungsgrund ins Feld führen, sondern sei der Volksgemeinschaft voll verantwortlich"[266]. Da die Strafrechtskommission eine Milderungsmöglichkeit für Psychopathen dementsprechend ohnehin nicht vorsehe, sei für das geltende Recht das Gericht nicht gehindert, auch bei verminderter Zurechnungsfähigkeit auf Todesstrafe zu erkennen. Von den Urteilen des 2. Senates distanziert sich der 1. Senat ausdrücklich, ohne indes die Notwendigkeit zu sehen, den Großen Senat für Strafsachen anzurufen, da der 2. Senat nicht zur Frage der Todesstrafe entschieden habe.

---

261 Ebd.

262 Vgl. RGSt 71, 179.

263 Zur Arbeit der amtlichen Strafrechtskommission vgl. *Gruchmann*, Justiz im Dritten Reich, 1988, S. 753 ff.

264 Vgl. *Ernst Schäfer* bei *Gürtner*, Das kommende deutsche Strafrecht, Allgemeiner Teil, 1. Aufl. 1934, S. 40 f.

265 A.a.O. S. 181 f.

266 A.a.O. S. 182.

Als Ergebnis dieser Entscheidung steht fest, daß die Gerichte grundsätzlich nach freiem Ermessen entscheiden dürfen, ob sie im Fall des § 51 Abs. 2 StGB Strafmilderung gewähren. Die Art und Weise allerdings, wie sich der 1. Senat dabei den Bericht der amtlichen Strafrechtskommission zu eigen macht, besagt im Grunde, daß auch schon de lege lata bestimmte Personengruppen aus der Milderungsmöglichkeit des § 51 Abs. 2 StGB herausfallen. Der Bericht wird wie eine Gesetzesbegründung behandelt, obwohl die Vorschläge der amtlichen Strafrechtskommission nie Gesetz geworden sind. Obwohl sich der 1. Senat auf RGSt 69, 317 beruft, wo davon ausgegangen wird, daß die verminderte Zurechnungsfähigkeit generell die Schuld und damit die Strafwürdigkeit herabsetzt, ist in seiner Entscheidung hiervon nicht mehr die Rede. Vielmehr zeichnet sich ab, daß die "Unschädlichmachung" des Verbrechers, eines der Ziele des GewohnheitsverbrecherG[267], durchaus physisch und nicht nur im Sinne der aus den Reformvorschlägen der 20er Jahre übernommenen Sicherungsverwahrung gemeint ist.

Der mit RGSt 71, 179 begonnene "Stellungswechsel"[268] bestätigte sich in den folgenden Jahren. So in der Entscheidung RGSt 74, 217, 218, die auf RGSt 71, 179 Bezug nimmt, vor allem aber auch in der Entscheidung DR 1942, 329, die auf Nichtigkeitsbeschwerde hin das Urteil eines Sondergerichts, das dem Angeklagten, einer "psychopathischen Persönlichkeit", Strafmilderung gem. § 51 Abs. 2 StGB gewährt hat, aufhob. Nach Ansicht des 1. Senats hatte das Sondergericht nicht hinreichend bedacht, daß der "geistig minderwertige Mensch" sich bemühen müsse, seine "gemeinschaftgefährlichen Anlagen durch besondere Anstrengungen auszugleichen". Daher habe das Sondergericht "keinen sachgemäßen Gebrauch von seinem Ermessen im Rahmen des § 51 Abs. 2 StGB gemacht". In dieser Formulierung wird deutlich, daß zumindest für die Gruppe der psychopathischen Täter das Ermessen der Gerichte nach Ansicht des RG so eingeschränkt ist, daß es an sich nicht zu einer Strafmilderung kommen darf. Dies liegt, worauf *Hische* in einer Anmerkung zu dieser Entscheidung in DR 1942, 171 hinweist, auch im Interesse der politischen Führung. *Freisler* hatte nämlich nach Kriegsausbruch in einem Aufsatz[269] verlangt, daß "in Zeiten eines erhöhten Schutzbedürfnisses ... auch bei verminderter Schuldfähigkeit der Schutzzweck sich so weit in den Vordergrund schieben (muß), daß ohne zwingenden Grund eine Milderung nicht eintritt"[270]. Hier wird das Regel-Ausnahmeverhältnis, das der 2. Senat in seinen frühen Entscheidungen aufstellt, und das auch in der Entscheidung RGSt 69, 314 anklingt, was auch *Freisler* sieht[271], exakt umgekehrt: das volle Strafmaß soll die Regel, die Strafmilderung die Ausnahme sein.

---

[267] Vgl. *Schäfer/v. Dohnanyi*, a.a.O. S. 67.
[268] So *Nagler* zit. nach *Mezger*, LK 8. Aufl., § 51 Anm. 13 c.
[269] DStR 1939, 329 ff.
[270] A.a.O. S. 338.
[271] A.a.O. S. 338.

Der "Stellungswechsel" des RG stieß in der Begründung - nicht im Ergebnis - auf zeitgenössische Kritik. *Mezger*[272] und *Dahm*[273] bemängelten, daß die Entscheidung RGSt 71, 179 nicht die aktuelle Meinung der Strafrechtskommission wiedergeben würde. Die Kommission sei in 2. Lesung zu dem Schluß gekommen, daß es wohl doch zu weit gehe, den "chronisch Minderwertigen" generell von der Strafmilderung auszuschließen[274]. Gemäß dem das deutsche Strafrecht beherrschenden Schuldgrundsatz sei die Tatschuld des vermindert Zurechnungsfähigen verringert, so daß in der Regel die Strafe gemildert werden müsse[275]. Beide Autoren verteidigen jedoch das Ergebnis des RG unter dem Gesichtspunkt der "Schutzwürdigkeit". § 51 Abs. 2 StGB sei eine Durchbrechung der Zweispurigkeit Strafe - Maßregeln der Besserung und Sicherung. Die erhöhte Gefährlichkeit des Täters und der Schutz der Volksgemeinschaft rechtfertigten ein Absehen von der Strafmilderung.

Die späte Rechtsprechung des RG fand nach dem Krieg zunächst ihre Fortsetzung in einigen Entscheidungen des Obersten Gerichtshofes für die Britische Zone. So gehen OGHSt 2, 98, 102 f.; 324, 327 f. davon aus, daß es im Anschluß an RGSt 71, 179 im alleinigen Ermessen des Gerichts steht, ob es von der Milderungsmöglichkeit des § 51 Abs. 2 StGB Gebrauch mache. Ein Absehen hiervon aus general-präventiven Gründen, zur Abschreckung, sei zulässig. OGHSt 3, 19 schränkt gar die Voraussetzungen des § 51 Abs. 1 StGB ein, weil die Berücksichtigung jeden Affekts zu "unannehmbaren Folgen" führen würde.

Der BGH befaßte sich zuerst im Jahre 1951 mit dem Problem und erklärte es für zulässig, die Strafmilderung trotz Vorliegens der Voraussetzungen des § 51 Abs. 1 StGB in einem Fall selbstverschuldeter Trunkenheit zu versagen. Die Entscheidung hierüber stehe im Ermessen des Tatrichters[276]. Hiervon geht auch das Urteil BGH NJW 1953, 1760 aus, wobei aber bereits die Einschränkung gemacht wird, daß ein allgemeiner Ausschluß der Strafmilderung für Taten bestimmter Art (hier: Tatbegehung unter starkem Alkoholgenuß) nicht angängig sei:"Sie (die Strafkammer) durfte aber nicht davon ausgehen, daß für Taten bestimmter Art grundsätzlich eine Strafmilderung nach § 51 Abs. 2 StGB ausscheide. Ein solcher Grundsatz ist der Rspr. fremd und mit § 51 Abs. 2 StGB nicht vereinbar". Ersteres ist, wie die späten Entscheidungen des RG zeigen, jedenfalls was die Gruppe der psychopathischen Täter anbetrifft, so nicht zutreffend.

Ein deutliches Abrücken von dieser Rechtsprechung des RG brachte die Entscheidung des 5. Senats vom 10.11.1954[277]. Zwar stehe grundsätzlich die Ge-

---

[272] DR 1940, 1277 zu RGSt 74, 217.
[273] DR 1942, 329 zu RG DJ 1942, 171.
[274] *Mezger*, a.a.O., S. 1278.
[275] *Dahm*, a.a.O., S. 330.
[276] BGH bei *Dallinger*, MDR 1951, 657.
[277] BGHSt 7, 28.

währung der Strafmilderung gem. § 51 Abs. 2 StGB im pflichtgemäßen Ermessen des Tatrichters, doch sei dieses Ermessen, entgegen RGSt 71, 179 und den daran anschließenden Entscheidungen, nicht uneingeschränkt. Der Ermessensentscheidung dürften nur schuldbezogene Erwägungen zugrundegelegt werden, da § 51 Abs. 2 StGB auf dem Gedanken der Schuldangemessenheit der Strafe beruhe. Grundsätzlich mindere die verminderte Zurechnungsfähigkeit den Schuldgehalt und damit auch die Strafwürdigkeit, wobei der BGH Bezug auf RGSt 69, 314 nimmt. Innerhalb der schuldbezogenen Erwägungen billigt der BGH dem Tatrichter indes einen weiten Spielraum zu, da der Grad der Zurechnungsfähigkeit nicht allein den Schuldgehalt der Tat bestimme. Zudem unterscheidet der BGH zwischen der "schon" und der "noch" schuldangemessenen Strafe und hält es im konkreten Fall für möglich, daß sowohl eine zeitige, wie auch lebenslange Freiheitsstrafe schuldangemssen ist. Im Rahmen der Wahl zwischen den verschiedenen schuldangemessenen Strafen dürfe der Tatrichter sich für die höhere Strafe auch unter dem Gesichtspunkt der allgemeinen Abschreckung entscheiden.

BGHSt 7, 28 wurde zur Leitentscheidung für die Behandlung der Milderungsmöglichkeit des § 51 Abs. 2 StGB. *Maurach*[278] sah hierin den Versuch des BGH, den verunglückten § 21 StGB n. F. dem Schuldstrafrecht zu erhalten. Der BGH ist auf dieser Linie fortgefahren. Bei der Entscheidung über die Strafmilderung wurden sowohl generalpräventive Aspekte[279], als auch der Ausgleich der durch die verminderte Zurechnungsfähigkeit herabgesetzten Strafwürdigkeit durch andere schulderhöhende Gesichtspunkte für zulässig erklärt[280].

Als Fazit bleibt, daß der BGH sich zwar von den späten, mit dem Schuldprinzip unvereinbaren Entscheidungen des RG[281] gelöst hat, zur Linie der frühen Entscheidungen, insbesondere des 2. Senats[282], indes nicht zurückfand. Ausdrücklich lehnt die Entscheidung BGH NJW 1981, 1221 eine **regelmäßige** Strafmilderung im Fall verminderter Zurechnungsfähigkeit ab. Zwar möchte der BGH nicht von einem uneingeschränkten Ermessen des Tatrichters sprechen[283], gestaltet aber andererseits den Rahmen der schuldangemessenen Bestrafung so großzügig, daß dem Tatrichter faktisch ein weites Ermessen verbleibt. Auch hier verläuft wieder eine klare Kontinuitätslinie zwischen RG und BGH: der einmal eröffnete Ermessensspielraum wird verteidigt. Wie BGHSt 7, 28 zeigt, wird eine Spruchpraxis, die mit höherrangigen Prinzipien, hier dem Schuldprinzip, nicht vereinbar ist, durch ein neues Argumentationsmuster letztlich gerettet.

---

278 AT, 4. Aufl. 1974, § 36 III B b.

279 "wirksame Bekämpfung der Jugendkriminalität", BGH bei *Dallinger*, MDR 1960, 938.

280 BGH bei *Dallinger*, MDR 1968, 372; zuletzt BGH NJW 1981, 1221.

281 Insbes. RGSt 71, 179, 217.

282 HRR 1935, 467; JW 1935, 3379.

283 BGHSt 7, 28, 29.

6. Die Revisibilität des Strafausspruchs als Beispiel der Materialisierung

Der gerechten Einzelfallentscheidung, die durch Entformalisierung oder Materialisierung ermöglicht werden sollte, standen nicht nur formelle Begrenzungen, die, wie etwa der Gesetzestext, von außen an die Rechtsprechung herangetragen wurden, im Wege. Das RG hatte seiner Rechtsprechung auch selbst interne Grenzen gesetzt, die es zu überwinden galt. Hierzu zählte die grundsätzliche Ablehnung des RG, die Angemessenheit der Strafzumessung im Revisionsverfahren zu überprüfen. Das RG ging lange Zeit davon aus, daß die Strafzumessung zum Bereich des tatrichterlichen Ermessens gehöre, der der Nachprüfung durch das Revisionsgericht entzogen sei[284]. Auch nach 1933 hielt das RG an dieser Linie fest. So findet sich z. B. in RGSt 69, 157, 162 der Satz: "Welche Strafhöhe im einzelnen und zur Gesamtstrafe das LG für angemesen hielt, war eine Frage seiner tatrichterlichen Beurteilung und entzieht sich als solche der Nachprüfung des Revisonsgerichts"[285]. Die Rechtsprechung des RG änderte sich nach dem Ausbruch des 2. Weltkrieges. In einer Entscheidung aus dem Jahre 1940[286] hob das RG eine Verurteilung wegen fahrlässiger Tötung auf, bei der das Landgericht nur auf eine Geldstrafe erkannt hatte. Das RG bemängelt, das Landgericht habe bei der Strafzumessung "offensichtlich den Sühnegedanken zurückgedrängt". Zudem sei Umständen, die zugunsten des Täter sprächen, zu großes Gewicht im Vergleich zu den Straftatfolgen eingeräumt worden:"Das LG hat offenbar nicht berücksichtigt, daß angesichts der so schweren Folgen der Tat eine so niedrige Strafe für das gesunde Volksempfinden weit hinter dem zurückbleibt, was eine gerechte Sühne verlangt". Mit der Erwähnung der "gerechten Sühne" gibt das RG zu erkennen, daß es die kriminalpolitischen Tendenzen der Zeit erkannt und akzeptiert hat. Mit dem Gesetz zur Änderung von Vorschriften des allgemeinen Strafverfahrens, des Wehrmachtsstrafverfahrens und des Strafgesetzbuchs vom 16.9.1939[287] war der **außerordentliche Einspruch** geschaffen worden, den der Obereichsanwalt gegen rechtskräftige Urteile binnen eines Jahres nach Eintritt der Rechtskraft beim Besonderen Senat des RG (bei Einsprüchen gegen Urteile des Volksgerichtshof war dessen Besonderer Senat zuständig) erheben konnte, wenn schwerwiegende Bedenken gegen die Richtigkeit des Urteils bestanden. Mit der Zuständigkeits-VO vom 21.2.1940[288] wurde dem Oberreichsanwalt noch zusätzlich die Möglichkeit der **Nichtigkeitsbeschwerde** in die Hand gegeben, die er gegen rechtskräftige Urteils aller Gerichte

---

284 Nachweise bei *Frisch*, Revisonsrechtliche Probleme der Strafzumessung, 1971, S. 41, Fn. 193, und bei *Bruns*, Strafzumessungsrecht, 2. Auflage, S.663 f.

285 Vgl. auch RGSt 70, 58, 62 zur reformatio in peius.

286 HRR 1941, 527.

287 RGBl. I S. 1841.

288 RGBl. I S. 405.

unterhalb der Ebene der Oberlandesgerichte erheben konnte, "wenn das Urteil wegen eines Fehlers bei der Anwendung des Rechts auf die festgestellten Tatsachen ungerecht ist"[289]. Hinter beiden außerordentlichen Rechtsbehelfen steht die Idee, daß die Rechtskraft einer "gerechten" oder auch nur "gerechteren" Entscheidung nicht entgegenstehen soll. Hieraus folgt für den Richter eine noch schärfere Ergebnisorientierung und Ergebniskontrolle, für das RG, daß es mit Verweis auf das tatrichterliche Ermessen "ungerechte" Strafzumessungen nicht einfach passieren lassen kann. Direkt ausgesprochen wird dies in einer Entscheidung aus dem Jahr 1943[290]:"Die neuere Rechtsprechung des RG betont stärker die rechtlichen Schranken des freien Ermessens des Tatrichters bei der Festsetzung der Strafe. Bei der Strafzumessung ist der Begriff des rechtlichen Fehlers weit auszulegen. Dem RG kann nicht zugemutet werden, eine Strafzumessung unbeanstandet zu lassen, die nach seiner Überzeugung nicht mit dem Zweck in Einklang steht, den der Gesetzgeber mit der Strafandrohung verfolgt".

Die Position des RG, in zunehmendem Maße die tatrichterliche Strafzumessung zu kontrollieren, muß in Verbindung damit gesehen werden, daß parallel zur Rechtskraftdurchbrechung der Gesetzgeber auch weite Strafzumessungsmöglichkeiten geschaffen hatte. Ihren Höhepunkt fand diese Entwicklung im § 1 des Gesetzes zur Änderung des RStGB vom 4. Sept. 1941[291], der vorsah, gefährliche Gewohnheitsverbrecher (§ 20a StGB) und Sittlichkeitsverbrecher (§§ 176-178 StGB) zum Tode zu verurteilen, "wenn der Schutz der Volksgemeinschaft oder das Bedürfnis nach gerechter Sühne es gebieten". Die Mehrzahl der Fälle, in denen das RG die Strafzumessung rügt, betrifft die Nichtanwendung dieses § 1 ÄnderungsG durch den Tatrichter[292]. Grundlegend war eine Entscheidung des Besonderen Senats aufgrund außerordentlichen Einspruchs vom 20.11.1941[293]. In dem zugrundeliegenden Verfahren waren drei polnische Arbeiter wegen sexuellen Mißbrauchs eines 7 1/2jährigen deutschen Kindes verurteilt worden. Der Besondere Strafsenat verurteilt die Angeklagten abweichend vom (rechtskräftigen) Urteil der Vorinstanz zum Tode. Dies zum einen deshalb, weil "das Sittlichkeitsempfinden und das Gerechtigkeitsgefühl der ihres Volkstums bewußten Volksgemeinschaft im ganzen die Unschädlichmachung des Täters aus den Notwendigkeiten verlangt, die die Wohlfahrt des deutschen Volkes bedingen", was u. a. damit begründet wird, daß die Kriegsumstände es bedingen, Sittlichkeitsdelikte schärfer

---

289 Eingehend zu Geschichte und Inhalt von außerordentlichem Einspruch und Nichtigkeitsbeschwerde vgl. *Grünberg*, Nichtigkeitsbeschwerde gegen offensichtliche Rechtsmängel bei rechtskräftigen Strafurteilen, Diss. Tübingen 1977, S. 50 ff. und *Schumacher*, Staatsanwaltschaft und Gericht im Dritten Reich, Köln 1985, S. 170 ff., 187 ff., sowie oben, Teil A, 3 b).

290 RGSt 76, 323, 325.

291 RGBl. I, 549.

292 RG DR 1942, 429; RGSt 76, 91; RG DR 1942, 1321; RGSt 76, 313; RGSt 76, 323.

293 RG DR 1942, 429.

zu bestrafen, da die Abwesenheit der Männer den persönlichen Schutz der Frauen und ihrer Geschlechtsehre mindere. Daher schwächten Sittlichkeitsverbrechen "die Front daheim und draußen". Zum anderen werden die Angeklagten zum Tode verurteilt, weil sie Polen sind, also "Angehörige eines Volkes, das nicht nur bei Kriegsbeginn und im Kriege, sondern schon im Frieden, insbes. bei der Verfolgung der Volksdeutschen, seine Gehässigkeit gegen das Deutschtum und eine maßlose Grausamkeit gezeigt und dem deutschen Volk schweres Leid bereitet hat". Nicht dies direkt wird den Angeklagten straferschwerend zur Last gelegt, sondern die Tatsache, daß sie trotzdem "freundlich" in Deutschland aufgenommen worden waren und "deshalb allen Anlaß zu einem anständigen und gesetzesmäßigen Verhalten gehabt (hätten)". Daher hätten sie durch ihre Tat "die Ehre des deutschen Volkes frech verhöhnt, und dadurch die gerechte Empörung und Erbitterung der volksbewußten Volksgemeinschaft in solchem Maße hervorgerufen, daß ihre Unschädlichmachung geboten ist". Der Besondere Senat verhandelte aufgrund des außerordentlichen Einspruchs quasi erstinstanzlich, so daß er auch zu einer eigenen Strafzumessung, die man natürlich in Bezug zur durchbrochenen rechtskräftigen Vorentscheidung sehen muß, kommen mußte. Die Entscheidung DR 1942, 429 beeinflußte indes stark auch die Revisionsentscheidungen und die Entscheidungen auf die revisionsähnliche Nichtigkeitsbeschwerde. In den angeführten Entscheidungen[294] wurde regelmäßig die Entscheidung der Vorinstanz mit der Begründung aufgehoben, daß die Anwendbarkeit des § 1 ÄnderungsG nicht hinreichend geprüft worden sei[295] bzw. bestätigt, wenn § 1 ÄnderungsG bereits angewandt worden war[296].

In der Entscheidung RGSt 76, 313, einer "normalen" Revisionsentscheidung, ging das RG noch einen Schritt weiter, als von der 1. Instanz die eingehende Prüfung der Anwendbarkeit des § 1 ÄnderungsG zu verlangen. Der Fall betraf einen Rückfalldieb, dem der Diebstahl von drei Wintermänteln und einem Wanderer-Fahrrad nachgewiesen worden war. Das Landgericht hatte ihn zu einer Gesamtzuchthausstrafe von acht Jahren verurteilt und die Anwendung des § 1 ÄnderungsG abgelehnt. Allein aus der Schilderung der Vorstrafen zieht das RG den Schluß, daß schon der "Unwert der Persönlichkeit" des Angeklagten die Verhängung der Todesstrafe erfordere, die aber auch unter dem Gesichtspunkt gerechter Sühne geboten sei, da der Täter russisch-polnischer Abstammung sei:"Trotz seiner abstammungsmäßigen Zugehörigkeit zu dem Volke, das Deutschland den Kampf um sein Lebensrecht aufgezwungen hat, trotz seiner vielen und teilweisen schweren Strafen und trotz der wiederholten Ausweisung, die der Angeklagte mißachtet hat, ist er während des Krieges unbehelligt geblieben. Er hat in Deutschland Arbeit

[294] S. o.
[295] So RG DR 1942, 1321, 1322; RGSt 76, 151, 152; 323, 325 f.
[296] RGSt 76, 91.

und Verdienst gehabt. Er hat sich gleichwohl erneut unter schwerstem Mißbrauche der ihm gewährten Gastfreundschaft zu neuen schweren Straftaten entschlossen. Er hat damit erneut seine Unverbesserlichkeit bewiesen und sich auch durch die verschärften Strafandrohungen des Kriegsrechts nicht davon abhalten lassen. Es widerspräche der Selbstachtung des deutschen Volkes, einen solchen Menschen während der Kriegszeit am Leben zu lassen"[297]. Danach prüft der Senat, ob er selbst in der Sache entscheiden kann und bejaht dies. Zwar sei die Festsetzung der Strafe grundsätzlich, und zwar auch im Falle des § 1 ÄnderungsG, Sache des Tatrichters, doch sei für ein tatrichterliches Ermessung kein Raum, wenn aufgrund des Sachverhalts außer Zweifel stehe, daß die Voraussetzungen des § 1 ÄnderungsG gegeben seien. Eine Zurückverweisung mit der Anweisung an den Tatrichter, § 1 ÄnderungsG anzuwenden, würde das Verfahren nur unnütz in die Länge ziehen, was aber nicht dem Willen des Gesetzes entsprechen könne:"In Kriegszeiten ist es mehr als sonst Aufgabe der Gerichte, dafür zu sorgen, daß gegen den gefährlichen Gewohnheitsverbrecher die Strafe ohne Verzug vollstreckt wird"[298]. Bedenken gegenüber einer ausdehnenden Auslegung des § 354 Abs. 1 StPO[299] müßten hiergegen zurücktreten.

RGSt 76, 313 ist ein extremes Beispiel für die revisionsrechtliche Kontrolle der Strafzumessung, da der Senat sich nicht nur auf Aufhebung beschränkte, sondern nach Aktenlage selbst auf die Todesstrafe erkannte. Aber auch die anderen aufgeführten Entscheidungen belegen den Wandel in der Judikatur des RG. Begriffe wie "Schutz der Volksgemeinschaft" und "Bedürfnis nach gerechter Sühne" werden unter Hinweis auf den "besonderen schweren Fall"[300] als Rechtsbegriffe definiert[301] und damit der revisionsrechtlichen Überprüfung zugänglich. Losgelöst von § 1 ÄnderungsG verallgemeinert das RG allerdings seinen Standpunkt auf die Strafzumessung insgesamt. In der letzten hierzu veröffentlichten Entscheidung vom 21. Jan. 1944[302] heißt es:"Bei der Nachprüfung des Strafausspruchs durch das RevG muß der oberste Leitgedanke durch die Frage gegeben sein, ob die Strafe, die der Tatrichter gefunden hat, in Anbetracht des von ihm festgestellten Sachverhaltes gerecht ist. Nach der gegenwärtigen Rechtsanschauung kann eine Strafe nur dann als gerecht angesprochen werden, wenn sie den Schutz der Volksgemeinschaft gewährleistet und dem Bedürfnis nach gerechter Sühne genügt". Im letzten Satz werden die beiden Tatbestandsmerkmale aus § 1 ÄnderungsG, der nur einen beschränkten Täterkreis betraf, auf die Strafzumessung ganz allgemein ausgedehnt.

---

297 A.a.O., S. 315.
298 A.a.O. S. 316.
299 § 354 StPO entspricht dem heutigen Gesetzestext.
300 RGSt 69, 164, 169.
301 RGSt 76, 313.
302 DR 1944, 329 f.

Insgesamt läßt sich also ein Positionswechsel des RG in der Frage der Revisibilität der Strafzumessung ab 1940 feststellen, eine Rechtsprechungsänderung, die, nimmt man jedenfalls die veröffentlichten Entscheidungen, regelmäßig zu Lasten des Angeklagten ging[303]. Die Gründe hierfür gibt das RG z. T. selbst an: Die Kriegsverhältnisse verlangen allgemein eine schärfere Bestrafung, insbesondere von Gewohnheits- und Sittlichkeitsverbrechern[304]. Insoweit der Tatrichter nicht von sich aus den Weg zu den verschärften Strafmaßen fand, suchte das RG einen Weg, hierzu zu gelangen. Das RG zeigt sich hierdurch politisch loyal zur rechtspolitischen Linie der Staatsführung, die sich bsp. in § 1 ÄnderungsG niederschlägt. Der Grund für diese Loyalitlät kann zum Teil darin gesehen werden, daß sich das RG für die Wiedergewinnung von Kompetenzen erkenntlich zeigt. Die Rechtsbehelfsmöglichkeiten waren im Dritten Reich stark eingeschränkt worden. So war gegen die Urteile der Sondergerichte kein Rechtsmittel zulässig[305]. Der hierdurch bedingte Kompetenzverlust des RG wurde durch die Einführung der rechtskraftdurchbrechenden außerordentlichen Rechtsbehelfe außerordentlicher Einspruch und Nichtigkeitsbeschwerde teilweise kompensiert. Dem Vertrauen, das damit dem RG in Bezug auf die gewünschte Handhabung der neuen Rechtsbehelfe entgegengebracht wurde, mußte sich das Gericht würdig erweisen. Es tat dies auch und gerade außerhalb der Nichtigkeitsbeschwerde und des außerordentlichen Einspruchs im normalen Revisionsverfahren. Bei der Nichtigkeitsbeschwerde war das RG durch Art. 7 § 2 der VO zur weiteren Vereinfachung der Strafrechtspflege vom 13.8.1942[306] sogar gehalten, den Strafausspruch zu überprüfen. Die StPO hingegen wurde **nicht** entsprechend geändert. Gerade aber bei den erwähnten Entscheidungen RGSt 76, 313, 323; 77, 41; DR 1943, 759 Nr. 23; DR 1944, 329 handelte es sich um "normale" Revisionen, im Fall RGSt 76, 323 sogar um die des Angeklagten[307], beschränkt auf die Anordnung der Sicherungsverwahrung, auf die hin die erstinstanzlichen Urteile als zu milde aufgehoben wurden, bzw. im Fall RGSt 76, 313 der Angeklagte gleich zum Tode verurteilt wird. In der Folge von RGSt 76, 313 kommt es noch zu zwei (veröffentlichten) Todesurteilen durch das RG: RG

---

303 Ausnahme: RG DR 1943, 578 Nr. 9.

304 Vgl. RG DR 1942, 429; RGSt 76, 315; ausdrücklich bekennt sich hierzu später noch *Hartung*, 1971, S. 111 f.

305 § 16 Abs. 1 der VO über die Bildung von Sondergerichten vom 21. März 1933, RGBl. I S. 136; § 26 Abs. 1 der VO über die Zuständigkeit der Strafgerichte, die Sondergerichte und sonstige strafverfahrensrechtliche Vorschriften vom 21. Februar 1940: Zuständigkeitsbegründung durch Anklageerhebung der Staatsanwaltschaft nach freiem Ermessen; dies wurde auch offen eingestanden, vgl. *Schickert*, DR 1941, 115.

306 RGBl. I S. 508.

307 Das Verbot der reformatio in peius war durch das Gesetz zur Änderung von Vorschriften des Strafverfahrens und des Gerichtsverfassungsgesetzes vom 28. Juni 1935 (RGBl. I 844) unter der Überschrift "Beseitigung von einseitigen Bindungen des Rechtsmittelgerichts" aufgehoben worden; auch dies ist ein Beispiel für gesetzliche Materialisierung.

DR 1943, 759 Nr. 23 im normalen Revisionsverfahren wegen Diebstahls und RG DR 1944, 537 Nr. 17 auf Nichtigkeitsbeschwerde gegen einen polnischen Lebensmitteldieb. Das RG folgt damit der kriminalpolitischen Tendenz der Zeit, was deutlich auch bei der Gewichtung der Strafzwecke wird. Stereotyp kehrt in den Entscheidungen der Satz wieder:"Oberster Grundsatz bei der Strafzumessung muß sein, daß die Erfordernisse des Gemeinschaftslebens stets den Vorrang vor den Gesichtspunkten haben, die aus der Persönlichkeit des Täters und seinem Einzelschicksal gewonnen werden können"[308]. Die besondere Betonung der Generalprävention war zeittypisch; mit dem o. a. Zitat stellt das RG jedoch erstmals eine **Rangfolge** der Strafzwecke auf. Damit stellt sich das RG in den Dienst der Politik, die seit Kriegsausbruch ein "neues Strafmaßniveau" forderte da "nur mit einem solchen der Volksschädling, der dem kämpfenden Volk in den Rücken fällt, ausgelöscht werden (kann)"[309]. Auch die Vorrangstellung der Generalprävention war eine konkret erhobene Forderung, bei der *Freisler* sich ausdrücklich auf den Willen des Führers berief[310]. Die Begründung für die Bevorzugung der Generalprävention fällt dabei recht grob und holzschnittartig aus: das Risiko müsse für den Verbrecher halt so hoch sein, daß er sich die Tatbegehung zehnmal überlege[311]. *Freisler* ist sich bewußt, daß die rechtspolitische Forderung für sich allein nicht genügt, und richtet deshalb einen eindringlichen Appell an die Praxis, entsprechend zu entscheiden. Dies wurde beachtet, wie die vorstehend zitierten Entscheidungen, aber auch der "Stellungswechsel" im Bereich der Rechtsprechung zur verminderten Zurechnungesfähigkeit[312] belegt. Auch im Nachhinein wurde dies verteidigt. *Hartung*, Richter im 3. Strafsenat und Vertreter *Bumkes* im Vorsitz, ist des Auffassung, daß eine "strengere Handhabung des Strafrechts" in Kriegszeiten, die ja Notzeiten seien, erforderlich sei. Dies habe auch der "wirklichen" Volksmeinung entsprochen[313].

Die grundsätzliche Bereitschaft des RG, Urteile auch auf die Angemessenheit des Strafmaßes hin zu überprüfen, fand in der Nachkriegszeit ihre Fortsetzung in der Rechtsprechung des OGH, allerdings mit diametral entgegengesetzer Zielrichtung. Das Gesetz Nr. 1 der Militärregierung Deutschlands[314] verbot in Art. IV Nr. 8 eine "grausame oder übermäßig hohe Strafe". In der Folge dieser Bestimmung hob der OGH, und ihm folgend auch die Oberlandesgerichte Verurteilungen auch bei Fehlen sonstiger Revisionsgründe schon dann auf, wenn das Strafmaß zur indi-

---

[308] Z. B. RG DR 1943, 578 Nr. 9; RGSt 77, 41; 46, 102; RG DR 1944, 329.
[309] *Freisler*, DStR 1939, 329.
[310] A.a.O. S. 332.
[311] A.a.O. S. 331.
[312] S. o. Teil B 5.
[313] *Hartung*, 1971, S. 111 f.
[314] MRG 1; MRABl. Nr. 3.

viduellen Tatschuld und zur Gefährlichkeit des Täters in einem "groben und unerträglichen Mißverhältnis" stand[315].

Anders der BGH. Er erkennt zwar grundsätzlich an, daß auch in der Höhe des Strafmaßes allein ein revisibler Rechtsfehler liegen kann, ist jedoch in dessen Annahme sehr zurückhaltend. Insbesondere koppelt der BGH die Überprüfung des Strafmaßes eng an die Begründungspflicht gem. § 267 Abs. 3 StPO, verlangt insbesondere für Strafmaße, die an der Ober- oder Untergrenze des gesetzlichen Strafrahmens liegen, eine eingehende Begründung[316]. Zwar geht auch der BGH davon aus, daß ein Urteil schon deshalb rechtsfehlerhaft sein könne, weil die in ihm ausgesprochene Strafe nach Art und Höhe in einem unerträglichen Mißverhältnis zur Schwere der Tat oder zur Schuld des Täters stehe, doch bezieht sich dies auf Urteile eines Kriegsgerichts[317] bzw. des Volksgerichtshofs[318], denen ohnehin ein besonders negatives Odium anhaftete, aber nicht auf im normalen Rechtsmittelzug zum BGH gelangte Entscheidungen.

Auch für Urteile, deren Aufhebung erkennbar auf den Vergleich zwischen Strafmaß und dessen Angemessenheit nach revisionsrichterlicher Erfahrung beruhte, diente die mangelnde Begründung nach § 267 Abs. 3 StPO als Aufhänger[319]. Dies ist insbesondere von *Grünwald*[320] als Scheinbegründung kritisiert worden, da der BGH in diesen Fällen sehr wohl eine Angemessenheitsprüfung vornehme, dies aber nicht offen einräume. Ob diese Kritik zutrifft, ist nicht einfach zu beurteilen, da der BGH durch die Schaffung der "Spielraumtheorie" das Problem nicht unbedingt vereinfacht hat. In den beiden Entscheidungen BGHSt 7, 28, 32 und BGHSt 7, 86, 89 führt das Gericht aus, daß zwar die Schuldangemessenheit die äußerste Grenze der Strafzumessung sei, daß es aber einen **Spielraum** zwischen einer **schon** schuldangemessenen und einer **noch** schuldangemessenen Strafe gebe, innerhalb dessen es dem freien Ermessen des Tatrichters überlassen sei, die ihm angemessen erscheinende Strafe zu bestimmen. Die Bestimmung, welche Strafe schuldangemessen ist und wo die Ober- bzw. die Untergrenze der Schuldangemessenheit verläuft, überläßt der BGH im Prinzip dem Tatrichter[321]. Damit geht der BGH hinter die Position des späten Reichsgerichts und der zitierten obergerichtlichen Entscheidungen nach 1945 zurück. Die Einräumung eines Strafzumessungsspielraums schuldangemessener Strafe stärkt jedoch die Position des Tatrichters, der sicher sein kann, daß sein Urteil allein wegen der Strafzumessung nicht aufgehoben wird, so lange sich der Strafausspruch in einem halbwegs vertretbaren Rah-

---

315 Vgl. OGHSt 1, 174, weitere Nachweise bei *Frisch*, a.a.O., S. 43 Fn. 203.
316 Vgl. schon BGHSt 1, 131, 136.
317 BGHSt 3, 110, 119.
318 BGHSt 4, 66, 69 f.
319 Vgl. BGH MDR 1954, 495 und die Kritik hierzu bei *Grünwald*, MDR 1959, 713, 715.
320 A.a.O.
321 Zur Kritik vgl. *Grünwald* a.a.O., S. 714; *Schneidewin*, JZ 1955, 505 f.

men hält. Wie weit dies gehen kann, zeigt exemplarisch die Entscheidung BGHSt 5, 57. Das Landgericht hatte dort den Angeklagten, einen ehemaligen Rottenführer der Waffen-SS, wegen 64 Fällen von körperlicher Mißhandlung an KZ-Häftlingen zu Einzelstrafen von 4 bzw. 5 Monaten verurteilt, um daraus eine Gesamtfreiheitsstrafe von 6 Monaten zu bilden und dann das Verfahren nach dem Straffreiheitsgesetz vom 31.12.1949 einzustellen. Der BGH führt zwar aus, daß unter Umständen ein Mißbrauch der tatrichterlichen Ermessensfreiheit vorliegen könne, die Gesamtstrafe nur geringfügig über der Einsatzstrafe liege und dies in einem "auffälligen und krassen Mißverhältnis zu Art, Zahl und Höhe der übrigen Einzelstrafen" stehe[322], läßt die Gesamtstrafenbildung im konkreten Fall aber unbeanstandet. Das Revisionsgericht dürfe bei der Überprüfung des tatrichterlichen Ermessens "nicht so vorgehen, daß es seinen eigenen Maßstab an die Entscheidung des Tatrichers legt"[323]. Da die Bildung der Gesamtstrafe ausreichend begründet sei, sei der Strafausspruch rechtlich nicht zu beanstanden. Diese Entscheidung ist zwar vor der Etablierung der Spielraumtheorie[324] ergangen, zeigt aber schon deutlich die Richtung, in die der BGH tendiert. Auch bedenkliche Strafaussprüche werden, so weit sie noch irgend vertretbar und hinreichend begründet sind, durch die Revisionsinstanz toleriert. Man mag dies, verglichen mit der Rechtsprechung des späten RG als "Stagnation" bezeichnen[325], insofern es der BGH ablehnt, eine isolierte Prüfung der Angemessenheit des Strafmaßes vorzunehmen. Andererseits ist die Selbstbeschränkung des BGH auch nicht mit der Rechtsprechung des RG vor 1940 gleichzusetzen. Der BGH erkennt grundsätzlich die Möglichkeit des Revisionsgerichts an, allein wegen der Höhe des Strafmaßes ein Urteil aufzuheben. Dies ist, verglichen mit der Rechtsprechung des RG vor 1940 eine klare Kompetenzerweiterung, wenn sie auch an enge Voraussetzungen geknüpft ist. Da der BGH aber selbst über das Vorliegen dieser Voraussetzungen entscheidet, insbesondere, ob er die Begründung für das erkannte Strafmaß als ausreichend i.S.v. § 267 Abs. 3 StPO erachtet, hält er sich die Möglichkeit offen, wegen des Strafmaßes ein Urteil aufzuheben. Andererseits kehrt der BGH zur früheren Linie des RG insofern zurück, als er sich äußerste Zurückhaltung bei der Überprüfung des Strafmaßes auferlegt, und dies nicht nur in Fällen wie BGHSt 5, 57, wo man noch vermuten könnte, daß aus politischen Gründen der Strafausspruch nicht beanstandet werden sollte, sondern auch und gerade dort, wo der BGH kein Hehl daraus macht, daß er anstelle des Tatrichters auf eine andere Strafe erkannt hätte. In BGHSt 17, 35 war der Angeklagte wegen Verbreitung unzüchtiger Schriften zu einer Geldstrafe verurteilt worden. Der Senat sagt hier offen, daß er eine Freiheitsstrafe

322 A.a.O. S. 59.
323 Ebd.
324 BGHSt 7, 28, durch den selben (5.) Strafsenat.
325 So *Frisch*, a.a.O., S. 45.

als angemessen ansieht, sieht sich aber außer Stande, den Strafausspruch deswegen aufzuheben, da die Strafzumessung Sache des Tatrichters sei und das Revisonsgericht nur bei einem offenkundig groben Mißverhältnis von Schuld und Strafe eingreifen könne.

Die Position, daß die Strafzumessung eine Ermessensentscheidung des Tatrichters und daher nur in engen Grenzen revisibel ist, vertritt der BGH im Grunde bis heute[326]. Eine sich nur auf die Unangemessenheit des Strafmaßes stützende Revision kann nur in seltenen Ausnahmefällen erfolgreich sein[327]. Hierin zeigt sich, verglichen mit der Rechtsprechung des RG, eine eigenartige Mischung von Kontinuität und Diskontinuität. Zur Kontinuität zählt der weite Ermessensbereich, den beide Gerichte dem Tatrichter zubilligen. Die explizite Zurückhaltung, die der BGH bei der Überprüfung der Angemessenheit des Strafmaßes übt, die immer wiederkehrende Aussage, daß die Strafzumessung Sache des Tatrichters ist, schließt sich eng an die Rspr. des RG bis 1940 an. Ihr Effekt ist, daß sie bei zutreffend ermitteltem Strafrahmen und hinreichend dargelegten und abgewogenen Zumessungsgründen dem Tatrichter bei der Bestimmung der Strafhöhe relativ freie Hand läßt und ihm damit im Hinblick auf die Revisibilität seines Urteils den Rücken stärkt. Diese Spruchpraxis hebt sich von der Rechtsprechung des späten Reichsgerichts deutlich ab. Andererseits unterscheidet sich der BGH vom RG vor 1940 darin, daß er im Grundsatz auch die Überprüfbarkeit der Angemessenheit des Strafmaßes anerkennt. Insofern wirkt also die Rechtsprechung des späten RG fort. Der BGH bewegt sich dementsprechend auf einem Mittelweg zwischen den beiden Extrempositionen.

Von den Vertretern einer unbeschränken Überprüfbarkeit ist immer wieder der Wandel in der Rspr. nach 1940 und die (wie gesehen beschränkte) Anknüpfung hieran durch den BGH als Beleg dafür angesehen worden, daß man methodisch auf dem richtigen Weg sei. Insbesondere *Bruns*[328] und *Frisch*[329] nehmen die späten Entscheidungen des RG dafür in Anspruch, daß mit ihnen ein grundsätzlicher Wandel der Rechtsprechung im Sinne einer linearen Entwicklung[330] beginne. Daraus erkärt sich auch, daß *Frisch* die Rechtsprechung des BGH in ein "Stadium der Stagnation" getreten sieht[331]. Eine solche Bewertung beruht aber auf einer konsequenten Ausblendung der zeithistorischen Umstände, unter denen diese Entscheidungen ergangen sind. Bezeichnend dafür ist, daß *Frisch* die Entscheidung RG HRR 1941, Nr. 527 zwar wörtlich zitiert, dabei jedoch, ohne es kenntlich zu machen, ausläßt, daß nach Auffassung des RG die vom LG erkannte Strafe "nach ge-

---

326 Vgl. die Vorbemerkung zur Rechtsprechungsübersicht von *Mösl*, NStZ 1982, 148.
327 Ebd.
328 A.a.O. S. 667.
329 A.a.O. S. 42.
330 So insbesondere *Bruns*, a.a.O. S. 688.
331 A.a.O. S. 45.

sundem Volksempfinden" weit hinter dem zurückbleibt, was eine "gerechte Sühne verlangt". Bezieht man das historische Umfeld in die Betrachtung mit ein, so kann man die Entwicklung der Rechtsprechung zur Revisibilität des Strafausspruchs auch ganz anders bewerten. Offensichtlich tendiert die obergerichtliche Rechtsprechung in Krisenzeiten, wie sie zwischen 1940-1945 bedingt durch den Krieg, aber auch zwischen 1945-1950 bedingt durch die Nachkriegswirren und die politisch instabile Situation bestanden, in verstärktem Maße dazu, die Angemessenheit der tatrichterlichen Wertung zu überprüfen. Dies mag darauf zurückzuführen sein, daß in Krisenzeiten sich die Revisionsinstanzen in hohem Maße gedrängt sehen, rechtspolitische Zeichen zu setzen; dafür sind sie auch bereit, in die tatrichterliche Strafzumessung aus Gründen der reinen Angemessenheit einzugreifen. Dies scheint anders zu sein in Zeiten relativer politischer und gesellschaftlicher Ruhe. Hier sind zum einen die politischen Erwartungen an die Entscheidung der Revisionsinstanz, die vor allem auf die späten Entscheidungen des RG gewirkt haben, weitaus geringer; zum anderen ist die Revisionsinstanz dann nicht bereit, ihr Interesse an der Stabilität der Rechtsprechung insgesamt, und dazu trägt auch die Zurückhaltung bei der Überprüfung des Strafmaßes bei, zugunsten eines die Tatsacheninstanzen verunsichernden Eingriffs in die Strafzumessung hintanzustellen.

Diese Deutung sieht sich natürlich dem Einwand ausgesetzt, daß der BGH die gewandelte Grundpositon des späten RG, auch die reine Angemessenheit des Strafmaßes sei revisibel, im Grundsatz übernimmt. Indes liegt dies im bereits mehrfach aufgezeigten Duktus der Rechtsprechung, einmal gewonnene Beurteilungsspielräume und Eingriffsmöglichkeiten nicht preiszugeben. Die restriktive Praxis des BGH in Bezug auf diese Eingriffsmöglichkeit spricht andererseits für die hier vertretene These. Dementsprechend bewegt sich die Rechtsprechung nicht linear auf eine umfassende Revisibilität des Strafausspruchs zu, sondern kehrt vielmehr in politisch stabilen Zeiten zu einer restriktiven Handhabung des Revisonsrechts zurück. Die Zeit zwischen 1940 und 1950 ist dann nicht mehr Beginn einer grundsätzlich neuen Enwicklung, sondern ein zeithistorisch bedingter Ausschlag der Entwicklung in eine bestimmte Richtung.

7. Künstliche Verbrechenseinheiten (Fortsetzungszusammenhang und Sammelstraftat) als Beispiel der Materialisierung

Materialisierung, d.h. das folgenorientierte Streben nach einer subjektiv als gerecht empfundenen Entscheidung, steht in permanenter Spannung zu formalen Schranken des Strafrechts. Eine davon ist das Institut des Verbrauchs der Strafklage. Eine einmal abgeurteilte Tat kann nicht erneut angeklagt werden ("ne bis in idem"). Dies wird zum Problem, wenn mehrere an sich selbständige Handlungen zu einer künstlichen Verbrechenseinheit zusammengefaßt werden. Solche Verbrechenseinheiten, insbesondere in der Form der fortgesetzten Tat oder fortgesetzten Handlung hatte sich die Rechtsprechung bereits früh geschaffen[332]. Man faßte die Fälle, in denen der Täter aufgrund eines einheitlichen Vorsatzes eine Vielzahl gleichartiger Taten (Betrügereien, Diebstähle u.ä.) begangen hatte, zu **einer** (fortgesetzten) **Tat** zusammen, und ersparte sich so, wie es der Große Senat in RGSt 70, 243, 244 ausdrückt, die "wunderlich anmutende Arbeit ... aus vielen Strafen ... gemäß dem § 74 StGB eine Gesamtstrafe" zu bilden. Dies gab mehr Freiheit in der Wahl der Strafhöhe, insbesondere zur Milderung, was **vor** 1933 als Vorteil empfunden wurde[333].

Außerdem ersparte man sich lästige Feststellungsarbeit, da alle Teilakte, auch die, die dem Gericht nicht bekannt geworden sind, von der Verurteilung mitumfaßt werden. Daraus ergibt sich aber gerade das Problem, daß später entdeckte, u.U. gravierende Teilakte der fortgesetzten Handlung nicht mehr verfolgt werden können[334].

Die obergerichtliche Rechtsprechung suchte dies seit je durch strenge Voraussetzungen, die sie an die Annahme von Fortsetzungszusammenhang stellte, zu verhindern, da, je nachdem wie schwerwiegend der später entdeckte Teilakt war, der Verbrauch der Strafklage als absolut unangemessen empfunden wurde. Man schloß daher die Annahme von Fortsetzungszusammenhang bei der Verletzung höchstpersönlicher Rechtsgüter von vorneherein aus[335], verlangte darüberhinaus "Gesamtvorsatz", gerichtet auf die Bewirkung eines Gesamterfolges[336], und zudem "Gleichförmigkeit" der einzelnen Ausführungsakte[337].

Nach 1933 wurde sowohl die Vermeidung des hohen Strafmaßes als auch der Verbrauch der Strafklage als unangemessene Begünstigung des Täters, als "Abschwächung des Strafschutzes"[338] empfunden. Zudem widerspreche es dem "gesunden Rechtsempfinden" jemanden, "der in längeren Zeitabständen mehrere Menschen ums Leben bringt oder sich an mehreren Kindern vergeht so (zu behandeln), als habe er nur einen Mord oder nur ein Sittlichkeitsverbrechen begangen"[339]. Der Große Senat stellt dabei[340] das Institut des Fortsetzungszusammen-

---

332 Schon das gemeine Recht kannte ein **delictum continuatum**, vgl. *Geerds*, Zur Lehre von der Konkurrenz im Strafrecht, S. 294, Fn. 279.

333 Vgl. *Schneidewin* bei *Lobe*, Fünzig Jahre Reichsgericht, S. 277; *Rudolf Schmitt* hat den Fortsetzungszusammenhang als "eine zur Vermeidung des § 74 aufgestellte Fiktion" bezeichnet, ZStW 75 (1963), 43 ff., 60.

334 So schon RGSt 9, 344, 348.

335 So RGSt 27, 19, 20; 43, 134, 135 f.; 49, 66, 67; 53, 274.

336 Grundlegend RGSt 15, 23.

337 RGSt 9, 344.

338 So RGSt 70, 243, 244.

339 Ebd.

340 Anlaß war die Entscheidung RGSt 70, 145, die "aus praktischen Gründen" Fortsetzungszusammenhang bei homosexuellen Handlungen mit verschiedenen Männern annahm, was der gesamten RG-Rechtsprechung widersprach.

hangs grundsätzlich in Frage. Hierfür gab es indes wesentlich handfestere Gründe als den Widerspruch zum gesunden Rechtsempfinden, auf den der Große Senat sich vordergründig berief. Durch das Gewohnheitsverbrechergesetz vom 24. November 1933 waren die Maßregeln der Sicherung und Besserung in das StGB eingeführt worden, die unter anderem die Sicherungsverwahrung (§ 42 e StGB) vorsahen[341]. Die Verurteilung als Gewohnheitsverbrecher gem. § 20 a Abs. 1 StGB setzte allerdings mindestens zwei rechtskräftige Vorverurteilungen voraus, bzw. in § 20 a Abs. 2 StGB, daß der Täter mindestens drei vorsätzliche Taten begangen hatte. Ähnlich war auch die "Entmannung" (Kastration) von Sexualtätern gem. § 42 k an eine Verurteilung wegen zweier Taten gebunden. Das Gewohnheitsverbrechergesetz beruhte zwar auf älteren Vorarbeiten, sollte jedoch im nationalsozialistischen Staat als entschiedene Abkehr von der liberalistischen Staatsauffassung verstanden werden, die "zu jener Verweichlichung der Verbrechensbekämpfung und jener Schwächung der Strafrechtspflege (geführt hat), die in den letzten Jahren mit Recht so oft beklagt worden ist"[342].

Mit dem Gewohnheitsverbrechergesetz war mithin eine Verschärfung der Strafrechtsanwendung intendiert. Dieser Intention widersprach die Verbindung einzelner Taten zu künstlichen Verbrechenseinheiten wie Fortsetzungszusammenhang und Sammelstraftat[343], da man damit insbesondere die Einstiegsvoraussetzung der drei vorsätzlichen Taten nach § 20 a Abs. 2 StGB unterlief. Dies steht hinter der energischen Mahnung des Großen Senats in der erwähnten Entscheidung RGSt 70, 243, die Anwendung des Fortsetzungszusammenhangs auf Fälle von Diebstahl und Betrug zu begrenzen[344]. Dieser Beschluß geht über die bisherige Rechtsprechung insoweit hinaus, als er das bisherige Regel-Ausnahme-Verhältnis[345], Fortsetzungszusammenhang sei außer bei der Verletzung höchstpersönlicher Rechtsgüter grundsätzlich anwendbar, umkehrt. Es wird ausdrücklich angezweifelt, ob Fortsetzungszusammenhang "angesichts der fortschreitenden Erkenntnis, daß jede Strafvorschrift in erster Reihe dem Schutze des gesamten Volkes dient"[346], lediglich bei der Verletzung höchstpersönlicher Rechtsgüter ausgeschlossen sein soll. Die Tendenz dieser Entscheidung geht eindeutig dahin, Fortsetzungszusammenhang nur bei einer "Unzahl von Diebstählen und Betrügereien"[347] anzunehmen. Hierbei handelt es sich um eine klare Ergebnisorientierung, die mit Blick auf die Anwendung des Gewohnheitsverbrechergesetzes die Anwen-

341 RGBl. I 995.

342 *Schäfer/Wagner/Schafheutle*, Gesetz gegen gefährliche Gewohnheitsverbrecher und über Maßregeln der Sicherung und Besserung, Berlin 1934, S. 35.

343 Hierzu s. u.

344 Ganz deutlich wird die kriminalpolitische Ausrichtung in RG JW 1936, 3460 f.

345 Insbesondere herausgestellt in RGSt 43, 134, 135 f.

346 RGSt 70, 245.

347 Ebd. S. 243 f.

dung des Fortsetzungszusammenhangs einschränken will. Es liegt in der Konsequenz dieser Entwicklung, daß sie zwar zunächst bei den Sexualdelikten umgesetzt wurde[348], dann jedoch auf Delikte übergriff, die keine höchstpersönlichen Rechtsgüter schützten. So hebt RGSt 72, 211 die Verurteilung eines Angeklagten wegen fortgesetzten Diebstahls auf. Der Senat beläßt es dabei nicht bei der Feststellung, der Gesamtvorsatz sei nicht hinreichend nachgewiesen, sondern zitiert zusätzlich aus dem Bericht der amtlichen Strafrechtskommission, "die Rechtsprechung (müsse) dahin erzogen werden, daß die wirklichen Fälle der fortgesetzten Handlung verhältnismäßig selten vorkommen und daß nur für diese Fälle das Privileg der Bestrafung wegen einer einzigen Tat vom Gesetzgeber gewollt ist"[349]. Das Zitat bezieht sich auf einen Gesetzesvorschlag, der nie realisiert wurde; insofern ist die Berufung auf den Willen des Gesetzgebers bemerkenswert.

Die Ergebnisorientierung hin auf das Gewohnheitsverbrechergesetz führte also zu einer starke Restriktion der Annahme von Fortsetzungszusammenhang. Damit geriet die Rechtsprechung aber in einen Zielkonflikt, denn schließlich war die Figur des Fortsetzungszusammenhangs aus den "Bedürfnissen des Lebens"[350] heraus geschaffen worden, sollte die "lästige, überflüssige und wunderlich anmutende Arbeit"[351] der Gesamtstrafenbildung vermeiden. Dieses praktissche Bedürfnis bestand fort. Die Lösung dieses Zielkonfliktes lag auf der Hand: man mußte nur die Einzelakte der fortgesetzten Handlung als "vorsätzliche Taten" i.S.d. § 20 a Abs. 2 ansehen, und schon war der Einstieg in das Gewohnheitsverbrechergesetz geglückt, gleichzeitig aber die mit der Annahme einer fortgesetzten Handlung verbundenen praktischen Vorteile aber gewahrt. Dieser Weg deutet sich an in zwei Entscheidungen aus den Jahren 1938[352] und 1942[353], ohne daß die Konsequenz dort schon gezogen worden wäre. Mittlerweile hatte sich allerdings die normative Situation verschärft: nach § 1 des Änderungsgesetzes vom 4. September 1941[354] konnten gefährliche Gewohnheitsverbrecher mit dem Tode bestraft werden "wenn der Schutz der Volksgemeinschaft oder das Bedürfnis nach gerechter Sühne es erfordern"[355]. Bejahte man die Voraussetzungen des § 20 a, gelangte man also zur Möglichkeit, die Todesstrafe zu verhängen.

---

348 Der 1. Senat bezeichnet in RG JW 1938, 2334 Nr. 26 seine in RGSt 70, 145 geäußerte Auffassung, bei § 175 sei Fortsetzungszusammenhang möglich, als überholt.

349 *Grau* bei *Gürtner* (Hrsg.), Das kommende Strafrecht, Allgemeiner Teil, 2. Aufl., S. 240.

350 RGSt 70, 243.

351 Ebd.

352 DJ 1938, 1157.

353 DR 1942, 1321 f.

354 RGBl. I S. 549.

355 Hierzu eingehend *Werle*, Justiz-Strafrecht und polzeiliche Verbrechensbekämpfung im Dritten Reich, S. 314 ff.

Dies steht hinter der Entscheidung des 4. Senats vom 20. April 1943[356], die erstmals Einzelakte einer fortgesetzten Handlung als vorsätzliche Taten i.S.v. § 20a Abs. 2 StGB genügen läßt. Auf den Abs. 2 des § 20 a StGB hatte sich die Diskussion verengt, da § 20 a Abs. 1 StGB zwei rechtskräftige Vorverurteilungen als Voraussetzung der Strafschärfung verlangte, was durch Auslegung kaum zu umgehen war. § 20 a Abs. 2 StGB sprach demgegenüber nur von "mindestens drei vorsätzlichen Taten", die in ihrer Gesamtwürdigung ergeben mußten, daß es sich bei dem Täter um einen gefährlichen Gewohnheitsverbrecher handele. In RGSt 68, 296 war der Feriensenat noch davon ausgegangen, daß "vorsätzliche Tat" i.S.d. § 20 a Abs. 2 StGB eine selbständige Tat sein müsse, wozu ein Einzelakt einer fortgesetzten Handlung keineswegs genüge.

Hiermit bricht RGSt 77, 24, 27 ausdrücklich, ohne eine eingehende Begründung zu liefern. Es wird lediglich auf die beiden o. g. Entscheidungen DJ 1938, 1157 und DR 1942, 1321 und die darin zum Ausdruck gekommenen Zweifel verwiesen und darüberhinaus behauptet, der Wortlaut des § 20 a Abs. 2 StGB stände dieser - neuen - Auslegung nicht im Wege. Auf Anfrage hatten die übrigen Senate des RG, die sich bisher zu diesem Problem geäußert hatten, erklärt, nicht an der Entscheidung RGSt 68, 297 festhalten zu wollen.

Nachdem auf diese Weise der § 20 a StGB bejaht worden ist, ist auch der Weg frei gemacht zur Anwendung des § 1 ÄnderungsG v. 4. Sept. 1941 und damit zur Verhängung der Todesstrafe. Das Sondergericht - RGSt 77, 24 ist ein Beschluß aufgrund Nichtigkeitsbeschwerde - hatte die Angeklagte wegen Taschendiebstahls unter Anwendung der VolksschädigungsVO zu sechs Jahren Zuchthaus verurteilt. Das genügt dem 4. Senat nicht. Er weist in deutlichen Worten auf die Möglichkeit hin, die Angeklagte zum Tode zu verurteilen[357] und hält es für das Mindeste, auf Sicherungsverwahrung zu erkennen[358].

Die vorher bereits signalisierte Zustimmung der anderen Senate des RG wurde von diesen dann auch rasch in die Tat umgesetzt.

Der 2. Senat entscheidet in RGSt 77, 98 für einen Fall der fortgesetzten Hehlerei, daß auch drei an sich unselbständige Teilakte der fortgesetzten Handlung die Voraussetzungen des § 20 a Abs. 2 StGB erfüllen können. Ebenso entscheidet der 1. Senat für einen Fall des fortgesetzten Exhibitionismus[359]. An dieser Entscheidung werden die Dimensionen, die durch die Rechtsprechungsänderung des 4. Senats eröffnet werden, besonders deutlich. Es geht weniger darum, daß der § 20 a StGB die Möglichkeit eröffnet, Zuchthausstrafen zu verhängen[360]; die Strafrahmen waren weit, und die Möglichkeit auf eine der im Kriege neugeschaffenen Strafnor-

---

[356] RGSt 77, 24.

[357] A.a.O. S. 27 f.

[358] A.a.O. S. 28, letzter Absatz.

[359] RGSt 77, 179.

[360] So auch *Schmidt-Leichner* DR 1943, 882.

men, die praktisch keinen Strafrahmen mehr besaßen (z. B. § 4 VolksschädlingsVO) zurückzugreifen, bestand häufig. § 20 a StGB eröffnete aber die Möglichkeit, auf Sicherungsverwahrung (§ 42 e StGB), oder darüberhinaus, über § 1 ÄnderungsG, auf die Todesstrafe zu erkennen. Die Aufspaltung der Fortsetzungstat ermöglichte auch die Anordnung der Entmannung, die gem. § 42 k Abs. 1 Nr. 2 StGB mindestens **zwei Taten** voraussetzte, selbst wenn die Einzelakte in Fortsetzungszusammenhang standen. So sah sich der Angeklagte, der zuvor wegen fortgesetzten Exhibitionismus zu acht Monaten Gefängnis verurteilt worden war, mit RGSt 77, 179 plötzlich der Situation gegenüber, daß das Landgericht vom RG angewiesen wurde zu prüfen, ob nicht über § 20 a StGB auf Zuchthaus zu erkennen sei und ob nicht Sicherungsverwahrung und Entmannung angeordnet werden müßten.

Die Änderung der Rechtsprechung , die mit RGSt 77, 24 eintrat, ist die Folge eines "konzentrischen Angriffs"[361], den Schrifttum und Untergerichte gegen die ältere Rechtsprechung des RG zum § 20 a StGB geführt hatten[362]. Dabei war der Versuch des RG, durch Restriktion des Begriffs der fortgesetzten Handlung die zur Annahme des § 20 a StGB notwenigen Einzelakte zu bejahen, am Bedürfnis der Praxis nach Verwendung des Fortsetzungszusammenhangs gescheitert[363]. Verschiedene Autoren hatten sich dafür ausgesprochen, das mit der fortgesetzten Handlung verbundene Problem des Verbrauchs der Strafklage über eine Durchbrechung der Rechtskraft zu regeln[364]. Dies sei bisher der einzige Nachteil des fortgesetzten Delikts gewesen, dem aber eine Fülle praktischer Vorteile gegenüberständen:"Sie (die Zusammenfassung einer Mehrheit von Straftaten zu einer Einheit) ermöglicht die Verfolgung von Einzelakten, die sonst wegen eingetretener Verjährung, versäumter Antragsfrist, wegen Unterfallens unter ein Amnestiegesetz und aus ähnlichen Gründen nicht mehr verfolgt werden können ... Sie enthebt den Richter der sonst notwendigen Isolierung der Einzelakte, die es verbieten würde, Handlungen, die erst nach Eröffnung des Hauptverfahrens ruchbar geworden sind, gegen den Willen des Angeklagten oder gar überhaupt mit zu erledigen, und dazu zwingen würde, wegen solcher Fälle freizusprechen, die sich nicht haben aufklären lassen"[365].

Vom Schrifttum wurde also die Tendenz des RG zur Einschränkung des Anwendungsbereichs der fortgesetzten Handlung geradezu umgekehrt in eine Forderung nach ihrer Ausweitung. Dies zumal, nachdem durch eine Änderung der Straf-

---

[361] So *Hartung* SJZ 1950, 326, 330, und zwar "von seiten der höchsten Stellen der Justizverwaltung nicht minder als von einer Reihe der namhaftesten Vertreter der Wissenschaft geführt"

[362] Nachweise bei *Schmidt-Leichner* DR 1943, 882.

[363] Für die Praxis deutlich *Schwarz* (RG-Rat!) ZAkDR 1938, 539, 541.

[364] Insbes. *Nagler*, ZAkDR 1939, 371 ff.; *Graf zu Dohna*, DStR 1942, 19.

[365] *Graf zu Dohna*, a.a.O. S. 21 f.

prozeßordnung[366] die Wiederaufnahme des Verfahrens zuungunsten des Angeklagten möglich wurde, wenn neue Tatsachen beigebracht wurden, die eine wesentlich strengere Ahndung, auch der fortgesetzten Tat, erwarten ließen[367]. Nunmehr segelte die fortgesetzte Handlung unter der Flagge "Vereinfachung der Strafrechtspflege"[368], dem rechtspolitischen Thema seit dem Führererlaß über die Vereinfachung der Rechtspflege vom 21. März 1942[369]. Dies legte zugleich den Kern der Konstruktion "Fortsetzungszusammenhang" bloß, daß es sich im Grunde um ein summarisches, dem Richter Feststellungsarbeit ersparendes Verfahren handelt.

Den letzten Anstoß aus der Praxis hatte das RG in der gut einen Monat vor Verkündung von RGSt 77, 24 in DR 1943, 889 abgedrucken Entscheidung des Sondergerichts Kassel erhalten, das einen homosexuellen Küchenchef, der "in etwa 50 bis 60 Fällen" einen Kochlehrling sexuell mißbraucht hatte, wegen eines fortgesetzten Verbrechens des § 175 a StGB über § 20 a Abs. 2 StGB, § 1 ÄnderungsG zum Tode verurteilte[370].

Es handelt sich bei der Behandlung des Fortsetzungszusammenhangs durch das RG um eine doppelte Ergebnisorientierung. Um die Anwendung des Gewohnheitsverbrechergesetzes zu erleichtern, tendiert man nach 1933 zu einer starken Einschränkung der Annahme einer fortgesetzten Handlung. Als dies zu einem Zielkonflikt mit den Vorteilen, die die Rechtsprechung zur Konstruktion des Fortsetzungszusammenhangs bewegt hatte, führt, kommt es zu einer manifesten Rechtsprechungsänderung, indem plötzlich auch Einzelakte einer fortgesetzten Handlung als vorsätzliche Taten i.S.v. § 20 a angesehen werden. Wichtig ist der Zeitpunkt, an dem dies erfolgt. 1943 werden die formalen Bedenken, die gegen eine Aufspaltung der fortgesetzten Tat sprechen, aufgrund der kriegsbedingten Krisensituation überspielt. Die Folge ist eine Vereinfachung der Rechtsprechung bei gleichzeitiger Anwendungsoptimierung der Rechtsfolgen des Gewohnheitsverbrechergesetzes und des Kriegsstrafrechts (Änderungsgesetz).

Die Zeitbedingtheit dieser späten Rechtsprechung des RG wurde vom BGH klar erkannt. Der BGH verwandte zwar den Begriff der fortgesetzten Handlung, wie er sich in der Rechtsprechung des RG herausgebildet hatte, weiter[371], distanzierte sich aber bereits in der Entscheidung BGHSt 1, 313 entschieden von der späten Rechtsprechung des RG, Einzelakte einer fortgesetzten Handung zur Bejahung der Voraussetzungen des § 20 a Abs. 2 StGB heranzuziehen. Den RG-

---

366 § 359 Abs. 1 Nr. 2 StPO i.d.F. der VO vom 29. Mai 1943, RGBl. I 342

367 Vgl. dazu *Schwarz*, DJ 1943, 497.

368 So auch der Titel des Aufsatzes von *Schwarz*, DJ 1943, 497.

369 RGBl. I, 139.

370 Vgl. auch die Anm. *Rietzsch*, DR 1943, 890 ff.

371 So schon BGHSt 1, 84, 91 f. zur Frage des Verjährungsbeginns bei Fortsetzungszusammenhang; zahlreiche weitere Urteile bei *Dreher-Tröndle*, Vor § 52, 25 ff.

Entscheidungen RGSt 77, 24 und 98 wirft der BGH eine Wortlaut und Sinn widersprechende Auslegung des § 20 a StGB vor[372]. Der Begriff "Tat" im Strafrecht sei einheitlich als selbständige Handlung zu verstehen, die sich nicht bei Bedarf in Einzelakte aufspalten ließe. Dies gelte insbesondere auch für die fortgesetzte Handlung. Dabei spricht der BGH auch den rechtspolitischen Hintergrund, der zu dieser Aufspaltung führte, an: "Das fortgesetzte Verbrechen ist ... ein Rechtsbegriff. Er kann nicht nach Gesichtspunkten der Zweckmäßigkeit und der Vereinfachung der Rechtsprechung gegen Serienverbrecher umgrenzt werden. Derartige Erwägungen führen im Gegenteil, wie die Rechtsprechung der Tatgerichte immer wieder beweist ... dazu, das Erfordernis des Gesamtvorsatzes ... zu lockern und demgemäß den Bereich der Fortsetzungstat in rechtlich unzutreffender Weise auszudehnen. Wird dies vermieden, dann wird sich ergeben, daß Serienverbrechen sehr häufig, wenn nicht regelmäßig, selbständige Taten im Sinne des § 74 StGB enthalten und daß dann, wenn mindestens drei solcher Taten begangen sind, dem förmlichen Erfordernis des § 20 a Abs. 2 genügt ist. Dann kann auch das berechtigte kriminalpolitische Bedürfnis nach verschärfter Bekämpfung solcher Serientaten nach geltendem Recht befriedigt werden"[373].

Der BGH kehrt also bei der Interpretation des § 20 a zur ursprünglichen, vor allem in RGSt 68, 297 vertretenen Linie des RG zurück, durch Beschränkung der Anwendung des Fortsetzungszusammenhangs, insbesondere durch strenge Anforderung an den Gesamtvorsatz, den Voraussetzungen dieser Norm gerecht zu werden. Implizit widerspricht der BGH damit auch dem Argument, daß die Annahme von Fortsetzungszusammenhang zu einer wesentlichen Vereinfachung der Rechtsprechung führe. Damit kehrt der BGH zur früheren, noch in RGSt 70, 145, 150 deutlich zum Ausdruck gebrachten Rechtsprechung des RG zurück, daß die Annahme von Fortsetzungszusammenhang aus Gründen der Beweiserleichterung nicht statthaft sei. Erwiesenes und Nichterwiesenes dürfe nicht unter dem Deckmantel der fortgesetzten Handlung zusammengefaßt werden[374].

Der BGH folgt mit seiner Entscheidung der heftigen Kritik, die *Eberhard Schmidt* in einer Anmerkung zu einem Urteil des OLG Düsseldorf, das zu § 20 a StGB sich den späten Entscheidungen des RG anschloß, geübt hatte[375]. *Schmidt* legt hier dar, daß es vor allem **politische Gründe** waren, die zur Änderung der RG-Rechtsprechung geführt hatten, und zwar "unter bewußter Abstandnahme vom rechtsstaatlichen Denken"[376]. Hier sei, sagt *Schmidt* unter Berufung auf ein Wort *Kohlrauschs*, "die Karte der Weltanschauung" vorschnell ausgespielt worden[377].

---

372 BGHSt 1, 313, 316 f.
373 BGHSt 1, 313, 315 f.
374 Ebd.
375 SJZ 1950, Sp. 284, 286 ff.
376 Ebd. Sp. 288.
377 Ebd. Sp. 290.

Vorschnell, weil sich das gewünschte Ergebnis, sowohl hinsichtlich der Rechtskraftwirkung als auch in Bezug auf § 20 a StGB genauso bei restriktiver, rechtsstaatkonformer Anwendung des Fortsetzungszusammenhangs hätte herstellen lassen. So kann *Eb. Schmidt* in einer Anmerkung zu BGHSt 1, 313[378] denn auch befriedigt feststellen, daß der BGH mit der Abkehr von der späten Linie des RG der rechtsstaatlichen Handhabung des § 20 a Abs. 2 StGB einen großen Dienst erwiesen habe.

Bis heute ist es h. M.[379], daß die Einzelakte einer fortgesetzten Handlung keine vorsätzlichen Taten i.S.d. § 66 Abs. 2 StGB n. F. sind, bei der Frage nach der Sicherungsverwahrung also die fortgesetzte Handlung als **eine Tat** anzusehen ist.

Der BGH hat also im Bereich der fortgesetzten Handlung deutlich mit der späten Rechtsprechung des RG, die auf ein summarisches Verfahren mit Verdachtsstrafe hinauslief, gebrochen. Sowohl was die Annahme von Fortsetzungszusammenhang anbetrifft, als auch in Bezug auf die Voraussetzungen der Sicherungsverwahrung kehrt der BGH zur früheren, strengen Linie des RG, die traditionell geprägt und weltanschaulich wenig beeinflußt war, zurück.

Ein anderes Schicksal war hingegen der **Sammelstraftat**, einem dem Fortsetzungszusammenhang verwandten Rechtsprechungsinstitut im Bereich der Konkurrenz, beschieden. Unter Sammelstraftat oder Kollektivdelikt verstand man strafbare Handlungen, die tatbestandsmäßig eine gewerbs-, geschäfts- oder gewohnheitsmäßige Begehung voraussetzten, und die, da sie Ausfluß der gleichen Lebensrichtung seien, bei wiederholter Begehung zu einer rechtlichen Handlungseinheit zusammengefaßt wurden[380].

Mit dem Erlaß des GewohnheitsverbrecherG[381] kam es zu systematischen Verwerfungen bei der Anwendung des § 20 a StGB, der ja die Gewohnheitsverbrecher insbesondere treffen sollte. Dessen Erfordernis von drei vorsätzlichen Taten (§ 20 a Abs. 2 StGB) wurde durch die Annahme von Handlungseinheit via Sammelstraftat bei gewohnheitsmäßiger Begehung aber unterlaufen wurde[382]. Hinzu kamen die verfahrensrechtlichen Konsequenzen (Verbrauch der Strafklage etc.), die mit denen des Fortsetzungszusammenhangs übereinstimmten.

Dies führte dazu, daß das RG, zunächst für den Fall gewerbsmäßiger Abtreibung (§ 218 Abs. 4 S. 2 StGB a. F.), den Begriff der Sammelstraftat aufgab, und zwar im Beschluß des Großen Senats vom 21. April 1938, RGSt 72, 164. Vorgelegt hatte der 3. Senat einen Fall, in dem die Angeklagte wegen versuchter gewerbsmäßiger Abtreibung verurteilt worden war. Nach der Rechtskraft dieses Urteils war ein Fall vollendeter Abtreibung bekannt geworden, den die Angeklagte um die gleiche Zeit wie die abgeurteilten Versuchstaten begangen hatte. Das LG hatte, der überkommenen Rechtsprechung folgend, das Verfahren wegen Verbrauchs der Strafklage eingestellt.

---

378 JZ 1951, S. 756.

379 Vgl. *Schönke-Schröder-Cramer*, 22. A., § 66, 50 m.w.N.

380 Vgl. *Frank*, 18. A., § 74 V 1 b; *v. Liszt/Schmidt*, 25 A., § 55 III.

381 V. 24. November 1933, RGBl. I, 995.

382 Vgl. *Hartung*, SJZ 1950, 326, 332 f.

Hiergegen entscheidet der Große Senat, daß allein die gewerbsmäßige Begehung einer Abtreibung ihr die Eigenschaft einer selbständigen Handlung nicht nehme. Das RG gibt als entscheidenden Grund für die Aufgabe seiner früheren Rechtsprechung an, daß "sie zu Folgen geführt (habe), die nicht mehr mit einer dem Volksempfinden entsprechenden Rechtspflege vereinbar sind"[383]. Es wird auch darauf hingewiesen, daß sich durch das Inkrafttreten des GewohnheitsverbrecherG die Situation entscheidend geändert habe. Durch die Aufgabe des Begriffs der Sammelstraftat soll die Verhängung von Sicherungsverwahrung ermöglicht werden[384].

Die Entscheidung des Großen Senats hat Signalwirkung. Bereits im Juni 1938 entscheidet der 2. Senat entsprechend für die gewerbsmäßige Unzucht zwischen Männern[385] im Juli zur gewerbsmäßigen Hehlerei[386] und im November der 1. Senat zur gewerbsmäßigen Wilderei[387]. Die Entscheidung des Großen Senats wird dabei teilweise als "Wendepunkt" der Rechtsprechung zur Sammelstraftat bezeichnet[388]. Im Mai 1939 kann der 1. Senat in einem Fall gewerbsmäßigen Wuchers bereits auf eine feststehende Rechtsprechung des RG verweisen und sich eine Begründung, warum die Annahme einer Sammelstraftat nicht in Betracht kommt, sparen.

In der Literatur regte sich nur ganz vereinzelt Widerstand. *Bellmer* sieht in der Entscheidung des 2. Senats in RGSt 72, 285 zur gewerbsmäßigen Hehlerei ein "offensichtlich unmögliches Ergebnis" im Hinblick auf den Tatbestand und seine Handhabung durch die Praxis[389]. Dem wird aber sehr schnell widersprochen. *Graf von Pestalozza* mißt der Änderung der Rechtsprechung zur Sammelstraftat "symptomatische, rechtspolitische Bedeutung" zu[390]. Das RG vermeide hierdurch **Ungerechtigkeiten**, die aus der materiellen Rechtskraft erwüchsen und vereinfache die Anordnung von Sicherungsverwahrung in diesen Fällen.

Nachdem der BGH in Bezug auf den Fortsetzungszusammenhang unter Distanzierung von der späten, ideologisch beeinflußten RG-Rechtsprechung zur früheren Linie des RG zurückgekehrt war, hätte man erwarten können, daß auch die Abkehr des RG von der Sammelstraftat in RGSt 72, 164 überdacht würde. Denn auch diese Entscheidung beruhte, wie *Eb. Schmidt* feststellt[391], auf einem folgenorientierten Zweckdenken, das mit rechtsstaatlichen Grundsätzen wenig gemein hatte.
Bereits jedoch in BGHSt 1, 41 entschied der BGH, daß an der Aufgabe der Sammelstraftat durch RGSt 72, 164 festzuhalten sei. Dem BGH erscheint dies so wichtig, daß er es eigens in einem ausgedehnten obiter dictum darlegt. Die Problematik **gewerbsmäßiger** Abtreibung war durch die Anwendung einer überholten Gesetzesfassung durch das Landgericht aufgetaucht, nach geltendem Recht aber war die Gewerbsmäßigkeit weder strafbegründendes, noch straferhöhendes Tatbestandsmerkmal, so daß die Annahme einer Sammelstraftat von vornherein aus-

---

383 RGSt 72, 164, 167.
384 Ebd. S. 169.
385 RGSt 72, 257.
386 RGSt 72, 285.
387 RGSt 72, 401.
388 RGSt 72, 397, 398.
389 JW 1938, 2884.
390 JW 1938, 3272, 3273.
391 JZ 1952, 136, 137.

geschlossen gewesen wäre. Mit dieser Feststellung begnügt sich der BGH allerdings nicht. Vielmehr bestätigt er ausdrücklich die Entscheidung des Großen Senats in RGSt 72, 164 mit der Begründung, daß diese Auffassung allein der Gerechtigkeit entspräche. Die Sammelstraftat stände oft der Anwendung des § 20 a StGB ohne inneren Grund im Wege und habe zudem noch schädliche Folgen im Hinblick auf die Rechtskraftwirkung[392].

Eb. Schmidt hat diese Entscheidung heftig kritisiert[393] und ihr vorgeworfen, daß das Gericht damit Entscheidungen des Gesetzgebers vorgreife, bzw. dessen Unterlassungen korrigiere. Wohl sei bei der Schaffung des § 20 a StGB daran zu denken gewesen, daß der Gesetzgeber das Merkmal der Gewerbsmäßigkeit als Strafschärfungsgrund fallen lasse; da er dies, mit Ausnahme des § 218 StGB, nicht getan habe, sei davon auszugehen, daß die Sammelstraftat durch die verschiedenen gesetzlichen Regelungen vorgegeben sei. Im übrigen führe die Bildung einer Gesamtstrafe gem. § 74 StGB zu schwer verständlichen Ergebnissen im Hinblick auf die ohnehin erhöhten Strafrahmen bei gewerbs-, oder gewohnheitsmäßiger Begehung[394].

Der BGH blieb indes, trotz dieser Kritik, bei seiner Position[395], die sich als h. M. etablierte[396].

8. Die Bestimmung des Strafrahmens bei tateinheitlich verwirklichten Tatbeständen

Ein krasses Beispiel für eine dem Gesetzestext widersprechende Rechtsprechungsänderung als Maßnahme der Materialisierung bietet die **Bestimmung des Strafrahmens** bei tateinheitlicher Begehung mehrerer Delikte. § 73 StGB in der bis zum 1. StRG von 1969 gültigen Fassung bestimmte hierzu:

> *"Wenn eine und dieselbe Handlung mehrere Strafgesetze verletzt, so kommt nur dasjenige Gesetz, welches die schwerste Strafe, und bei ungleichen Strafarten dasjenige Gesetz, welches die schwerste Strafart androht, zur Anwendung".*

Hierin hatte das RG seit der Entscheidung der Vereinigten Strafsenate in RGSt 6, 180, 183 f.[397] das Prinzip der absoluten Exklusivität des härtesten Strafgesetzes gesehen, daß also die Strafe allein nach dem Strafrahmen des schwersten Delikts zu bestimmen sei (absolute Absorption).

Dies hatte im wesentlichen zwei Konsequenzen:

- das Gericht konnte in besonders leichten Fällen unter dem Mindeststrafmaß des leichteren Delikts bleiben, wenn der Strafrahmen des schweren Delikts eine solch milde Verurteilung zuließ,

---

392 BGHSt 1, 41, 42 f.

393 JZ 1952, 136.

394 Hierauf hatte schon *Bellmer*, (o. Fn. 56) hingewiesen.

395 Vgl. NJW 1953, 955; vgl. allgemein BGH NJW 1969, 2056.

396 Nachweise bei *LK-Vogler*, 10. Aufl., Vor § 52, 27.

397 Anders noch RGSt 3, 390.

- Nebenstrafen, die das mildere, nicht aber das schwerere Gesetz vorsah, konnten nicht verhängt werden.

Der Problematik dieser Auslegung war sich das RG bewußt; sie konnte dem Täter zugute kommen, der neben einem milderen Delikt tateinheitlich noch ein Delikt mit höherem Strafrahmen begangen hatte. Das RG nahm aber diese "höchst bedenklichen Konsequenzen" die "dem Rechtsgefühl widerstreben" in Kauf, da sie "dem unbedingten Gesetzesgebote gegenüber eine Bedeutung für den Richter nicht beanspruchen" könnten[398].

Hieran hielt das RG fest, und zwar insbesondere für die Fallgestaltung, daß das Gericht die Mindeststrafe des konkurrierenden leichteren Delikts unterschritt[399]. Es wurde dabei allerdings stets betont, daß das Gericht nicht ohne zwingenden Grund die Untergrenze der milderen Strafvorschrift unterschreiten dürfe[400].

Die Problematik erreichte eine neue Dimension, als der nationalsozialistische Gesetzgeber begann, die Strafrahmen durch Schaffung "besonders schwerer Fälle" auszuweiten. So wurde durch das Gesetz zur Abänderung strafechtlicher Vorschriften vom 26. Mai 1933[401] besonders schwere Fälle des Betrugs (§ 263 Abs. 4) und der Untreue (§ 266 Abs. 2) geschaffen, die Zuchthaus bis zu 10 Jahren vorsahen[402]. Nach der Rechtsprechung des RG[403] waren aber die höheren Strafrahmen bei der Ermittlung des schwersten Gesetzes nach § 73 StGB mit einzubeziehen, ohne Rücksicht darauf, ob tatsächlich ein besonders schwerer Fall vorlag. So kam es, daß z. B. wenn Untreue und schwere Amtsunterschlagung (§ 351 StGB a. F.) zusammentrafen, die Strafe nicht dem § 351 StGB, der als Verbrechen (§ 1 Abs. 1 StGB) eine Mindeststrafe von einem Jahr (§ 14 Abs. 2 StGB) vorsah, zu entnehmen war, sondern dem § 266, der trotz der Strafschärfung in Abs. 2 Vergehen blieb[404], als Mindeststrafe also 1 Tag Gefängnis (§ 16 Abs. 1 StGB) bzw. Geldstrafe vorsah.

Die Untergerichte nutzten die strenge Auslegung des § 73 StGB und die sich daraus ergebenden Konsequenzen dazu, in besonders leichten Fällen außerordentliche Strafmilderungen auszusprechen. Noch RGSt 71, 101, 105 hatte dies toleriert. Im Jahre 1939 kam indes die Wende. Der 4. Senat hatte über zwei Fälle zu entscheiden, bei denen die Angeklagten nach § 266 StGB zu Gefängnis, bzw. zu Geldstrafen verurteilt worden waren, obwohl sie tateinheitlich Verbrechen (§ 351

---

398 Vgl. RGSt 6, 180, 183 f.

399 Vgl. RGSt 16, 301, 304; 18, 174, 176.

400 Vgl. schon RGSt 8, 84, 86 f.; zuletzt RGSt 71, 101, 105 m.w.N. und RGSt 72, 113, 117.

401 RGBl I 295.

402 Zur Regelungstechnik der "besonders schweren Fälle" am Beispiel der Novelle vom 26.5.1933 und der hierin sichtbar werdenden Tendenz zur Erweiterung des Ermessensspielraums des Richters vgl. Werle, a.a.O., S. 108 ff.

403 RGSt 59, 214, 217; 69, 333, 340.

404 RGSt 69, 333, 340.

StGB, schwere Amtsunterschlagung, § 260 StGB, gewerbs- oder gewohnheitsmäßige Hehlerei) begangen hatten. Der 4. Senat legte diese Fälle dem Großen Senat mit der Frage zur Entscheidung vor, ob in diesen Konstellationen das Mindeststrafmaß des milderen Gesetzes eingehalten werden müsse, und der Oberreichsanwalt erweiterte die Frage dahin, ob auf Nebenstrafen, die nur das mildere Gesetz androhe, erkannt werden müsse.

Der Große Senat[405] bejaht in Abkehr von der bisherigen Rechtsprechung des RG beide Fragen. Dabei wird der Wortlaut des § 73 StGB, nach dem nur dasjenige Gesetz zur Anwendung gelangt, welches die schwerste Strafe vorsieht, dahin interpretiert, daß damit gemeint sei, es dürfe nur auf **eine** Strafe erkannt werden[406]. Die Fälle, in denen die Mindeststrafe des schwereren Delikts die des leichteren Delikts unterschreite, seien Ausnahmen, für deren Behandlung "das Gesetz der Rechtsprechung ... freie Bahn gelassen hat"[407]. "Eine dem Rechtsgefühl und dem Schutzbedürfnis der Allgemeinheit entsprechende Lösung" könne nur darin gefunden werden, daß in diesen Ausnahmefällen die Mindeststrafe des milderen Delikts nicht unterschritten werden dürfe. Die gleichen Erwägungen führten zur Bejahung der Frage nach der Anwendung der Nebenstrafen des milderen Gesetzes[408].

Die Entscheidung fand grundsätzlich Zustimmung, obwohl allgemein klar war, daß sich der Große Senat über den Wortlaut des § 73 StGB eindeutig hinweggesetzt hatte[409]. *Hartung*[410] jubelte, das RG habe durch "teleologische Auslegung" dem Grundgedanken des Gesetzes zum Sieg über den Wortlaut verholfen: "Das ist eine Tat, die jeder begrüßen wird, dem die Ziele der nationalsozialistischen Rechtsentwicklung in Fleisch und Blut übergegangen sind. **Der Geist hat über den Buchstaben gesiegt**"[411]. *Hartung* folgerte aus dem Urteil, daß nun für die Fälle der Tateinheit ein besonderer Strafrahmen gelte, der zwischen den höchsten Mindestmaß und dem höchsten Höchstmaß der zusammentreffenden Strafgesetze liege. Über diese Konsequenz bestand allerdings Streit.

Schwarz[412] vertrat die Ansicht, daß ein Richter, dem nationalsozialistisches Rechtsempfinden wirklich in Fleisch und Blut übergegangen sei, nicht in der von *Hartung* vorgeschlagenen Weise verfahren werde[413]. Der Beschluß des Großen Senats habe § 73 StGB nicht außer Kraft gesetzt, sondern die Bestimmung nur ergänzen wollen durch den Zwang, die Mindeststrafe des milderen Delikts nicht zu

---

405 RGSt 73, 148.
406 A.a.O. S. 150.
407 Ebd.
408 Ebd.
409 Vgl. *Mezger*, DR 1941, 921 f.
410 DR 1939, 1484, 1485.
411 Hervorhebungen im Original S. 1485.
412 ZAkDR 1939,672.
413 A.a.O. S. 673.

unterschreiten. Keinesfalls habe ein Kombinationsstrafrahmen geschaffen werden sollen.

Mit seiner am Wortlaut des Gesetzes orientierten Auffassung konnte sich *Schwarz* nicht durchsetzen. *Mezger*[414] spricht 1941 davon, daß das Absorptionssystem zugunsten einer Kombination verschiedener Strafgesetze aufgegeben sei. Dabei kann er sich berufen auf eine Fortentwicklung des Beschlusses des Großen Senats durch den 2. und 3. Strafsenat (dem *Hartung* angehörte). Diese hatten statt der "abstrakten" Bestimmung des schwersten Delikts an Hand eines Vergleichs der möglichen Höchststrafen eine "konkrete" Betrachtungsweise eingeführt, bei der, bezogen auf den einzelnen Fall, bestimmt wurde, aus welchem Tatbestand die Strafe zu entnehmen sei[415]. Dieser "konkreten" Betrachtungsweise schloß sich dann der 4. Senat (dem *Schwarz* angehörte) an[416].

Ergebnis dieser Rechtsprechungsänderung durch das RG war, daß den Untergerichten eine spezielle Strafmilderung, die unter Berufung auf den § 73 StGB in bestimmten Fallkonstellationen de facto möglich gewesen war, unmöglich gemacht wurde. Zusätzlich wurden für diese Konstellationen die Straftatfolgenpalette durch den Einbezug der Nebenstraftaten des milderen Delikts erweitert.

Auch hier handelte es sich um "Entformalisierung" oder "Materialisierung". Was den Richtern der Vereinigten Strafsenate des Jahres 1886[417] zwar schwer erträglich, aber aus rechtsstaatlichen Gründen hinzunehmen erschien, ist 1939 nicht mehr tolerabel. Dem § 73 StGB wird ohne große methodische Umschweife eine mit dem Wortlaut kaum zu vereinbarende Auslegung gegeben[418], die darauf beruht, daß den Wertungsgesichtspunkten (Rechtsgefühl, Schutzbedürfnis der Allgemeinheit) gegenüber den formalen Schranken Priorität eingeräumt wird.

Diese Rechtsprechung wirkte fort. Bereits der OGH übernimmt in OGHSt 1, 244, 245 die "überzeugend begründete Rechtsansicht des früheren Reichsgerichts; sie ist in keiner Weise nationalsozialistisch geprägt oder beeinflußt"[419].

In der ersten, zu diesem Problem veröffentlichten BGH-Entscheidung heißt es lapidar:"Indes darf bei Tateinheit, wenn das strengere Gesetz eine geringere Mindeststrafe vorsieht als das mildere, die Mindeststrafe des milderen Gesetzes nicht unterschritten werden (RGSt 73, 148; OGHSt 1, 244)"[420]. Der BGH wich von diesem Standpunkt nicht mehr ab, und es kam zu dem seltenen Fall einer **gesetzlichen Fortwirkung** einer Rechtsprechungsänderung. Mit dem 1. Strafrechtsreformgesetz

---

414 DR 1941, 922.

415 Vgl. RGSt 75, 14, 18 m.w.N.

416 RGSt 75, 19.

417 RGSt 6, 180.

418 *Mezger*, DR 1941, 922, hatte wenigstens vorgeschlagen, § 2 StGB heranzuziehen.

419 Obwohl sie doch, möchte man hinzufügen, nach Ansicht zweier RG-Räte so sehr dem nationalsozialistischen Rechtsempfinden entsprochen hat.

420 BGHSt 1, 152, 155; vgl. auch BGH LM § 73, Nr. 42.

(1. StRG) vom 25.6.1969[421] wurde der § 73 StGB endlich in die Form gebracht, in der ihn die Rechtsprechung seit dreißig Jahren angewandt hatte. Diese Fassung entspricht im wesentlichen dem § 52 StGB 1975.

9. Der Wechsel zur materiell-rechtlichen Theorie in der Frage der Rechtsnatur der Verjährung

Auch scheinbar unbedeutende Urteile, die zu einer Materialisierung führen, können eine bedeutende Fortwirkung haben. Dies soll an zwei Entscheidungen aus dem Jahre 1942[422] zur Rechtsnatur der Verjährung gezeigt werden. Beiden Entscheidungen lag eine Verurteilung nach § 2 Abs. 1 Nr.3 Verbrauchsregelungs - Strafverordnung zugrunde. Diese VO vom 6. April 1940[423] war zur strafrechtlichen Absicherung des mit Beginn des Krieges eingeführten Vebrauchsgüterbezugssystems[424] (Lebensmittelkarten etc.) geschaffen worden. § 2 Abs. 1 und 2 bedrohten Handlungen, die die Bestimmungen der Bewirtschaftung unterliefen mit Geldstrafe bis zu 150 Reichsmark oder mit Haft, Abs. 3 drohte für besonders schwere Fälle Gefängnis oder Geldstrafe in unbeschränkter Höhe an. Das Vorliegen eines solchen besonders schweren Falles änderte indes nichts daran, daß es sich gemäß § 1 Abs. 4 StGB um eine Übertretung handelte[425]. Daher verjährte ein Verstoß gegen § 2 Abs. 3 Verbrauchsregelungs-StrafVO an sich gemäß § 67 Abs. 3 StGB in drei Monaten. Dadurch entstanden Strafbarkeitslücken, wenn z.B. eine Schwarzschlachtung zu spät entdeckt wurde. Da die Aufrechterhaltung des Versorgungssystems kriegswichtig war, konnten solche Strafbarkeitslücken nicht geduldet werden. Abhilfe sollte insofern die Neufassung der Verbrauchsregelungs- StrafVO vom 26. November 1941[426] schaffen, die in § 21 eine eigene Verjährungsregelung enthielt, nach der einige geringfügige Verstöße in einem Jahr, alle übrigen Delikte der VO aber erst in fünf Jahren verjährten. Das Problem, das sich dem RG nun stellte, war, was bei Taten geschehen sollte, die vor dem Inkrafttreten der Novelle begangen worden waren, und bei denen die 3-Monats - Frist bereits verstrichen war. In einer äußerst kurz gehaltenen Entscheidung[427] führt hierzu der 5. Senat aus, die Neufassung der Verbrauchsregelungs - StrafVO zeige, daß der Gesetzgeber auch für die Taten, die vor deren Inkrafttreten begangen worden seien, nicht die kurze Verjährungsfrist des § 67 Abs. 3 StGB angewandt sehen wolle. Vielmehr

421 BGBl I S. 645.

422 RGSt 76, 64; 76, 159.

423 RGBl I 610.

424 Vgl. die VO zur vorläufigen Sicherstellung des lebenswichtigen Bedarfs des deutschen Volkes v. 27. August 1939, RGBl. I 1498, die fünf Tage vor Kriegsbeginn in Kraft trat.

425 Vgl. RGSt 60, 111, 115.

426 RGBl I 734.

427 RGSt 76, 64.

solle für alle Taten die neue Verjährungsfrist des § 21 Verbrauchsregelungs-StrafVO gelten. Alle anderen Senate hätten auf Anfrage dieser Auffassung zugestimmt. Das eigentliche Problem, ob eine rückwirkende Verlängerung von Verjährungsfristen möglich ist, wird hier gar nicht herausgearbeitet, sondern vielmehr unter Berufung auf den vermeintlichen Willen des Gesetzgebers überspielt.

Es bot sich indes auch eine Lösung des Problems an, die nicht apodiktisch auf den Willen des Gesetzgebers verweisen mußte, sondern die sich den dogmatischen Streit über die rechtliche Natur der Verjährung zu Nutze machte. In RGSt 76, 159 führt der 3. Senat aus, die Verjährung stelle lediglich ein Verfahrenshindernis dar, dessen Vorliegen an der Schuld des Täters und der grundsätzlichen Strafbarkeit seiner Tat nichts ändere. Durch den Ablauf der Verjährungsfrist werde keine sachlichrechtliche Lage geschaffen, die es ausschlösse, das Recht der Strafverfolgung durch nachträgliche Verlängerung der Verjährungsfrist wieder aufleben zu lassen. Bei den Verjährungsbestimmungen handele es sich um rein verfahrensrechtliche Vorschriften, die nicht an die Tat als solche gebunden seien und deren Änderung jederzeit zulässig und im jeweiligen Verfahren zu beachten sei.

Der 3. Senat verschweigt in diesem Urteil, daß die Ansichten zur Rechtsnatur der Verjährung, und zwar in Lehre **und** Rechtsprechung durchaus geteilt waren. Irreführend ist insbesondere die Behauptung, das RG gehe in ständiger Rechtsprechung davon aus, daß es sich bei der Verjährung um ein Verfahrenshindernis handele[428]. In Wirklichkeit hatte das RG bis zu diesem Zeitpunkt **nie** die Auffassung vertreten, daß es sich bei der Verjährung einzig um ein Verfahrenshindernis handele. In seiner frühen Rechtsprechung gab das RG zumeist der materiell-rechtlichen Theorie[429] den Vorzug; danach entfiel mit dem Eintritt der Verjährung der staatliche Strafanpruch, was zum Freispruch führte, wenn bereits Anklage erhoben war[430]. Später[431] zählte das RG die Verjährungsvorschriften zu den "gemischten Rechtsnormen", die jedenfalls nicht ausschließlich dem Verfahrensrecht angehören sollten. Der Nichteintritt der Verjährung war Prozeßvoraussetzung, deren Fehlen zur Einstellung des Verfahrens führte. Diese gemischt materiellrechtliche/prozessuale Auffassung überwog auch im Schrifttum[432]. Allein im Schrifttum[433], nie aber in der Rechtsprechung war die rein prozessuale Theorie vertreten worden, auf die nun RGSt 76, 159 abstellte.

Die Lösung, die der 3. Senat hier gefunden hatte, war von einiger Eleganz. Indem die Verjährung rein prozessual interpretiert wurde, machte man die Skrupel,

---

428 A.a.O. S. 160.

429 Diese war im Schrifttum relativ verbreitet, vgl. die Nachweise bei *Frank*, § 66, II.

430 Z.B. RGSt 12, 234 236; weitere Nachweise bei LK-Jähnke, Vor § 78, Rn. 8, Fn. 12.

431 Ab RGSt 32, 247,251; vgl. insbesondere RGSt 59, 197,199; 66, 328.

432 Nachweise bei *Frank* aaO.

433 Vgl. *Rosenberg*, ZStW 36 (1916) 522, 529 ff.; *Sauer*, Grundlagen des Prozeßrechts, 1929, S. 330 ff.

die mit ihrer rückwirkenden Verlängerung verbunden waren, gegenstandslos. Die Verjährung sollte fortan eine rein technische Frage des Verfahrens sein, dessen Ausgestaltung dem Belieben des Gesetzgebers oblag. Man gelangte so zu dem erwünschten Ergebnis, ohne nebulös allein auf den Willen des Gesetzgebers verweisen zu müssen, denn immerhin wurde die Auffassung, der das RG hier folgte, auch im Schrifttum vertreten. Die Berufung auf diese Lehrmeinung unterblieb in der Entscheidung RGSt 76, 159 wahrscheinlich bewußt, da sonst auch die entgegenstehenden Stellungnahmen aus der Literatur und insbesondere aus der Rechtsprechung hätten zitiert werden müssen.

Das RG umgeht durch die Einordnung der Verjährung als rein prozessuales Institut vor allem die Rückwirkungsproblematik, die sich auch unter der Geltung des § 2 a StGB i.d.F. vom 28. 6. 1935[434] gestellt hätte, denn eine generelle Rückwirkung von Strafgesetzen sah auch der nationalsozialistische Gesetzgeber nicht vor. Es hätte einer speziellen gesetzlichen Bestimmung über die Rückwirkung der Verjährungsverlängerung bedurft, die die fragliche Neuregelung der Verbrauchsregelungs - StrafVO vom 26.11.1941 nicht enthielt, wenn die Verjährungsvorschriften zumindest **auch** materiellrechtlichen Charakter getragen hätten[435].

Der BGH hat sich in mehreren Entscheidungen aus den 50er Jahren auf die Auffassung von RGSt 76, 159 berufen und seither daran festgehalten. Diesen Entscheidungen lag das Problem zugrunde, daß viele Taten, die unter der Herrschaft des Nationalsozialismus aus politischen Gründen nicht verfolgt wurden, bereits verjährt waren, als ihre Verfolgung in der Bundesrepublik in Gang kam. Verschiedene landesrechtliche Gesetze[436] bestimmten daher, ähnlich wie zuvor schon einige Verordnungen der Allierten[437], daß während der Herrschaft des Nationalsozialismus die Verjährung geruht habe. Durch die Verschiebung des Anfangstermins wurde damit die Verjährungsfrist in ähnlicher Weise verlängert wie durch die Verschiebung ihres Endtermins[438]. Der BGH[439] hält dies für unbedenklich. Der Ablauf der Verjährungsfrist hebe die Strafbarkeit einer Tat nicht auf; diese werde daher durch eine Verlängerung der Verjährungsfrist nicht neu begründet, sondern es werde lediglich ein der Durchsetzung des fortbestehenden Strafanspruchs entgegenstehendes Hindernis beseitigt. Der 4. Senat des BGH beruft sich für seine

---

434 RGBl I 839.

435 Vgl. zum § 2 a *Schäfer/v.Dohnanyi*, Die Strafgesetzgebung der Jahre 1931 - 1935, Nachtrag zu *Frank*, StGB 18. Aufl., Tübingen 1936.

436 Einzelnachweise bei *Bemmann*, JuS 1965, 333 Fn. 1.

437 Nachweise bei *Schönke*, StGB, 4. Aufl. 1949, § 69, 3. Der Endpunkt der Unterbrechung war verschieden, teilweise wurde der 8. Mai, teilweise der 1. Juli 1945 bestimmt, im Saarland endete die Frist erst am 18. Juli 1947; Übersicht bei *Pföhler*, Zur Unanwendbarkeit des strafrechtlichen Rückwirkungsverbots im Strafprozeßrecht in dogmenhistorischer Sicht, Berlin 1988, S. 41 ff.

438 *Bemmann*, aaO. S. 334.

439 NJW 1952, 271.

Ansicht dabei nicht nur auf die bekannte Entscheidung RGSt 76, 159, sondern zitiert darüberhinaus auch *Reimer*, der in der amtlichen Strafrechtskommission von 1933 - 1935 die Verjährungsproblematik bearbeitet hatte[440]. Der BGH weist damit selbst auf den **politischen** Hintergrund hin, den das RG in RGSt 76, 159 verschweigt. Für *Reimer* war es auf der Grundlage der nationalsozialistischen Rechtsauffassung undenkbar, daß ein einmal entstandener Strafanspruch des Staates durch Verjährung untergehen könne: "Denn nach der sittlichen Grundanschauung des deutschen Volkes, die insoweit mit der Weltanschauung des Christentums übereinstimmt, kann grundsätzlich nichts, was einmal als Tat in die Welt gesetzt ist, also auch keine Schuld, jemals untergehen. Wie die Volksgemeinschaft ewig ist, so kann auch der Bruch des Rechtsfriedens dieser Gemeinschaft, d.h. die aus einer strafbaren Handlung entstandene Folge nicht beseitigt werden"[441]. Grundgedanke einer Neuregelung der Verjährungstatbestände müsse sein, "daß die Strafbarkeit einer Tat durch Zeitablauf **nicht** erlischt"[442].

Karl Schäfer, ebenfalls Mitglied der amtlichen Strafrechtskommission der Jahre 1933 - 1935, hat in einer Sitzung der Großen Stafrechtskommission 1958[443] den Zusammenhang zwischen den Ausführungen *Reimers* und der Entscheidung RGSt 76, 159 hergestellt. Nach Auffassung *Schäfers* stellt diese Entscheidung mehr dar als einen bloßen Stellungswechsel des RG von einer im Schrifttum vertretenen Theorie zur anderen: "Der Übergang von der gemischten zur rein prozessualen Auffassung war vielmehr nur ein weiterer Schritt auf dem Wege zum Abbau der Rechtsgarantien, die die frühere Gesetzgebung zum Schutze des Täters gegen die staatliche Strafgewalt errichtet und die die Rechtsprechung weiter ausgebaut hatte"[444]. Für *Schäfer* steht die Änderung der Rechtsprechung des RG in einer Entwicklungsreihe, die über die Aufhebung des Analogieverbots, die Aufweichung des Rückwirkungsverbots bis zur Rechtskraftdurchbrechung mittels Nichtigkeitsbeschwerde reicht. Ziel dieser Entwicklung sei die weitgehende Beschränkung der Rechte des Beschuldigten zugunsten eines allumfassenden staatlichen Strafanspruchs, der z.B. in Bezug auf die Verjährung nur noch durch Opportunitätserwägungen der Staatsanwaltschaft beschränkt sein sollte[445], gewesen. Die Strafverfolgung sollte nicht durch formale Grenzen beschränkt sein; viel-

---

[440] Vgl. *Gürtner*, Das kommende Strafrecht Allgemeiner Teil, 2. Aufl. 1935, S. 246 ff.
[441] A.a.O. S. 247.
[442] Ebd., Hervorhebung im Original.
[443] Niederschriften Bd. 2, S. 335 ff., 338.
[444] Ebd. S. 335.
[445] Vgl. *Reimer*, aaO. S. 249 f.

mehr sollte das Stafverfolgungsorgan seine Grenzen im Wege der Selbstbeschränkung selbst definieren können[446].

Vor diesem Hintergrund ist die unproblematische Art, mit der der BGH die Entscheidung RGSt 76, 159 rezipiert, nicht unbedenklich. Zugunsten des BGH muß allerdings erwähnt werden, daß unter dem Eindruck von RGSt 76, 159 das Schrifttum, das mehrheitlich die gemischt materiell - prozessuale Ansicht vertrat, "in breiter Front und von heute auf morgen"[447] einschwenkte und damit eine neue herrschende Meinung entstanden war.

Der BGH rückte von dieser Auffassung nicht mehr ab. In BGHSt 2, 300, 307 heißt es wörtlich: "Die Länge der gesetzlichen Verjährungsfrist ist nichts, worauf der Täter, der das Strafgesetz verletzt hat, einen unabänderlichen, verfechtbaren Anspruch gegen den Staat besäße; ihre spätere gesetzliche Verlängerung verletzt das Verbot rückwirkender Bestrafung nicht"[448]. Dieser Auffassung des BGH hat sich dann auch das BVerfG angeschlossen[449].

Die Frage der rückwirkenden Verlängerung von Verjährungsfristen wurde, anders als dies BGHSt 2, 300, 307 ("seltene Ausnahme") dachte, immer wieder brisant, wenn Gewalttaten, die unter dem Nationalsozialismus begangen worden waren, zu verjähren drohten, also 1965, 1969 und zuletzt 1979, als schließlich die Verjährungsfrist für Mord aufgehoben wurde. In den Diskussionen hierzu war, was *Karl Schäfer* schon 1958 vorausgeahnt hatte, ein entscheidendes Argument der Befürworter einer Verlängerung der Verjährungsfrist, daß diese nur prozessualer Natur sei, was bereits das RG entschieden habe[450].

10. Der Begriff der Öffentlichkeit in § 183 StGB a. F.

Dem Streben nach **Rechtssicherheit** entsprach das Bemühen der Gerichte, Rechtsbegriffe, auch wenn sie in verschiedenen Normzusammenhängen verwandt wurden, einheitlich auszulegen. Nach 1933 wurde dieses Bemühen als Ausdruck des rechtsstaatlichen Liberalismus, den der Nationalsozialismus überwunden habe, diskreditiert[451]. Der Liberalismus sei durch ein spezifisches Rechtssicherheitsbedürfnis charakterisiert, dem u.a. der Grundsatz der Einheit der

---

446 Zur Problematik des Stellungswechsels des RG vor dem zeitgeschichtlchen Hintergrund vgl. *Bloy*, Die dogmatische Bedeutung der Strafausschließungs- und Strafaufhebungsgründe, Berlin 1976, S. 194 f.

447 *Schäfer*, aaO. S. 336.

448 Weitere Nachweise aus der Rechtsprechung des BGH bei LK-Jähnke, Vor § 78, 8, Fn. 15.

449 BVerfGE 1, 418, 423; 25, 269, 287, 294.

450 Vgl. z.B. *Bemmann*, JuS 1965, 333, 338; *Calvelli-Adorno*, NJW 1965, 273; Literaturübersicht bei LK-Jähnke, Vor § 78.

451 Vgl. *Henkel*, Strafrichter und Gesetz im neuen Staat, 1934, S. 58 ff.; *Bruns*, Die Befreiung des Strafrechts vom zivilistischen Denken (1938), S. 15.

Rechtsordnung entsprungen sei[452]. Einem materialisierenden Rechtsdenken entsprach die Relativierung der Rechtsbegriffe, die bei einer "Befreiung" der strafrechtlichen Begriffsbildung vom Zivilrecht nicht Halt machte, sondern durchaus auch innerhalb des StGB ein und demselben Begriff eine unterschiedliche Auslegung geben konnte. Dies war eine unmittelbare Folge der Teleologisierung der Rechtsbegriffe[453]. Ein Beispiel hierfür ist der Begriff der Öffentlichkeit in § 183 StGB a. F. Die Vorschrift lautete:

Wer durch eine unzüchtige Handlung öffentlich ein Ärgernis gibt, wird mit Gefängnis bis zu zwei Jahren oder mit Geldstrafe bestraft.

Das RG hatte in ständiger Rechtsprechung[454] den Begriff "öffentlich" im Strafrecht einheitlich dahin ausgelegt, daß neben den von der Tat unmittelbar betroffenen Personen unbestimmt viele (weitere) Personen die Tat bemerkt haben mußten oder zumindest hätten bemerken können, wenn sie ihre Aufmerksamkeit darauf gerichtet hätten[455]. Dies hatte zur Folge, daß in allen Fällen, in denen die Anwesenheit von anderen, nicht unmittelbar belästigten Personen nicht feststellbar war, eine Verurteilung aus § 183 ausschied. Wenn ein Sexualdelikt im übrigen ausschied und die Belästigten keinen Strafantrag nach § 185 stellten, kam ein Bestrafung des Täters überhaupt nicht in Frage. Die Straflosigkeit in diesen Fällen hatte das RG bis ins Jahr 1938 hingenommen und an seiner Rechtsprechung festgehalten, um einen einheitlichen Begriff der Öffentlichkeit im StGB zu gewährleisten[456]. Um dennoch zu einer Strafbarkeit zu gelangen, behalf man sich nach der Zulassung der Analogie zu Lasten des Angeklagten mit einer entsprechenden Anwendung des § 183[457]. Eine grundsätzliche Wende brachte hier die Entscheidung RGSt 73, 90. Sie relativierte den Begriff der Öffentlichkeit, indem sie für § 183 die Anwesenheit konkret nicht betroffener Personen nicht mehr forderte, für alle übrigen Tatbestände, die den Begriff der Öffentlichkeit enthielten, es aber bei der bisherigen Auslegung beließ. Zur Begründung führt das Urteil aus, daß im Gegensatz zu anderen Tatbeständen, die das Merkmal "öffentlich" enthielten, § 183 die Öffentlichkeit selbst schütze. Bei anderen Tatbeständen, wie etwa dem Landfriedensbruch, wirke die öffentliche Begehung nur straferschwerend, während ein von der Öffentlichkeit ganz verschiedenes Rechtsgut geschützt werde. Dieser Unterschied rechtfertige eine verschiedenartige Auslegung des Begriffes der Öffentlichkeit[458]. Eine den Öffentlichkeitsbegriff ausdehnende Auslegung entspreche allein "den Belangen der

---

452 *Bruns*, a.a.O. S. 1.

453 Hierzu eingehend *Bruns*, a.a.O. S. 107 ff.

454 Nachweise in RGSt 72, 67, 68.

455 Die abweichenden Urteile RGSt 16, 345 und 53, 139 waren von den erkennenden Senaten später aufgegeben worden.

456 Vgl. RGSt 73, 90, 92; zuletzt RG JW 1938, 1805.

457 RGSt 72, 57, 65 f.

458 RGSt 73, 90, 93.

Allgemeinheit und dem gesunden Volksempfinden"[459]. Dem Senat war dabei von Anfang an klar, daß die bisherige Rechtsprechung zum Begriff der Öffentlichkeit in Bezug auf § 183 "den Bedürfnissen des Lebens und dem Schutze der Allgemeinheit in keiner Weise mehr" genüge[460]. Um "das Laster des sog. Exhibitionismus"[461] entschieden zu bekämpfen, gelte es die aufgezeigten Strafbarkeitslücken, insbesondere wenn der für § 185 notwendige Strafantrag fehle, zu schließen. Dazu sei aber ein grundsätzlicherer Weg zu wählen als der über eine analoge Anwendung des § 183. Zum einen sei die Analogie ausgeschlossen, wo § 185 eine ausreichende Bestrafung ermögliche, und zudem böte die Analogie nur eine Lösung von Fall zu Fall, "während die Frage eine allgemein gültige Lösung und die Festlegung auf bestimmte Richtlinien erfordert"[462].

Es wirken hier verschiedene Komponenten zur Rechtsprechungsänderung zusammen. Einmal natürlich die allgemeine materielle Tendenz, zu einer der Tat angemessenen Verurteilung aus § 183 zu kommen. Diese trifft sich aber hier mit dem bereits geschilderten Bestreben, eine offene Analogie zu Lasten des Beschuldigten zu vermeiden. So entschließt man sich zu einem Bruch mit der bisherigen Rechtsprechung, zunächst allerdings nur in Bezug auf § 183, der hier allein relevant war. Das RG weist indes darauf hin, daß auch in anderen Vorschriften, so in § 184 b (öffentliche Mitteilung aus geheimen Gerichtsverhandlungen) oder in § 361 Abs. 1 Nr. 6 (öffentliches Auffordern oder Sich-Anbieten zur Unzucht) der Öffentlichkeitsbegriff entgegen der bisherigen Auslegung verstanden werden könnte.

Hier wird eine Aufspaltung der einheitlichen Auslegung des Begriffs "öffentlich" möglich, und zwar durch die allgemeine Relativierung der Rechtsbegriffe im Verlauf des Materialisierungsprozesses. Die systematischen und formalen Gründe, die die Rechtsprechung bis dahin an einer einheitlichen Auslegung hatte festhalten lassen, sind gegenüber der materialen Orientierung an gerechter und angemessener Bestrafung nicht mehr durchschlagend.

Technisch war diese Rechtsprechungsänderung möglich, weil die anderen Strafsenate des RG zugestimmt hatten[463]. Sie judizierten im Folgenden auch in diesem Sinne[464].

Der BGH hat sich dieser Rechtsprechung sehr bald angeschlossen[465]. Insbesondere hat der BGH sich dazu bekannt, daß es keinen einheitlichen Begriff der

---

459 A.a.O. S. 94.
460 A.a.O. S. 91.
461 Ebd.
462 Ebd. S. 92.
463 RGSt 73, 94; Einzelnachweise in DR 1939, 364.
464 Vgl. RG HRR 1939, Nr. 591; HRR 1939, Nr. 1486; HRR 1940, Nr. 641.
465 Vgl. BGH LM Nr. 1 zu § 183 (Urt. v. 5.7.1951); BGHSt 11, 282, 285; 12, 42, 46; 15, 118, 124; BGH NJW 1969, 853.

Öffentlichkeit im StGB gibt, sondern dieser je nach der betreffenden Norm und deren Schutzzweck zu bestimmen sei[466]. In letzterem Fall fährt der BGH dort fort, wo RGSt 73, 90, 93 mit der Bemerkung endete, daß künftige Entscheidungen zeigen müßten, ob auch in anderen Tatbeständen der Begriff der Öffentlichkeit abweichend von der bis dahin geltenden Auffassung zu verstehen sei.

11. EXKURS: *Hans-Jürgen Bruns* - ein Theoretiker der Materialisierung

Was in den vorstehenden Kapiteln mit "Materialisierung" als Rechtsprechungstendenz gekennzeichnet wurde, erfuhr in der Zeit des Nationalsozialismus auch seine theoretische Rechtfertigung. 1938 erschien die Habilitationsschrift von *Hans-Jürgen Bruns* mit dem programmatischen Titel "Die Befreiung des Strafrechts vom zivilistischen Denken". Ziel und - wie *Bruns* bereits in der Einleitung schreibt - Ergebnis dieser Arbeit ist der Nachweis, daß "die Abhängigkeit der strafrechtlichen Tatbestandsmerkmale eine 'Fessel' darstellt, die das Strafrecht im Kampf gegen den Verbrecher sehr behindert"[467]. Hinter dem Terminus "Befreiung" steht also ein Vorverständnis von der Aufgabe des Strafrechts zur möglichst effektiven Verbrecherbekämpfung. Diese Effizienz sieht *Bruns* durch eine Bindung des Strafrechts an das Zivilrecht und dessen Methodik gefährdet. Dem will *Bruns* eine "spezifisch strafrechtliche Begriffsbildungs- und Auslegungsmethodik" gegenüberstellen, "die in erster Linie durch ihre größere Wirklichkeitsnähe gekennzeichnet wird und die sich weit mehr mit dem 'gesunden Volksempfinden', dem natürlichen Sprachgebrauch in Einklang hält als die scharf geschliffenen abstrakten Begriffsbildungen des Zivilrechts"[468]. *Bruns* unternimmt es nun nicht, diese neue Methode positiv zu definieren[469], sondern er behauptet sie vorzufinden, und zwar in der Rechtsprechung, die sich bereits mehrfach mit Hilfe einer "tatsächlichen" oder "natürlichen" Betrachtungsweise von den Fesseln abstrakter Allgemeinbegriffe freigemacht habe, um zu "richtigen" Ergebnissen gelangen zu können[470]. "Richtig" sind solche Ergebnisse, die die Anwendbarkeit des Strafrechts erleichtern, eine als geboten empfundene Verurteilung ermöglichen: "Die sichtbarste Folge dieser Methodik ist zweifellos eine Ausweitung der Begriffe ins Tatsächliche, eine Zurückdrängung ihrer zivilrechtlichen, insbesondere rechtsgeschäftlichen Elemente, ihre strafrechtliche Zurückführung auf ihren tatsächlichen Gehalt in den

---

[466] BGHSt 10, 194, 196 zu § 361 Nr. 6 StGB a. F. (öffentliches Auffordern oder Sich-Anbieten zur Unzucht).

[467] *Bruns*, Die Befreiung des Strafrechts vom zivilistischen Denken, 1938, S. 6

[468] Ebd. S. 7.

[469] Vgl. a.a.O. S. 7:"Die Frage dagegen, welchen positiven Inhalt diese selbständigen Begriffe haben, liegt außerhalb des Rahmen der gestellten Aufgabe".

[470] Ebd. S. 8.

verschiedensten Beziehungen. Immer wieder taucht der Gesichtspunkt auf, die zivilrechtliche Betrachtungsweise hindere in vielen Fällen die an sich gebotene Bestrafung des Täters, und dementsprechend häufig gipfelt die Beweisführung der reichsgerichtlichen Begründung in der Feststellung: Eine enge juristisch-technische Auslegung würde dem Zweck des Strafgesetzes zuwiderlaufen und kann deshalb nicht gewollt sein"[471].

Die gerichtliche Praxis der Anwendungsoptimierung des Strafrechts erfährt durch das Werk von *Bruns* eine theoretische Rechtfertigung; *Bruns* liefert der Praxis die Methode. Seine besondere Bedeutung erhält die Arbeit von *Bruns* durch ihre politische Zielrichtung. *Bruns* stellt nicht zufällig das oben bereits erwähnte *Freisler* - Zitat[472], die Strafrechtspflege bedürfe einer "tatsächliche(n), nicht nur gesetzliche(n) Befreiung aus den Ketten der überkommenen zivilistisch ausgerichteten Denkweise", damit "von ihr aus das volkstümliche Rechtsdenken überhaupt zurückerobert wird" seinem Buch als Motto voran. In der Einleitung wird vielfach der weltanschauliche Gegensatz zwischen der bekämpften Auslegungsmethode, die von einer Einheitlichkeit von zivil- und strafrechtlichen Begriffen ausging, und der neuen, von *Bruns* propagierten Methodik, die sich vom Zivilrecht emanzipiert, betont. Das zivilistische Denken identifiziert *Bruns* mit dem Liberalismus; mit liberalistischem Gedankengut sei das öffentliche Recht und das Strafrecht Schritt für Schritt durchtränkt worden[473]. Die Übereinstimmung der strafrechtlichen Begriffe mit den gleichlautenden anderer Rechtsgebiete habe dem Rechtssicherheitsbedürfnis des (überwundenen) rechtsstaatlichen Liberalismus entsprochen[474]. Der Wechsel in der Methode entpreche dem Umschwung vom normativistischen abstrakten Rechtsdenken zum konkreten Ordnungs-, zum rechtsinhaltlichen Denken[475].

Kennzeichnend für das national-konservative Denken von *Bruns* ist auch die Art, wie er das Vorbringen der Revision in RGSt 62, 66, die Mitteilung über die Einstellung von Zeitfreiwilligen in die Reichswehr könne kein Landesverrat sein, da der Versailler Vertrag diese Einstellungen verbiete, als Beispiel für einen Angriff zivilistischen Denkens und einen Mißbrauch des Gedankens der Einheit der Rechtsordnung kennzeichnet. Es habe sich hier um einen offensichtlichen Fall von Landesverrat gehandelt, dem mit Hilfe dieser Methodik der Stempel der Rechtmäßigkeit habe aufgedrückt werden sollen[476]. Für *Bruns* waren die Pazifisten, die in der Weimarer Republik die Aufrüstung der Reichswehr über die im Versailler

471 Ebd. S. 309.
472 Vgl. oben Teil B, Kapitel 1.
473 Ebd. S. 6.
474 Ebd. S. 15.
475 Ebd. S. 16.
476 Vgl. a.a.O. S. 6 mit Fn. 25

Vertrag festgelegten Grenzen hinaus öffentlich machten, schlicht Landesverräter[477].

Das Ziel von *Bruns*, aus der Rechtsprechungsanalyse heraus eine eigene, strafrechtsspezifische Methode, eine "Faktizitätstheorie", zu entwickeln, hat sich nach dem Krieg, was *Bruns* selbst einräumt[478], in der Dogmatik nicht durchgesetzt, noch auch nur hinreichender Beachtung erfreut. Wo eine dogmatische Auseinandersetzung erfolgte, führte sie eher zu kritischen Ergebnissen. *Tiedemann* stellte dabei als erster den rechtshistorischen Bezug zwischen der tatsächlichen Betrachtungsweise und der Zeit des Nationalsozialismus her[479]. Für *Tiedemann* war es kein Zufall, daß die faktische Betrachtungsweise und die mit ihr verbundene Ablösung der Strafbarkeit von der förmlichen Gesetzesbindung zugunsten der Orientierung an materieller Gerechtigkeit massiv in den dreißiger Jahren vor sich ging[480]. Insbesondere machte *Tiedemann* auch auf die gezielte Frontstellung der Tatsächlichkeitstheorie gegenüber dem Rechtssicherheitsideal des rechtsstaatlichen Liberalismus aufmerksam[481]. *Tiedemann* kommt zu dem Ergebnis, daß es sich bei der faktischen Betrachtungsweise um **keine** Interpretationsmethode des Strafrechts handelt.

Dieser Befund wird bestätigt durch die eingehende Untersuchung von *Cadus*, "Die faktische Betrachtungsweise"[482]. Hier werden die Fälle, auf die sich die Vertreter der faktischen Betrachtungsweise zur Begründung ihrer Theorie berufen, daraufhin untersucht, inwieweit sie wirklich zu diesem Zweck tauglich sind. *Cadus* gelangt zu dem Ergebnis, daß die Rechtsprechung zwar die Ausdrücke "tatsächlich" und "faktisch" benutzt, dies aber keineswegs im Sinne eines allgemeinen Auslegungs- oder Kennzeichnungsprinzips erfolgt[483]. Überhaupt würden der "faktischen Betrachtungsweise" die Hauptmerkmale eines Prinzips fehlen; sie leiste keine Begründung, da sie nicht "einsehbar" sei, und wirke auch nicht argumentationsverkürzend. Begrifflich sei sie zu unscharf, um überhaupt als Auslegungsmethode zu taugen[484]. Im wesentlichen führe die faktische Betrachtungsweise zu einer Strafbarkeitsausdehnung[485], die jedoch nicht methodisch fundiert sei:"Der Rechtsanwender wird durch sie (die faktische Betrachtungsweise) nicht entlastet, sondern im Gegenteil dazu verführt, das gewünschte Ergebnis unter einfachem Hinweis auf die faktische Betrachtungsweise ohne weitere Begründung zu

---

477 Zum Hintergrund vgl. *Ingo Müller*, Furchtbare Juristen, 1987, S. 31 ff.

478 JR 1984, 133, 135 f.

479 Tatbestandsfunktion im Nebenstrafrecht, 1969, S. 43 ff; Wirtschaftsstrafrecht und Wirtschaftskriminalität I 1976, S. 174, 176 f.

480 NJW 1977, S. 777, 779.

481 Ebd.

482 *Cadus*, J. M., Die faktische Betrachtungsweise, Berlin 1984.

483 A.a.O. S. 72.

484 A.a.O. S. 98.

485 A.a.O. S. 117 f.

präsentieren"[486]. Damit gefährde die faktische Betrachtungsweise die Rationalität der Rechtsfindung und öffne das Tor zur Willkür[487]. *Cadus* Verdienst liegt dabei unter anderem darin, den vielleicht entscheidenden Einwand gegenüber der Plausibilität, die die Vertreter der faktischen Betrachtungsweise gerne für sich in Anspruch nehmen, zu formulieren. Eine Orientierung am Tatsächlichen setzt ihrerseits immer auch ein Vorverständnis des Tatsächlichen, der "Wirklichkeit" voraus,[488], ist also keineswegs so neutral und eindeutig, wie es die Vertreter der Faktizitätstheorie gerne annehmen. Ein entscheidender Einwand ist dies deswegen, weil sich die tatsächliche Betrachtungsweise ja nicht in der Orientierung am vermeindlich Wirklichen erschöpft, sondern weil dies doch dazu dienen soll, eine materiell "gerechte" Bestrafung zu ermöglichen. Dies setzt seinerseits aber wieder ein Vorverständnis von "Gerechtigkeit" voraus, das, wenn es allen Rechtsunterworfenen gemeinsam wäre, durchaus eine taugliche Zielorientierung abgeben könnte. In Ermangelung eines solchen gemeinsamen Vorverständnisses orientiert sich hingegen der Rechtsanwender an seinem subjektiv-individuellen Gerechtigkeitsbegriff und es ist dieser Punkt, an dem die formalen Sicherungen des Rechtsstaats, zu denen in erster Linie schon die Tatbestandsbindung gehört, das Umschlagen von Gerechtigkeitsstreben in Willkür verhindern sollen. Der Rechtsprechung sollen genau die Fesseln angelegt werden, deren Abstreifung im "Kampf gegen das Verbrechertum" sich die methodische Arbeit von *Bruns* zum Ziel setzte[489]. Wenn man nun, wie *Cadus* dies überzeugend tut, der faktischen Betrachtungsweise den eigenständigen methodischen Wert abspricht, bleibt, was auch *Cadus*[490] feststellt, als ihr Inhalt nur noch der Verzicht auf förmliche Voraussetzungen der Strafbarkeit übrig. Das bedeutet, daß *Bruns* mit einer Art Scheinmethode einen schleichenden Vorgang der Lösung von formellen Tatbestandserfordernissen überhöht und dadurch aber auch legitimiert.

Bruns hat sich gegen die Angriffe, insbesondere durch *Tiedemann*, nachdrücklich zur Wehr gesetzt[491]. Insbesondere bestreitet *Bruns* jede Verbindung zwischen der faktischen Betrachtungsweise und der Epoche des Nationalsozialismus[492]. Der Emanzipationsprozeß des Strafrechts sei älter; er habe schon vor 1900 begonnen und wirke auch noch heute fort. Seine Habilitationsschrift habe die Rechtsprechung unter einem übergeordneten methodischen Gesichtspunkt zusammengefaßt, was ihr auch zeitgenössische Kritik eingetragen habe, da sie nichts grundsätzlich Neues gebracht habe. Zum Beweis

486 A.a.O. S. 155.
487 A.a.O. S. 171.
488 A.a.O. S. 92.
489 Vgl. dort S. 6, 15.
490 A.a.O. S. 134.
491 Vgl. JR 1984, 133.
492 Ebd. S. 104 f.

dafür, daß seine Arbeit kein ideologisches Gedankengut des Nationalsozialismus enthalte, beruft sich *Bruns* auf die Studie von *Marxen*[493], in der seine Arbeit nicht erwähnt sei.

Bruns beklagt sich an anderer Stelle[494] über die mangelhafte Rezeption seiner Arbeit durch die Dogmatik. Dies mag auch der Grund dafür sein, daß *Marxen* in seinem ansonsten verdienstvollen Werk über den Antiliberalismus in der Strafrechtswissenschaft der dreißiger Jahre *Bruns* nicht erwähnt. Über die antiliberale Grundhaltung des Buches von *Bruns* kann für denjenigen, der auch nur die Einführung gelesen hat, kein Zweifel bestehen. Bei den von *Bruns* hier gewählten Formulierungen handelt es sich auch nicht um nationalsozialistische Camouflage, denn abgesehen davon, daß *Bruns* die Termini des Nationalsozialismus gebraucht, verkündet er auch dessen rechtspolitische Grundbotschaft: Gerechtigkeit statt Formalismus.

12. Ergebnis

Die Loslösung der Strafbarkeitsvoraussetzungen von engen, formalen Bedingungen zugunsten einer materiellen Unrechtsbewertung setzt tendenziell weit vor 1933 ein und wirkt über das Jahr 1945 hinaus. Die Tatsache, daß es sich nicht um eine originale Entwicklung des Rechts im Nationalszialismus handelt, schmälert indes nicht die Bedeutung dieses Vorganges im Rahmen der vorliegenden Untersuchung. Die besonderen Bedingungen des Nationalsozialismus brachten es mit sich, daß diese Entwicklung einen vorher in diesem Umfang nicht möglichen Aufschwung nahm, und daß ihre Ursprünge offen benannt werden konnten. Diese sind in einem Unbehagen an den Anforderungen des liberalen Rechtsstaats an den Strafrichter zu finden, der sich nicht an der wertenden Betrachtung eines Falles, an der "angemessenen" Bestrafung eines Angeklagten hindern lassen will. In den aufgezeigten Fällen, die nur beispielhaft sind, ließ sich dies gut erkennen. Die Furcht vor "ungerechtfertigten Freisprechungen" trieb die Protagonisten der ungleichartigen Wahlfeststellung an und führte schließlich zur Anerkennung dieses Instituts entgegen der Tradition des RG. Bei der Notwehr gelangte man zu einer flexibleren Handhabung. Anstatt starr vom Vorhandensein der Notwehrlage auf die Notwendigkeit der Verteidigung zu schließen, versagte man das Notwehrrecht unter Berufung auf die "gesunde Volksanschauung" und die "sozialistische Einstellung des heutigen Rechts"[495], wenn ein extremes Mißverhältnisses von Angriff und Verteidigung vorlag. Beibehalten wurde vom RG hingegen die überkommene Irrtumsdoktrin, gerade weil sich mit ihrer Hilfe die erwünschten Ergebnisse herstellen lie-

493 Der Kampf gegen das liberale Strafrecht, 1975.
494 JR 1984, 135.
495 RGSt 71, 133, 134.

ßen, während man andererseits fürchtete, durch eine Änderung dieser, selbst in Kreisen des RG als willkürlich empfundenen Doktrin, den Bereich der Strafbarkeit zu sehr einzuschränken. Dies ging zu Lasten der ohnehin politisch verfolgten Gruppen, der bekennenden Kirche, der Juden und der Homosexuellen. Auch eine Regel-Strafmilderung für die Fälle verminderter Zurechnungsfähigkeit ließ sich mit der generellen Materialisierungstendenz nicht vereinbaren. An den Überschneidungszonen des materiellen Strafrechts mit dem einer Entformalisierung an sich weniger zugänglichen Strafprozeßrecht wird besonders deutlich, wie die Ergebnisorientierung zu einer Aufweichung starrer Grundsätze führt. So wenn das RG unter dem Eindruck der Kriegsverhältnisse ab 1940 auch die Höhe der Strafzumessung revisionsrechtlich überprüft. Oder wenn mit dem Begriff der fortgesetzten Handlung je nach Bedürfnis verfahren wird, bis schließlich der prozessuale Tatbegriff im Grunde gesprengt wird, indem auch Einzelakte einer fortgesetzten Handlung als ausreichende Grundlage einer Verurteilung als gefährlicher Gewohnheitsverbrecher angesehen werden[496]. In der Frage der Rechtsnatur der Verjährung entscheidet sich das RG entgegen seiner Rechtsprechungstradition für die rein prozessuale Theorie, die die jederzeitige Veränderung der Verjährungsfrist durch den Gesetzgeber für zulässig ansieht, da durch die Verortung der Verjährungsproblematik im Prozeßrecht das Rückwirkungsverbot umgangen wird. Die Ergebnisorientierung an der Strafwürdigkeit ist hier ebensowenig übersehbar wie im Fall der Strafrahmenwahl bei konkurrierenden Tatbeständen. Hier wurde den Untergerichten die Möglichkeit genommen, den Strafrahmen des (abstrakt) schwereren Delikts unterhalb des Strafrahmens des konkurrierenden milderen Delikts auszuschöpfen. Materialisierung bedeutet hier, wie auch bei der Auslegung des Begriffes "öffentlich" in § 183 StGB, daß aus Strafwürdigkeitsgesichtspunkten das RG die Formalie des eigenen Präjudizes, das eine Verurteilung verhindert hätte, überwandt.

Generell geht es also bei der Materialisierung um eine Ausweitung des Strafrechts durch Verzicht aus formale Hindernisse[497]. Das Besondere an der Zeit des Nationalsozialismus ist die Beschleunigung dieses Prozesses und die Offenheit, mit der er verläuft. Die Ergebnisorientierung wird nicht mehr kaschiert, sondern zur Doktrin erhoben. *Bruns* erteilt in seiner Habilitationsschrift dieser Rechtsprechungstendenz dann noch die methodischen Weihen.

Hinter dieser Entwicklung steht eine Geisteshaltung, die nicht originär nationalsozialistisch, wohl aber zutiefst antiliberal ist. Es geht darum, mit den Mitteln des Strafrechts alle strafwürdigen Fälle zu erfassen, und sich dabei von den forma-

---

496 RGSt 77, 24.

497 Im übrigen geht es auch bei den sonstigen hier untersuchten Strömungen der NS-Zeit - Subjektivierung und Orientierung an Rechtspolitischen Zentralbegriffen - um eine Extension des Strafrechts.

len Sicherungen des Strafrechts selbst nicht hindern zu lassen. Diese Geisteshaltung ist durchgängig und hat auch über den Nationalsozialismus hinaus Kontinuität. So bezeichnet es *Bruns* selbst im Jahre 1984 als die praktische Aufgabe der tatsächlichen Betrachtungsweise im Strafrecht "Gesetzesumgehungen" zu "bekämpfen"[498]. Für eine liberale Strafrechtsauffassung i.S. *Feuerbachs* oder *v.Liszts* gibt es indes gar keine Möglichkeit, Umgehungen von Strafgesetzen zu bestrafen. Solche "Umgehungen" müssen notwendig zu Freisprüchen führen, die einen Appell an den Gesetzgeber darstellen, das vielleicht strafwürdige, aber nicht tatbestandliche Verhalten durch eine Änderung oder Neufassung des Tatbestandes zu erfassen. Dieses antiliberale Strafrechtsverständnis okkupiert im Namen der Gerechtigkeit Kompetenzen des Gesetzgebers. Es gehört ein hohes rechtsstaatliches Ethos dazu, einen offensichtlich strafwürdigen Angeklagten freizusprechen, weil die formellen Voraussetzungen für seine Verurteilung nicht vorliegen. Dieses Ethos ist den Gerichten nach 1933 zunehmend abhanden gekommen.

> Letztes Gegenbeispiel war wohl die Fernsprechautomatenentscheidung vom 18. Dezember 1933[499], in welcher die Verwendung breitgeklopfter Zweipfennigstücke statt Zehnpfennigstücken bei Münzfernsprechern mit Selbstanschlußbetrieb weder als Betrug, noch als nach einem sonstigen Tatbestand strafbar erklärt wurde. In der Kritik dieses Urteils sprach man von der "juristischen Unmöglichkeit des... Ergebnisses"[500], fand die Entscheidung unvereinbar mit dem "gesunden Volksempfinden"[501] oder meinte gar "die Herren Reichsgerichtsräte in Leipzig haben scheinbar ein Jahr lang süß geschlafen... Für den im heutigen Rechtsdenken verwurzelten Richter geht das nullum crimen sine poena selbstverständlich über jeden Formalbegriff"[502].

Wenn eingangs festgestellt worden ist, daß die anti-formale, materialisierende Tendenz Kontinuität nach 1945 hatte, so belegen dies natürlich die in den Einzelfällen aufgeführten BGH-Urteile. Diese sind aber nur Ausschnitt einer allgemeinen geistesgeschichtlichen Entwicklung, die in der Rechtswissenschaft nach dem 2. Weltkrieg deutlich zum Ausdruck kam. In der Methodenlehre war es insbesondere *Josef Esser*, der in der Analyse richterlicher Entscheidungsfindung den Materialisierungsprozeß nachvollzog. Bahnbrechend war insbesondere seine Schrift "Vorverständnis und Methodenwahl in der Rechtsfindung"[503], in der *Esser* die These vertrat, daß die unterschiedliche Argumentationsstruktur in der höchstrichterlichen Rechtsprechung damit zusammenhänge, daß ein bereits auf der Grundlage eines bestimmten Vorverständnisses gefundenes Ergebnis auf bestmögliche Art begründet werden solle. Dieses Verfahren sieht *Esser* aber grundsätzlich posi-

---

498 JR 1984, 133.
499 RGSt 68, 65.
500 Carl Schmitt, DJZ 1934, 691, 693.
501 Krug, DJ 1934, 535.
502 "Kritische Umschau" in DR 1934, 221; vgl. auch Matzke, JW 1934, 1609; Siegert, JW 1935, 891.
503 1. Ausgabe Frankfurt 1970

tiv. Ziel der richterlichen Tätigkeit sei das Streben nach sachgerechter Lösung, und Ziel einer Methodenlehre müsse es sein, einen Konsens über die Vernünftigkeit einer solchen Lösung herbeizuführen[504]. Richtigkeitsgewähr soll dabei ein "topisches"[505], am Problem orientiertes Rechtsdenken bieten[506], eine bewußt wertende Methode, da die vermeintliche Wertfreiheit des juristischen Denkens ideologieanfälliger sei als die Freiheit des Richters zur Wertung[507]. Topisches, zweckorientiertes Denken setze sich auch mehr und mehr im Strafrecht durch. Dort gäbe es zwar "gewisse akademisch weiter gepflegte Tatbestandsdifferenzierungen, die hier auch aus den politischen Gründen rechtsstaatlichen Denkens ihre klare Präzision beibehalten müssen"[508], doch zweckgerichtetes Denken zeige sich in der zunehmenden Berücksichtigung der Strafwürdigkeit bei der Betrachtung des einzelnen Falles[509].

Esser hatte mit dieser Arbeit aus der richterlichen Not, sich bei der Entscheidungsfindung nicht an einheitlichen und allgemeinen methodischen Maßstäben zu orientieren, sondern jeweils nach der subjektiven Wertung im Einzelfall zu argumentieren, eine methodische Tugend gemacht, indem er eben diese Wertung vermittels topischen Denkens zur eigentlichen juristischen Methode erhob. Er sah sich dabei in der Tradition der Freirechtsschule, die vor dem 1. Weltkrieg vergeblich gegen ein System formaler Rationalität angekämpft habe:"In jener Epoche mußten die berechtigten Kritiken der Freirechtsschule erfolglos bleiben, sie mußten auf ihre Erfolge warten, bis die Kriegs- und Nachkriegszeit diese Art Rationalität in entscheidenden Fragen zur Kapitulation brachte; die Dogmatik mußte den Generalklauseln, insbesondere derjenigen von "Treu und Glauben" weichen; der präzise Tatbestand mußte im Ernstfall allen nur denkbaren Konstruktionen und Neuerfindungen den Vortritt lassen. Ein neues Vernunftrecht richterlicher Prägung zog herauf und entwickelte seine materiale Rationalität in der Tat auch nach der Unterbrechung durch den Nationalsozialismus wieder fort. Jetzt wird das richterliche Vernunftrecht, das die Freirechtsschule propagiert hatte, in damals geahnten legislativen Dimensionen gesellschaftsfähig, ja es wird schon legislativ eingeplant; auch außerhalb der ursprünglich so suspekten Generalklauseln wird ein richterliches Urteilsermessen, ein delegiertes Tatbestands- wie auch Gestaltungsermessen selbstverständlich - bis hin zur Auflösung jeder Grenze zwischen Erkenntnisakt

---

504 A.a.O. S. 8 f.

505 Der Begriff "Topik" war zunächst von *Viehweg*, Topik und Jurisprudenz, 1. Aufl. 1953 in die juristische Methodenlehre eingeführt worden; zur Kritik vgl. *Larenz*, Methodenlehre, 4. Aufl. S. 138 ff. m.w.N.

506 *Esser*, a.a.O. S. 154 ff.

507 Ebd. S. 119.

508 Ebd. S. 160

509 Ebd.

und Verwaltungsakt, zwischen Justiz und Exekutive"[510]. Die historische Einbettung des Materialisierungsprozesses ist durchaus zutreffend - mit einer Ausnahme: die Epoche des Nationalsozialismus stellt, jedenfalls im Strafrecht, gewiß keine Unterbrechung dieses Vorganges dar. Gerade wenn der "Ausnahmezustand" (Kriegs- und Nachkriegszeit des 1. Weltkriegs) Bedingung der Lösung von der "formalen Rationalität" gewesen sein soll, ist die in Deutschland ab 1933 herrschende politische Situation dafür ideal gewesen. Man mag sich dabei über den Begriff des Rationalen streiten, sicher ist aber, daß die Lösung vom Formalen an sich, hin zur freien richterlichen Wertung durch den Nationalsozialismus nicht nur nicht unterbrochen, sondern vielmehr entscheidend gefördert wurde[511]. Hier liegt eine übergreifende Kontinuität vor, wobei der Ära des Nationalsozialismus die Funktion zukommt, der Loslösung vom Formalen das negative Stigma zu nehmen, sie umgekehrt geradezu zum rechtspolitischen Postulat zu erheben. Insofern liegt auch eine deutliche Parallele zwischen der Arbeit von *Bruns* und derjenigen von *Esser* vor. Beide Autoren verfolgen ein politisches Anliegen, *Bruns* im Kampf gegen den rechtsstaatlichen Liberalismus, *Esser* im Bemühen um eine gesellschaftspolitische Umgestaltung des Gesetzes mit Hilfe der Rechtsanwender[512]. Insofern hatte *Max Weber* also recht, wenn er 1912 für die Errosion des formalen Rechtsstaates und das "Aufladen" der Entscheidungsfindung durch Wertungen das Auftreten der politischen Interessenten von rechts und links verantwortlich machte.

Im Rahmen der vorliegenden Arbeit kann nicht der Versuch unternommen werden, das methodische Problem der Wertung im Rahmen der juristischen Entscheidungsfindung auch nur zu beschreiben[513]. Es genügt, wenn im Rahmen einer auf die Rechtsprechung bezogenen Kontinuitätsuntersuchung festgehalten wird, daß eine durchgehende Materialisierungsentwicklung feststellbar ist, die vor 1933 begann, im Nationalsozialismus Auftrieb erhielt, und nach 1945 nicht endete. In der Rechtsprechung spiegelt sich dabei eine allgemeine Tendenz weg von formaler Rationalität hin zum "Wahren", "Wirklichen", "Gerechten". Es soll gar nicht unternommen werden, diese Entwicklung einer grundsätzlichen Kritik zu unterziehen. Aber im Rahmen des Strafrechts muß man sich der besonderen Bedeutung dieses Vorganges bewußt sein. Ein rechtsstaatliches Strafrecht ist in höherem Maße als andere Rechtsgebiete von formalen Begrenzungen seiner Anwendbarkeit geprägt. Der im Rahmen des Materialisierungsprozesses feststellbare Abbau dieser Begrenzungen bewirkte eine starke Ausdehnung des Strafrechts, erleichterte seine Anwendung auch in vormals zweifelhaften Fällen. Diese Optimierung der straf-

---

510 A.a.O. S. 87.

511 Vgl. dazu auch *Rüthers*, Die unbegrenzte Auslegung, 1968.

512 A.a.O. S. 192 ff., 193 "Hinwendung zur politischen Aufgabe"; vgl. auch *Rasehorn*, NJW 1972, 81 ff; zum politischen Gehalt der Freirechtsschule vgl. schon *Franz Neumann*, Die Herrschaft des Gesetzes, 1936, Dt. Ausgabe Frankfurt 1980, S. 270 f.

513 Vgl. hierzu *Lüderssen*, Erfahrung als Rechtsquelle, 1972.

rechtlichen Anwendbarkeit geht nicht nur zu Lasten des einzelnen Angeklagten. Formale Begrenzungen der Strafbarkeit, wie sie insbesondere der Nulla-Poena-Satz enthält, konstituieren neben ihrer individuellen Komponente den Rechtsstaat auch institutionell. Der Abbau der Form, aus so nachvollziehbaren Motiven heraus er auch vorgenommen werden mag, unterhöhlt damit auch die Grundlagen des Rechtsstaates. Die Form ist die Zwillingsschwester der Freiheit, und sie ist die Konstituante des Rechtsstaats.

Teil C: Subjektivierung

1. Einleitung

Der Zwiespalt zwischen Rechtssicherheit und Gerechtigkeit steht auch hinter einer weiteren Entwicklung des modernen Strafrechts: der Subjektivierung. Der Begriff beschreibt eine Schwerpunktverlagerung vom Objektiven zum Subjektiven in der Strafrechtsprechung, wobei dieser Vorgang seine Brisanz aus der zunehmenden Bedeutung, die man einer Orientierung an Werten und der Freiheit der richterlichen Wertung zubilligt, gewinnt.

Die aufklärerische Vorstellung, daß der Richter nichts anderes als der "Mund, der den Wortlaut des Gesetzes ausspricht" sei, von *Montesquieu*[1] entwickelt und insbesondere von *Feuerbach*[2] in das deutsche Strafrecht eingebracht, sollte in erster Linie richterliche Willkür ausschließen[3]. *Feuerbach* setzt jede Form von richterlicher Freiheit mit Willkür gleich, und zwar so rigoros, daß er zunächst - später[4] revidierte *Feuerbach* diesen Standpunkt - auch jede Strafmilderung durch den Richter ausschloß[5]. Dieses mechanistische Richterbild und das mit ihm verbundene Streben nach Objektivität war politisch ambivalent. Dem absoluten Staat garantierte es die Lenkbarkeit der Justiz mittels einer engen Gesetzesbindung[6]. Andererseits suchte der Liberalismus die Errungenschaften der vernunftrechtlichen Kodifikationen mit der Objektivierung gerichtlicher Entscheidungen zu sichern. Die damit erstrebte Berechenbarkeit richterlichen Verhaltens entsprach dem liberalen Rechtssicherheitsbedürfnis: "Nur eine solche...objektive Wissenschaft und Praxis muß überhaupt, muß um so mehr, je größer die Unbestimmmtheit der einzelnen Bestimmungen ist, durch *geistige, moralische und practische Auctoritaet* dasjenige

---

1 De l'Esprit des lois, 1748, XI, 6, dt. Ausgabe von Kurt Weigand, Stuttgart 1976, S. 221.

2 Vgl. *Küper*, Die Richteridee der Strafprozeßordnung und ihre geschichtlichen Grundlagen, 1967, S. 71 ff.

3 Vgl. ebd. S. 49 f.

4 *Küper*, a.a.O. S. 146.

5 Auch insofern übereinstimmend mit *Montesquieu*, der die Richter als "des etres inanimes qui n'en peuvent moderer ni la force ni la rigueur" - "Wesen ohne Seelen gleichsam, die weder die Schärfe noch die Strenge des Gesetzes mäßigen können" beschrieb, De l'Esprit des lois, XI, 6, Übersetzung von *Weigand* a.a.O. S. 221.

6 Hierzu *Küper*, a.a.O. S. 60 f.

ausschließen, was das Scheußlichste ist auf Erden - die richterliche Willkür, die richterliche Willkür vollends in der Strafrechtspflege"[7].

Das mechanistische Richterbild wurde allerdings sehr bald in Frage gestellt. So schreibt *Mittermaier* 1819 in seiner Abhandlung "Über die Grundfehler der Behandlung des Kriminalrechts in Lehr- und Strafgesetzbüchern": "Es war ein unglückliches Verkennen des wahren Verhältnisses des Richters zum Gesetze, welches diese Meinung begünstigte, und sie war auf dem Gebiete des Kriminalrechts noch weniger zu rechtfertigen, als gerade dem Kriminalrichter eine Würde und Selbständigkeit bei der Gesetzesanwendung zugesichert ist, die alle Versuche der Gesetzgeber an der Wahrheit scheitern macht und, wenn eine herrische Macht doch die Ansicht zu erzwingen sucht, nur geistlose Richter, die ihr Amt anekelt, hervorbringt oder den Herrscher nötigt, durch eine Masse von Erläuterungen, Novellen, Zusätzen und dgl. die Richter zu binden und die Ehre des kaum geschaffenen Gesetzbuches zu stürzen"[8]. *Mittermaier* verkennt dabei nicht die redliche Absicht derjenigen, die eine möglichst enge Bindung des Richters an das Gesetz aus Gründen des Willkürschutzes für erforderlich halten[9]. Er weist aber mit deutlichen Worten auf die negativen Folgen eines mechanistischen Richterbildes hin.

Dem Sicherungsbedürfnis des Liberalismus wurde andererseits dadurch Rechnung getragen, daß man den Richter lange Zeit an gesetzliche Beweisregeln band[10]. Bei der Einführung des Grundsatzes der freien Beweiswürdigung[11] war man sich durchweg nicht bewußt, subjektiven, emotional-volitiven Faktoren verstärkten Einfluß auf die richterliche Überzeugungsbildung einzuräumen[12].

Eine Renaissance feierte das mechanistische Richterbild im juristischen Positivismus der zweiten Hälfte des 19. Jahrhunderts[13]. Der Positivismus betonte die Unmittelbarkeit und Strenge der Gesetzesbindung des Richters, der seine Entscheidungen im Wege mechanisch-logischer Subsumtion zu finden habe, wobei kein Raum für Werturteile oder Willensentscheidungen bleibe[14].

In der Epoche des Positivismus formierte sich aber auch die Gegenbewegung zu dieser objektiven Vorstellung der richterlichen Tätigkeit. Beginnend mit der Schrift *Oskar von Bülows* "Gesetz und Richteramt" aus dem Jahre 1885 wurde in zunehmendem Maße der Eigenwert richterlichen Entscheidungstätigkeit betont[15].

---

7 *Carl Welcker*, Art. Strafrecht, Strafrechtstheorie, Strafpolitik in: *Rotteck/Welcker* (Hg.), Staatslexikon, Bd. 15, 1843, S. 226 ff., 234, Hervorhebungen im Original.

8 Neu abgedruckt in: Lüderssen (Hrsg.), Theorie der Erfahrung in der Rechtswissenschaft des 19. Jahrhunderts, Frankfurt 1968, S. 103 ff., 128 f.

9 Ebd. S. 128.

10 Hierzu *Küper*, a.a.O. S. 214 ff.

11 In Preußen 1846, vgl. *Küper*, a.a.O. S. 238.

12 *Küper*, a.a.O. S. 244.

13 Hierzu *Küper*, a.a.O. S. 250.

14 *Boehmer*, Grundlagen der bürgerlichen Rechtsordnung, 2. Buch, 1. Abteilung, 1951, S. 126.

15 Zu dieser Entwicklung *Küper*, a.a.O. S. 2 ff.

Das "Werkzeugdogma" wurde von einer Reihe von Autoren, unter ihnen *Radbruch*[16] und *Carl Schmitt*[17], angegriffen[18], die den Charakter des richterlichen Urteils als Wertentscheidung betonten. Bemühte man sich von Seiten dieser Autoren noch, dem Richter objektive Wertmaßstäbe an die Hand zu geben[19], redeten die Vertreter der Freirechtsschule[20] einem entschiedenen Subjektivismus, einer Gleichsetzung von richterlichen Werturteil und subjektiv-persönlicher Eigenwertung, dem "Rechtsgefühl"[21], das Wort.

Das zunehmende richterliche Selbstbewußtsein geht einher mit einer der modernen Strafrechtsentwicklung immanenten Verschiebung der Perspektive von der Tat auf den Täter[22]. Dies führte dazu, daß in zunehmendem Maße subjektive Merkmale in der strafrechtlichen Beurteilung an Bedeutung gewannen. Auf den ersten Blick hat nun die Subjektivierung der richterlichen Entscheidung und das Abstellen auf die Täterperspektive wenig miteinander zu tun. Die beiden Entwicklungen wirken aber entscheidend zusammen. Was der Täter dachte und wollte, wird oft nicht nach der - meist fehlenden oder lückenhaften - Einlassung des Angeklagten, sondern nach der Überzeugung des Gerichts bestimmt, mit anderen Worten: zugeschrieben. Trifft nun die Tendenz, in zunehmendem Maße die Täterperspektive zu berücksichtigen, mit der richterlichen Freiheit zu subjektiver Wertung zusammen, so wird ein enormer Spielraum richterlicher Entscheidungsmöglichkeit eröffnet. An der Eröffnung solcher Spielräume ist den Richtern sehr gelegen. Sie ermöglichen eine individuelle Beurteilung des einzelnen Falles nach Gerechtigkeitskriterien. Es verwundert daher nicht, daß die RG-Rechtsprechung schon sehr früh subjektiven Theorien den Vorzug gab, dienten diese doch, wie etwa die subjektive Teilnahmelehre, dazu, "zahlreiche Fälle der verdienten Bestrafung zuzuführen"[23].

Dieser Vorgang hatte sich keineswegs unbemerkt von der Wissenschaft vollzogen. So bemerkte *Grünhut* 1930, daß die subjektive Versuchs- und Teilnahmelehre "nur allzu leicht eine Subjektivität der richterlichen Beurteilung zur

---

[16] Rechtswissenschaft als Rechtsschöpfung, Archiv für Sozialwissenschaft und Sozialpolitik N.F. Bd. 4 (1906), S. 355 ff., Neudruck jetzt in der Radbruch-Gesamtausgabe Bd. 1, hrsg. v. Arthur Kaufmann, Heidelberg 1987, S. 409 ff.

[17] Gesetz und Urteil, 1912.

[18] Weitere Nachweise bei *Küper*, a.a.O. S. 3, Fn. 7.

[19] Hierzu *Küper*, a.a.O. S. 13 ff. m.w.N.

[20] Hierzu s.o. Teil B 1.

[21] *Isay*, Rechtsnorm und Entscheidung, 1929, S. 60 ff. 192 ff.; vgl. auch *Küper*, a.a.O. S. 18, Fn 80 m.w.N.

[22] Hierzu vgl. *Marxen*, in *Reifner/Sonnen* (Hg.), Strafjustiz und Polizei im Dritten Reich, 1984, S. 82 ff.

[23] *Wachinger*, Festschrift für *Bumke*, 1939, S. 53 ff., S. 70; vgl. a. unten Teil C Kapitel 2.

Folge hat "[24]. Nicht zufällig behaupteten sich in der Lehre dieser Zeit objektive Theorien, wie etwa die formal-objektive Teilnahmetheorie[25].

Auch in der Lehre vollzog sich allerdings eine "Wendung vom Objektiven zum Subjektiven"[26], wobei es ausserhalb des Themas liegt, dies hier im Einzelnen nachzuzeichnen[27]. Wichtig ist festzuhalten, daß sich diese Entwicklung nicht isoliert in der Rechtsprechung vollzog, sondern in der Wissenschaft ab den dreissiger Jahren unter dem maßgeblichen Einfluß *Welzels*[28] ihre Entsprechung hatte. Die finale Handlungslehre oder die personale Unrechtslehre berücksichtigen in neuartiger Weise Motive und Gesinnung des Täters[29].

War die Tendenz zur "Ethisierung" des Strafrechts[30] schon vor 1933 vorhanden, so trat die Entwicklung mit der Machtergreifung des Nationalsozialismus in eine neue Phase ein.

Nationalsozialistisches Strafrecht war, wie es insbesondere *Freisler* propagierte[31], Willensstrafrecht, d. h. bestraft wurde die verwerfliche Gesinnung des Straftäters, nicht die Tat[32]. Während *Freisler* gegen den Begriff noch Vorbehalte hatte[33], scheut sich *Schaffstein*[34] nicht, insofern von Gesinnungsstrafrecht zu sprechen.

Man propagierte dabei die Aufhebung der Trennung von Recht und Ethik. *Hitler* hatte auf dem Leipziger Juristentag 1933 ausdrücklich betont, daß der Nationalsozialismus den Gegensatz von Moral und Recht nicht kenne[35]. Dieser Auffassung schloß sich die nationalsozialistische Strafrechtslehre durchaus an. So schrieb *Schaffstein* von der "wiedergefundenen Einheit von Strafrecht und völkischer Sittenordnung"[36]. In diesem Rückschritt hinter die Trennung von Recht und

---

[24] *Frank*-FG I, 1930, S. 1 ff., 25.

[25] Zu ihr vgl. *Frank*, StGB, 18. Aufl., Vor § 47, II.

[26] *Th. Würtenberger*, Zur geistigen Situation der deutschen Strafrechtswissenschaft, 2. Aufl. 1959, S. 48.

[27] Hierzu *Würtenberger*, a.a.O. S. 48 ff.; neuestens *Kühl*, Die Bedeutung der Kantischen Unterscheidung von Legalität und Moralität sowie Rechtspflichten und Tugendpflichten für das Strafrecht, in: *Jung/Müller-Dietz/Neumann* (Hrsg.), Recht und Moral, Baden-Baden 1991.

[28] Hierzu vgl. *Würtenberger*, a.a.O. S. 49 ff.

[29] Vgl. *Naucke*, Stafrecht 5. Aufl. 1987, S. 189, 260; weitere Nachweise für die zunehmende Berücksichtigung subjektiver Merkmale bei *Kühl*, a.a.O. S. 19 ff.

[30] So Würtenberger, a.a.O. S. 48.

[31] Vgl. den Aufsatz: Willensstrafrecht; Versuch und Vollendung, in: *Gürtner* (Hg.), Das kommende deutsche Strafrecht, Allgemeiner Teil, 1. Aufl. Berlin 1934, S. 8 ff.; 2. Aufl. 1935, S. 11 ff.

[32] A.a.O. (2. Aufl.) S. 18.

[33] A.a.O. (2. Aufl.) S. 23.

[34] Das Verbrechen als Pflichtverletzung, in *Larenz* (Hg.), Grundlagen der neuen Rechtswissenschaft, Berlin 1935, S. 108 ff. (114).

[35] Zitiert bei *Noack*, DR 1934, 405, Fn. 16.

[36] Das Verbrechen als Pflichtverletzung, in *Larenz*, (Hg.), Grundfragen der neuen Rechtswissenschaft, 1935, S. 110.

Moral, wie sie insbesondere *Kant*[37] durchgeführt hatte, lag durchaus die Verwirklichung des Goebbelschen Programmsatzes, es sei Aufgabe des Nationalsozialismus, das Jahr 1789 aus der deutschen Geschichte auszulöschen[38]. Eine Kritik dieser Entwicklung wagten nur *Schwinge* und *Zimmerl*[39], die zum einen darauf hinwiesen, daß das Strafrecht nur die Außerachtlassung des ethischen Minimums mit Strafe bedrohen könne[40], und zum anderen unter Bezugnahme auf *Hold von Ferneck* ausführten, daß Subjektivierung oder Ethisierung keine Erfindungen des Nationalsozialismus seien, sondern als allgemeine Phänomene bereits viel früher beschrieben worden seien. Das Problem sei aber weniger, **ob** das Recht ethisiert werden solle, sondern **welche** Ethik dem Recht gemäß sei[41]. Hier liegt eine Parallele zur Materialisierung, deren Hauptproblem der fehlende Konsens über den Begriff der Gerechtigkeit ist[42].

Jedenfalls führte die Subjektivierungstendenz zur Konzentration auf den Willen des Täters. Dies ist etwas anderes als das Täterstrafrecht der modernen Schule. Für den Nationalsozialismus ist "Wille" als dynamischer Begriff positiv besetzt:"Für den Nationalsozialismus ist das die Welt Bewegende der Wille. Zum Guten wie zum Bösen, zum Rechten wie zum Unrechten, zum Sozialismus wie zur Anarchie. Ein willenloses Etwas mag ein Hindernis sein, das man, wenn es stört, aus dem Wege räumt. Freund oder Feind kann nur ein Wille sein! Der Wille des Friedensstörers, sowohl des tatsächlichen im Einzelfall wie auch des Typus des Trägers des antisozialistischen Prinzips im Volke überhaupt ist also der Feind, auf den das Auge des Strafrechts stets gerichtet sein muß, den sein Kampf vernichten will"[43]. Diese Konzentration auf den Willen und die Gesinnung des Täters hat in der Gesetzgebung des Nationalsozialismus die bekannte Folge, daß in weitem Umfange gesinnungsbezogene Tatbestandsmerkmale geschaffen werden[44]. Dies betraf völlig neu geschaffene Tatbestände ebenso wie die Neufassung "klassischer" Normen des StGB. Beispielhaft sei auf § 2 Abs. 1 des Heimtückegesetzes vom 20. Dezember 1934[45] ("Wer öffentlich gehässige, hetzerische oder von niedriger Gesinnung zeugende Äußerungen über leitende Persönlichkeiten des Staates oder der NSDAP .... macht") einerseits, andererseits auf § 211 Abs. 2 StGB in der Fassung

---

[37] Metaphysik der Sitten, Rechtslehre, 1. Aufl. 1797, S. 14 ff., Kant-Studienausgabe IV, S. 323 ff.

[38] Zitiert bei *Schaffstein*, Politisache Strafrechtswissenschaft, 1934, S. 16.

[39] Wesensschau und konkretes Ordnungsdenken im Strafrecht, 1937.

[40] A.a.O. S. 50.

[41] A.a.O. S. 48.

[42] Vgl. o. Teil B, Kapitel 11 a.E.

[43] *Freisler*, a.a.O. (2. Aufl.) S. 15.

[44] Zur Perspektivenverschiebung von der Tat auf den Täter, sowie zur Subjektivierung in der Gesetzgebung des Nationalsozialismus allgemein vgl. *Werle*, Justiz-Strafrecht und polizeilichen Verbrechensbekämpfung im Dritten Reich, 1989, S. 708 ff.

[45] RGBl. I, 1269.

der Novelle vom 4.9.1941[46] hingewiesen, die Fassung des Mord-Paragraphen, die heute noch in Kraft ist[47].

Wie die Rechtsprechung mit ihrer ohnehin vorhandenen Vorliebe für subjektive Abgrenzungskriterien auf den rechtspolitischen Wandel zum Willensstrafrecht reagierte, soll im Folgenden dargestellt werden.

2. Täterschaft und Teilnahme

Spricht man von Kontinuität in der Rechtsprechung von Reichsgericht und Bundesgerichtshof, kann man die Fortsetzung der Rechtsprechung zur Abgrenzung Täterschaft-Teilnahme durch den BGH am ehesten als bekannt voraussetzen. Roxin hat in seiner Monographie[48] die Wirkungsgeschichte der subjektiven Theorie in der Rechtsprechung des BGH eingehend untersucht und konstatiert hier, z. B. bei der Frage des zur Annahme von Mittäterschaft notwendigen Tatbeitrages, eine bruchlose Kontinuität[49]. Diese bestand allerdings auch vor und nach 1933[50], wobei die Gründe, aus denen heraus die Rspr. der subjektiven Theorie den Vorzug gibt, schon vor 1933 offen genannt werden. In der Festschrift zum fünfzigjährigen Bestehen des Reichsgerichts 1929 hebt Schneidewin hervor, daß es mit Hilfe der subjektiven Theorie gelungen sei, die Folgen der strengen Akzessorietät zwischen Täterschaft und Teilnahme in ihrer Wirkung stark abzuschwächen[51].

Bis zur StrafrechtsangleichungsVO vom 29. Mai 1943[52] galt der Grundsatz der strengen Akzessorietät, d. h., daß der Gehilfe nicht strafbar war, wenn der Haupttäter, etwa weil er schuldunfähig war, sich nicht strafbar gemacht hatte. Dies hätte an sich zu einer Reihe von Freisprüchen führen müssen, wenn dem Gehilfen die Schuldunfähigkeit des Haupttäters unbekannt blieb (anderenfalls lag mittelbare Täterschaft vor). Andererseits fragte man sich, wieso dem Gehilfen der Zufall, daß der Haupttäter schuldunfähig war, zugute kommen soll.

Noch deutlicher schreibt *Wachinger* 1939 in der Festschrift für *Bumke*:"Die folgerichtig durchgeführte Lehre vom Ursachenzusammenhang einerseits und die schon im geltenden Strafrecht wahrnehmbare Annäherung an ein Willensstrafrecht andererseits haben es dem Reichsgericht ermöglicht, durch Zugrundelegung eines extensiven Täterbegriffs und der subjektiven Teilnahmelehre zahlreiche Fälle der verdienten Bestrafung zuzuführen, die wegen des dem geltenden Recht eigentümli-

---

[46] RGBl. I, 549.
[47] Zur Entstehungsgeschichte vgl. *Werle*, a.a.O., S. 334 ff.
[48] Täterschaft und Tatherrschaft, 4. Aufl. 1984, S. 90 ff., 558 ff.
[49] Vgl. Roxin, LK, 10. Aufl. § 25, Rdnr. 126.
[50] Vgl. u. die Fortwirkung von RGSt 66, 236, 240.
[51] A.a.O. S. 273 f.
[52] RGBl. I 339.

chen Grundsatzes der Akzessorietät bei Zugrundelegung eines eingeschränkten Täterbegriffs und der objektiven Teilnahmelehre entgegen dem gesunden Volksempfinden hätten straflos bleiben müssen"[53]. Es war bekannt, daß dieses Vorgehen zu einer starken Zurückdrängung der Beihilfe zugunsten der Mittäterschaft führte[54], was bedeutet, daß die **Ergebnisorientierung** von Anfang an ausschlaggebend für die Bevorzugung der subjektiven Theorie war. Die Möglichkeit, aufgrund wertender Betrachtung den (leichteren) Teilnahme- oder den (schwereren) Täterbegriff zugrundezulegen, bestach die höchstrichterliche Rechtsprechung seit RGSt 2, 160; 3, 181, und es ist insoweit nicht ungerechtfertigt, wenn *Wachinger*[55] auch schon für diese Entscheidungen die Orientierung am "gesunden Volksempfinden" reklamiert. Den Höhepunkt für die Zeit **vor** 1933 bildet dabei ein Urteil des 1. Senats vom 3. Mai 1932[56], das beispielhaft sowohl ausführt, daß für die Annahme von (Mit-) Täterschaft bereits ein Tätigwerden im Vorbereitungsstadium genügt, als auch, daß sich diese Tätigkeit auf eine rein geistige Mitwirkung beschränken kann[57]. Die Kombination dieser beiden Merkmale in Verbindung mit der forensischen Zuschreibung des animus auctoris ermöglicht es der Rechtsprechung, die Tätereigenschaft beliebig auszudehnen. So ist es kein Zufall, daß das RG nach 1933 häufig, insbesondere was die Annahme von Mittäterschaft anbetrifft, auf die Entscheidung RGSt 66, 236, 240 Bezug nimmt[58]. Diese Rechtsprechung ist von der Tendenz geprägt, denjenigen als Täter zu bestrafen, der nach wertender Betrachtung die Bestrafung als Täter **verdient**. Insofern ist die als Ausprägung der "extrem" subjektiven Theorie bekannte Entscheidung im "Badewannenfall"[59] weniger extrem als konsequent: diejenige, die die Tat eigenhändig vollbringt, wird, **weil sie nicht Täterin sein soll**[60], zur Gehilfin erklärt, während diejenige, die eigenhändig nichts tut, aber in deren Interesse der Erfolg ist, Täterin wird. Daß ein solcher Rollentausch möglich ist, hatte bereits *Schneidewin* 1929 angedeutet:"Umgekehrt ist derjenige, der einer zusammen mit anderen durchgeführten Tat innerlich nur als Helfer eines fremden Unternehmens gegenübersteht, selbst dann nur Gehilfe, wenn er an der eigentlichen Ausführung teilgenommen, ja diese allein durchgeführt hat"[61]. Die Wertungskomponente, die hinter der Ausdehnung des Täterbegriffs steht, wird deutlich in einem Urteil aus dem

---

[53] A.a.O. S. 70.

[54] *Schneidewin* a.a.O. S. 275.

[55] A.a.O. S. 70.

[56] RGSt 66, 236.

[57] Ebd. S. 240

[58] Vgl. z. B. RGSt 68, 411; HRR 1936, Nr. 1382; RGSt 71, 23; JW 1938, 1879; 2193; 2270; HRR 1941, Nr. 727; zuletzt RGSt 77, 286, 288.

[59] RGSt 74, 84.

[60] Zum Hintergrund vgl. Hartung, JZ 1954, 430.

[61] Reichsgerichts-FS, S. 273; ähnlich Hartung, a.a.O. S. 431.

Jahre 1943[62]. Eine Mutter hatte auf ihren Sohn solange eingewirkt, bis dieser den Vater umbrachte. Hier "liegt ... ein richtiger Kern in der Ansicht des LG, eine Verurteilung der Beschwerdeführerin nur wegen Anstiftung zum Totschlag erschöpfe nicht den Unrechtgehalt ihrer Tat und befriedige nicht das gesunde Volksempfinden"[63]. Letzterem hatte das erstinstanzliche Gericht dadurch zum Durchbruch verholfen, daß es die Mutter mittels strafbegründender Analogie als Mittäterin verurteilte. Seiner grundsätzlichen Tendenz folgend, offene Analogie durch extensive Auslegung zu vermeiden[64], macht das Reichsgericht die subjektive Theorie dahingehend fruchtbar, daß die Mutter **unmittelbar** als Mittäterin verurteilt wird, da sie "aus ihrem persönlichen, eigensüchtigen Beweggrunde mit eigenem, unmittelbar auf den Erfolg der Tötung gerichteten Willen (handelte)"[65]. Über die Verurteilung als Mittäterin kommt das RG dann noch dazu, die Mutter als **Mörderin** zu verurteilen, während der Sohn nur wegen **Totschlags** verurteilt wird (was der 5. Senat in RGSt 72, 373, 375 im Verhältnis zu § 217 StGB angedeutet hatte). Hier dient also der extensive Täterbegriff nicht nur dazu, die Grenze zwischen Teilnahme und Täterschaft zu überwinden, sondern führt auch zur Verurteilung **als Täterin** aus einem **anderen Tatbestand**. Auf diese Weise überwindet das RG die letzte Hürde, die das Gesetz gegenüber einer rein auf Strafzumessungskriterien fußenden Betrachtung aufbaut: zwar konnte auch nach dem § 48 Abs. 2 StGB a. F. der Anstifter in gleichem Umfange wie der Täter bestraft werden; wo aber auch dies nicht ausreicht, kann man über die Annahme von Mittäterschaft sich vom zugrundeliegenden Tatbestand lösen, und aus einem anderen (schwereren) Tatbestand bestrafen. Im konkreten Fall eröffnet dies dem RG die Möglichkeit, die Mutter **ohne** Anwendung der Analogie zum Tode zu verurteilen, während es bei der Zuchthausstrafe für den Sohn verbleibt.

Ausgehend von der Grundsatzentscheidung BGHSt 1, 368, 370 f. zur Selbständigkeit der Tatbestände der §§ 211, 212 StGB vertrat der BGH in einem obiter dictum[66] die Auffassung, daß Mittäterschaft nur bei Verwirklichung **desselben** Grundtatbestandes gegeben sei, so daß Mittäterschaft in der Form, daß der eine Täter einen Totschlag, der andere hingegen einen Mord beginge, nicht möglich sei. In der Kommentarliteratur wird diese Auffassung des BGH abgelehnt. Bereits in der 8. Aufl. des Leipziger Kommentars schreibt der Reichsgerichtsrat a. D. *August Schaefer*[67]:"Die Mittäterschaft wird natürlich nicht dadurch ausgeschlossen, daß der eine Mittäter unter § 212 fällt, während der andere aus § 211 haftet (RGSt 77, 286; DR 44, 147; a. A. BGHSt 6, 330)"[68], wobei hinzugefügt werden muß, daß DR 1944, 147 identisch ist mit RGSt 77,

---

[62] RGSt 77, 286.
[63] RGSt 77, 286.
[64] Hierzu s. o. Teil B, Kapitel 2.
[65] A.a.O. S. 287.
[66] BGHSt 6, 329, 330.
[67] Mitglied des 3. Strafsenats von 1939-1945, s. Kaul, Geschichte des Reichsgerichts IV, S. 288, 328 ff.
[68] A.a.O. § 212 V 1.

286. Dieses Urteil wird auch in gängigen Kommentaren zur Begründung der genannten Auffassung zitiert[69]. Neuestens hat der BGH[70] unter dem Eindruck der entgegenstehenden Literatur die Auffassung von BGHSt 6, 329 ausdrücklich aufgegeben. Er hält Mittäterschaft nun auch für möglich, wenn ein Mitäter einen Mord, der andere Mittäter einen Totschlag begehe, da der Unrechtsgehalt des § 212 in § 211 enthalten sei.

Die Entscheidung RGSt 77, 286 zeigt, ebensogut wie der "Badewannenfall" RGSt 74, 84, wie die subjektive Theorie die Rechtsprechung in Stand setzte, nach Wunsch beliebige Ergebnisse zu begründen. Dies kann, wie in dem von *Hartung*[71] mit den Hintergründen dargestellten "Badewannenfall" für den Angeklagten günstig sein. Indem die Person, die mit eigenen Händen die Tat ausführte, zur Gehilfin erklärt wurde, vermied man die sonst unausweichliche Todesstrafe. In der Mehrzahl der Fälle, von denen RGSt 77, 286 nur ein (extremes) Beispiel ist, dürfte dies aber nicht so gewesen sein. Insbesondere wenn man bedenkt, wie mit Hilfe der subjektiven Theorie erklärtermaßen aus Teilnehmern Täter gemacht wurden, muß eine strafbarkeitsausdehnende Wirkung als der Regelfall angenommen werden.

Die Wirkungsgeschichte der subjektiven Theorie in der Rechtsprechung des BGH ist bekannt und detailliert dargestellt[72]. Der BGH übernimmt im wesentlichen die Rechtsprechung des RG[73]. Versuche, sich von dieser Rechtsprechung zu lösen, bleiben vereinzelt[74]. Die Fortführung der (extrem-) subjektiven Theorie erreicht ihren Höhepunkt in BGHSt 18, 87, wo auf RGSt 74, 84 zurückgegriffen wird, um in ähnlicher Weise einen Rollentausch Täter-Teilnehmer vornehmen zu können. Der geständige Ostagent *Staschinskij*, der im Auftrag des KGB in der Bundesrepublik eigenhändig zwei Morde beging, soll mangels eigenen Tatinteresses nur Gehilfe, Täter indes sollen seine Auftraggeber gewesen sein. Auch hier bestimmen Strafzumessungserwägungen, insbesondere die Vermeidung der absoluten Strafe des § 211, die Abgrenzung Täterschaft-Teilnahme, wobei man allerdings den guten Willen des Angeklagten auch auf andere Weise hätte honorieren können[75]. "Badewannen-" und *Staschynskij*-Fall sind konsequent zu Ende gedachte Anwendungsfälle der subjektiven Theorie, die ihren Namen insofern völlig zu Recht trägt, als sie den Richter in den Stand versetzt, das Ergebnis der strafrechtlichen Bewertung mit seinem subjektiven Rechtsempfinden in Einklang zu bringen. Die Ergebnissteuerung über die Zuschreibung von Täter- bzw. Teilnehmerwillen scheint dabei äußerst verlockend zu sein. Neben der ungebrochenen Kontinuität in der

---

[69] LK-Jähnke, 10. Aufl. § 211, Rdn. 61; Schönke-Schröder-Eser, § 211, Rdn. 43.

[70] BGH NJW 1989, 2826.

[71] JZ 1954, 430.

[72] Vgl. Roxin, Täterschaft, S. 90 ff., 558 ff., ders. LK, § 25 Rdn. 14 ff.

[73] BGH NJW 1951, 410:"Nach der bis zuletzt vertretenen Rspr. des RG, von der abzugehen für den Senat kein Anlaß besteht.....".

[74] Zweifelnd BGH NJW 1951, 120, 121; BGH JR 1955, 304; BGHSt 8, 393; 19, 135.

[75] Vgl. Roxin, Täterschaft, S. 564 ff.

Anwendung der subjektiven Theorie fällt nämlich im *Staschynskij*-Fall auf, daß dem BGH, anders als dem RG in RGSt 74, 84[76], weitere Möglichkeiten der Ergebnissteuerung zur Verfügung standen (Nötigungsnotstand, Putativnotstand), die einen Rückgriff auf den Beihilfestrafrahmen an sich überflüssig machten[77]. Daß auch der BGH den Weg über Täterschaft und Teilnahme wählt, muß seinen Grund in der Struktur richterlichen Entscheidens haben: an kaum einer anderen Stelle des Prozesses ist die Einwirkungsmöglichkeit auf seinen Ausgang so groß und so wohlfeil wie dort, wo dem Gericht überlassen ist festzustellen, ob der Angeklagte mit Täter- oder Teilnehmerwillen handelte. Vom Standpunkt der Rechtsprechung aus gedacht ist es verständlich, in dem so breiten Spielraum bietenden Bereich von Täterschaft und Teilnahme entscheidende Ergebniskorrekturen vorzunehmen.

Für die Wirkungsgeschichte der subjektiven Theorie ist insbesondere noch von Bedeutung, daß ihre extreme Konsequenz, auch den Täter zum Teilnehmer erklären zu können, zwar als Ergebniskorrektur im Einzelfall gedacht war[78], die Entscheidung BGHSt 18, 87 indes für bestimmte Fallgruppen, nämlich die NS-Gewaltverbrecher-Prozesse, "zum leadingcase einer Regel und Ausnahme verkehrenden Gerichtspraxis"[79] wurde[80].

Seiner früheren Rechtsprechung[81] folgend, übertrug das RG die zur Mittäterschaft entwickelten Grundsätze auch auf die gemeinschaftliche Anstiftung[82]. Hier wurde wiederum die Entscheidung RGSt 66, 236, 240 herangezogen, um schon eine **nur geistige** Mitwirkung an **Vorbereitungshandlungen** zur Annahme "mittäterschaftlicher" Anstiftung genügen zu lassen[83], wenn nur die entsprechenden subjektiven Voraussetzungen gegeben seien. Durch konsequente Anwendung der subjektiven Theorie gelangt der 2. Senat so in einem Fall bloßer Anwesenheit der Ehefrau bei der durch ihren Mann verübten Anstiftung zu gemeinschaftlicher Begehung:"Die angekl. Ehefrau hat sich an den Ausführungshandlungen der Anstiftung nicht selbst beteiligt ... Sie hat aber ... die Handlungen ihres Mannes gebilligt, als eigene gewollt und hat sie mit diesem Täterwillen durch ihre Anwesenheit insofern gefördert, als sie ihren Ehemann bestärkte"[84].

---

76 Vgl. Hartung, JZ 1954, 430.

77 Vgl. Roxin, Täterschaft, S. 565.

78 Vgl. den Tenor von BGHSt 18, 87.

79 Roxin, Täterschaft, S. 564.

80 S. a. Jescheck, AT, 3.Aufl. § 61 V 4 m.w.N.; Urteile des BGH hierzu bei Dreher-Tröndle, 42.Aufl., Vor § 25, 2; zuletzt Adalbert Rückerl, NS-Verbrechen vor Gericht, 2.Aufl. 1984, S. 274 ff.

81 RGSt 13, 122, 123; 53,190.

82 Vgl. RGSt 71, 23.

83 RGSt 71, 24, 25.

84 HRR 1941, Nr. 727.

Der BGH[85] hat sich die Übertragung der Mittäterschaftskriterien auf die Anstiftung unter Maßgeblichkeit der subjektiven Theorie zu eigen gemacht, wobei er auf die Entscheidung RGSt 71, 23 Bezug nimmt[86].

Bei der Beihilfe vertritt der BGH im Anschluß an RG HRR 1941, Nr. 727[87] die Auffassung, daß auch ein nicht kausales Tun, wie etwa die bloße Anwesenheit am Tatort, eine taugliche Beihilfehandlung darstellen kann. Seit RGSt 6, 169 ; 8, 267 war in der Rechtsprechung des RG anerkannt, daß eine ursächliche Mitwirkung i.S.d. Äquivalenztheorie zur Annahme von Beihilfe nicht notwendig sei. Vielmehr soll eine bloße Förderung oder Erleichterung der Haupttat für die vollendete Beihilfe ausreichend sein. Exemplarisch wird dies in der Leitentscheidung RGSt 58, 113 zusammengefaßt, deren Wirkungsgeschichte in der Rechtsprechung von RG und BGH *Dreher* eingehender untersucht hat[88]. Genügt dort ein, wenn im Ergebnis auch einflußloses, Tun als Förderung der Haupttat, so erblickt das RG nach 1933 auch in der Verstärkung des Tatentschlusses des ohnehin entschlossenen Täters eine vollendete Beihilfe. So in der Zusage einer Prozeßpartei, zu unwahren Zeugenaussagen zu schweigen[89], oder in der Hingabe von Geld für eine Abtreibung, zu der die Schwangere schon entschlossen war und die sie selbst vornahm[90]. Erst der BGH hat jedoch die Förderungsformel so verstanden, daß auch die Anwesenheit am Tatort bereits Beihilfe sein kann[91], wobei die strukturelle Ähnlichkeit mit RG HRR 1941, Nr. 727 augenfällig is[92].

"Lückenbüßerfunktion" zur Umgehung der Folgen der strengen Akzessorietät in Hinblick auf die Anstiftung hatte seit jeher auch die **mittelbare Täterschaft**[93]. Sie wurde vom RG auch dann angenommen, wenn das "Werkzeug" zwar volldeliktisch, aber nicht mit Mittäter-, sondern mit Gehilfenvorsatz handelte[94]. Anwendungsfall dieser Form der mittelbaren Täterschaft war insbesondere der § 218 Abs. 2 StGB a. F., der denjenigen mit Strafe bedrohte, "der eine Frucht im Mutterleib oder durch Abtreibung tötet", worunter unter Zugrundelegung des extensiven Täterbegriffs auch fiel, wer sich darauf beschränkte, der Schwangeren ein Abtreibungsmittel oder -werkzeug zu verschaffen, wenn er nur die Tat als eigene wollte[95]. Die Schwangere, die die Mittel zum Einsatz brachte, wurde dann als

---

[85] Bei *Dallinger* MDR 1953, 400.

[86] Zur Teilnahme durch Unterlassen allgemein s.u.

[87] Vgl. BGH bei Dallinger, MDR 1967, 173; 6. Zivilsenat in NJW 1975, 49, 51.

[88] MDR 1972, 558.

[89] HRR 1938, Nr. 629.

[90] HRR 1939, Nr. 1275.

[91] Bei Dallinger, MDR 1967, 173; 6. Zivilsenat in NJW 1975, 49, 51.

[92] Zum Problem der Beihilfe durch Unterlassen vgl. unten Teil D, Kapitel 3 e).

[93] Vgl. Jescheck,AT, § 61 I 1.

[94] Vgl. RG HRR 1937, Nr. 131 m.w.N.

[95] Vgl. RGSt 74, 21, 23.

bösgläubiges Werkzeug angesehen[96]. Speziell zu § 218 StGB konnte es hier zu einer Fortwirkung in der Rechtsprechung des BGH nicht kommen, da durch die VO vom 18.3.1943[97] mit § 218 Abs. 4 die Beihilfehandlung des Mittelverschaffens als selbständige Straftat ausgestaltet wurde. Zur mittelbaren Täterschaft allgemein hat allerdings der BGH noch in BGHSt 8, 169 f. behauptet, daß diese auch bei **schuldhaft** handelndem Werkzeug möglich sei, wenn das Werkzeug nicht Täter-, sondern nur Gehilfenvorsatz habe.

Ausgedehnt wurde vom Reichsgericht nach 1933 auch die Rechtsprechung zur sukzessiven Teilnahme nach Tatvollendung. Hier hatte bereits RGSt 23, 292 zur Personenstandsfälschung zwischen formeller **Vollendung** und materieller **Beendigung** der Tat unterschieden, und Beihilfe bis zur Beendigung als möglich angesehen. Weitergehend hatte RGSt 58, 13, 14 neben der persönlichen oder sachlichen Begünstigung auch Beihilfe zur noch nicht beendeten Haupttat für möglich erachtet[98].

Ihre Fortsetzung fand diese Rechtsprechung in RG JW 1934, 837 Nr. 8 (mit zustimmender Anmerkung *Mezger*) zur Beihilfe zum Betrug. Der Täter hatte eine Ware unter falschem Namen bestellt; bei deren Auslieferung hatte die Angeklagte geholfen, den Postbeamten über die Identität des Bestellers zu täuschen. Das RG sieht den Betrug aus dem Gesichtspunkt der Vermögensgefährdung heraus bereits mit der Absendung der Ware als vollendet an. Gleichwohl nimmt es Beihilfe durch die Angeklagte an, weil erst mit der Auslieferung der Ware die Tat **beendet** sei. An diesem Fall wird deutlich, wie die Vorverlagerung der Vollendungsstrafbarkeit, hier durch die Gleichsetzung von Vermögensgefährdung und Vermögensschaden[99], die Unterscheidung zwischen Vollendung und Beendigung bedingt, um nicht ungewollt die Teilnahmestrafbarkeit einzuschränken.

In HRR 1940, Nr. 469 sieht dann der 5. Senat eine Erpressung auch dann noch nicht als beendet an, wenn die abgenötigte Handlung bereits vorgenommen worden ist, da die Drohung noch solange fortwirke, wie sich der Erpreßte noch von der Rückgängigmachung der erpreßten Handlung abhalten ließe. Solange sei auch Beihilfe möglich, wobei sich das Urteil auf RGSt 71, 193, 194 bezieht, wo für die Beendigung einer Brandstiftung das Inbrandgeraten aller Gebäude, die der Täter anzünden wollte, verlangt wird.

Die drei vorgenannten Urteile des RG wurden vom Obersten Gerichtshof für die Britische Zone wiederum für einen Fall der Brandstiftung übernommen[100]. Dem hat sich

---

[96] S. a. RGSt 76, 383.

[97] RGBl. I, 169.

[98] Der BGH (BGHSt 4, 132, 133) grenzt i.ü. Beihilfe und Begünstigung nach der Willensrichtung des Hilfeleistenden ab, vgl. *Lackner*, StGB, § 27, 2 b) a.E.

[99] Hierzu s.u. Teil C Kapitel 3 d.

[100] OGHSt 3, 1, 3.

auch der BGH angeschlossen[101], wobei er sich, ohne eine weitere Begründung hierfür zu geben, auf das Zitat der reichsgerichtlichen Rechtsprechung beschränkt.

3. Die Abgrenzung zwischen Vorbereitungshandlung und Versuch nach subjektiven Kriterien

Neben der Abgrenzung zwischen Täterschaft und Teilnahme[102] stellt das RG auch in der Unterscheidung zwischen strafloser Vorbereitungshandlung und Versuchsbeginn entscheidend auf **subjektive** Kriterien ab. Seit RGSt 54, 35, 36 verwandte das RG, wenn auch nicht immer wörtlich oder ausschließlich, die von *Frank*[103] vertretene Formel, daß ein Anfang der Ausführung in allen Tätigkeitsakten zu finden sei, "die vermöge ihrer notwendigen Zusammengehörigkeit mit der Tatbestandshandlung für die natürliche Auffassung als deren Bestandteil erscheinen"[104]. Das RG erweitert aber diese Formel entscheidend dahin, daß nicht die "natürliche Auffassung" eines objektiven Beobachters allein entscheide, sondern vielmehr diese Auffassung auch am "Gesamtplane des Handelnden"[105] zu messen sei. Wesentlich ist also, daß nach der Vorstellung des Täters seine Handlung bereits notwendiger Bestandteil der Ausführungshandlung ist. Diese Subjektivierung ist konsequent, da das RG bereits seit seiner ersten Plenarentscheidung[106], betreffend die Strafbarkeit des untauglichen Versuchs, als Strafgrund des Versuchs die Betätigung des verbrecherischen Willens angesehen hat. Die Strafbarkeit vom Willen des Täters abhängig zu machen, hat außerordentliche praktische Vorteile, die bereits im Kapitel Täterschaft-Teilnahme beschrieben worden sind. So äußert *Schneidewin* 1927 sein Unverständnis darüber, wieso die subjektive Theorie des RG, die "für die Beweisführung ... sich vieltausenfach als überlegen bewährt (hat)" nicht breiten Anklang in der Wissenschaft gefunden hat, zumal die Entwicklung im Strafrecht allgemein danach dränge, "das Schwergewicht von der Tat und ihren Folgen auf die Person des Täters und seinen Willen zu verlegen"[107].

Es wäre indes voreilig, von der Tatsache, daß das RG von seinem Beginn an bis zu seinem Ende eine subjektive Abgrenzung von Vorbereitungshandlung und Versuch vornahm, auf eine Kontinuität seiner Rechtsprechung zu schließen. Wie bereits gezeigt, hat die Bevorzugung subjektiver Theorien durch die Rechtsprechung ihren Grund darin, daß die verwandten Formeln **wertungsoffen** sind, sich

---

101 BGHSt 2, 344, 346; 3, 40, 43 f.; 6, 248, 251; 19, 323, 325.

102 S. o. 2.

103 Zuletzt 18. Aufl. § 43 II 2 b.

104 So RGSt 51, 341, 342; RGSt 54, 331, 332; 59, 1, 157, 158; 66, 141, 142; 68, 336; 69, 327, 329; 71, 383, 384; 73, 76, 77; 74, 86, 88; 77, 162, 164).

105 So RGSt 54, 35, 36.

106 RGSt 1, 439.

107 *Schneidewin*, 50 Jahre RG, S. 270, 274.

also nahezu beliebige Ergebnisse herstellen lassen. Von daher lohnt es sich, konkrete Fälle zu betrachten, bei denen das RG nach 1933 zwischen Vorbereitungshandlung und Versuch zu entscheiden hatte, wobei der Übersicht halber fünf Fallgruppen gebildet werden sollen.

a) Fälle, in denen der Täter das Tatwerkzeug ergreift

Nach RGSt 68, 336 stellt bereit das Ergreifen eines gesicherten Revolvers in der Hosentasche und der Versuch, die Waffe herauszuziehen, den Beginn eines Totschlagversuchs dar:"Aus dem angefochtenen Urteil ergibt sich, daß der Angeklagte nach der Überzeugung des Schwurgerichts ohne Dazwischentreten einer neuen Handlung in einem Zuge den Revolver aus der Tasche ziehen, ihn entsichern, auf den Gendarmerieoberwachtmeister M. anlegen und diesen erschießen wollte. Es kann deshalb dem Schwurgericht nicht entgegengetreten werden, wenn es die ganzen Vorgänge, wie sie sich nach dem Willen des Angeklagten entwickeln sollten, nach der natürlichen Auffassung als eine einheitliche Handlung angesehen hat (RGSt Bd. 51 S. 341, 342)". Obwohl also noch mehrere Teilakte beschrieben werden (herausziehen, entsichern, anlegen), trägt der 3. Senat keine Bedenken, diese unter Berufung auf die Vorstellung des Angeklagten und die natürliche Auffassung dem bereits verwirklichten Teilakt zu einer einheitlichen Handlung zusammenzuziehen, wodurch bereits das Ergreifen der Waffe zum Beginn der Ausführung wird.

Der 2. Senat entscheidet zur selben Zeit einen ähnlich gelagerten Fall in gleicher Weise, jedoch mit anderer Begründung. Der Angeklagte hatte hier eine gesicherte Pistole in einer Aktenmappe ergriffen, was, bei entsprechendem Tötungsvorsatz, der in dem Fall noch nicht einwandfrei festgestellt war, Beginn der Ausführung ist:"Denn mit dem Zufassen, verbunden mit der Absicht, das ausersehene Opfer sofort zu erschießen, hat schon der Angriff auf das Leben des Gegners begonnen; es bildet bereits eine unmittelbare Gefahr für ihn. Die Gefährlichkeit ist aber der Rechtsgrund für die Strafbarkeit des Versuchs"[108].

Zu dem Ergebnis, daß bereits das Ergreifen der gesicherten Waffe, die sich noch in einer Verpackung befindet, Beginn der Ausführung ist, kann man also auch gelangen, wenn man objektive Merkmale zur Beurteilung heranzieht. Der Begriff "unmittelbare Gefahr" ist so wertungsoffen, daß selbst eine Handlung, der noch mehrere Teilakte folgen müssen, damit der Erfolg eintritt, darunter subsumiert werden kann.

Das Urteil fand die Zustimmung *Mezgers*[109], weil das RG eine objektive Formulierung verwandte, ohne daß, wenn man die beiden Entscheidungen RGSt 68, 336 bzw. 339 miteinander vergleicht, erkennbar ist, welchen Unterschied es ei-

---

[108] RGSt 68, 339, 340.
[109] JW 1935, 284.

gentlich macht, wenn einmal diese, ein andermal jene Formulierung gebraucht wird.

Beide Urteile, insbesondere RGSt 68, 339 berufen sich auf frühere, vor 1933 ergangene Entscheidungen des RG, wobei allerdings 7 der 10 Urteile, die RGSt 68, 339, 340 zitiert, Fälle der Gewahrsamsgefährdung beim Diebstahl betreffen. Allein RGSt 59, 386 entscheidet einen Fall, in dem der Angeklagte auf sein Opfer mit einem geladenen Revolver, bei dem nur noch der Hahn zu spannen ist, angelegt hat, als Beginn der Ausführung, "weil schon das Anlegen eine Gefährdung des als Ziel ins Auge Gefaßten darstellt"[110]. Augenfällig ist aber der Unterschied zwischen dieser Fallgestaltung und der in RGSt 68, 336, 339 entschiedenen. Der, ohne Nennung der Veröffentlichung[111] zitierte Fall 4 D 639/24 vom 24. Juni 1924 ähnelt hingegen der Situation von RGSt 68, 339 eher. Hier war der Täter in Raubabsicht dem ins Auge gefaßten Opfer gefolgt, wobei der Täter unter dem Mantel eine Keule in der rechten Hand hielt, "so daß er sie sofort herausziehen und zuschlagen konnte ... (er) war an das Opfer auf Reichnähe herangekommen und wollte gerade sich anschicken, die Keule hervorzuziehen und zuzuschlagen, als Dr. Sch. sich umdrehte. Die Angeklagten sahen deshalb an diesem Tage von weiterer Durchführung ihres Vorhabens ab"[112]. Das RG begründet die Annahme von Versuch hier damit, daß es bereits zu einer unmittelbaren Gefährdung der durch die Tat zu verletzenden Rechtsgüter gekommen sei. Ein wesentlicher Unterschied zu den im 68. Band entschiedenen Fällen besteht allerdings insofern, als der Senat im Fall JW 1925, 1495 davon ausgeht, daß Hervorziehen der Waffen und Zuschlagen ein einziger Akt ist, während in den Fällen, in denen der Täter eine Schußwaffe ergreift, zumindest noch zwei Teilakte - entsichern, zielen - verwirklicht werden müssen.

In der Rspr. des BGH hat sich diese Fallgestaltung soweit ersichtlich nicht wiederholt. Der BGH hegt allerdings schon Bedenken gegen die Verurteilung eines Täters, der bereits ein Beil erhoben hatte, das Opfer jedoch nicht treffen konnte, da es diesem gelang, mit beiden Händen das Beil zu umklammern. Hier sei nicht einwandfrei festgestellt, ob der Täter noch weiter ausholen, oder das Beil nur noch niederfallen lassen mußte[113]. Hiervon ausgehend dürfte zumindest heute der BGH im Ergreifen des Tatwerkzeuges allein, auch unter der Geltung des § 22 StGB n.F. nicht den Anfang der Ausführung erblicken[114].

---

[110] RGSt 59, 386.

[111] JW 1925, 1495 Nr. 7.

[112] RG JW 1925, 1495.

[113] Bei *Holtz*, MDR 1980, 217.

[114] Vgl. aber *Dreher-Tröndle*, § 22, Rdnr. 19.

b) Auflauerungs-Fälle

Eine zweite Gruppe bilden die Fälle, in denen der Täter dem Opfer mit bereiter Waffe auflauert, das Opfer sich aber nicht in den Wirkungsbereich der Waffe begibt.

In RGSt 77, 1 hatte der Täter mit gezogener Pistole gewartet, daß das Opfer vor die Tür träte. Dies geschah aber nicht, und schließlich schoß sich der Täter in seiner Nervosität selbst an. Unter Hinweis auf RGSt 68, 336 nimmt der 3. Senat gemessen am Täterwillen und der natürlichen Auffassung eine einheitliche Handlung an, "in der die Tötung als der zum Tatbestand gehörige Erfolg der Endpunkt gewesen wäre"[115]. Der Schwerpunkt der Argumentation liegt allerdings auf der subjektiven Seite:"Es kommt .... entscheidend auf die Vorstellung des Täters davon an, welche Handlungen zur begrifflichen Vollendung der Tat geeignet und ausreichend waren, und nicht auf den Verlauf, den die Dinge tatsächlich genommen haben ... Die Tätigkeit des Angeklagten ist zwar ein untauglicher Versuch geblieben ... Für die rechtliche Beurteilung der Versuchshandlung ist dieser Umstand aber ohne Bedeutung. Das, was der Angeklagte hat verwirklichen wollen, erfüllte nach seiner Vorstellung alle äußeren und inneren Tatbestandsmerkmale des von ihm gewollten Verbrechens des Totschlags". Es kommt also nach Ansicht des RG nicht darauf an, daß der entscheidende Ausführungsakt, der Schuß auf das Opfer, nicht stattfand und auch nicht stattfinden konnte. Bemerkenswert ist, daß im Urteil der Gesichtspunkt "Rechtsgutsgefährdung" überhaupt nicht angesprochen, sondern Versuch allein aus der subjektiven Befindlichkeit des Täters heraus angenommen wird.

Mit der unmittelbaren Rechtsgutsgefährdung wird im 2. Fall, den der 3. Senat, diesmal aufgrund einer Nichtigkeitsbeschwerde (das Sondergericht hatte freigesprochen), im Jahr 1943 entschied[116], argumentiert, ohne daß ein sehr viel zuverlässigeres Abgrenzungskriterium gewonnen wäre. Der Angeklagte war in einer Heilanstalt untergebracht, aus der er fliehen wollte. Dazu wollte er, wenn er am Morgen mit der Pflegerin F. allein sei, diese mit dem Hebel einer Stanzmaschine erschlagen, wenn die F. sich im Badezimmer aufhalte. Als der Angeklagte die Tat hätte ausführen können, hatte die Pflegerin das Badezimmer schon wieder verlassen. Der Angeklagte, der die Tatwaffe bereits eingesteckt hatte, nahm daher von seinem Plan Abstand.

Das RG erläutert hier die von ihm oft verwandte modifizierte Franksche Formel dahin, daß eine "notwendige Zusammengehörigkeit ... für die natürliche Auffassung ... jedenfalls dann" gegeben sei, "wenn die Tätigkeit das Rechtsgut, gegen das sich die strafbare Handlung richtet, bereits unmittelbar gefährdet, so daß das

---

115 RGSt 77, 1, 2.
116 RGSt 77, 162 = DR 1943, 1101.

Schutzbedürfnis der Volksgemeinschaft, dem das Strafgesetz dient, es anzuwenden gebietet (vgl. RGSt Bd. 59 S. 386; Bd. 68 S. 339, 340). Ob eine solche Gefährdung vorliegt, läßt sich jeweils nur auf Grund der besonderen Umstände des einzelnen Falles entscheiden"[117]. Der letzte Satz bietet genügend Wertungsspielraum, um, trotz Abstellens auf eine "unmittelbare Gefährdung" diese auch noch dann annehmen zu können, wenn Täter und Opfer überhaupt nicht in den räumlichen Kontakt gekommen sind, der die Tatausführung ermöglicht hätte. So kann das RG im Gegensatz zum Sondergericht hier Versuch annehmen.

Der BGH übernimmt in den Auflauerungsfällen die Rspr. des RG. Im bekannten "Pfeffertüten-Fall"[118] nimmt der BGH Versuch an, obwohl der Kassenbote, den die Täter mit Pfeffer blenden und dann ausrauben wollten, gar nicht erschien. Zwar sagt der BGH, daß eine unmittelbare Gefährdung des angegriffenen Rechtsguts eingetreten sein müsse[119], doch sieht er diese im Tun der Angeklagten bereits verwirklicht:"Der Plan sollte unverzüglich in die Tat umgesetzt werden, sobald der Bote, der nach ihrer Berechnung mit einer der nächsten Straßenbahnen eintreffen mußte, erschien. Wäre dieses eingetreten und hätte sich in diesem Augenblick irgendein Hindernis dem Zugriff der Angeklagten in den Weg gestellt, so wäre angesichts der unmittelbaren Gefahr, die von den Angeklagten ausging, an dem Tatbestand des versuchten schweren Raubes schlechthin nicht zu zweifeln. Der Umstand, daß es zur unmittelbaren Gefährdung nur deshalb nicht gekommen ist, weil das Opfer nicht am Tatort erschien, rechtfertigt keine andere Beurteilung"[120]. Neben der Berufung auf RGSt 77, 1 und 162 bringt der BGH noch eine zusätzliche Argumentation, die sich auch bereits in der Rspr. des RG findet:"Auch bei natürlicher Betrachtung, die für die Abgrenzung des Versuchs von der Vorbereitungshandlung maßgebend ist, stellt sich das Verhalten der Angeklagten ... als Anfang der Ausführung des Straßenraubes dar. Eine andere Beurteilung würde dem allgemeinen Rechtsempfinden widersprechen und müßte nicht zuletzt den Angekl. selbst unverständlich erscheinen (vgl. RGSt 54, 254 f.; 69, 327, 329)".

Vom allgemeinen Rechtsempfinden war allerdings in beiden Entscheidungen im 77. Band nicht mehr die Rede gewesen, wohl noch vom "Schutzbedürfnis der Volksgemeinschaft"[121], aber damit war offenbar etwas anderes gemeint. Immerhin zeigt dies, daß dem BGH eine alleinige Berufung auf die Urteile RGSt 77, 1, 162, die von der Fallkonstellation her einschlägig waren, zur Stützung seines Ergebnisses nicht genügte, sondern daß zusätzlich auch noch auf das (nicht überprüfbare) allgemeine Rechtsempfinden rekurriert werden mußte. Daß das Rechtsempfinden

---

[117] RGSt 72, 162, 164.
[118] BGH NJW 1952, 514.
[119] A.a.O. S. 515.
[120] A.a.O. S. 515.
[121] RGSt 77, 162, 164.

durchaus nicht so allgemein war, zeigt die nahezu einhellige Ablehnung, die das Urteil in der Literatur fand[122].

Solche Skrupel sind in der ein Jahr später ergangenen Entscheidung BGH GA 1953, 50 (= LM § 211, Nr. 22) nicht mehr spürbar. Hier hatte der Täter in der Wohnung seiner geschiedenen Ehefrau gewartet, um diese zu töten, sobald sie den Raum beträte. Durch das Verhalten ihrer Kinder aufmerksam gemacht, betrat die Frau die Wohnung jedoch nicht, sondern verständigte die Polizei. In dieser Entscheidung heißt es lapidar:"Diese Feststellungen tragen die Verurteilung wegen versuchter Tötung. Daß insbesondere bereits im Auflauern der Versuch eines Tötungsverbrechens gefunden werden kann, ist in der Rechtsprechung anerkannt (RGSt 77, 1 und 162; BGH NJW 1952, S. 514 Nr. 24)"[123].

Zwei sehr späte Urteile des RG und ein BGH-Urteil, das diese Entscheidungen mit Einschränkungen übernimmt, genügen also, um kurz darauf von einer Anerkennung in der Rechtsprechung zu sprechen.

Es muß allerdings darauf hingewiesen werden, daß auch innerhalb des BGH Zweifel an dieser Rechtsprechung geäußert werden. So ließ es der 2. Senat im Urteil NJW 1954, 567 bewußt offen, ob er der Pfeffertüten-Entscheidung zustimmen könne. Jedenfalls verlange der Versuchsbeginn eine unmittelbare Gefährdung des angegriffenen Rechtsguts, die nur dann gegeben sei, wenn das Opfer tatsächlich am Tatort erscheine oder der Täter dies zumindest annehme.

Das Merkmal der unmittelbaren Gefährdung als Korrektiv einer rein subjektiven Abgrenzung von Vorbereitungshandlung und Versuch spielte noch in einer Reihe weiterer BGH-Entscheidungen eine Rolle[124]. Allerdings ist auch schon anhand von RGSt 77, 162, 164 betont worden, daß selbst das Merkmal "unmittelbare Gefährdung" noch einen gewissen Wertungsspielraum läßt.

Durch die Neufassung des Allgemeines Teils 1975 veränderte sich die Problematik. Einer von *Welzel*[125] entwickelten Formel folgend stellt § 22 StGB n. F. einerseits zwar auf ein "unmittelbares Ansetzen" ab, beurteilt dessen Vorliegen aber aufgrund der **Tätervorstellung**. Keine Erwähnung fand also die "natürliche Auffassung" des außenstehenden Beobachters, was ebenfalls mit der Auffassung *Welzels* übereinstimmte[126], der dies mit der unbegrenzten Vielgestaltigkeit der Wege zur Verbrechensverwirklichung begründete, die eine generell-objektive Betrachtung ausschlössen. Ebenfalls unerwähnt blieb der Gesichtspunkt der unmittelbaren Gefährdung des geschützten Rechtsguts. Dies führte in der Konsequenz dazu, daß der BGH in der bekannten Entscheidung BGHSt 26, 201 Versuch be-

---

122 Vgl. schon *Mezger* in seiner Anm.NJW 1952, 514; weitere Nachweise bei *Roxin*, JuS 1979, 1, 5, Fn. 23.

123 BGH GA 1953, 50.

124 Vgl. die Aufstellung bei *Otto*, NJW 1976, 578, 579.

125 Das Deutsche Strafrecht, 3. Aufl. 1954, § 22 III.

126 Ebd.

jahte, obwohl auf das Klingeln der maskierten Täter an der Tür der Wohnung, in der sie den Tankwart, den sie berauben wollten, vermuteten, niemand erschien. Hier liegt der Schlußpunkt einer mit RGSt 77, 1 einsetzenden Entwicklung, die auf der Grundlage der Strafbarkeit des untauglichen Versuchs auch schon solche Handlungen zum Versuch rechnet, die das Opfer weder objektiv, noch in der Vorstellung des Täters in eine unmittelbare Gefahr bringt[127].

c) Gewahrsamsgefährdungsfälle

Die oben[128] erwähnte Entscheidung RGSt 68, 339, die Totschlagsversuch schon bei der Ergreifung des gesicherten Revolvers annahm, berief sich auf eine Reihe von RG-Urteilen, die zumeist Fälle von Diebstahl betrafen. Das ist kein Zufall, denn es waren die Eigentumsdelikte, bei denen der Versuch immer weiter in das Stadium der Vorbereitungshandlung hinein ausgedehnt wurde. Insbesondere der 2. Senat des RG hat hier nach dem 1. Weltkrieg Zeichen gesetzt. In zwei Entscheidungen aus den Jahren 1919 bzw. 1920[129] ließ der Senat bloße Gefährdungen des Gewahrsams als Versuchsbeginn genügen. Besonders deutlich ist dies in RGSt 54, 254, wo der Täter sich mit Diebeswerkzeug versehen auf den Boden eines Hauses geschlichen hatte, um von dort aus in die angrenzenden Bodenräume zu gelangen und dort zu stehlen; er wurde jedoch bereits auf dem Boden gestellt. Das RG schreibt hier, daß das Tatbestandsmerkmal "Wegnahme" nicht wörtlich ausgelegt werden dürfe, sondern daß es um den Schutz des Gewahrsams gehe. Mit dessen Bruch sei bereits begonnen, "wenn ein wesentliches Zurückdrängen, ein Beeinträchtigen des fremden Gewahrsams, stattgefunden hat, wenn der Dieb die naheliegende Möglichkeit eines Bruches des fremden Gewahrsams geschaffen, ihn m.a.W. gefährdet hat"[130]. Zur Begründung wird ausgeführt, daß auch bei der Gewahrsamsgefährdung "ein zielbewußter verbrecherischer Wille in gefährlicher Weise in die Erscheinung" trete und die Vollendung unmittelbar bevorstehe. Die Annahme einer Vorbereitungshandlung "würde dem gesunden Rechtsempfinden widersprechen und dem ertappten Dieb selbst unverständlich sein"[131], eine Argumentation, die der BGH im Pfeffertüten-Fall[132] wieder aufnehmen sollte.

Der 4. Senat nahm in einer Entscheidung aus dem Jahr 1922 diese Rspr. auf, in dem er einen Fall als versuchten Diebstahl qualifizierte, in dem der Täter die Laterne eines Fahrrades stehlen wollte, weder diese noch überhaupt das Fahrrad aber

---

127 Im Zusammenhang mit dem untauglichen Versuch ist noch darauf hinzuweisen, daß nach Bruns (DStR 1938, 161) die Strafbarkeit des **Versuchs des untauglichen Subjekts** überhaupt erst mit RGSt 72, 109 beginnt.

128 Teil C 3 a).

129 RGSt 54, 182 und 254.

130 RGSt 54, 254, 255.

131 ebd.

132 S. o. b).

berührt hatte, als er gestört wurde und floh[133]. Die Entscheidung minimalisiert die Anforderung an die Gewahrsamsgefährdung und betont den subjektiven Aspekt: zur Gewahrsamsgefährdung "... reicht jede, unter Umständen auch eine nur geringe Erschütterung des bisherigen Besitzstandes aus, wenn nur der sie herbeiführende Täter dabei die Absicht verfolgt, bis zum gänzlichen Bruche des fremden Gewahrsams fortzuschreiten"[134]. Die Tendenz, eine Vorbereitungshandlung aus - weit interpretierbaren - Gefährdungsgesichtspunkten heraus zum Versuch zu qualifizieren, war also bereits zu Beginn der 20er Jahre vorhanden. Auf sie bauten die Auflauerungsfälle, die die "unmittelbare Gefahr" mehr abstrakt als konkret verstanden, auf[135].

Aber auch bei den Eigentumsdelikten setzte sich diese Tendenz, wie nicht anders zu erwarten, nach 1933 fort. Zur Argumentation konnte man aber nunmehr auf das **Willensstrafrecht** verweisen.

So heißt es in RG JW 1936, 1974:"Zur Annahme eines versuchten Diebstahls genügt es, daß der Täter mit dem Willen, die fremde Sache an sich zu bringen, den Gewahrsam des Inhabers beeinträchtigt oder gefährdet hat ... Aber auch wenn eine solche Beeinträchtigung oder Gefährdung noch nicht eintreten konnte, weil der Eindringende in dem Raum sofort auf Bewohner stieß, ist gleichwohl - entgegen der in 2 D 108/23 v. 19. April 1923 vertretenen Auffassung - vom Standpunkt des Willensstrafrechts die Annahme eines - untauglichen - Diebstahlversuchs rechtlich nicht ausgeschlossen, sofern der Angeklagte schon mit dem Eindringen in den Raum den fremden Gewahrsam zu beeinträchtigen glaubte und ihn beeinträchtigen wollte".

Zwei Monate später bestätigte der 3. Senat diese Auffassung ausdrücklich in RGSt 70, 201, 202. In diesem Falle hatte sich der Angeklagte in ein Haus geschlichen, war aber von der Hausfrau entdeckt worden, bevor er sich nach irgend etwas Stehlenswertem umsehen konnte.

Auf dieser Grundlage sah RGSt 71, 53 bereits das Einnähen von Geldscheinen in eine Autofußmatte, die in der Wohnung verwahrt wurde, als Beginn des Devisenschmuggels an.

Das Argument der Gewahrsamsgefährdung diente insbesondere auch beim Raub dazu, die Grenzen des Versuchs vorzuverlegen. So nahm RGSt 69, 327 bereits beim Anknüpfen von Scheinverhandlungen, die der Vorbereitung der Beraubung dienen sollten, vom Täter aber aus ungeklärten Gründen abgebrochen wurden, Versuch unter Berufung auf RGSt 54, 254 an.

---

[133] JW 1922, 1019 mit abl. Anmerkung *W. Mittermaier*.
[134] Ebd.
[135] S. o. b).

In RG HRR 1936, 1204 genügte dem 4. Senat bereits die Verfolgung und Beobachtung eines Wagens mittels Fahrrädern, um eine Gewahrsamsgefährdung zu bejahen.

Der BGH hat diese Rechtsprechung fortgesetzt. BGHSt 2, 380, 381 sah im Hervorholen einer Winde, die die Täter drei Tage vor dem geplanten Einbruch an den Tatort gebracht und dort versteckt hatten, bereits den Beginn der Ausführung eines Einbruchdiebstahls. Für "die natürliche Auffassung - also vom Standpunkt eines beobachtenden Dritten aus gesehen -... (gefährdet) ...das Hervorholen und Bereitlegen der Winde ...hier unmittelbar das geschützte Rechtsgut "[136]

Für den Raubtatbestand sei einmal auf die bereits erwähnte "Pfeffertüten - Entscheidung" NJW 1952, 514 hingewiesen, und zum anderen auf BGHSt 3, 297. In diesem Fall waren die Täter, die zu dritt mit dem späteren Opfer unterwegs waren, übereingekommen, zunächst einen weiteren Begleiter, von dem sie fürchteten, er könne dem Opfer zu Hilfe kommen, durch einen vom Zaun gebrochenen Streit zu verjagen. Nach dem ihnen das unter Anwendung von Gewalt gelungen war, gingen sie mit dem Opfer weiter in einen Park, lockten es dort in ein dichtes Gebüsch und beraubten es. Den Beginn der Wegnahmehandlung sieht der BGH unter Berufung auf RGSt 69, 327, 329 hier schon in der Gewaltanwendung gegenüber dem Begleiter, die der eigentlichen Beraubung zeitlich vorgelagert war und an einem anderen Ort stattfand. Bereits durch diese Handlung sei "die naheliegende Möglichkeit eines Bruches des fremden Gewahrsams" herbeigeführt worden

d) Die Vermögensgefährdung im Betrugstatbestand

Auswirkungen hatte diese Rechtsprechung auch auf den Betrug. Den Beginn der Täuschungshandlung sah der 2. Senat in RGSt 72, 66 bereits in der Bezahlung der "Einbrecher", die im Einverständnis mit dem Eigentümer ein Warenlager ausräumen sollten. Zur Anmeldung des angeblichen Schadens bei der Versicherung war es nicht gekommen[137].

In RG HRR 1939, 1273 war Beginn der Täuschung bereits die Frage an einen Verkäufer, ob ein Wechsel akzeptiert werde, in der Absicht, einen wertlosen Wechsel hinzugeben. Der Verkäufer verneinte die Frage.

Höhepunkt der Entwicklung beim Betrug war RGSt 77, 172, wo der Versuch, einen noch unbekannten Tatmittler zu gewinnen, bereits als Beginn der Täuschungshandlung angesehen wurde.

Während der BGH bei Diebstahl und Raub die Argumentation , daß bereits die Gefährdung des Gewahrsams Beginn der Ausführung sei, vom RG übernimmt[138],

[136] Ebd. S. 381.
[137] RGSt 72, 66.
[138] So beim Diebstahl BGHSt 2, 380, 381, beim Raub der bereits erwähnte Pfeffertüten-Fall NJW 1952, 514, 515 und BGHSt 3, 297.

ergibt sich bei der Vermögensgefährdung im Rahmen des Betrugstatbestandes ein differenziertes Bild.

BGH NJW 1952, 430 distanziert sich von RGSt 72, 66. Die Fingierung eines Schadens allein, ohne daß es zur Schadensmeldung an die Versicherung gekommen ist, sei noch kein Beginn der Täuschungshandlung. Das Reichsgericht interpretiere die Urteile RGSt 28, 144 und 51, 341 falsch, bei denen der Täter die Täuschungshandlung in Richtung auf den zu Täuschenden bereits in Gang gebracht hatte.

Andererseits bestätigt BGHSt 4, 270, 273 ausdrücklich die Entscheidung RGSt 77, 172, daß versuchter Betrug in mittelbarer Täterschaft schon gegeben sein könne, wenn der Täter einen Tatmittler, der die Täuschung ausführen soll, zu gewinnen versuche. Der BGH macht insofern eine Einschränkung, als eine bloße Vorbereitungshandlung gegeben sein soll, "wenn erst beim Hinzutreten weiterer Umstände oder nach längerer Zeit eine Wirkung gewollt war"[139]. Anfang der Ausführung liege vor, wenn das Rechtsgut durch Beeinflussung des Tatmittlers bereits unmittelbar gefährdet sei.

Der kurze Überblick über den Argumentationsstrang Gewahrsams-/Vermögensgefährdung zeigt, wie das RG eine vor 1933 begonnene Entwicklung fortführt, die allerdings nach 1933 an Dynamik gewinnt, wohl auch, weil sich vom Standpunkt des NS-Strafrechts (Willensstrafrecht) plausibler argumentieren ließ.

Der BGH trägt wenig Bedenken, diese Rechtsprechung zu übernehmen. Allein BGH NJW 1952, 430 bildet hier eine Ausnahme.

e) Sittlichkeitsdelikte

Die markanteste Ausdehnung der Versuchsstrafbarkeit fand allerdings auf dem Feld der Sittlichkeitsdelikte statt.

In einem Urteil aus dem Jahr 1933[140] qualifizierte der 3. Senat die Aufforderung des Angeklagten an ein sechsjähriges Mädchen, mit ihm in den Hühnerstall zu gehen, als Versuch der Verleitung zu einer unzüchtigen Handlung[141]. Das Gericht beruft sich dabei, ohne eine weitere Begründung zu geben, auf RGSt 52, 184, 185. Das ist nicht unproblematisch, denn das RG hat in dieser Entscheidung aus dem Jahre 1918 zwar ausgeführt, es sei "nicht ausgeschlossen, daß die Verleitung zur Duldung unzüchtiger Handlungen damit eingeleitet und begonnen wird, daß die jugendliche Person bestimmt wird, dem Täter an den von ihm zur Vornahme un-

---

139 Ebd.

140 HRR 1934, Nr. 219.

141 § 176 Abs. 1 Nr. 3 StGB a. F. in der zur Tatzeit geltenden Fassung lautete: "Mit Zuchthaus bis zu zehn Jahren wird bestraft, wer...

3. mit Personen unter 14 Jahren unzüchtige Handlungen vornimmt oder dieselben zur Verübung oder Duldung unzüchtiger Handlungen verleitet".

züchtiger Handlungen ausersehenen Ort zu folgen"[142]; im konkreten Fall hat es aber die Verurteilung des Angeklagten, der zwei Kinder durch Versprechungen und Geschenke in den Wald gelockt hatte, aufgehoben. Eigentliches Ziel des Täters müsse eine Willensbeeinflussung des Opfers sein, die im konkreten Fall nicht festgestellt war.

Von diesen Einschränkungen erwähnt das RG in HRR 1934, Nr. 219 nichts mehr. Es stellt nur fest, daß die konkrete unzüchtige Handlung nicht festzustehen braucht, zu der der Täter verleiten will, da allein die Aufforderung zum Ortswechsel bereits der Beginn des Verleitens sei.

Eng verwandt mit dem Begriff des "Verleitens" ist der des "Verführens" in § 175a Nr. 3 StGB a. F.[143]. Dazu genügte dem RG eine unter "zotigen Redensarten" getroffene Verabredung für den Abend (RGSt 71, 47). Hierin seien bereits "die Angriffsmittel in tätige Beziehung zu dem Angriffsgegenstand gesetzt"[144], eine Formulierung, die der oben zitierten Entscheidung RGSt 69, 327 zum Versuchsbeginn beim Raub entnommen ist.

Diese Rechtsprechung führte das RG fort[145]. Die besondere Problematik der Vorverlagerung des Versuchs bei § 175a StGB liegt darin, daß als Strafmaß dieser durch Gesetz vom 28.6.1935[146] geschaffenen Norm Zuchthaus bis zu zehn Jahren drohte, § 175a also gem. § 1 Abs. 3 StGB Verbrechen war, wodurch der Versuch gem. § 43 StGB im Gegensatz zu § 175 strafbar war.

Einen weiteren Impuls erhielt die Tendenz, bei den Sittlichkeitsdelikten die Grenze der Strafbarkeit vorzuverlegen, durch die Rechtsprechung des RG zum Blutschutzgesetz[147]. Da die Aburteilung der in diesem Gesetz enthaltenen Straftatbeständen den Landgerichten zugewiesen war, findet sich eine große Zahl von Revisionsentscheidungen des RG auf diesem Gebiet.

Die Rassenschandeurteile des RG selbst sind nicht Gegenstand dieser Darstellung, da sie aufgrund der Veränderung der gesetzlichen Lage nach 1945 keine Kontinuität entfalten konnten[148]. Die Rechtsprechung zum BlutzschutzG, die des-

---

142 Ebd.

143 RGSt 70, 199; § 175 a Nr. 3 lautete:
"Mit Zuchthaus bis zu zehn Jahren ... wird bestraft,...
3. ein Mann über einundzwanzig Jahre, der eine männliche Person unter einundzwanzig Jahre verführt, mit ihm Unzucht zu treiben oder sich von ihm zur Unzucht mißbrauchen zu lassen".

144 RGSt 71, 47, 49.

145 Z.B. RG HRR 1938, Nr. 43 und insbes. RG DR 1939, 363: Ermöglichung einer Reise zum Tatort als Versuch.

146 RGBl. I S. 839.

147 Gesetz zum Schutze des deutschen Blutes und der deutschen Ehre vom 15. September 1935, RGBl. I S. 1146.

148 Zur Rassenschande-Justiz vgl. *Ingo Müller*, Furchtbare Juristen, 1987, S. 105 ff.; und *F. K. Kaul*, Geschichte des Reichsgerichts IV, S. 113 ff.

sen Normen extensiv auslegte[149], beeinflußte aber die (kontinuitätsfähigen) Entscheidungen bei den Sittlichkeitsdelikten.

In RG HRR 1937, Nr. 17 wird als Beginn der Blutschande (§ 173 StGB), also des **Beischlafs** zwischen Verwandten bereits das Bemühen des Vaters, in das Bett seiner Tochter zu gelangen, angesehen. Die Entscheidung beruft sich dabei auf RGSt 71, 4 und 7, zwei Urteile des 2. Senats, die den Versuch der Rassenschande behandeln. Der Versuch des "außerehelichen Verkehrs" (§ 2 BlutschutzG) wird dabei letztlich schon dann angenommen, wenn sich ein Jude mit einer "deutschblütigen" Frau in einem Raum aufhält und beide übereingekommen sind, demnächst in sexuellen Kontakt zu treten. Begründet wird dies mit der "natürlichen Auffassung" und der "unmittelbaren Gefährdung" des Rechtsguts:"Stellen sich die einzelnen Handlungen, die er (der Täter) in Ausführung seines Entschlusses vorgenommen hat, nach der natürlichen Auffassung in ihrer Gesamtheit als eine einheitliche Angriffshandlung auf das geschützte Rechtsgut dar, durch die dieses tatsächlich, oder wenigstens nach der Vorstellung des Täters unmittelbar gefährdet wird, so liegt keine bloße Vorbereitungshandlung mehr vor, sondern schon ein Versuch"[150].

Hierauf bezieht sich RG HRR 1937, Nr. 17, wenn es ausführt: "... die tatrichterliche Beurteilung muß auf der rechtlichen Grundlage nicht nur der Beachtung der jeweils in Betracht kommenden gesetzlichen Tatbestandsmerkmale, sondern auch der Berücksichtigung der natürlichen Auffassung von dem festgestellten Gesamtverhalten geschehen (vgl. RGSt 71, 4, 7)", und somit schon das Bemühen, in das Bett zu gelangen, als Beginn des Beischlafs qualifiziert.

RG JW 1939, 222 verurteilt einen Angeklagten, der einem zwölfjährigen Mädchen über den Bademantel von hinten durch die Beine gegriffen und dabei den Geschlechtsteil des Mädchens berührt hatte, wegen Versuchs des § 176 Abs. 1 Nr. 3 StGB a.F.[151]. Die Vorinstanz hatte in dem Verhalten des Angeklagten lediglich eine Vorbereitungshandlung gesehen, mit der der Täter erkunden wollte, ob das Mädchen ihm etwas Unsittliches gestatten werde, und hatte wegen Beleidigung verurteilt. Diese Ansicht hält das RG für irrig:"Für die natürliche Auffassung ist unter den obwaltenden Umständen die Verwirklichung des Tatbestandes des Gesetzes in eine solche Nähe gerückt, daß ein ernstlicher unmittelbarer Angriff auf das vom § 176 Abs. 1 Nr. 3 StGB geschützte Rechtsgut der Geschlechtsehre vorliegt und damit bereits ein Tatbestandsmerkmal selbst verwirklicht ist. In einem solchen Fall eine straflose Vorbereitungshandlung anzunehmen, würde dem gesunden Rechtsempfinden widersprechen". Zur Begründung wird unter anderem RG

---

149 Vgl. insbes. den Beschluß des Großen Senats zum Begriff des Geschlechtsverkehrs in RGSt 70, 375.

150 RGSt 71, 4, 6.

151 Text s.o. Fn. 40.

JW 1938, 2807 zitiert, eine Entscheidung des 3. Senats, die versuchte Rassenschande im Ausziehen der Mäntel erblickt, wenn das Paar übereingekommen sei, miteinander geschlechtlich zu verkehren. In einer Anmerkung zu dieser Entscheidung[152] vertritt *Leppin* die Auffassung, daß die Rechtsprechung ganz im Sinne des nationalsozialistischen Strafrechts dahin tendiere, "den Beginn der Ausführung bereits in dem frühesten Stadium der verbrecherischen Tätigkeit zu erblicken". Es sei "mit den Maßnahmen einer wirksamen Verbrechensverhütung unvereinbar" der Polizei zuzumuten, mit dem Zugriff solange zu warten, bis "etwas passiert" sei, denn schließlich solle der verbrecherische Wille bestraft werden.

Hier offenbaren sich in aller Schlichtheit die Motive für die Vorverlagerung der Versuchsstrafbarkeit. Das RG zog hier mit, und zwar nicht nur in der Rechtsprechung zum BlutschutzG, die allgemein als Fehltritt eingeschätzt wird[153]. Vielmehr wird die Rechtsprechung zum BlutschutzG noch als Argument zur Verschärfung der Rechtsprechung bei "allgemeinen" Sittlichkeitsdelikten herangezogen.

Die Rechtsprechung des RG wirkte fort in der Entscheidung des BGH vom 30. September 1954, BGHSt 6, 302. Hier wertete der BGH die Verabredung mit einem 12 Jahre alten Mädchen bereits als einen Versuch des Verleitens im Sinne von § 176 Abs. 1 Nr. 3 StGB. Die Begründung ist bemerkenswert: Zwar habe die Einwirkung auf den Willen des Kindes noch gar nicht eingesetzt, doch könne das Verleiten auch gelinde einsetzen und die Einwirkung sich dann steigern. Dies könne zeitlich auseinanderfallen. Zum Beleg zitiert der BGH zwei RG-Entscheidungen zu § 175a StGB, RGSt 71, 47 und RG DR 1939, 363. Im ersten Fall hatte der Täter mit dem Jungen eine Verabredung für den Abend getroffen, im zweiten Fall ihm die Reise zum beabsichtigten Tatort ermöglicht, ohne daß es in beiden Fällen zu weiteren Handlungen gekommen wäre. Der BGH schließt seine Begründung mit einem Zitat des ehemaligen Reichsanwalts und Reichsgerichtsrats *Niethammer*:"Die Notwendigkeit, Kinder vor unsittlichen Anträgen nachdrücklich zu schützen, gibt Grund, die Grenzen zwischen Vorbereitung und Versuch ... weit vorzuverlegen (*Niethammer*, Bes. Teil S. 172)"[154]. Das Lehrbuch des Besonderen Teils, aus dem der BGH zitiert, veröffentlichte *Niethammer*, Jahrgang 1869[155], im Jahre 1950. Zum Grund und Zweck der Sittlichkeitsdelikte steht dort:"Der Trieb, den der Schöpfer den Geschöpfen - auch den Menschen - eingegeben hat, damit sie Nachkommen erzeugen, sich fortpflanzen, führt zur engsten und vornehmsten Gemeinschaft innerhalb des Volks, zur Familie. Durchbricht er aber die Schranken

152 Ebd.

153 Auch von konservativer Seite, vgl. *Schorn*, Der Richter im Dritten Reich, 1959, S. 129 ff.

154 BGHSt 6, 302, 304.

155 *Kaul*, a.a.O., S. 283.

der Zucht, so entartet das Volk. Um dieser Entartung vorzubeugen, schützt das Ges. die Einzelnen vor Angriffen auf die sittliche Reinheit"[156].

Diese Auffassung hatte *Niethammer* bereits in einem Aufsatz aus dem Jahr 1937[157] vertreten, einem Aufsatz, der in seinem Eingang eine aus reicher richterlicher Erfahrung geschöpfte Täterbeschreibung enthält ("entartete Menschen"), die wenig über Sexualpathologie, viel aber über die Psyche des Autors verrät. *Niethammer* hatte hier allerdings als Zusatzargument für die Vorverlegung der Strafbarkeitsgrenze noch auf das gesunde Volksempfinden verwiesen.

Dadurch, daß der BGH auf *Niethammer* Bezug nimmt, stellt er sich also nicht nur im Ergebnis in die Tradition des RG, sondern bejaht wohl auch den geistigen Hintergrund, auf dem diese Entscheidungen beruhen. Es ist nicht unwahrscheinlich, daß der BGH diesen einen Satz, den er aus *Niethammers* Lehrbuch zitiert, nicht isoliert gesehen haben will, sondern daß er auch den Kontext bejaht, in dem das Zitat eingebettet ist, also Jugendschutz als Schutz des Volkes vor Entartung.

BGHSt 6, 302 stellt den Extrempunkt in Bezug auf die Subjektivierung der Abgrenzung Vorbereitungshandlung/Versuch im Bereich der Sittlichkeitsdelikte dar. In der Folgezeit finden sich keine veröffentlichten BGH-Entscheidungen mehr zu dieser Fallgestaltung. Die beiden bei *Dallinger* MDR 1974, 545, 722 mitgeteilten Urteile betreffen Fälle, in denen der Täter das Opfer zum Tatort hingeführt hatte. Hierin könne eine versuchte Vornahme einer sexuellen Handlung gem. § 176 Abs. 1 StGB n. F. liegen, wenn der Ort, zu dem der Täter das Kind geführt hat, tatsächlich der geplante Tatort ist.

Diese Fallgestaltung unterscheidet sich indes wesentlich von der in BGHSt 6, 302 entschiedenen. Unter der Geltung des § 22 StGB n. F. dürfte sich eine solche Entscheidung wohl auch nicht wiederholen[158].

f) Zusammenfassung

Zusammenfassend kann man zur Rechtsprechung im Bereich der Abgrenzung Vorbereitungshandlung/Versuch feststellen, daß die Parole "Möglichst früh und mit aller Macht" des nationalsozialistischen Willensstrafrechts weitgehend vom RG umgesetzt wurde. Als Mittel zur Ausdehnung der Versuchsstrafbarkeit diente vor allem das Abstellen auf die subjektive Befindlichkeit des Täters. Am deutlichsten wird dies im Bereich der Sittlichkeitsdelikte, wo äußerlich harmlose Handlungen unter Berücksichtigung des (vermuteten) Tätermotivs als Beginn der Ausführung gewertet werden. Dabei verliert der Gesichtspunkt, ob tatsächlich eine Gefahr für das geschützte Rechtsgut bestand, immer mehr an Bedeutung. Dies zeigen vor

---

156 *Niethammer*, Lehrbuch des Besonderen Teil des Strafrechts, Tübingen 1950, S. 165.
157 "Unzucht mit Kindern nach geltendem Recht und nach dem Entwurf", ZStW 57, 107 ff., 115.
158 Vgl. *Sch-Sch-Lenckner*, 22. Aufl. § 176, 24.

allem die Auflauerungsfälle, bei denen es schließlich gleichgültig wird, ob das potentielle Opfer überhaupt am Tatort erscheint, wenn nur der Täter davon ausgeht. Aber auch dort, wo, wie bei den Gewahrsamsgefährdungsfällen, mit dem Gesichtspunkt der unmittelbaren Gefährdung argumentiert wird, bestimmt man diese doch aus dem Horizont des Täters und nicht objektiv.

Im Wesentlichen setzt der BGH diese Rechtsprechung fort. Bei den Sittlichkeitsdelikten bildet dabei BGHSt 6, 302 den Höhepunkt. Auch bei den Gewahrsamgefährdungsfällen kommt es zu einer vollen Kontinuität. Der "Peffertütenfall" schließlich zeigt exemplarisch, wie man durch eine konsequente Subjektivierung auch dort zur Annahme einer unmittelbaren Gefährdung gelangen kann, wo objektiv keinerlei Gefahr für das geschützte Rechtsgut besteht.

4. Die "Ethisierung" des Freiwilligkeitsbegriffs beim strafbefreienden Rücktritt

Zur Subjektivierung kann auch gehören, daß man von einem Täter, der in den Genuß einer Strafbefreiung kommen möchte, ein besonders ehrenvolles, sittlich hochstehendes Handlungsmotiv verlangt. Dies zielt auf die Anforderungen, die an die Freiwilligkeit des Rücktritts vom unbeendeten Versuch gestellt werden. § 46 Nr. 1 StGB a. F. ließ den Täter wegen Versuchs straflos, der die weitere Ausführung der beabsichtigten Handlung aufgab, ohne hieran durch Umstände gehindert worden zu sein, welche von seinem Willen unabhängig waren. Bereits früh[159] interpretierte die Reichsgerichtsrechtsprechung "aus Gründen vereinfachter Ausdrucksweise"[160] die Vorschrift dahin, daß der Rücktritt "freiwillig" gewesen sein müsse. Die Prüfung war unproblematisch, wenn ein von außen kommender Umstand den Täter an der weiteren Tatausführung hinderte. Problematisch waren indes die Fälle, in denen die Tatvollendung an sich noch möglich war, der Täter aber aufgrund eines äußeren Anstoßes die weitere Tatausführung aufgab. Hierzu entschied RGSt 37, 402, 403 im Jahre 1905, daß auch relative Hindernisse willensunabhängige Umstände i. S. d. § 46 Nr. 1 StGB sein könnten, und daß ein unfreiwilliger Rücktritt dann vorliege, wenn diese Umstände dem Täter einen "zwingenden Grund" zur Tataufgabe geben würden. Den Maßstab, wann ein "zwingender Grund" vorliege, liefere das "praktische Leben"[161]. 1913 bestätigte RGSt 47, 74, 77, daß es Umstände gebe, die so zwingend für einen Abbruch der Tatausführung seien, daß von einem "freiwilligen" Verhalten nicht mehr gesprochen werden könne[162]. Diese Rechtsprechung mußte sich den Vorwurf gefallen lassen, nicht ohne Willkür entscheiden zu

159 RGSt 1, 306, 308; 16, 182, 183.
160 So BGHSt 7, 296, 299.
161 A.a.O. S. 405.
162 Ähnlich RGSt 55, 66.

können, wann ein solcher, die Freiwilligkeit ausschließender Zwang vorliege[163]. Eine Wertung der Beweggründe zum Rücktritt nach der größeren oder geringeren Stärke ihrer motivierenden Kraft sei praktisch undurchführbar[164]. Auf der anderen Seite öffnete die psychologisierende Entscheidung über die Freiwilligkeit des Rücktritts den Gerichten einen weiten Wertungsspielraum, der durchaus dazu führen konnte, gleichgelagerte Fälle unterschiedlich zu bewerten. "Ungereimtheiten und Willkür der Judikatur", die *Ulsenheimer* in seiner Monographie über den Rücktritt[165] insbesondere im Vergleich Reichsgericht-Bundesgerichtshof feststellt, können indes nicht nur auf den unklaren Maßstab zur Entscheidung der Freiwilligkeitsfrage zurückgehen, sondern auch im unterschiedlichen historischen Kontext des jeweiligen Urteils ihre Ursache haben.

So spricht *Bockelmann* (als Zeitgenosse) 1942 von einer "in jüngerer Zeit wiederholt hervorgetretene(n) Neigung der Rechtsprechung zur Strenge" bei der Rücktrittsprüfung[166]. Diese Strenge äußerte sich beispielsweise darin, daß RGSt 70, 1, 2 dem Täter, der einen Raub aufgab, weil ihm die Beute als zu gering erschien, das Rücktrittsprivileg versagte, das im vergleichbaren Fall des Diebstahls durch RGSt 55, 66 f. noch gewährt worden war. Es läßt sich in der Tat eine Tendenz des RG nach 1933 erkennen, bei der Rücktrittsprüfung strenge Maßstäbe anzulegen. Als Beleg sei auf die tabellarische Zusammenstellung der in *Ulsenheimers* Habilitationsschrift behandelten Entscheidungen[167] verwiesen. *Ulsenheimer* behandelt für den Zeitraum von 1918-1932 81 veröffentlichte Fälle, in denen das RG 23mal einen Rücktritt für gegeben bzw. eine Rücktrittsprüfung für angebracht erachtete; zwischen 1933 und 1943 entschied das RG nach der bei *Ulsenheimer* wiedergegebenen Aufstellung dagegen in 31 Fällen nur viermal zugunsten des Angeklagten.

Unter Kontinuitätsgesichtspunkten müssen insbesondere zwei Entscheidungen des RG zur Freiwilligkeit hervorgehoben werden, da sie in der Rechtsprechung des BGH ihre Entsprechung haben: RGSt 68, 238 und RGSt 75, 393.

In RGSt 68, 238 stellt der 1. Senat ohne nähere Begründung fest, daß auch innere Hemmungen die Freiwilligkeit ausschließen könnten. Den Täter eines versuchten Raubes hatte beim Anblick des nach dem ersten Schlag zusammensinkenden Opfers der Mut verlassen, so daß er sich weder Geld noch sonstige Sachen des Opfers aneignete. Das RG billigt die Entscheidung der Vorinstanz, die Freiwilligkeit verneint hatte. Zwar lägen keine äußeren Störungen der Tatvollendung vor, doch sei es begrifflich möglich, daß auch innere Hemmungen einen Umstand bildeten, der vom Willen unabhängig sei.

---

[163] Insbesondere *Graf Dohna*, ZStW 59 (1940), 541, 544.
[164] *Bockelmann*, DR 1942, 431, 432.
[165] Grundlagen des Rücktritts vom Versuch in Theorie und Praxis, Berlin/New York 1976, S. 8 ff.
[166] DR 1942, 431.
[167] *Ulsenheimer*, a.a.O., S. 348, 354 ff.

Diese Entscheidung wirkt fort in dem Urteil HRR 1939, 1434. In diesem Fall hatte der Täter einen Notzuchtversuch aufgegeben, weil das Opfer damit drohte, den Vorfall der Ehefrau des Täters zu melden. Aus Angst vor dem "Skandal" mit seiner Ehefrau ist der Täter daraufhin weggelaufen. Der 2. Senat beruft sich in dieser Entscheidung auf das Urteil RGSt 68, 238, daß also auch innere Hemmungen die Freiwilligkeit ausschließen könnten. Zwar genüge dazu nicht die allgemeine Furcht, aufgrund der Entdeckung bestraft zu werden, doch könnten andere Umstände, wie der befürchtete "Eheskandal", hinzutreten und dann das entscheidende Hindernis zur Tatausführung bilden.

Der BGH entscheidet in einem frühen Urteil aus dem Jahr 1952[168] den Fall, daß der Täter durch den Anblick des blutüberströmten Opfers gehindert wird, die Tat fortzuführen, genau umgekehrt. Der Täter hatte hier dem Opfer bereits mehrere Schläge mit einem Beil auf den Kopf versetzt, bevor ihm durch den Anblick des Opfers die Folgen der Tat zu Bewußtsein kamen, er innehielt und Hilfe herbeirief. Nach Ansicht des BGH "fehlten äußere Umstände, die den A in Wirklichkeit oder in seiner Vorstellung veranlaßt hätten, von seinem Plan zurückzutreten"[169]. Ganz ähnlich ist die Entscheidung BGH GA 1956, 89. Der Angeklagte hatte seiner Mutter mit einem Beil einen Schlag auf den Kopf versetzt, sich aber dahin eingelassen, daß ihn der entsetzte Blick der Mutter getroffen habe, als das Beil nur noch weniger als 50 cm von deren Kopf entfernt gewesen sei. Aufgrund des Blickes habe er plötzlich Hemmungen verspürt und seine Mutter nun nicht mehr töten wollen. Der BGH billigt hier die Ausführungen des Landgerichts, daß "der die plötzlichen Hemmungen auslösende Blick der Mutter als Appell an die guten Regungen des Angekl. dessen freie Entscheidung lediglich anregte"[170], und hat keine Bedenken, einen freiwilligen Rücktritt anzunehmen, wozu er sich auf die zu diesem Zeitpunkt noch nicht veröffentlichte Entscheidung BGHSt 7, 296[171] beruft.

Es wäre allerdings vorschnell, von einer Diskontinuität zwischen RG und BGH in Bezug auf die Wertung innerer Hemmungen bei der Freiwilligkeitsprüfung zu sprechen. In einer Entscheidung aus dem Jahr 1957[172] wertet der 1. Senat die Einlassung der Angeklagten, ihn habe "der brechende Blick seines niedersinkenden Opfers an ein Tier auf der Schlachtbank erinnert und ihn in Angst versetzt" und er sei daraufhin nicht mehr in der Lage gewesen, das Geld, auf das er es abgesehen hatte, an sich zu nehmen, dahin, daß kein freiwilliger Rücktritt vorliege. Dabei beruft sich der BGH auf RGSt 68, 238.

In Wirklichkeit liegt auch kein Fall der Diskontinuität vor. Dies zeigt deutlich die Entscheidung BGHSt 21, 216. Daß ein äußerer Umstand beim Täter einen

---

168 Bei *Dallinger*, MDR 1952, 530, 531.

169 Ebd.

170 A.a.O. S. 90.

171 Hierzu s. u.

172 Bei *Dallinger*, MDR 1958, 12.

emotionalen Zwang auslösen kann, der die Ausführung der Tat im Sinne des § 46 Abs. 1 StGB a. F. "hindert", wird dort als feststehende Rechtsprechung angesehen[173].

Die Widersprüche zwischen RGSt 68, 238, RG HRR 1939, 1433 auf der einen und BGH MDR 1952, 530, BGH GA 1956, 89 auf der anderen Seite beruhen darauf, daß die Einlassungen der Angeklagten unterschiedlich **gewertet** werden. Im Grunde besteht Übereinstimmung darüber, daß innere Hemmungen die Freiwilligkeit des Rücktritts ausschließen können. BGHSt 21, 216, 217 spricht davon, daß die "seelische Erschütterung" des Angeklagten einen "zwingenden Grund" bilden könne, von der weiteren Ausführung der Tat abzusehen. Wann der "seelische Druck" so stark ist, daß dem Täter keine Handlungsalternative bleibt, ist eine Frage der Wertung.

Diese fällt, wenn den Täter beim Anblick des zusammenstürzenden Opfers der Mut verläßt, in der Tat im Jahre 1934[174] anders aus als im Jahre 1955[175], wenn der Blick der vom Beilhieb getroffenen Mutter beim Täter "als Appell an die guten Regungen des Angekl. dessen freie Entschließung lediglich anregte"[176]. An dem Urteil BGH MDR 1958, 12 läßt sich überdies erkennen, wie die Einlassung des Angeklagten auf der Grundlage der Fortwirkung von RGSt 68, 238 die Entscheidung vorbestimmt: der Anblick des Opfers versetzte den Täter nach seinen eigenen Angaben so in Angst, daß er das Geld nicht mehr an sich nehmen konnte. Wenn innere Hemmungen relevant sind, und davon ist die Rechtsprechung seit RGSt 68, 238 nicht mehr abgegangen, formuliert der Angeklagte mit dieser Einlassung die Unfreiwilligkeit seines Rücktritts.

RGSt 75, 393 ist das zweite bedeutsame Urteil des RG zur Frage der Freiwilligkeit des Rücktritts, das in der Rechtsprechung des BGH seine Entsprechung hat. Ein polnischer Zivilarbeiter hatte versucht, die 26jährige Tochter der Gutsbesitzerin, bei der er in Stellung war, zu vergewaltigen. Nachdem der Hinweis auf die schwere Bestrafung, die ihm drohe, den Täter nicht zur Aufgabe seines Vorhabens bewegen konnte, griff das Opfer zu einer List. Sie versprach dem Täter, wenn er von ihr ablasse, werde sie später freiwillig in sein Bett kommen. Der Täter ließ sich davon täuschen und gab sein Vorhaben auf. Das RG entscheidet, daß dies nicht freiwillig erfolgt sei. Hierzu nimmt es zunächst Bezug auf die Entscheidungen RGSt 68, 238 und HRR 1939, 1434, daß also auch innere Hemmungen die Freiwilligkeit des Rücktritts ausschließen können. Ein innerer Zwang, die Tat aufzugeben, liege hier vor, da der Täter durch die erfolgreiche Täuschung davon ausgegangen sei, das Opfer werde sich ihm freiwillig hingeben und er daher die

173 Unter Zitierung von BGH MDR 1958, 12 und RGSt 68, 238.

174 RGSt 68, 238.

175 BGH GA 1956, 89.

176 Ebd. S. 90.

"naheliegende Gefahr, bei einer Anzeige ... schwer bestraft zu werden, vernünftigerweise nicht auf sich nehmen konnte und durfte".

BGHSt 7, 296 entscheidet in einem gleichgelagerten Fall umgekehrt. Das Opfer hatte hier den ihr unbekannten Täter mit der Zusicherung späterer freiwilliger Hingabe vom Notzuchtversuch abgebracht in der Hoffnung, daß zwischenzeitlich Passanten zu Hilfe kämen, was auch geschah. Der BGH sieht es als durch das LG nicht hinreichend dargetan an, daß allein die Inaussichtstellung der freiwilligen Hingabe für den Täter ein zwingender Grund zur Verbrechensaufgabe gewesen sei. Dies hatte die 1. Instanz unter teilweise wörtlicher Zitierung von RGSt 75, 393 angenommen. Der BGH legt zwar Wert darauf, daß im Unterschied zu RGSt 75, 393 der Täter dem Opfer unbekannt war, doch hat *Bockelmann* hierzu zutreffend festgestellt, daß die Drohung mit der Anzeige im reichsgerichtlichen Fall beim Täter wirkungslos geblieben sei, und die beiden Fälle doch insofern vergleichbar seien, als erst der durch die Täuschung erregte Irrtum das eigentliche Rücktrittsmotiv gebildet habe.

Liegen vergleichbare Fälle vor, stellt sich hier wiederum die Frage, ob ein Bruch zwischen der Rechtsprechung des Reichsgerichts und der des BGH vorliegt. Für eine Diskontinuität spricht der Leitsatz von BGHSt 7, 296, der unter 3. lautet: "Läßt der Notzuchtverbrecher von seinem Opfer ab, weil es ihm die freiwillige Hingabe verspricht, so kann ein strafbefreiender Rücktritt gegeben sein, wenn die Erzwingung des Beischlafs endgültig aufgegeben wird (Im Grundgedanken abweichend von RGSt 75, 393)". Worin diese Abweichung im Grundgedanken besteht, wird aus der BGH-Entscheidung allerdings nicht recht deutlich. Der BGH will anscheinend einer Verabsolutierung der Entscheidung RGSt 75, 393 in dem Sinne, daß die gelungene Täuschung stets die Freiwilligkeit des Rücktritts ausschließt, gegensteuern. Zu diesem Zweck kritisiert er zum einen die wörtliche Übernahme der reichsgerichtlichen Begründung durch das Landgericht. Die Begründung müsse individuell auf den konkreten Angeklagten und dessen Beweggründe eingehen. Dann stellt der BGH klar, daß das Gesetz nicht von Freiwilligkeit, sondern davon spricht, daß der Täter an der weiteren Ausführung nicht durch Umstände gehindert worden sei, die von seinem Willen unabhängig waren. Für den strafbefreienden Rücktritt sei entscheidend, ob der Täter, auf den von außen eingewirkt werde, noch Herr seiner Entschlüsse bleibe, er also weder durch eine äußere Zwangslage noch durch seelischen Druck gehindert sei, die Tat zu vollbringen. Im Anschluß daran wiederholt der BGH den seit RGSt 16, 182[177] feststehenden Grundsatz, daß es auf die sittliche Qualität der Rücktrittsmotive nicht ankomme.

Es ist nicht zu übersehen, daß BGHSt 7, 296 der Tendenz der späten RG-Rechtsprechung zur Versagung des Rücktrittsprivilegs entgegenwirken will. Dies zeigt sich in der Abweichung von RGSt 75, 393 ebenso wie in der Klarstellung

---

[177] Nachweise bei Bockelmann, DR 1942, 432 und BGHSt 7, 296, 299.

zum Begriff "Freiwilligkeit". Andererseits geht auch der BGH weiterhin davon aus, daß "innere Hemmungen", die von außen angeregt werden, den strafbefreienden Rücktritt ausschließen können. Insofern liegt eine deutliche Kontinuität vor. Der BGH legt aber auch Wert auf die Feststellung, daß die inneren Hemmungen nicht von einer besonderen sittlichen Qualität sein müssen. Dieser Gesichtspunkt war in den zitierten Entscheidungen des RG völlig in den Hintergrund getreten. Gerade darin sieht *Bockelmann*[178] eine Diskontinuität zwischen BGH und RG.

Bockelmann hatte in einer Besprechung von RGSt 75, 393[179] diesem Urteil im Ergebnis zugestimmt, dem RG aber vorgeworfen, es werde in der Begründung nicht deutlich gemacht, daß das RG von einem psychologisch gefaßten zu einem ethisch bestimmten Begriff des freiwilligen Rücktritts übergehe. Nach *Bockelmann* sind die späten Entscheidungen des RG nur nachzuvollziehen, wenn man davon ausgeht, daß die Entscheidung des Täters zwar frei, aber sittlich verwerflich gewesen und ihm deshalb das Rücktrittsprivileg (zu Recht) zu versagen gewesen sei. Der kriminalpolitische Sinn des § 46 liege in der Belohnung der Verdienstlichkeit der Tataufgabe. "Von da aus ist es nur ein Schritt zu der Erkenntnis, daß ein Verdienst nicht immer da bereits erworben ist, wo der Täter überhaupt freiwillig handelte, sondern erst da, wo er von seiner Freiheit den rechten Gebrauch machte ... Freiwillig muß der Rücktritt sein, weil nur ein freier Wille ein guter Wille sein kann. Strafbefreiend wirkt der Rücktritt deshalb erst dann, wenn er nicht nur freiwillig, sondern auch sittlich anerkennenswert ist"[180]. Den Maßstab, an dem die sittliche Bewertung vorzunehmen ist, benennt *Bockelmann* auch:"Allgemein darf festgestellt werden, daß die Quelle, aus der die maßgebenden Normen zu schöpfen sind, dieselbe sein muß, auf welche die Rechtssordnung auch sonst verweist: das gesunde Volksempfinden"[181].

Bockelmann hielt nach dem Krieg an seiner Ansicht fest[182], von der aus die Entscheidung BGHSt 7, 296 sich natürlich als ein Rückschritt darstellt. Das Gewicht, das der BGH auf die Irrelevanz der sittlichen Qualität des Rücktrittsmotivs legt, läuft der Ansicht *Bockelmanns* diametral zuwider. "Anders als es die h. L. will, ist die sittliche Qualität der Antriebe zum Rücktritt also nicht gleichgültig, sondern entscheidend"[183]. Als Maßstab soll nun nicht mehr das gesunde Volksempfinden dienen, sondern die "esoterische Moral des Rechts"[184]. Um dies zu verdeutlichen, greift Bockelmann auf seine früheren Ausführungen zurück: der Rücktritt ist dann nicht freiwillig, wenn das Rücktrittsmotiv selber den Täter wie-

---

178 NJW 1955, 1417 ff.
179 DR 1942, 431 ff.
180 A.a.O. S. 433.
181 Ebd.
182 Vgl. NJW 1955, 1417 ff.
183 A.a.O., S. 1421.
184 Ebd.

der mit einem neuen Makel belastet. Nach diesem Maßstab habe die Rechtsprechung auch in zunehmendem Maße geurteilt, so daß sich für *Bockelmann* BGHSt 7, 296 eher als Ausnahmeerscheinung in der historischen Entwicklung darstellt.

Die vorliegende Untersuchung kann *Bockelmanns* Beurteilung nicht teilen. Eine "Ethisierung" der Strafrechtspflege war im Nationalsozialismus Programm[185], und insofern sind die späteren Entscheidungen des RG zum Freiwilligkeitsbegriff hiervon nicht unbeeinflußt. *Bockelmann* unternimmt aber auch nach 1945 den Versuch, die Ethisierung, die im wesentlichen an das Vorverständnis des Rechtsanwenders appelliert, zum Prinzip zu erheben. Dadurch sollen (bisher) ungenannte Urteilsmotive offengelegt und als die entscheidenden benannt werden. Der BGH geht diesen Weg jedoch nicht mit und lehnt die Auffassung *Bockelmanns* ausdrücklich ab[186]. Statt dessen kehrt der BGH zum Prinzip der Unbeachtlichkeit der sittlichen Qualität des Rücktrittsmotivs zurück, wobei er sich in Argumentation und Ergebnis gegen die späten RG-Entscheidungen stellt. Die Frage bleibt allerdings, ob *Bockelmanns* Bewertung nicht doch ein latent vorhandenes, künftig aber erst recht ungenannt bleibendes Motiv der Rechtsprechung offenlegt.

Eine andere Frage ist, inwieweit *Bockelmanns* Ansatz in der **Dogmatik** fortgewirkt hat. *Roxin*[187] hat darauf hingewiesen, daß Bockelmann den Ansatzpunkt für eine **normative** Deutung des Freiwilligkeitsbegriff geboten habe, die im modernen Schrifttum mit der **Strafzwecklehre** vorherrschend vertreten werde[188]. Den Vertretern der Strafzwecklehre ist indes gemeinsam, daß sie im Gegensatz zu *Bockelmann* keine **sittliche** sondern eine **rechtliche** Bewertung des Rücktrittsgeschehens vornehmen wollen.

BGHSt 7, 296, 297 enthält im übrigen zu einem anderen Problem der Rücktrittsprüfung eine interessante Kontinuität zwischen RG und BGH. Vor 1933 war es h. A., daß bereits das bloße Aufgeben der konkreten Tatausführung, auch wenn der Täter sich vorbehält, bei passenderer Gelegenheit oder mit geeigneteren Mitteln zum Erfolg zu gelangen, zum strafbefreienden Rücktritt führen kann[189]. RGSt 72, 349, 351 entscheidet 1938 hingegen, ohne die entgegenstehenden Stimmen in der Literatur auch nur zu erwähnen, daß die Aufgabe lediglich einer bestimmten Ausführungsweise, ohne daß der Täter von dem erstrebten Ziel abrückt, kein strafbefreiender Rücktritt sein könne. Im konkreten Fall hatte die Täterin das Opfer

---

[185] Hierzu vgl. o. Teil C, Kapitel 1.

[186] BGHSt 7, 296, 300.

[187] ESJ - Allgemeiner Teil, 2.Aufl. 1984, S. 179.

[188] Beginnend mit *Roxin*, ZStW 77 (1965), 60, 96 ff. und *dems.*, Festschrift für *Heinitz*, 1972, S. 251 ff.; Überblick über die Literatur zur **Strafzwecklehre** bei *Herzberg*, Festschrift für *Lackner*, 1987, S. 325, 326 Fn. 2.

[189] *Frank*, 18. A., S. 98; *v. Olshausen/Niethammer*, § 46, 11 a mit Verweis auf unveröffentlichte Entscheidungen des RG; *v. Liszt/Schmidt*, § 48 II 1; *Allfeld*, *Frank*-Festgabe II, S. 74 ff., 79; a. A. aber immer schon *Binding*, Grundriß des Deutschen Strafrechts, 8. Aufl. 1913, S. 139.

mit vergiftetem Kaffee umbringen wollen. Das Opfer spie den Kaffee aber wegen des üblen Geschmacks aus; als das Opfer später trotzdem noch einmal von dem Kaffee probieren wollte, verschüttete die Täterin diesen absichtlich. Später verwirklichte die Täterin ihr Ziel auf andere Weise. Ohne sich zu entscheiden, ob, in Bezug auf das absichtliche Verschütten der vergifteten Flüssigkeit, § 46 Nr. 1 oder Nr. 2 StGB einschlägig sein könnte, meint das RG apodiktisch:"Bei einer solchen Sachlage, d. h. bei einem bloßen Ändern der Tatmittel, die zu dem unverändert gewollten Enderfolge führen sollen, kann keinesfalls von einem Rücktritt vom Versuch i. S. des § 46 StGB die Rede sein (vgl. RG Urt. v. 11. April 1927 2 D 238/27)"[190].

Das RG entschied hier also eine Streitfrage, ohne dies hinreichend kenntlich zu machen. Dies macht es dem BGH leicht, sich der in RGSt 72, 349 vertretenen Ansicht anzuschließen. In BGHSt 7, 296, 297 heißt es schlicht:"Diese Vorschrift (gemeint ist § 46 Nr. 1 StGB) setzt zunächst voraus, daß der Täter die Durchführung seines Verbrechensentschlusses im ganzen und endgültig aufgibt. Dies ist in der Rechtsprechung und im Schrifttum anerkannt (RGSt 72, 350, 351; LeipzKomm 7. Aufl. 1954 Anm. III A 2 zu § 46 StGB), auch wenn im Gesetz das Wort 'endgültig' nicht enthalten ist, worauf Allfeld (Festgabe für R. v. Frank II, 79) unter Verweisung auf ehemaliges bayerisches Landesrecht hinweist". Der BGH nimmt hier eine einzige Entscheidung des RG, die zudem der h. A. nicht entsprochen hat, als Beleg dafür, daß "die" Rechtsprechung eine bestimmte Ansicht vertrete. Die Entscheidung RGSt 72, 349 eignet sich für ein solches Zitat auch besonders gut, da sie ihrerseits jede Auseinandersetzung mit der h. A. unterläßt. Das geschah wohl auch nicht unbewußt, denn daß die h.A. entgegenstand, war den Zeitgenossen, wie sich aus der Äußerung *Bockelmanns*[191] ergibt, bekannt. Nicht zweifelhaft ist allerdings, daß die Entscheidung RGSt 72, 349 dem Zeitgeist entsprach. Die Vergünstigung des strafbefreienden Rücktritts soll nur demjenigen Täter zu gute kommen, der sich auch von seiner "bösen" Gesinnung löst und sich nicht etwa noch die Tatverwirklichung zu einem günstigeren Zeitpunkt vorbehält. Von hier aus wird aber deutlich, wie problematisch die fugenlosen Kontinuität ist, die BGHSt 7, 296, 297 herstellt[192]. In einer weiteren Entscheidung BGH NJW 1957, 190 nimmt der

---

190 Interessanterweise beruft sich *Niethammer* in *Olshausens* Kommentar für die Gegenmeinung ebenfalls auf ein unveröffentlichtes RG-Urteil aus dem gleichen Zeitraum ohne die Entscheidung, auf die sich RGSt 72, 349 stützt, zu erwähnen.

191 DR 1942, 429, 432.

192 Geradezu irreführend an dieser Entscheidung ist, daß sie als abweichende Ansicht lediglich auf *Allfelds*, in der Tat bedeutsamen, Aufsatz in der Festgabe für *Frank* mit dem Hinweis Bezug nimmt, Allfeld verweise auf ehemaliges bayerisches Landesrecht. In dem Aufsatz führt *Allfeld* die verschiedenen konstruktiven Möglichkeiten des Gesetzgebers in Bezug auf den Rücktritt vor, wozu er unter anderem als Beispiel das bayerische Landesrecht vor Inkrafttreten des bayerischen StGB von 1813 nennt. Die historischen Ausführungen dienen aber nur dazu, *Allfelds* Hauptargument zu stützen, aus dem Wortlaut des § 46 StGB ergebe sich, daß sich der Reichsstrafge-

BGH Bezug auf die, an die "Rspr. des RG"[193] anschließende Entscheidung BGHSt 7, 296 und wendet deren Grundsatz auf die fortgesetzte Handlung an: die Aufgabe eines Einzelaktes führt bei dem zur fortgesetzten Tat entschlossenen nicht zu einem strafbefreienden Rücktritt. Hieran hat der BGH bis in die jüngste Zeit festgehalten[194]. Die heute h. M. pflichtet dem bei[195].

5. Die Auslegung des Begriffs "unzüchtige Handlung"

Im Verlaufe der Strafrechtsentwicklung im Nationalsozialismus wird die subjektive Einstellung des Täters, bzw. das, was man als subjektive Einstellung des Täters als festgestellt erachtet, immer bedeutsamer. Dies geht so weit, daß die verwerfliche Absicht in den Mittelpunkt der Tatbestandsprüfung rückt, und letztlich entscheidend wird. Dies soll an Hand der Rechtsprechungsänderung, die mit der Entscheidung RGSt 67, 110 zum Begriff der **unzüchtigen Handlung** im Sinne der §§ 174, 176 StGB a.F. beginnt, erläutert werden. Es geht dabei um das Problem, ob allein die unzüchtige **Absicht** des Täters einen Vorgang ohne äußerlich erkennbaren Sexualbezug zu einer unzüchtigen **Handlung** machen könne. Der Angeklagte hatte Jungen unter 14 Jahren durch Schläge auf das Gesäß mit einem Rohrstock gezüchtigt, wodurch er sich sexuell erregte. Der 2. Senat hält dies auch dann für eine unzüchtige Handlung, wenn der Sexualbezug nach aussen nicht erkennbar war. Ausgangspunkt ist dabei, daß nach der feststehenden Rechtssprechung des RG eine Handlung dann unzüchtig ist, wenn sie das allgemeine Scham- und Sittlichkeitsgefühl in geschlechtlicher Beziehung verletzt[196]. Dies setzt zunächst eine äußere Betrachtung der Handlung voraus. Hierzu hatte das RG **vor 1933** die Auffassung vertreten, daß eine äußerlich nicht unzüchtige Handlung, wie z.B. ein Kuß[197] oder die Berührung des nackten Gesäßes[198], allein durch die wollüstige Absicht des Täters, im letztgenannten Fall eines Homosexuellen, nicht unzüchtig werden kann[199]. Dies erkennt der 2. Senat auch, denn er zitiert diese Entscheidungen[200],

---

setzgeber für diejenige Konstruktion entschieden habe, die eine endgültige Aufgabe des Tatentschlusses gerade nicht voraussetze. Allfelds Position wird also völlig verzerrt dargestellt, wenn man behauptet, er stütze sie durch einen Verweis auf ehemaliges bayerisches Landesrecht.

193 Gemeint ist RGSt 72, 349.

194 Vgl. BGHSt 33, 142, 144 f.; BGH NJW 1980, 602 f.

195 Vgl. *Lackner*, 17. Aufl., § 24, 3 a) aa); *Dreher-Tröndle*, 43. Aufl., § 24, 5; *LK-Vogler*, 10. Aufl. § 24, 75; a. A. *Schmidhäuser*, Studienbuch AT, 2.Aufl. 1985, 11/82, sowie *Bottke*, JR 1980, 441 ff. und JA 1981, 63.

196 Seit RGSt 32, 419 verzichtet das RG dabei auf die Einschränkung, daß das Schamgefühl "gröblich" verletzt sein müsse; vgl. dazu *Thomsen*, GS 80 (1913), 241, 248.

197 RG JW 1925, 366, 367.

198 RG LZ 1920, 898.

199 Vgl. auch die Anm. zu RG JW 1925, 366 von *W. Mittermaier*, ebd.

200 RGSt 67, 110, 112.

behauptet dann aber, äußere und innere Tatseite dürften nicht streng gegeneinander abgegrenzt werden. Vielmehr könne die Frage, ob eine Handlung nach ihrem äußeren Erscheinungsbild unzüchtig sei, gar nicht beantwortet werden, ohne daß man die sie begleitende **Gesinnung**, insbesondere den mit der Handlung verfolgten Zweck, berücksichtige. Damit kehrt der Senat die bis dahin geltende Rechtsprechung des RG um. Zwar war immer verlangt worden, daß der Täter in wollüstiger Absicht, aus "Geilheit" gehandelt haben müsse[201], doch hatte dies eine strafbarkeitseinschränkende Funktion. Derjenige, der zwar eine äußerlich unzüchtige Handlung vornahm, dabei aber subjektiv keine unzüchtige Absichten verfolgte, machte sich nicht strafbar[202]. RGSt 67, 110 nimmt nun aber die Gesinnung als entscheidendes Indiz für die Unzüchtigkeit auch dort, wo äußerlich eine solche nicht zu erkennen ist: "Es ist daher nicht entscheidend ... ob die Wollust des Täters oder die Absicht, Wollust zu erregen, *erkennbar*[203] hervortritt. Die zuletzt bezeichnete Voraussetzung würde zu dem unmöglichen Ergebnis führen, daß unter Umständen die Handlung eines Täters, dessen wollüstige Absicht in der Miene oder sonst zum Ausdruck kommt, als unzüchtig anzusprechen wäre, während dieselbe Handlung eines anderen, der seine Absicht zu verbergen versteht, nicht unzüchtig wäre ... So sind Fälle denkbar, bei denen die äußere Handlung wegen ihrer harmlosen Erscheinungsform für sich allein nicht geeignet wäre, das Gefühl der Allgemeinheit in dem gedachten Sinn zu verletzen, bei denen aber die noch hinzutretende wollüstige Absicht des Täters diese Verletzung hervorruft"[204].

Das RG erweitert hier also den Anwendungsbereich des § 176 StGB entscheidend dadurch, daß es äußerlich neutrale Handlungen, soweit sie nur auf einer wollüstigen Absicht beruhen, in den Kreis der Strafbarkeit mit einbezieht. Eine Schlüsselfunktion kommt nunmehr dem **Sittlichkeitsgefühl der Allgemeinheit in geschlechtlicher Beziehung** zu. Dieses von der Rechtsprechung geschaffene Tatbestandsmerkmal dient als Korrektiv, damit die Ausweitung des Tatbestandes nicht ins Uferlose führt und differenzierte Wertungen noch möglich sind. Dies zeigt eine ungefähr 6 Wochen später vom selben Senat verkündete Entscheidung[205]. Hier war der Täter nun nicht ein sadistisch veranlagter Homosexueller, sondern ein Arzt, der gegenüber seinen minderjährigen Praxishelferinnen zudringlich geworden war. Der 2. Senat bestätigt hier zwar, daß es im Sinne seiner eigenen Rechtsprechung auf die Erkennbarkeit der geschlechtlichen Erregung des Täters nicht ankomme, hat aber Skrupel, das Streichen über die nackten Waden eines Mädchens oder die Berührung der Brust über den Kleidern, auch wenn die Handlungen eindeutig sexuell motiviert waren, als unzüchtig anzusehen:"Mögen solche

---

201 Vgl. RGSt 28, 77, 79 m.w.N..
202 Vgl. insbesondere RGSt 28, 77
203 Hervorhebung im Original.
204 A.a.O. S. 113.
205 RGSt 67, 170.

Handlungen auch ... gröblich das Schamgefühl verletzen, so bleibt doch fraglich, ob sie auch das allgemeine Sittlichkeitsgefühl in geschlechtlicher Beziehung verletzen. Die Grenze ist nicht leicht zu ziehen. Bei der Abwägung wird der Tatrichter nicht ganz außer acht lassen dürfen, daß unzüchtige Handlungen im Sinne der §§ 174 und 176 StGB in erster Linie mit der schweren Strafe des Zuchthauses bedroht sind, und daß selbst beim Vorhandensein mildernder Umstände die geringste zulässige Strafe sechs Monate Gefängnis beträgt ... Wenn auch das hohe Rechtsgut der Geschlechtsehre einen nachdrücklichen Schutz verlangt, so kann doch dem Strafsystem entnommen werden, daß der Gesetzgeber nicht jede, selbst unbedeutende auf Sinneslust beruhende oder darauf abzielende Berührung oder handgreifliche Zudringlichkeit als Verbrechen bestraft wissen wollte. Das entspricht auch der Volksanschauung, die für die Frage, ob das Sittlichkeitsgefühl der Allgemeinheit in geschlechtlicher Beziehung verletzt ist, ins Gewicht fällt. Für ganz leichte Fälle solcher Zudringlichkeiten reichen die für die Beleidigungen gegebenen Strafbestimmungen aus"[206]. Es geht mit der Subjektivierung also nicht starr um eine Ausweitung der Strafbarkeit, sondern wie so oft um eine Flexibilisierung der Tatbestandsanwendung auf der Grundlage wertender Betrachtung. Genügt beim sadistisch veranlagten Homosexuellen allein die sexuelle Absicht, um eine an sich neutrale Handlung zur unzüchtigen werden zu lassen, reicht bei einem Arzt, der in seiner Praxis beschäftigte Mädchen durch Handlungen mit eindeutigem Sexualbezug und entsprechender Motivation belästigt, dies allein zur Tatbestandserfüllung nicht aus. Hier scheint die gesellschaftliche Position des Täters Anlaß dafür zu sein, über Subsidiaritäten im Straftatsystem nachzudenken, mit dem Ergebnis, daß leichte Fälle sexueller Zudringlichkeit, auch wenn sie "auf Sinnenlust" beruhen, als Beleidigung hinreichend bestraft werden können. Daran zeigt sich, wie weit sich das RG schon vom Tatbestandssystem weg hin zu einer freien richterlichen Bewertung von Handlungen entwickelt hatte. Eine solche wertende oder "ganzheitliche" Betrachtung war im Nationalsozialismus Programm[207]. Hinter ihr steht der Gedanke, daß die **Entscheidung** ein Wert an sich ist, der nicht vollends rationalisierbar ist[208]. Diese Tendenz kam der einzelfallbezogenen Rechtsprechung natürlich sehr entgegen, da der fehlende Zwang, Entscheidungen rational zu legitimieren, nahezu alle Wertungen zuließ.

Unwidersprochen bleibt die Subjektivierung des Begriffs der unzüchtigen Handlung innerhalb des RG indes nicht. Der 4. Senat verkündete 1936 eine Entscheidung[209], die schulmäßig die Entwicklung der Rechtsprechung zum Begriff der

---

206 RGSt 67, 170, 173.

207 Hierzu Ingo Müller, Das Strafrecht im Dritten Reich, in Justiz und Nationalsozialismus - kein Thema für deutsche Richter, Schriftenreihe des Gustav-Stresemann-Instituts Bd. 1, 1984, S. 83, 85.

208 Hierzu oben Teil C 1.

209 JW 1936, 1974 = HRR 1936, Nr. 1387.

unzüchtigen Handlung referiert. Insbesondere wird hervorgehoben, daß der 2. Senat in der Entscheidung RGSt 67, 110 von dem Erfordernis der äußeren Erkennbarkeit abgerückt ist, dann aber, "offensichtlich um einer Überspannung des Begriffs der Unzüchtigkeit vorzubeugen"[210], in RGSt 67, 173 zu der Einschränkung gekommen sei, daß nicht jede Handlung, die auf Sinneslust beruhe, unzüchtig sein müsse. Nach Ansicht des 4. Senats kommt dies im Ergebnis der früheren Rechtsprechung nahe und so hebt er die Verurteilung eines Mannes auf, der ein 12jähriges Mädchen mit einem Arm um den Rücken gefaßt und es einen Augenblick an seinen Körper gedrückt hatte. Das LG hatte hierin eine unzüchtige Handlung erblickt, da der Mann gehandelt habe, um sich geschlechtlich zu befriedigen. Auf der Basis von RGSt 67, 110 hätte dies zur Verurteilung genügt. Der 4. Senat indes steht auf dem Boden der früheren Rechtsprechung, was auch eine nur im Leitsatz mitgeteilte Entscheidung[211] vom April 1936 vermuten läßt, wo der Senat zur Begründung des Satzes, daß selbst geschmacklose oder widerwärtige Liebkosungen nicht unzüchtig zu sein brauchen, ausschließlich auf ältere Rechtsprechung verweist.

Der Versuch des 4. Senats, die durch RGSt 67, 110 eingetretene Rechtsprechungsänderung mit der früheren Rechtsprechung in Einklang zu bringen, war jedoch nicht erfolgreich. Bezeichnenderweise sprach auch der 4. Senat davon, daß "im Ergebnis" der 2. Senat mit der früheren Rechtsprechung übereinstimme. Der entscheidende Unterschied war aber doch, daß der 2. Senat die Grenzen zwischen objektiv unzüchtiger Handlung und subjektiver Einstellung des Täters niedergerissen und dabei das Schwergewicht auf die subjektive Seite gelegt hatte. War Letztere erfüllt, sollte nur in Ausnahmefällen (objektiv) harmloses Tun **nicht** unzüchtig sein - damit war das frühere Regel-Ausnahmeverhältnis umgekehrt. Dies bestätigte insbesondere die Rechtsprechung des 3. Senats, der in mehreren Entscheidungen[212] betonte, daß es nicht angehe "hinsichtlich des Begriffes der unzüchtigen Handlung den äußeren Ablauf der Vorfälle von der mit ihm verfolgten Absicht des Täters zu trennen"[213].

Der 2. Senat hält in einer Entscheidung aus dem Jahre 1938 Kniffe in das Gesäß eines Knaben durch einen Homosexuellen für eine unzüchtige Handlung, da der Täter in der Absicht, sich geschlechtliche Erregung zu verschaffen, gehandelt habe. Unerwähnt bleibt, daß dadurch von der Entscheidung LZ 1920, 898 abgewichen wird, wo ein gleich gelagerter Fall genau umgekehrt entschieden worden war.

Auch der 1. Senat folgt dieser Linie. In der Entscheidung DR 1940, 1825 geht er zwar im Grundsatz davon aus, daß es harmlose Handlungen gäbe, die, auch

---

[210] RG a.a.O.
[211] JW 1936, 1909 Nr. 18.
[212] JW 1936, 2997 Nr. 22; HRR 1938, Nr. 258; JW 1939, 275 Nr. 3.
[213] So in JW 1936, 2997.

wenn sie auf Geschlechtslust zurückzuführen wären, nicht unzüchtig seien, wobei er sich ausdrücklich auf das Urteil des 4. Senats, JW 1936, 1974, beruft. Im konkreten Fall aber kommt der Senat zur Annahme einer unzüchtigen Handlung. Der Täter ist ein vorbestrafter Homosexueller, der einen 11jährigen Jungen über der Kleidung auf dem Rücken gestreichelt, ihn umarmt und geküßt hatte. Dies sei objektiv betrachtet noch nicht unzüchtig. Da man aber die äußere und die innere Tatseite nicht allzu streng trennen dürfe, müssse man die Gesinnung und die Willensrichtung des Täters und die gesamten Begleitumstände berücksichtigen, was zur Annahme der Unzüchtigkeit führe. Ausdrücklich stellt der Senat dabei auf die Vorverurteilungen des Angeklagten wegen unzüchtiger Handlungen mit Knaben ab, was wiederum ein Beleg dafür ist, daß sie Subjektivierung die Verfolgung bestimmter Tätergruppen erleichterte.

Der Satz, daß der äußere Eindruck einer Handlung für sich allein nicht über deren Unzüchtigkeit entscheide, sondern daß maßgebend das Urteil eines Beobachters sei, der die Handlung in ihrer ganzen Bedeutung, insbesondere auch die Gesinnung des Täters kenne, gehört seit BGHSt 2, 163, 167 zum ständigen Inventar der BGH-Rechtsprechung zur unzüchtigen Handlung. In der erwähnten Entscheidung wird dabei zutreffend RGSt 67, 112 zitiert, irreführenderweise aber auch RGSt 58, 277, ein Urteil, das (nach der damaligen Rechtsprechung) **objektiv** unzüchtige Handlungen betraf.

In BGHSt 2, 212, einem Fall in dem der Täter Mädchen unter 14 Jahren dazu veranlaßt hatte, Kopfstände zu machen, damit er ihre Unterwäsche sehen konnte, wird das Hauptgewicht auf die "näheren Umstände" gelegt, aus denen sich die Unzüchtigkeit einer Handlung ergeben soll. Es bleibt allerdings nicht unerwähnt, daß dabei auch die wollüstige Absicht des Täters zu berücksichtigen ist. Gerade dadurch zog sich der BGH die Kritik von *Lackner*[214] und *Schmidt-Leichner*[215] zu. Beide werfen dem BGH vor, nicht zwischen der objektiven, äußerlich sichtbaren Unzüchtigkeit der Handlung und der subjektiven Seite des Tatbestandes unterschieden zu haben. Diese Unterscheidung, meint *Lackner*[216], entspreche der bisherigen Rechtsprechung. Es sei nicht möglich, zum Nachweis des objektiven Moments der Tatbestandshandlung das subjektive heranzuziehen, wobei er auf die Urteile RG JW 1925, 366 und HRR 1936 Nr. 1387 verweist. *Schmidt-Leichner*[217] gar behauptet, Rechtsprechung und Schrifttum seien seit jeher darin einig, daß zur unzüchtigen Handlung zunächst eine objektive Verletzung des Scham- und

---

214 MDR 1952, 375.

215 NJW 1952, 712.

216 A.a.O.

217 A.a.O.; dabei müßte *Schmidt-Leichner* einen besonders guten Überblick über die Rechtsprechungsentwicklung im Dritten Reich gehabt haben, da er im Reichsjustizministerium für die Herausgabe der berüchtigten "Richterbriefe" zuständig war, vgl. *Boberach* (Hrsg.), Richterbriefe, 1975, S. XX; *Kaul*, Geschichte des RG IV, S. 244, Anm. 10.

Sittlichkeitsgefühls gehöre. Beide Autoren ignorieren dabei, daß der BGH lediglich eine Entwicklung fortsetzt, die beim RG nach 1933 eingesetzt hat. Daran ändert auch nichts, daß *Lackner* das Urteil RG JW 1936, 1974 aus dem Jahre 1936 zitiert. Denn diese Entscheidung des 4. Senats war, wie oben gezeigt, eine Ausnahme, welche die durch RGSt 67, 110 eingetretene Rechtsprechungsänderung nicht aufhalten konnte. Gerade dieses Urteil und die ihm folgenden Entscheidungen des RG fehlen eigenartigerweise bei *Lackner* und *Schmidt-Leichner*. Frucht dieser beiden Anmerkungen ist die Entscheidung BGH NJW 1954, 120[218], die betont, daß zwischen Handlungen von gewisser äußerer Erheblichkeit und zwischen kurzen oder unbedeutenden Berührungen zu unterscheiden sei. Letztere seien auch dann keine unzüchtigen Handlungen, wenn sie auf Sinnenlust beruhten oder darauf abzielten. Hierfür zitiert der BGH die Entscheidung BGHSt 2, 166, 167, die dies aber so nicht sagt, sondern durchaus die Berücksichtigung der Gesinnung des Täters fordert. Weiterhin macht der Senat darauf aufmerksam, daß schamverletzende und anstößige Handlungen unterhalb der Schwelle der Unzüchtigkeit als tätliche Beleidigungen beurteilt werden könnten. Damit greift der BGH den in RGSt 67, 170, 173 geäußerten Subsidiaritätsgedanken wieder auf.

Diese einschränkende Tendenz, die sich in der vorerwähnten Entscheidung des 4. Senates des BGH andeutet, findet indes zunächst keine Fortsetzung. In einer ausführlich begründeten Entscheidung aus dem Jahre 1956[219] bezieht sich der BGH ausdrücklich auf die Entscheidung RGSt 67, 110 um zu begründen, daß es auf die äußerliche Erkennbarkeit des Geschlechtsbezugs einer Handlung nicht ankomme. Die Unzüchtigkeit könne sich durchaus erst aus den vom Angeklagten verfolgten Absichten ergeben (in dem Fall hatte der Lehrer einer Mädchenklasse die Kinder beim Schwimmunterricht veranlaßt, keine Badeanzüge anzuziehen). Der Senat verkennt nicht, daß unbedeutende Berührungen oder handgreifliche Zudringlichkeiten, auch wenn sie auf Sinnenlust beruhen, nicht in jedem Fall unzüchtig sein müssen, wobei er RGSt 67, 170, 173 zitiert. Im konkreten Fall aber (der Lehrer hatte die Schülerinnen nach dem Baden "am ganzen Körper" abgetrocknet) habe das Landgericht, das den Angeklagten freigesprochen hatte, "nicht hinreichend beachet, daß ... nicht allein das äußere Erscheinungsbild der Handlung entscheidend ist, sondern daß es hierbei auch auf die Persönlichkeit und die Beziehungen der Beteiligten sowie auf die sonstigen Begleitumstände des Falles - z. B. den Tatort, die Gesinnung und den Beweggrund des Täters - ankommt. All das ist in Verbindung mit dem äußeren Geschehen unter Berücksichtigung des sittlichen Empfindens der Allgemeinheit zu würdigen"[220]. Dies ist genau die Vermengung von sub-

---

[218] = LM § 176 Abs. 1 Ziff. 3 StGB Nr. 8.
[219] BGH LM § 176 Abs. 1 Ziff. 3 StGB Nr. 13.
[220] BGH a.a.O., Bl. 373.

jektiven und objektiven Elementen, die es nach *Lackner*[221] und *Schmidt-Leichner*[222] in ständiger Rechtsprechung gar nicht geben soll. Die Gesinnung des Täters ist nicht zusätzliches Element, das die Strafbarkeit einer bereits äußerlich unzüchtigen Handlung erst begründet, sondern konstituiert selbständig die Unzüchtigkeit einer äußerlich neutralen Handlung. Darüberhinaus sollen hierfür auch die Persönlichkeit und die Beziehungen der Beteiligten, Merkmale, die für den Beobachter ebensowenig erkennbar sind wie die Gesinnung des Täters, berücksichtigt werden. Dies läuft auf das hinaus, was sich in der Rspr. des RG bereits andeutete: insbesondere Personen mit einschlägigen Vorverurteilungen und solche, bei denen keine enge Täter-Opfer-Beziehung besteht, so daß sich ein vertraulicher Umgang nicht erklären läßt, werden durch diese Umstände zum Täter gemacht. Daß es einschlägig Vorbestrafte vor Gericht schwerer haben als Unbestrafte ist bekannt; daß jedoch die Tatsache ihrer Vorverurteilung zum Tatbestandskonstitutiv erhoben wird, ist wohl einmalig.

Für die Vermengung von objektiven und subjektiven Merkmalen besonders signifikant ist die Entscheidung BGHSt 17, 280. Der Angeklagte hatte hier einem 10jährigen Mädchen 1,- DM versprochen, wenn es seinen Rock hochheben und dadurch seinen Schlüpfer sehen lasse. Das OLG Bremen hatte hierin keine Verleitung zu einer unzüchtigen Handlung gesehen, da das äußere Geschehen nicht unzüchtig sei und die wollüstige Absicht des Täters es nicht dazu machen könne. An einer Freisprechung sah sich das OLG allerdings durch die Entscheidung BGHSt 2, 212 (Kopfstand) gehindert, und daher kam es zur Vorlage zum BGH. Dieser hält seine Rechtsprechung insofern aufrecht, als die Tatbestandsalternative "Vornahme einer unzüchtigen Handlung mit einem Kind" betroffen ist. Für diese Fälle sei an dem in RGSt 67, 110 entwickelten Grundsatz, daß die innere Einstellung des Täters eine Handlung, die einen Geschlechtsbezug äußerlich nicht erkennen lasse, zu einer unzüchtigen machen könne, uneingeschränkt festzuhalten[223]. Allerdings könne man diesen Grundsatz, anders als dies BGHSt 2, 212 getan habe, nicht uneingeschränkt auf die Tatbestandsalternative "Verleitung zur Verübung einer unzüchtigen Handlung" übertragen. Hier lasse sich die Unzüchtigkeit der Handlung nicht unabhängig von der Willensrichtung des Kindes beurteilen. Wollten Kinder z. B. nur eine turnerische Leistung vorführen, und gäben sie dabei arglos einen Blick auf ihre Unterkleidung frei, so verübten sie keine unzüchtige Handlung. Der BGH gibt also insofern seine in BGHSt 2, 212[224] vertretene Rechtsprechung auf. Im vorliegenden Fall beseitige dies allerdings nicht die Unzüchtigkeit, da das Hochheben des Rockes keinen anderen Zweck haben könne, als

221 S.o.

222 S.o.

223 BGHSt 17, 280, 285.

224 Vgl. auch die Entscheidung 4 StR 401/53 v. 10. September 1953 (Reiten eines fünfjährigen Mädchens auf einem Spielstöckchen wie auf einem Steckenpferd).

das Betrachten der Unterwäsche zu ermöglichen. Der BGH macht dann allerdings den allgemeinen und bereits bekannten Vorbehalt, daß alle Umstände des Einzelfalles zu berücksichtigen seien, um geringfügige Fälle auszuscheiden. In Zweifelsfällen solle sich der Richter fragen, ob die Schwere der angedrohten Strafe in einem angemessenen Verhältnis zum Unrechtsgehalt der Handlung stehe. Geringfügigkeit sei aber nur dann anzunehmen, wenn jede seelische Gefährdung des Kindes ausgeschlossen sei. Dies führt zur Formulierung eines Leitsatzes, in dem die Vermischung objektiver und subjektiver Merkmale augenscheinlich wird: "Ausnahmsweise kann nach den Umständen des Einzelfalles, sofern jede **seelische** Gefährdung des Kindes durch den Vorgang ausgeschlossen ist, dessen Handlung einer gewissen **äußeren** Erheblichkeit und damit des unzüchtigen Charakters entbehren"[225].

Noch in einer Entscheidung aus dem Jahre 1966[226] hält der BGH an den in RGSt 67, 110 entwickelten Grundsätzen fest. Dabei verschiebt er allerdings die Prioritäten. In erster Linie sei auf die tatsächlichen Umstände Rücksicht zu nehmen, die sich nicht allein aus dem äußeren Erscheinungsbild ergäben, sondern bei denen auch auf die Persönlichkeit und die Beziehungen der Beteiligten und die sonstigen Begleitumstände Rücksicht zu nehmen sei. Eine äußerlich nicht unzüchtige Handlung könne, wenn sie z. B. durch einen Lehrer oder einen Polizisten vorgenommen werde, durchaus unzüchtig sein. Maßgebend sei, wie ein das Verhalten des Täters Beobachtender es beurteilen würde, wenn ihm sowohl das äußere Geschehen als auch die es begleitende Willensrichtung bekannt wären. Danach macht der BGH die übliche Einschränkung, daß nämlich im Hinblick auf den Verbrechenscharakter der §§ 174, 176 StGB die geschlechtsbezogenen Handlungen "von einem gewissen äußeren Gewicht" sein müßten, um tatbestandsmäßig zu sein. Anderenfalls würden sie auch dann nicht zu unzüchtigen Handlungen, wenn sie "auf Sinnenlust" beruhten.

Diese Entscheidung referiert prägnant noch einmal die verschiedenen Auslegungshilfen, die sich die Rechtsprechung zum Begriff der unzüchtigen Handlung im Laufe der Zeit gebildet hatte. Deutlich wird dabei die Ausweitung, die der Begriff durch die Berücksichtigung der Täterintention bekommen hatte, sowie die Notwendigkeit, dieser weiten Tatbestandsauslegung ein Korrektiv an die Seite zu stellen, das mit Rücksicht auf die erhebliche Strafdrohung die Möglichkeit schuf, geringfügige Fälle auszuscheiden. Der allmähliche Wandel in der gesellschaftlichen Einstellung zur Sexualität spiegelt sich dabei in dem wider, was noch oder schon nicht mehr als geringfügig angesehen wurde. So legte im soeben behandelten Fall der Angeklagte während der Fahrt in einem Linienbus "in wollüstiger Absicht eine Hand dicht über dem Knie in der Weise auf den mit einer

225 A.a.O., S. 280, 289; Hervorhebungen von mir G. P.

226 GA 1967, 53.

Strumpfhose bekleideten Oberschenkel des (11jährigen) Mädchens, daß die Finger zwischen dessen geschlossenen Beinen lagen"[227]. Er tat dies längere Zeit, hinderte das Mädchen am Aussteigen und forderte es auf mit ihm zu gehen. Das RG, jedenfalls nach 1933, dürfte den Angeklagten schwerlich, wie der BGH es tat, freigesprochen haben.

Das 4. StrRG vom 23. November 1973[228] eliminierte den Begriff der "unzüchtigen Handlung" aus dem StGB und führte statt dessen einen einheitlichen Begriff der "sexuellen Handlungen" ein, der in § 184c Nr. 1 StGB definiert wird. Diesen Begriff hatten bereits die Verfasser des Alternativ-Entwurfs[229] verwandt, um den durch eine langjährige Rechtsprechung belasteten Begriff der Unzucht zu vermeiden. Die sexuelle Handlung sollte objektiv verstanden werden; eine "wollüstige Absicht" des Täters könne die Handlung weder ersetzen, noch sei sie für den objektiven Tatbestand Voraussetzung. Im Sonderausschuß für die Strafrechtsreform war die Frage hingegen umstritten. Zwar wurde die Tendenz zur Objektivierung des Merkmals der sexuellen Handlung begrüßt[230], doch konnte man sich nicht dazu entschließen, den Begriff nur objektiv zu verstehen. Es wurde die Auffassung vertreten, daß man der Rechtsprechung die Möglichkeit geben solle, in seltenen Ausnahmefällen den Charakter einer sexuellen Handlung aus der Motivation des Täters abzuleiten[231]. Das Schrifttum zu § 184c Nr. 1 StGB ist gespalten. Während *Dreher* sich bereits früh[232] zur objektiven Auslegung bekannte[233], vertreten *Lackner*[234] und *Lenckner*[235] die Auffassung, daß es bei ambivalenten Handlungen, die nach ihrer äußeren Erscheinung den sexuellen Gehalten nicht eindeutig erkennen lassen, weiterhin auf die Motivation des Täters ankommt.

Der BGH folgt einer objektivierten Auslegungsmethode: "Sexuelle Handlungen i.S. der §§ 184c, 176 Abs. 1 StGB sind Verhaltensweisen, die **objektiv eine Beziehung zum Geschlechtlichen**[236] haben. Bereits ihr äußeres Erscheinungsbild muß einen Hinweis auf Geschlechtliches enthalten. Dabei ist der **Gesamtvorgang** in Betracht zu ziehen. Er muß die Sexualbezogenheit des Verhaltens erkennen lassen"[237].

Der BGH ist dabei relativ großzügig in der Annahme des Sexualbezugs, der sich ja nicht isoliert aus der konkreten Handlung ergeben muß, sondern auch unter

---

227 GA 1966, 53.
228 BGBl. I. S. 1725.
229 Vgl. AE Sexualdelikte (1968) B 2 S. 15.
230 Von Bülow in Prot. VI, S. 2007.
231 Ebd. S. 2008.
232 JR 1974, 45, 47.
233 A.A. Sturm, JZ 1974, 1, 4.
234 StGB, § 184c, 1a.
235 *Schönke-Schröder* § 184c, 9.
236 Hervorhebungen im Original.
237 BGH bei *Holtz*, MDR 1980, 454.

Berücksichtigung des "Gesamtvorganges" ergeben kann. So hatte sich bei der zitierten Entscheidung ein Mann von einem 11jährigen Jungen in den Mund urinieren lassen. Die Vorinstanz hatte hier eine neutrale Handlung angenommen, die erst durch das subjektive Empfinden des Angeklagten zur sexuellen wurde, und daher den Tatbestand verneint. Der BGH ist gegenteiliger Auffassung. Bejaht wird eine sexuelle Handlung auch bei der Entblößung des Oberkörpers durch ein dreizehnjähriges Mädchen, wodurch der Angeklagte Gelegenheit hatte, den Oberkörper "eine geraume Weile" zu betrachten und dabei sexualbezogene Fragen zu stellen. Hier sind es offensichtlich diese Fragen, die bei der Betrachtung des "Gesamtvorganges" zur Annahme einer sexuellen Handlung führten. Im übrigen führt die objektive Auslegung, die dem Begriff der sexuellen Handlung gegeben wird, dazu, jetzt solche Fälle mit zu erfassen, bei denen dem Täter oder dem Opfer das Bewußtsein des Sexualbezuges fehlt[238].

Ingesamt betrachtet handelt es sich bei der BGH-Rechtsprechung zur "sexuellen Handlung" um eine Re-Objektivierung, die bezüglich des Erfordernisses des äußerlich erkennbaren Sexualbezugs zu einem Standpunkt zurückkehrt, den die höchstrichterliche Rechtsprechung vor 1933 bereits eingenommen hatte. Zu diesem Wandel bedurfte es dabei erst einer umfassenden Gesetzesreform, da der Kontinuitätsstrang zur Auslegung des Begriffs "unzüchtige Handlung" offenbar zu stark war, als das der BGH mit der subjektivierenden Auslegung des späten RG hätte brechen können oder wollen.

6. Der Vermögensschaden beim Betrug - Subjektivierung aus der Opferperspektive

Eine andere Form von Subjektivierung ist es, die Täterhandlung aus der subjektiven Perspektive des Opfers zu betrachten. Um im Zusammenhang mit der unzüchtigen Handlung zu bleiben sei hier z. B. auf die Entscheidung RGSt 73, 211 hingewiesen, wo das Vortäuschen einer unzüchtigen Handlung deren Verübung gleichgestellt wird, weil die Vortäuschung "dieselben seelischen Schäden" herbeiführen könne.

Eines der bekanntesten Beispiele einer Opfersubjektivierung enthält allerdings die Entscheidung RGSt 73, 61. Hierbei ging es um die Frage, ob der gutgläubige Erwerb einer unterschlagenen Sache einen Vermögensschaden i.S.v. § 263 StGB auf der Seite des Erwerbers darstellt. Da der gutgläubige Erwerber gem. §§ 932, 935 BGB Eigentum an der Sache erlangt, hatte das RG in RGSt 49, 16 einen Vermögensschaden verneint; der Gesamtwert des Vermögens des Käufers nach Abschluß und Erfüllung des Kaufvertrages sei nicht geringer als vorher. Dies empfin-

---

238 Vgl. BGHSt 29, 336, 338; BGH NStZ 1983, 167.

det der 3. Senat in RGSt 73, 61 als "zu eng"[239]. Man müsse auch beachten, daß der Erwerber sein Eigentum möglicherweise in einem Rechtsstreit verteidigen müsse, oder sich aus Gründen der Wohlanständigkeit veranlaßt sehen könnte, den Gegenstand freiwillig herauszugeben. Diese beiden Aspekte hatte RGSt 49, 16 ausdrücklich für unbeachtlich erklärt. Einen Prozeß brauche der Erwerber nicht zu fürchten, da er ihn gewinnen würde. Ein Handeln aus Wohlanständigkeit beruhe auf rein persönlichen Empfindungen und müsse bei der Frage des Vermögensschadens, der nach der objektiven Sachlage zu entscheiden sei, außer Betracht bleiben[240]. Am wirtschaftlichen Vermögensbegriff will der 3. Senat im Jahre 1938 festhalten, nur bringt er in die Betrachtungsweise eine neue Dimension ein: die Bewertung eines Vermögensgegenstandes nach gesundem Volksempfinden. Letzteres bewerte eine Sache, die mit einem **sittlichen Makel** behaftet sei, als minderwertig, und dies sei eine Vermögensbeschädigung im Rechtssinne. Der Senat macht deutlich, daß es sich hierbei um eine politische Entscheidung handelt, indem er *Gürtner/Freisler*, Das neue Strafrecht, zitiert, ein Zitat, das für die konkrete Entscheidung belanglos ist, und daher nur als Verbeugung vor dem Zeitgeist verstanden werden kann:"Die Ableitung des Rechtes aus den Forderungen der Volksgesittung und seine Ausrichtung nach dem Volksgewissen ist ... einer der kennzeichnendsten Grundzüge des kommenden Strafrechts (*Gürtner/Freisler*, Das neue Strafrecht, S. 67, 69) ". *Mezger*[241], der dem Urteil im Ergebnis zustimmte, konnte mit diesem Zitat wenig anfangen, seiner Meinung nach kommt es nicht auf eine gemeinschaftsethische Betrachtungsweise an. Er bringt die Entscheidung auf den Nenner, daß die Rechtsprechung hier von einem formal-juristischen zu einem wirtschaftlichen Standpunkt gewechselt sei. Die politische Dimension der Entscheidung wird hingegen deutlich in einem kurzen Aufsatz von *Linkhorst*[242]. Die alte Rechtsprechung des RG sei auf dem Boden einer Rechtslehre gewachsen, die ohne blutsmäßige Bindung zum Volke sich Selbstzweck gewesen sei. Da sich nunmehr eine gesunde Auffassung durchgesetzt habe, ließen sich nun auch die Fälle befriedigend lösen, in denen Deutsche als Strohmänner für Juden aufträten. Auch wenn die Leistung ansonsten einwandfrei wäre, trage sie doch einen sittlichen Makel, der ihren vermögensrechtlichen Wert herabminder[243].

Bockelmann[244] stellte die Entscheidung als Erster in einen größeren Zusammenhang und sprach von der "Subjektivierung des Schadensbegriffs"[245]. Neben der Problematik des gutgläubigen Erwerbs macht *Bockelmann* noch auf zwei

---

[239] A.a.O. S. 62.
[240] RGSt 49, 17.
[241] ZAKfDR 1939, 203.
[242] DR 1939, 156.
[243] A.a.O. S. 157.
[244] DR 1942, 1112.
[245] A.a.O. S. 1114.

weitere Fallgruppen aufmerksam, wo sich ein - im Gegensatz zur Etablierung der "Makeltheorie" allerdings eher stillschweigender - Wandel in der Rechtsprechung des RG zum Vermögensschaden anbahne: den Eingehungsbetrug und die Verfehlung eines mit der Leistung verfolgten Nebenzwecks[246].

Mit "Subjektivierung des Schadensbegriffs" meint *Bockelmann*, daß sich das RG in einer längeren Entwicklung von der von ihm selbst postulierten objektiven Schadensberechnung beim Betrug entfernt habe. Diese objektive Schadensauffassung war das Korrelat zum wirtschaftlichen Vermögensbegriff, für den sich das RG in der berühmten Plenarentscheidung RGSt 16, 1 entschieden hatte. Der weite Vermögensbegriff wurde begrenzt durch die objektive Bestimmung des Schadens aufgrund einer individuellen Betrachtung, die aber ausdrücklich die Willkür des Getäuschten ausschließen sollte, das subjektive Schadensempfinden als Schaden zu definieren[247]. Voraussetzung war dabei immer, daß das Vermögen beschädigt, d. h. der "Gesamtwert in Geld"[248] vermindert wurde. Nicht kapitalisierbare Interessen, das RG nennt insbesondere den Affektionswert einer Sache[249], vermochten also, falls sie beeinträchtigt wurden, einen Vermögensschaden nicht zu begründen. Daran hielt die Rechtsprechung in der Folge im wesentlichen fest. Das Ausbleiben eines in Aussicht genommenen ideellen Gegenwerts sei kein Schaden, heißt es in einer Entscheidung aus dem Jahre 1923[250], wobei allerdings, worauf *Naucke*[251] hinweist, in der ablehnenden Anmerkung von *Oetker* zu diesem Urteil[252] sich eine neue kriminalpolitische Tendenz zeigt. Im Interesse eines reinlichen Wirtschaftslebens muß hier nach *Oetkers* Ansicht Betrug angenommen werden, wobei man auch berücksichtigen müsse, daß der Sprachgebrauch solche Geschäfte "betrügerisch" nenne und damit recht habe[253]. Der Anfang bei der Berücksichtigung nicht geldwerter Interessen im Rahmen des Vermögensschadens wird schon vor 1933 gemacht. In RGSt 65, 281 bejahte der 3. Senat einen Vermögensschaden des Staates in einem Fall, in dem der Angeklagte sich durch Täuschung eine Beamtenstellung erschlichen hatte, den Anforderungen des Amtes aber voll genügte. Der Schaden ergab sich für das RG aus der besonderen Natur des Beamtenverhältnisses, nach dem der Beamte dem Staat nicht nur Arbeitskraft schulde, sondern seine ganze Persönlichkeit hinzugeben habe. Würde er über deren Eigenschaften täuschen, so entstände beim Staat ein Vermögensschaden. *Bockel-*

---

[246] Auf diese Fälle soll hier nicht näher eingegangen werden, da sie einerseits nicht so deutlich wie RGSt 73, 61 den Wandel in der Rechtsprechung markieren, das allgemeine Problem andererseits am Fall des gutgläubigen Erwerbs allein schon gut herausgearbeitet werden kann.

[247] Vgl. RGSt 16, 9 f.

[248] RGSt 16, 3.

[249] RGSt 16, 10.

[250] RG JW 1924, 1605.

[251] Zur Lehre vom strafbaren Betrug, 1964, S. 121 f.

[252] Ebd.

[253] Ebd.

mann macht hier zu Recht darauf aufmerksam, daß sich dies nicht aus einem Wertvergleich nach materiellen Maßstäben ergeben könne, sondern daß hier andere als die wirtschaftlichen Anforderungen des Staates enttäuscht würden[254]. Den charakterlichen Mangel hat dann RGSt 75, 8 auch bei einem Nicht-Beamten als ausreichend angesehen, um einen Vermögensschaden beim getäuschten Arbeitgeber bejahen zu können. Dies macht deutlich, daß die "Makeltheorie" auch in der Auslegung des Betrugstatbestandes selbst kein Einzelphänomen, sondern Erscheinungsform einer breiten Subjektivierungstendenz ist. Subjektivierung heißt dabei allerdings nicht, wie offenbar bei *Naucke*[255], daß bereits bei der Etablierung des wirtschaftlichen Vermögensbegriffs die Rechtsprechung mit Vermögen das definierte, was sie subjektiv und abweichend vom Gesetz als solches empfand. Es geht hier nicht um die Frage, ob sich ein bestimmter Vermögensbegriff zwingend aus dem Gesetz ergibt, oder die Rechtsprechung aus kriminalpolitischen Erwägungen einen besonders weiten Vermögensbegriff definierte[256]. Für unsere Belange ist entscheidend, daß ein Bruch in der Rechtsprechung insofern vorliegt, als zunächst bestimmte Interessen als subjektiv und materiell nicht meßbar aus dem Vermögensbegriff ausgeklammert wurden, um später im Zuge einer stark subjektivierenden Tendenz dann doch Berücksichtigung zu finden. Besonders deutlich wird dies beim Problem des gutgläubigen Erwerbs vom unredlichen Besitzer, da hier in historisch unterschiedlichen Situationen konträr entschieden wird. Daß dabei die Entscheidung RGSt 73, 61 einen politischen Hintergrund hat, macht sie selbst deutlich und wurde auch bereits betont.

Der 5. Senat schloß sich in einer Entscheidung aus dem Jahre 1939[257] dem Urteil RGSt 73, 61 im Ergebnis an, wiederholte aber interessanterweise die Formulierung von der sittlichen Bemakelung des gutgläubig erworbenen Eigentums nicht. Offenbar war hier erkannt worden, wie weit sich der 3. Senat damit von der herkömmlichen Rechtsprechung entfernt hatte. Daher legt der 5. Senat den Schwerpunkt seiner Begründung auf die Gefahr eines Rechtsstreits und die dadurch eingetretene Vermögensgefährdung des Erwerbers.

Der BGH ist von dieser Rechtsprechung des Reichsgerichts **im Ergebnis** nicht mehr abgerückt. Bereits in einer Entscheidung aus dem Jahr 1951[258] stimmt er der Entscheidung RGSt 73, 61 und der mit ihr eingetretenen Änderung der Rechtsprechung eindeutig zu. Der gleiche (1.) Senat wiederholt im Urteil BGHSt 3, 370, 372 zum gutgläubigen Erwerb eines Pfandrechts, daß er der erwähnten RG-Entscheidung "wenn nicht in allen Teilen ihrer Begründung, so doch jedenfalls im Ergebnis" beitrete. Der Senat vermeidet dabei sorgsam den Begriff des "sittlichen Ma-

---

[254] DR 1942, 1112 und Festschrift für *Kohlrausch*, 1944, S. 226, 231.

[255] A.a.O. S. 118.

[256] Was *Naucke* (a.a.O. S. 120) am Beispiel RGSt 44, 230 deutlich herausarbeitet.

[257] DR 1940, 106.

[258] BGHSt 1, 92, 94.

kels" und stellt ganz auf die Vermögensgefährdung durch einen möglichen Rechtsstreit ab. Der 2. Senat hingegen spricht in einer Entscheidung aus dem Jahre 1955[259] in einem ähnlichen Fall davon, daß das Opfer nur ein "makelbehaftetes Pfandrecht und nicht die volle Sicherung" erworben hätte. Nach höchstrichterlicher Rechtsprechung sei dies ein Schaden. Aus dem gleichen Jahr stammt eine Entscheidung des 5. Senats[260], in welcher der Vermögensschaden beim gutgläubigen Erwerb einer unterschlagenen Sache damit begründet wird, daß sich ein Geschäftsmann zur Wahrung seines gutes Rufes veranlaßt sehen könnte, es auf einen Rechtsstreit nicht ankommen zu lassen und die Sache freiwillig zurückgäbe. Diese beiden Entscheidungen knüpfen also nicht nur an das Ergebnis von RGSt 73, 61 an, sonden auch an die Begründung, indem sie offensichtlich nicht vermögenswerte Gesichtspunkte (sittlicher Makel, guter Ruf), die subjektiv als Schaden empfunden werden, in den Vermögensschaden miteinbeziehen.

Der politische Hintergrund, auf dem RGSt 73, 61 beruhte, war dabei nicht vergessen. *Oehler* hatte in einem Aufsatz[261] deutlich hervorgehoben, daß die Auffassung des RG auf dem sittlichen Makel beruhe, und dabei "politisch gefärbt" sei. Diesen politischen Hintergrund wolle BGHSt 3, 370 offenbar aussparen. Da damit aber auch der tragende Grund von RGSt 73, 61 wegfalle, sei der Verweis hierauf dann aber ungeeignet, das Ergebnis des BGH zu legitimieren. Dies sind die einleitenden Hinweise *Oehlers*, der sich im Folgenden mit der Diskrepanz zwischen zivil- und strafrechtlicher Wertung des gutgläubigen Erwerbs auseinandersetzt. Nur auf diese Äußerungen geht dann die ausführlichere Entscheidung des 1. Senats aus dem Jahre 1960[262] ein, die *Oehler* unterstellt, er bewege sich nur im Bereich dogmatisch-zivilrechtlicher Erwägungen[263]. Diese Entscheidung stellt nun wieder die Vermögensgefährdung in den Vordergrund. Der gutgläubige Erwerber einer unterschlagenen Sache gerate in die Gefahr, des bösgläubigen Erwerbs oder gar der Hehlerei bezichtigt zu werden; er könne Schwierigkeiten mit Aufsichtsbehörden oder Organen des Handelsstandes bekommen oder sonst an Ansehen verlieren; schließlich könne der Erwerber an einer gewinnbringenden Verwertung der Sache gehindert sein. All dies stelle i.S.d. § 263 StGB eine beachtliche Vermögensminderung dar[264]. Auf Distanz geht der BGH zum Begriff des "sittlichen Makels". Es seien eher praktische, wirtschaftliche Erwägungen, die den Erwerber veranlassen könnten, die Sache dem ursprünglichen Eigentümer zurückzugeben, und nicht so sehr moralische Skrupel.

---

259 GA 1956, 181.
260 GA 1956, 182.
261 GA 1956, 161.
262 BGHSt 15, 83.
263 BGHSt 15, 83, 86.
264 A.a.O. S. 87.

Der BGH hat seine Rechtsprechung danach nicht mehr geändert. Es handelt sich hier um einen Fall der Kontinuität in Gestalt einer Ergebnisübernahme mit modifizierter Begründung. Der BGH macht sich die Tatsache zu nutze, daß selten ein Urteil auf eine einzige Erwägung gestützt wird. So hatte das RG in RGSt 73, 61 natürlich auch Vermögensgefährdungsgesichtspunkte erwähnt, schon allein um die Verbindung zu seiner bisherigen Rechtsprechung nicht abreißen zu lassen. Ohne Zweifel ist aber die **tragende** Begründung von RGSt 73, 61 die des **sittlichen Makels**, der in die wirtschaftliche Betrachtung miteinbezogen werden soll. Dies ergibt sich schon aus der drucktechnischen Hervorhebung des Wortes "sittlichen" und dem daran anschließenden Zitat aus *Gürtner-Freisler*, Das neue Strafrecht[265]. Der BGH hat, abgesehen von den beiden Entscheidungen GA 1956, 181, sehr bald erkannt, daß der sittliche Makel wirtschaftlich nicht faßbar ist. Da der BGH aber mit dem Ergebnis des RG übereinstimmt, rekurriert er einfach auf die andere, zusätzliche Begründung, die in RGSt 73, 61 gegeben wird, um eine Kontinuität herzustellen.

7. Die subjektive Eidestheorie

Die starke Tendenz zur Subjektivierung hatte auch zur Folge, daß dort, wo seit jeher objektive und subjektive Auslegungskriterien in Konkurrenz standen, verstärkt Letztere zur Anwendung kamen. Bei den Aussagedelikten war und ist streitig, ob der Tatbestand nur erfüllt ist, wenn der Aussageinhalt mit dem Aussagegegenstand **objektiv** nicht übereinstimmt, oder auch derjenige tatbestandsmäßig handelt, der **subjektiv** glaubt, etwas Falsches auszusagen, dessen Aussage durch Zufall aber richtig ist[266]. *Binding*[267] vertrat die Auffassung, daß die objektive Unwahrheit der Aussage nicht Begriffsmerkmal des Meineids sei; das RG dagegen bestand in mehreren, z. T. unveröffentlichten Urteilen[268] auf der gegenteiligen Auffassung. Im veröffentlichten Teil der Entscheidung III 1352/20 v. 18. November 1920 heißt es beispielsweise:"Hält der Verleitende das, was er dem Anderen zu beschwören ansinnt, für richtig, so will er nicht zu einem Meineid verleiten, weil ein solcher eine in Wirklichkeit, nicht nur nach der Vorstellung des Schwörenden unwahre Bekundung unter Eid voraussetzt"[269]. Den Gegensatz zwischen objektiver und subjektiver Theorie versucht die umfangreiche Entscheidung RGSt 68, 275 aus dem Jahre 1934 abzumildern. Dies geschieht unter Bezugnahme auf das Urteil RGSt 37,

---

265 Vgl. RGSt 71, 63 f.; ebenso in der Bewertung *Oehler*, GA 1956, 161.

266 Zum Falschheitsbegriff vgl. *Vormbaum*, Der Strafrechtliche Schutz des Strafurteils, 1987, S. 253 ff.

267 Lehrbuch, Besonderer Teil 2, S. 134.

268 vgl. RGSt 37, 395, 398; weitere Belege in RGSt 68, 278, 281.

269 LZ 1921, Sp. 66.

395, 398, wo zum **fahrlässigen Falscheid** ausgeführt wird, die Fahrlässigkeit könne auch darin liegen, daß der Schwörende versichere, nach bestem Wissen auszusagen, die hierfür nötige sorgfältige Prüfung und Erkundigung aber nicht vorgenommen habe. RGSt 68, 275, 282 f. überträgt dies nun allgemein auf die Eidesdelikte. Da auch die in der Eidesformel enthaltene Versicherung, nach bestem Wissen auzusagen, Gegenstand des Eides sei, leiste ungeachtet der Wahrheit oder Unwahrheit der bekundeten Tatsache derjenige einen Meineid, der etwas bekunde, was nicht seinem Wissen entspreche. Lege man dies zugrunde, verlöre der Gegensatz zwischen "objektiver" uns "subjektiver" Lehre wesentlich an Bedeutung.

Die Wertung dieser Entscheidung ist schwierig. Sie enthält einerseits ein klares Bekenntnis zur objektiven Theorie[270], relativiert diese aber andererseits sehr stark, indem sie Entscheidungen, die die objektive Theorie tragen, kritisch (vor allem unter Zitierung unveröffentlichter Teile der Begründungen) würdigt, und durch das Abstellen auf die Eidesformel sehr wohl ein subjektives Element einbaut. *Mezger*, Vertreter der objektiven Theorie, kommt daher im Anschluß an *Niethammer*[271] zu dem Ergebnis, daß diese Rechtsprechung des RG nicht eindeutig sei, und keine grundsätzliche Abkehr von der objektiven Lehre enthalte[272]. Ganz anders bewertet dies 1938 *Schaffstein*[273]. Nach ihm hat das RG mit RGSt 68, 278 und mit der darauf Bezug nehmenden Entscheidung des gleichen Senats in JW 1937, 755 die Schwenkung von der objektiven zur subjektiven Meineidstheorie bereits vollzogen. Die zwiespältige Argumentation des 1. Senats in RGSt 68, 278 erklärt *Schaffstein* damit, daß man einen offenen Widerspruch zur bisherigen RG-Rechtsprechung vermeiden wollte, um einer Plenarentscheidung, die im Jahre 1934 noch notwendig gewesen wäre, zu entgehen[274]. *Schaffstein* ordnet diese Entscheidung in die kriminalpolitische Tendenz der Zeit ein. Der Kern des Aussagedelikts liege in der Verletzung der Wahrheitspflicht des Zeugen, nicht in einer Rechtsgutsverletzung, sondern in dem irrational-ethischen Moment der Pflichtverletzung. Die Richtigkeit der subjektiven Meineidslehre ergebe sich überdies aus dem nationalsozialistischen Grundsatz des Willensstrafrechts, so daß auch die amtliche Strafrechtskommission zu dem Ergebnis gelangt sei, daß bei einer objektiv richtigen, subjektiv aber unwahren Aussage vollendeter Meineid gegeben sei.

Für diese Deutung *Schaffstein* spricht einiges. Der 3. Senat legt in der Entscheidung HRR 1940, Nr. 523 Wert auf die Feststellung, daß das Bekenntnis des 1. Senats in RGSt 68, 278, 282 zur objektiven Theorie nicht dessen eigene Meinung, sondern nur die Auffassung zweier älterer Entscheidungen, mit denen sich der Senat auseinandersetze, wiedergebe. Eine Zeugenaussage sei ohne Rücksicht auf die

---

270 A.a.O. S. 281.
271 DStR 1940, 161.
272 LK § 103, 2 b.
273 JW 1938, 145
274 *Schaffstein* a.a.O., S. 146.

objektive Wahrheit falsch, wenn der Zeuge etwas als sein Wissen bekunde, worüber er kein Wissen habe. In RGSt 77, 371, 372 (= DR 1944, 722) erklärt der 1. Senat die objektive Theorie, die die Rechtsprechung früher vertreten habe, kurzerhand für überholt. Die neuere Rechtsprechung vertrete den Standpunkt, daß die subjektiv unwahre Aussage, die nur zufällig mit dem wahren Hergang übereinstimme, zum vollendeten Meineid führe.

Der 1. Senat selbst hat allerdings dafür gesorgt, daß die Rechtsprechung des RG nicht auf einen gemeinsamen Nenner zu bringen ist, so daß sie von den Vertretern beider Lager für den jeweiligen Standpunkt in Anspruch genommen werden konnte. Zum einen beruht dies schon auf der bereits erwähnten mehrdeutigen Formulierung von RGSt 68, 278, so daß z. B. *Kohlrausch/Lange* im Gegensatz zu *Schaffstein* dieses Urteil als Beleg für die objektive Theorie ansehen[275]. Zum anderen entschied der 1. Senat 1942 in RGSt 76, 94, 96 völlig auf der Linie der objektiven Theorie. Dort heißt es, daß nur versuchter Meineid in Betracht komme, wenn der Sinn einer Äußerung mit der Wahrheit übereinstimme. Das Theorienproblem wird dabei überhaupt nicht angesprochen, die Entscheidung enthält kein Zitat, sie steht allein in der späten Rechtsprechung des RG. Es steht zu vermuten, daß es sich bei dieser Entscheidung um einen "Ausreißer" handelt, wofür auch spricht, daß der 1. Senat in der zwei Jahre später ergangenen Entscheidung RGSt 77, 371 bei der Aufzählung der Urteile, die die "neuere Rechtsprechung" bilden, diese (eigene) Entscheidung geflissentlich verschweigt[276]. Für die Anhänger der objektiven Theorie ist hingegen RGSt 76, 94 der Beweis dafür, daß das RG seinen Irrtum erkannte und zur objektiven Theorie zurückkehrte[277].

Angesichts dieser Situation verwundert es nicht, daß auch der BGH sich zunächst nicht eindeutig festlegte. In zwei Entscheidungen aus den Jahren 1951 und 1952[278] scheint er der subjektiven Theorie zu folgen. In BGH LM § 3 Nr. 2 heißt es unter Berufung auf RGSt 68, 278, RG HRR 1940 Nr. 523 und RG DR 1944, 722[279]:"Die Unrichtigkeit einer Aussage kann nach der neueren höchstrichterl. Rspr. darin gefunden werden, daß der Zeuge dem Richter ein eigenes Wissen vortäuscht, dessen er in Wahrheit ermangelt, mag auch seine willkürliche Annahme und Aussage im Ergebnis mit dem wirklichen Sachverhalt übereinstimmen". Der Leitsatz einer anderen Entscheidung aus dem Jahre 1952 lautet hingegen:"Eine Aussage ist falsch, wenn sie mit dem wirklichen Hergang nicht übereinstimmt, nicht dann, wenn sie nur von der Vorstellung des Aussagenden abweicht"[280]. Die Begründung, warum dies nicht dem vorerwähnten Urteil LM § 154

---

[275] *Kohlrausch/Lange*, StGB, 41. Aufl. 1956, Vor § 153, IV 2 a, 4 b.
[276] A.a.O. S. 372.
[277] Vgl. *LK-Mezger*, § 153, 2 b; *Kohlrausch-Lange*, Vor § 153 IV, 4 b.
[278] LM § 154 Nr. 5; LM § 3 Nr. 2.
[279] RGSt 77, 341.
[280] BGH LM § 153, Nr. 6.

Nr. 5 widersprechen sollte, ist dabei leider nicht abgedruckt. Mit BGHSt 7, 147, 149 entschied der BGH sich dann aber eindeutig für die objektive Theorie. Die abweichende Ansicht von RGSt 68, 278[281] ließe sich nicht aufrechterhalten und sei auch in RGSt 76, 94 im Ergebnis schon verlassen worden. Die objektive Theorie liegt auch der bekannten Entscheidung des Großen Senats BGHSt 8, 301 zugrunde. Durch den konsequenten Rechtsgutsbezug der Eidesdelikte[282] widerspricht diese Entscheidung dem Kernpunkt der Ausführungen *Schaffsteins*, der die Subjektivierung als notwendige Folge des Willenstrafrechts dargestellt hatte[283]. Indem der Große Senat den Schutz der Rechtspflege als Zweck der Aussagedelikte benennt, distanziert er sich von einer subjektiven Theorie, die im Sinne *Schaffsteins* in der Pflichtverletzung den Grund der Strafbarkeit sieht. Insofern nehmen *Kohlrausch-Lange*[284] zu Recht BGHSt 8, 301 für die objektive Theorie in Anspruch[285]. Geht man davon aus, daß die Wertung von *Schaffstein*, in den von ihm angeführten RG-Urteilen[286] öffne sich das RG, wenn auch vorsichtig, der kriminalpolitischen Tendenz der Zeit, richtig ist, dann offenbart sich im Bekenntnis zum Rechtsgüterschutz durch den Großen Senat in BGHSt 8, 301, 309 eine andere Rechtskultur. Dabei muß man allerdings bedenken, daß *Schaffstein* die subjektive Theorie einseitig ideologisch in Anspruch nimmt. Die subjektive Theorie entbehrt nicht notwendig eines Rechtsgutsbezugs[287]. Richtig ist aber, daß der Rechtsgüterschutzgedanke in der Folge der Angriffe der "Kieler Schule" im Nationalsozialismus keine Konjunktur hatte[288], was sich auch auf die Rechtsprechung auswirkte, die den Güterschutzgedanken mied. Insofern bricht der BGH in den Entscheidungen BGHSt 7, 147 und 8, 301 mit der Rechtsprechung des RG; er entscheidet sich für die objektive Theorie und eine am Rechtsgüterschutz orientierte Interpretation der Aussagedelikte. Das eigentümliche Bestreben des BGH, **Kontinuität** zur Rechtsprechung des RG herzustellen, läßt ihn diese **Diskontinuität** nicht herausstellen. Eher wird in BGHSt 7, 147, 149 die höchst eigenartige Entscheidung RGSt 76, 94 als Beleg dafür angeführt, daß es das RG mit der Entscheidung für die subjektive Theorie nicht ernst gemeint hat. Der BGH läßt hier eine Möglichkeit, sich rechtsstaatlich zu profilieren, aus, vermutlich weil dies zu Lasten des RG und der frühen BGH-Rechtsprechung ginge.

---

281 Der BGH schreibt RGSt 68, 27 (!), was wohl auf einem Druckfehler beruht.
282 Ebd. S. 309 f.
283 JW 1938, 145, 146.
284 A.a.O. Vor § 153 IV 4 a.E.
285 A. A. grundsätzlich *LK-Willms*, Vor § 153, 14.
286 A.a.O. S. 145 f.
287 Vgl. *LK-Willms*, Vor § 153, 2, 10.
288 Vgl. eingehend *Amelung*, Rechtsgüterschutz und Schutz der Gesellschaft, 1972, S. 216 ff., 228 ff.

8. Ergebnis

Ein Kennzeichen der Strafrechtsentwicklung des 20. Jahrhunderts ist eine Verschiebung der Gewichtung vom Objektiven zum Subjektiven. Daß nicht mehr die Tat, sondern der Täter im Mittelpunkt des Interesses steht, ist dabei kein Spezifikum des nationalsozialistischen Strafrechts. Man sollte jedoch nicht das Interesse der modernen Strafrechtsschule unter Führung *Franz v. Liszts* als Vorläufer des nationalsozialistischen Willensstrafrechts verstehen. Ging es der modernen Schule um das Verständnis der Straftat als sozialem Phänomen und daraus zu entwickelnden speziellen Reaktionsarten, die insbesondere auf die Resozialisierung des Täters abzielten, möchte der Nationalsozialismus möglichst früh, am besten schon gegen den potentiellen Täter die repressiven Sanktionsmechanismen des Strafrechts einsetzen[289]. Bildet für *von Liszt* das Strafrecht, und damit ist zuallererst die objektive Tatbestandlichkeit gemeint, "die unübersteigbare Schranke der Kriminalpolitik"[290], so zeigt nicht zuletzt der Streit um das "Rechtsgutsverletzungsdogma" im Nationalsozialismus[291] den sinkenden Wert des objektiven, äußerlich feststellbaren Geschehens für die Prüfung der Strafbarkeit. *Schaffstein* hielt dem Begriff der Rechtsgutsverletzung gerade vor, daß er objektiver Natur sei und damit die Bestrafung des bösen Willens, die das nationalsozialistische Willensstrafrecht bezwecke, behindere.

Das RG hat diese Tendenz des nationalsozialistischen Strafrechts zur "Ethisierung" aufgenommen. Allerdings wäre es zu plump, das RG in dieser Hinsicht als reinen Erfüllungsgehilfen nationalsozialistischer Strafrechtsvorstellungen zu sehen. Die Subjektivierung korrespondierte mit einer seit der Jahrhundertwende ständig erstarkenden Richtermacht. Diese löste sich in zunehmendem Maße von den Grenzen, die ihr durch die Bindung an den objektiven Tatbestand gesetzt waren, um in ihren Entscheidungen flexibel bleiben zu können. Diesem Bestreben kam die Hinwendung zum Subjektiven nun wiederum zu gute, da sie über die Möglichkeit, subjektive Momente zuzuschreiben, weite Wertungsspielräume eröffnete.

Im Ergebnis führt dabei die Subjektivierung in aller Regel zu einer **Strafbarkeitsausdehnung**. Dies zeigt sich deutlich bei der Ausdehnung der Versuchsstrafbarkeit und bei der Auslegung des Begriffes der "unzüchtigen Handlung". In beiden Bereichen werden immer geringere Anforderungen an die vom Täter begangene Handlung und ihre Gefährlichkeit gestellt. Der Mangel im Objektiven wird ausgeglichen durch den Überschuß an böser Absicht. Gleiches gilt für

---

289 Von hieraus wird verständlich, warum für den Nationalsozialismus das Strafrecht nur <u>eine</u> Form der Verbrechensbekämpfung <u>neben</u> dem Polizeirecht darstellte; hierzu eingehend *Werle*, Justiz-Strafrecht und polizeiliche Verbrechensbekämpfung im Dritten Reich, 1989 passim.

290 Aufsätze Bd. II, S. 80.

291 Hierzu *Amelung*, Rechtsgüterschutz und Schutz der Gesellschaft, S. 216 ff., 228 ff.

die Freiwilligkeitsprüfung beim Rücktritt vom unbeendeten Versuch. Hier wird das überkommene Außen - Innen - Schema dahingehend verändert, daß auch innere Hemmungen die Freiwilligkeit ausschließen und damit zur Versuchsstrafbarkeit führen können.

Im Bereich Täterschaft - Teilnahme wird hingegen ein zweiter Aspekt der Subjektivierung deutlich: sie kann zur Strafbarkeitsausdehnung, aber auch zur Beschränkung führen, da das Spektrum der Entscheidungsalternativen vergrößert wird. Mittels Zuschreibung können aus Tätern Gehilfen und aus Gehilfen Täter gemacht werden, je nachdem, ob der Betreffende die strengere Täterstrafe oder die Strafmilderungsmöglichkeit der Beihilfe verdient.

Demgegenüber tritt bei der Subjektivierung des Schadensbegriffs beim Betrug wiederum der strafbarkeitsausdehnende Charakter dieser Methode hervor. Eine objektiv meßbare Vermögenseinbuße liegt nicht vor, sondern erst über das subjektive Schadensempfinden des Opfers wird ein Schaden definiert.

Zur Fortwirkung der Rechtsprechung des RG ist festzustellen, daß der BGH sie, soweit mit ihr eine Erweiterung des richterlichen Wertungsspielraums verbunden ist, weitgehend übernimmt. Dies ist deutlich im Bereich Täterschaft-Teilnahme, wo der BGH im Staschynskij-Urteil die extrem-subjektive Theorie fortführt, aber auch bei den Sittlichkeitsdelikten, bei denen der BGH sowohl in der Abgrenzung Vorbereitungshandlung-Versuch, als auch zum Begriff der "unzüchtigen Handlung" im Sinne des RG judiziert.

Da weite Wertungsmöglichkeiten durch die Subjektivierung eröffnet werden, müssen RG und BGH im Ergebnis nicht übereinstimmen, wenn sie es auch im Prinzip tun. So ergeben sich bei den Auflauerungsfällen eine Reihe von Übereinstimmungen, während sich in der Rücktrittsrechtsprechung zeigt, daß der BGH im Ergebnis weniger streng ist als das RG; im **Prinzip** folgt aber der BGH dem RG.

Teilweise modifiziert der BGH die Begründung des RG zur Betrugsstrafbarkeit des Verkaufs einer unterschlagenen Sache; der Vermögensschaden soll sich nicht aus dem sittlichen Makel, der der Sache anhaftet, sondern aus dem ideologisch unverdächtigeren Gesichtspunkt der Vermögensgefährdung ergeben. In diesem Fall aber, wie auch beim Problem der subjektiven Eidestheorie, unterläßt es der BGH, die naheliegenden politischen Motive, die den RG-Urteilen zugrundelagen, zu benennen. Um ein integres Bild des RG zu bewahren, verzichtet der BGH darauf, in der Abgrenzung zum RG rechtsstaatliches Profil zu gewinnen.

Teil D: Rechtsprechung zu rechtspolitischen Zentralbegriffen der nationalsozialistischen Ideologie

1. Einleitung

In den beiden vorausgegangenen Teilen wurden mit den Begriffen Materialisierung und Subjektivierung zwei Phänomene beschrieben, die der modernen Rechtsentwicklung immanent sind, die aber in der Zeit des Nationalsozialismus einen enormen Auftrieb erhalten hatten. Nun gab es aber auch eigene rechtspolitische Zielvorstellungen des Nationalsozialismus in Bezug auf das Strafrecht. Im Folgenden soll nun untersucht werden, wie die RG-Rechtsprechung auf diese Anmutungen des Nationalsozialismus reagiert hat, und wie der BGH sich zu dieser Rechtsprechung verhielt.

Für die Rechtspolitik des Nationalsozialismus ist zwar einerseits eine Vagheit und Unbestimmtheit kennzeichnend, andererseits ist auffällig, daß immer wieder bestimmte Begriffe wie "Ehre", "Treue", "Gemeinschaft", "Pflichterfüllung" oder "Kampf gegen Entartung" verwandt werden. Bei "Ehre" und "Treue" handelt es sich um Charakterwerte, die den "guten" Deutschen, den "Freund" i.S.d. dichotomischen Freund-Feind-Denkens der NS-Ideologie auszeichnen. Diese Begriffe besetzt der Nationalsozialismus in seinen programmatischen Schriften positiv. So lautet Nr. 3 der "Leitsätze zum nationalsozialistischen Strafrecht:"Das nationalsozialistische Strafrecht muß auf der völkischen Treuepflicht aufgebaut sein. Die Treuepflicht ist für nationalsozialistisches und deutsches Denken höchste völkische und daher sittliche Pflicht"[1]. Nr. 5 bestimmte:"Der Verletzung der Treuepflicht folgt grundsätzlich der Verlust der Ehre"[2]. Im Vorwort zu diesen Leitsätzen kann man lesen, daß die mit ihrer Abfassung betraute Kommission fordere, "daß die Ehre im Mittelpunkt des deutschen Mannesbewußtseins und des deutschen Volkslebens steht und daß der Verbrecher um so schärfer zu bestrafen ist, je stärker das Pflichtband war, das ihn an die Allgemeinheit oder an einen engeren Pflichtenkreis knüpfte"[3]. Die Verwendung solcher Schlagworte hatte die Funktion, argumentationsverkürzend zu wirken. Es wurde nicht begründet, warum Treue gut und notwendig (und als Folge auch besonders schützenswert) war, sondern es

---

[1] *Hans Frank*, Nationalsozialistische Leitsätze für ein neues deutsches Strafrecht, 1. Teil, 3. Aufl. Berlin 1935, S. 5 ff.

[2] ebd.

[3] ebd.

wurde ein allgemeiner Konsens in dieser Beziehung vorausgesetzt. Dieser Konsens beruhte auf einem schon lange vor 1933 einsetzenden Prozeß, in welchem die NS-Propagandisten die Schlagkraft solcher Begriffe und ihre Resonanz bei einer breiten Mittelschicht getestet hatten[4]. Im Unterschied zu den beiden zuvor behandelten Kapiteln hatte dieses Vorverständnis der Bevölkerung vor 1933 aber noch keine nennenswerte Auswirkung auf die Rechtsprechung. Zu Rechtsprechungsänderungen kam es erst, als sich in den Begriffen ein offizielles rechtspolitisches Programm spiegelte. Auch der "Kampf gegen Entartung" zählt hierzu. Er stammt aus der völkisch-rassischen Ideologie des Nationalsozialismus. "Entartet" ist dabei alles, was dem "Normalen" im nationalsozialistischen Sinn widerspricht, und dies gilt für ein gesamtgesellschaftliches Spektrum von der modernen Kunst bis zur Kriminalität. So hat "Reichsjuristenführer" *Hans Frank* keine Mühe, strafrechtlich relevantes abweichendes Verhalten als "Ent- oder Herausgeartetsein" im Sinne der Rasseideologie zu erklären[5]. Ein weiterer gemeinsamer Nenner dieser Begriffe ist die Gemeinschaftsideologie des Nationalsozialismus. So schreibt *Schaffstein* 1935:"Die Ausrichtung am Gemeinschaftsgedanken läßt nunmehr die Begriffe *Ehre, Treue* und *Pflicht*[6], in denen die gemeinschaftliche Gebundenheit des Menschen am stärksten hervortritt, in den Mittelpunkt auch der strafrechtsdogmatischen Arbeiten treten"[7].

Die besondere Bedeutung dieser Begriffe hatte Folgen für das Strafrecht im Nationalsozialismus. Rechtspolitisch kam es zu einer Akzentverschiebung auf Bereiche, in denen die verwendeten Topoi, wie sich an den zitierten nationalsozialistischen Leitsätzen erkennen läßt, eine besondere Rolle spielten.

Die Rechtsprechung blieb davon nicht unbeeindruckt, wie zunächst an der Entwicklung des strafrechtlichen Ehrenschutzes gezeigt werden soll.

2. Der Begriff "Ehre" und die Entwicklung der Beleidigungstatbestände

a) Der Ehrenschutz von Gemeinschaften

Die Ehre war zu Beginn der nationalsozialistischen Epoche ein rechtspolitisches Thema ersten Ranges. Ein ganzes Heft der Zeitschrift "Deutsches Recht", dem

---

[4] vgl. *Stolleis*, "Wertordnung und Nationalsozialismus", Thesenpapier zur Tagung "Die Justiz und der Nationalsozialismus III", Ev. Akademie Bad Boll 1982, Protokolldienst 25/82, S. 22.

[5] Nationalsozialistische Rechtspolitik, 1938, S. 32, weitergehend s.u. D 4.

[6] Hervorhebungen im Original.

[7] Das Verbrechen als Pflichtverletzung, in *Larenz*, (Hg.), Grundfragen der neuen Rechtswissenschaft, 1935, S. 110.

"Zentral-Organ des Bundes Nationalsozialistischer Deutscher Juristen" war 1934 der Ehre gewidmet[8]. Bezeichnend für die nationalsozialistische Ehrauffassung ist dabei die Verbindung der Begriffe *Ehre* und *Gemeinschaft*. So schreibt SS-Sturmhauptführer *Brandt* im Leitartikel des besagten Heftes: "Wenn das deutsche Volk gegenüber dem Rest der Welt das Recht auf seine Ehre geltend macht, so betrachtet es zugleich die Ehre als den Grundpfeiler des eigenen Volkslebens. Das liegt notwendig in einer wachsenden Entfaltung unserer Gemeinschaftshaltung und Gemeinschaftsgesinnung begründet. Die Ehre, wie überhaupt jede tiefere geistige Wertvorstellung, kann nur von der Gemeinschaft aus erfaßt und verstanden werden. Nicht der Einzelne also gibt sich seine Ehre selbst, wie das die individualistische Zeit sich vorzustellen bemühte, sondern er hat seine Ehre nur dadurch, daß er als Glied einer Gemeinschaft lebt, der er angehört"[9]. Dabei wurde bewußt auf einen angeblich typisch-deutschen Gemeinschaftsbegriff Bezug genommen. *Claudius von Schwerin* drückt dies so aus: "Deutsches Denken ist ein Denken in Gemeinschaften, nicht in Einzelschicksalen, deutsches Leben ein Leben in persönlicher Verbundenheit. Gemeinschaften, nicht nur formal, sondern innerlich verbundene Mehrheiten von Personen erfüllten im doppelten Sinne des Wortes das deutsche Rechtsleben seit seinem Anbeginn, bis undeutsches Vereinzelungsstreben dieses Kernstück unserer Rechtsordnung zu zerstören sich anschickte"[10].

Es ist indes irreführend, den Gemeinschaftsbegriff in seiner Bedeutung für das deutsche Rechtsleben als Entdeckung bzw. Wiederentdeckung für den Nationalsozialismus zu reklamieren[11]. Der Gedanke der Gemeinschaft, aus der deutschen Rechtsgeschichte entwickelt, stand im Zentrum des Lebenswerks *Otto von Gierkes*[12]. *Gierke* stellte in seinem Hauptwerk "Das deutsche Genossenschaftsrecht"[13] der liberalen Vorstellung des 19. Jahrhunderts vom souveränen Individuum das Gegenbild der gemeinschaftsgebundenen Person entgegen. Das Bewußtsein ihrer sittlichen Gemeinpflichten setze der persönlichen Willkür und Selbstsucht immanente Schranken, wie es deutscher Rechtstradition entspreche[14]. Damit artikulierte *Gierke* eine **sozialrechtliche Tendenz**, die für die Rechtsentwicklung des 20. Jahrhunderts bestimmend werden sollte[15]. Daß der Nationalsozialismus den Begriff

---

[8] Nr. 17 vom 10. September 1934; zum Thema vgl. die Literaturübersicht bei *Dahm*, Der Ehrenschutz der Gemeinschaft, Festschrift für Gleispach, 1936, S. 1, Fn 1.

[9] DR 1934, 393.

[10] DR 1934, 394.

[11] Die Tendenz der in der nationalsozialistischen Zeit Publizierenden, ihre wissenschaftlichen Vorgänger aus der Zeit des Rechtsstaates nicht genügend bedacht oder in Erinnerung gebracht zu haben, gesteht offen *Wieacker*, Privatrechtsgeschichte, S. 515, Fn. 2, ein.

[12] Zu ihm *Wieacker*, Privatrechtsgeschichte, S. 453 ff.; *Boehmer*, Grundlagen der bürgerlichen Rechtsordnung, II 1, S. 155 ff.

[13] Besonders deutlich in Band 2, 1873, S. 130 f.

[14] Hierzu insbesondere *Boehmer*, Grundlagen, S, 157.

[15] Vgl. oben Teil B, Kapitel 3, a.E.; *Wieacker*, Privatrechtsgeschichte, S. 543 ff.

Gemeinschaft im Sinne einer Gemeinschaftsideologie zur Lenkung der Massen politisch benutzte, steht auf einem anderen Blatt. Die geistesgeschichtlichen Grundlagen für eine Orientierung des Rechts auf die Gemeinschaft hin waren jedenfalls lange vor dem Auftreten des Nationalsozialismus gelegt worden.

Das Strafrecht hatte sich allerdings lange dem Gemeinschaftsgedanken verschlossen. Zwar hatte *Franz von Liszt* die sozialrechtliche Entwicklungstendenz erkannt und begrüßt[16], doch war *Liszts* großer Gegenspieler *Binding* mit seiner liberal-autoritären Grundeinstellung[17] exemplarisch für die Haltung der Strafrechtsprechung. Dies zeigte sich besonders deutlich am individuellen Ehrbegriff. "Nur der Einzelne hat Ehre, wie nur er Leben und Gesundheit besitzt. Eine Kollektivehre von Familien, Ständen, Versammlungen, juristischen Personen, Firmen, Behörden ist ein Unding" schrieb *Binding* in seinem Lehrbuch[18] und befand sich damit im Einklang mit dem Reichsgericht[19]. Zwar hatte das RG bereits früh[20] die Möglichkeit einer Kollektivbeleidigung anerkannt[21], doch wurde dabei stets das einzelne Mitglied des Kollektivs als beleidigt angesehen, nicht etwa das Kollektiv selbst. Personenmehrheiten als solche seien nicht beleidigungsfähig, "da die Ehre ein Attribut der Persönlichkeit und nur diese einer Ehrenkränkung fähig ist"[22].

Schon kurz vor der nationalsozialistischen Machtergreifung hatte indes legislatorisch eine Entwicklung eingesetzt, die ausgewählten juristischen Personen Beleidigungsfähigkeit zuerkannte. Durch Notverordnung vom 19.12.1932[23] war § 134a StGB geschaffen worden, der das Reich, die Länder und die deutsche Wehrmacht vor Beschimpfungen und Verächtlichmachungen schützen sollte.

Dies setzten die Nationalsozialisten nach 1933 fort. Bereits in der Heimtückeverordnung vom 21. März 1933[24], später im "Heimtückegesetz" vom 20. Dezember 1934[25] wurde für die NSDAP und ihre Gliederungen ein eigener Ehrenschutz geschaffen.

Heimtückeverordnung und -gesetz waren indes nicht lückenlos, da die Partei und ihre Gliederungen nur vor entstellenden Behauptungen tatsächlicher Art, nicht jedoch gegen reine Werturteile geschützt wurden. So kam es, daß das RG im April

---

[16] Vgl. oben Teil B, Kapitel 3.

[17] Zum Gegensatz *Liszt - Binding* vgl. oben Teil B, Kapitel 1.

[18] Lehrbuch des Gemeinen Deutschen Strafrechts, Besonderer Teil, 1. Band, 2. Aufl. 1902, § 32, S. 140.

[19] Z.B. RGSt 3, 246.

[20] RG Rspr. 1, 292.

[21] In RG Rspr. 1, 292: "das Richtertum Preußens"

[22] RGSt 4, 75.

[23] RGBl. I, S. 548.

[24] RGBl. I, S. 135.

[25] Gesetz gegen heimtückische Angriffe auf Staat und Partei und zum Schutz von Parteiuniformen vom 20. Dezember 1934, RGBl. I, S. 1269.

1934[26] einen Fall zu entscheiden hatte, in welchem der Angeklagte öffentlich gesagt hatte:"Die SA und SS sind lauter Lumpe". Da es sich um ein Werturteil handelte, war die Heimtückeverordnung vom 21.März 1933 nicht anwendbar. Wohl aber liege eine Beleidigung vor. Zu diesem Ergebnis gelangt das RG, ohne seine bisherige Rechtsprechung zu ändern. Vielmehr legt es den Sachverhalt so aus[27], daß der Angeklagte nicht SA und SS als solche, sondern deren Mitglieder beleidigen wollte. Damit blieb das RG seiner Linie, die eine Kollektivbeleidigung als Summe von Einzelbeleidigungen zuläßt, treu, zeigt sich also im Frühjahr 1934 von den neuen rechtspolitischen Entwicklungen relativ unbeeindruckt.

Zwei Jahre später hingegen ändert das RG in RGSt 70, 140 seine Rechtsprechung. Es billigt die Auffassung eines Landgerichts, daß eine Körperschaft als "hinter der Regierung stehender und von Staat und Partei als wertvoll anerkannter Verband ... passiv beleidigungsfähig" sei[28]. Seine bisherige Rechtsprechung könne das RG "nach der jetzigen Rechtsauffassung, die die Gemeinschaften (die Volksgemeinschaft und die engeren Gemeinschaften, die in ihr bestehen) in den Mittelpunkt der rechtlichen Betrachtungsweise stellt, nicht in dieser Allgemeinheit aufrechterhalten ... Zum mindesten die Personenmehrheiten, die das Recht anerkennt und die mit staatlicher Billigung der Erfüllung öffentlicher Aufgaben zu dienen bestimmt sind, müssen hinsichtlich des Ehrenschutzes den Behörden und politischen Körperschaften darin gleichgestellt werden, daß bei ihnen eine Gemeinschaftsehre anerkannt wird, deren Verletzung als Beleidigung zu bestrafen ist"[29]. Diese Rechtsprechung verfestigte sich. In einer unveröffentlichten Entscheidung aus dem Jahr 1937[30] wird einer Ortsgruppe der NS-Frauenschaft die Beleidigungsfähigkeit zugesprochen. RGSt 74, 268 geht im Grundsatz von der Beleidigungsfähigkeit einer Ortskrankenkasse aus. Damit hatte das RG dem Drängen der Literatur nachgegeben. Neben *Welzel*[31] war vor allem *Dahm* der vehementeste Vertreter einer Gemeinschaftsehre[32]. *Dahm* argumentierte dabei aus spezifisch nationalsozialistischem Kontext heraus:"Die nationalsozialistische Revolution hat auch dieser Frage ein neues Gesicht gegeben. Die Gemeinschaft ist unmittelbares Erlebnis und konkrete Wirklichkeit geworden. Diese Gemeinschaft, wie wir sie als eine geschichtliche Wirklichkeit unmittelbar erleben, ist Trägerin einer Ehre, ja, die Ehre ist Voraussetzung und Kern ihres Daseins. Eine Gemeinschaft ohne Ehre ist schlechterdings undenkbar. Das gilt zunächst für die Gemeinschaft des Volkes. Niemand hat

---

26 RGSt 68, 120

27 A.a.O. S. 123.

28 RGSt 70, 140 f.; es ging wohl um den "Stahlhelm", vgl *Dahm*, JW 1936, 2498.

29 Ebd.

30 Zitiert in RGSt 74, 268, 269.

31 ZStW 57 (1938), 28 ff.

32 Vgl. DR 1934, 418; bei *Gürtner*, Das kommende deutsche Strafrecht, Besonderer Teil, 2. Aufl. 1936, S. 419; JW 1936, 2497; ebd. Urteilsanm. S. 2555; Festschrift für *Gleispach*, S. 1 ff.

das klarer gesagt als der Führer selbst, dessen politischer Kampf der Wiederherstellung der deutschen Ehre galt..."[33]. Auf diese Form von Gemeinschaftsdenken bezieht sich RGSt 70, 140, wenn es für bestimmte Personenmehrheiten aus dem Gemeinschaftsgedanken heraus einen strafrechtlichen Ehrenschutz zuläßt.

Es ist wichtig, dies festzuhalten, denn der BGH versucht in BGHSt 6, 186, 189 f. diesen Zusammenhang zu überspielen. In dieser Entscheidung bejaht der BGH die Beleidigungsfähigkeit einer GmbH unter ausdrücklicher Berufung auf RGSt 70, 140. Nach Ansicht des BGH entspricht das RG mit dieser Entscheidung nicht spezifisch nationalsozialistischem Rechtsdenken, sondern knüpft vielmehr an Auffassungen an, die bereits vor 1933 insbesondere durch *Frank* und *v. Hippel* vertreten worden waren. Der BGH übersieht dabei, daß sich das RG auf diese Autoren gerade nicht beruft, daß es vielmehr in Kenntnis von deren Ansichten bis 1936 auf seinem gegenteiligen Standpunkt beharrte. Vielmehr änderte sich die RG-Rechtsprechung erst aufgrund eines völlig veränderten rechtspolitischen Umfeldes und nach schweren Angriffen durch die Literatur. Der BGH geht über die Rechtsprechung des RG sogar hinaus, indem er auch Personengesamtheiten Beleidigungsfähigkeit zubilligt, die **keine öffentliche** Funktion ausüben. Es genüge, wenn eine rechtlich anerkannte gesellschaftliche (auch wirtschaftliche) Aufgabe erfüllt werde[34].

Der BGH benutzt dabei gerade die Tatsache, daß die Änderung der Rechtsprechung des RG in die Zeit des Nationalsozialismus falle als Argument dafür, nun über die vom RG gesetzten Grenzen hinausgehen zu könnne. Das RG sei mit einem übertriebenen Gemeinschaftsdenken konfrontiert gewesen, so daß besondere Abgrenzungsbedenken bestanden hätten. Unter der Geltung des Grundgesetzes träten nun aber die echten Gemeinschaften und rechtlich anerkannten Personengesamtheiten wieder deutlich hervor, so daß auch eine sinnvolle Begrenzung des Kreises der schützenswerten Personengesamtheiten vorgenommen werden könne[35].

Die Kontinuität, bzw. die ausweitende Fortführung der Rechtsprechung des RG durch den BGH ist konsequent, wenn man davon ausgeht, daß der Ehrenschutz von Gemeinschaften Ausfluß einer sozialrechtlichen Entwicklungstendenz im 20. Jahrhundert ist, die vom Nationalsozialismus keineswegs erfunden, wohl aber beschleunigt worden ist.

b) Die Familie als Beleidigungsobjekt

Die intensive Befassung des BGH mit der Problematik des Rechtssprechungswandels zur Beleidigungsfähigkeit von Personengesamtheiten im Na-

---

33 *Gleispach-FS*, S. 21 f.
34 A.a.O. S. 191.
35 A.a.O. S. 189 f.

tionalsozialismus in BGHSt 6, 186 hat ihren Grund darin, daß sich zuvor ein anderer Senat des BGH ablehnend zur Beleidigungsfähigkeit der Familie geäußert hatte.

Der Ehrenschutz der Familie war ein zweites rechtspolitisches Hauptanliegen des Nationalsozialismus in Bezug auf die Beleidigungsdelikte. Freisler hatte bereits 1933 geschrieben:"Kein Lebewesen kann bestehen, wenn seine Zellen nicht gesund sind. Der Schutz der Familie als der Zelle des Volkskörpers ist also das nächste, was ein nationalsozialistisches Strafrecht zu sichern hat ... Es bedarf eines Strafrechts, das Volk und Familie voranstellt, das sittliche Güter den materiellen überordnet, mit einem Wort: es bedarf eines nationalsozialistischen Strafrechts"[36]. Von der Seite der Wissenschaft war es wiederum Dahm, der sich vehement für die Anerkennung einer Familienehre einsetzte[37]. In der Rechtsprechung fanden diese Bemühungen indes keine große Resonanz. Am weitesten ging noch der 3. Senat des RG in RGSt 70, 94, 97, wo im gemeinsamen Zechen eines Mannes mit einer verheirateten Frau eine Beleidigung des Ehemannes der Frau gesehen wurde :"Wer die Ehre einer Frau - sei es auch mit ihrem Einverständnis und also insoweit straffrei - antastet, verletzt zugleich die des Ehemannes. Diese Auffassung wurzelt in der deutschen Auffassung der Familie. Der Schimpf, den ein Mitglied erleidet, trifft die Gemeinschaft. Ihn abzuwehren sind die männlichen Familienmitglieder und besonders der Ehemann als das Haupt der Familie berufen". Hierdurch und durch die bestätigende Entscheidung RGSt 70, 173, 176 sah Dahm schon den Weg freigemacht "für die Anerkennung der Familienehre und einen hinreichenden, dem völkischen Rechtsempfinden genügenden Ehrenschutz"[38]. Dem widersprachen indes kurz darauf zwei Entscheidungen des 2. Senats, der unmißverständlich ausführt:"Die Rechtsprechung hat bisher die Annahme einer mittelbaren Beleidigung des Vaters durch Beleidigung einer minderjährigen Tochter und die Annahme einer den Mitgliedern einer Familie als Mehrheit zustehenden Familienehre stets abgelehnt und betont, daß die Ehre grundsätzlich nur dem einzelnen Menschen zustehe"[39]. Der 1. Senat wiederholt diese Ansicht in RG JW 1937, 1331.

In der Tat hatte *Dahm* die Entscheidung RGSt 70, 94, 97 überinterpretiert. Da war zwar von Familie und Gemeinschaft die Rede gewesen, im Kern ging es aber darum, daß man durch Handlungen gegenüber einer Ehefrau unmittelbar den Ehemann beleidigen könne. Dies hatte das RG aber auch schon früher behauptet[40], und auch der 3. Senat hatte in RGSt 70, 94, 98 hierauf Bezug genommen, die Frage der Existenz einer Familienehre hingegen ausdrücklich offen gelassen. Der 2. Senat

---

[36] Nationalsozialistisches Strafrecht. Denkschrift des Preußischen Justizministers, Berlin 1933, S. 6 ff, 9.

[37] Der strafrechtliche Ehrenschutz der Familie, JW 1936, 2497; *ders. Gleispach-FS* S. 38; vgl. auch *Welzel* ZStW 57 (1938), S. 28, 49 f.

[38] JW 1936, 2500.

[39] RGSt 70, 245, 248; vgl. auch RGJW 1936, 2555.

[40] Vgl. die Nachweise in RGSt 70, 245, 248.

fügt dem in Bezug auf die Beleidigungsfähigkeit des Vaters allerdings noch Einschränkungen hinzu. Die Stellung des Vaters sei mit der des Ehemannes nur bedingt vergleichbar; daher müßten schon besondere Umstände vorliegen, damit von einer beleidigenden Handlung gegenüber der Tochter auf eine unmittelbare Beleidigung des Vaters geschlossen werden könnte[41] . Dem folgte dann auch der 3. Senat im Urteil HRR 1939 Nr. 394. In einem obiter dictum taucht der Begriff der "Familienehre" in RGSt 73, 113, 117 noch einmal auf. Der 3. Senat hält ihn auf den dortigen Fall, in dem der Vater an seiner eigenen Tochter sexuelle Handlungen vorgenommen hatte, nicht für anwendbar, wobei sich die Formulierung so anhört, als ob der Senat grundsätzlich eine Verletzung der Familienehre für möglich halte. Da aber gleichzeitig auf RGSt 70, 245 verwiesen wird, ist diese Aussage irreführend.

Das RG hat also keineswegs, auch nicht in seinen späteren Entscheidungen, eine beleidigungsfähige Familienehre anerkannt. Umso mehr verwundert es, wenn der 4. Senat des BGH in einer Entscheidung aus dem Jahre 1951[42] ausführlich zur Frage der Familienehre Stellung nimmt. Der BGH geht dabei davon aus, daß mit der Entscheidung RGSt 70, 94 ein Wandel in der Rechtsprechung des RG eingetreten sei. Er möchte zu der Linie, die das RG vor (und, wie der BGH allerdings nicht erkennt, im wesentlichen auch nach) dieser Entscheidung eingenommen hat, zurückkehren, daß also die Familie als solche keinen Ehrenschutz genießt. Der BGH benutzt diese, wenn man die Entwicklung der "Familienehre" insbesondere in den späten Entscheidungen des RG bedenkt, nicht unbedingt revolutionäre Entscheidung, um auf den grundsätzlichen Wandel der Rechtsanschauung zwischen dem Dritten Reich und der Bundesrepublik hinzuweisen:"Die deutsche Gesetzgebung hat sich seit 1945 von dieser Überbewertung der Gemeinschaften abgewendet und den Menschen als Persönlichkeit wieder in den Mittelpunkt gerückt ... An die Spitze aller Bestimmungen hat ... das Bonner Grundgesetz in Art. 1 die Proklamation der Würde des Menschen gesetzt und sich damit in besonders eindrucksvoller Weise zum Werte der Einzelpersönlichkeit bekannt. Eigenwert und Eigenständigkeit des Menschen sollen als unverbrüchliche Grundlage der gesamten Ordnung anerkannt werden, die Menschenwürde als leitende Grundidee die Auslegung aller Grundrechte maßgebend bestimmen. Das ganze Leben soll nach der Neuordnung unter diesen Vorzeichen stehen, alle Rechtsnormen bei ihrer Anwendung in Einklang mit diesem obersten Grundsatz gebracht werden ... Diese Entwicklung bedeutet nicht einen Schritt hin zur Anerkennung der Familienehre, sie ist vielmehr eine Zustimmung zur Auffassung *Bindings*, der eine Ehre nur dem

---

[41] RGSt 70, 245, 248 f.; vgl. zu den "besonderen Umständen" auch das Urteil des 2. Senats in DR 1939, 233 Nr. 6.

[42] NJW 1951, 531 = MDR 1951, 500 (m. Anm. *Welzel*) = JZ 1951, 520 (m. Anm. *Mezger*).

Menschen zuerkennt, weil ihm allein die Menschenwürde zukomme. Das geltende deutsche Recht gewährt mithin der Familienehre keinen strafrechtlichen Schutz"[43].

Der BGH benutzt also im Jahr 1951 die Diskussion um die Familienehre, um den grundsätzlichen Wandel oder besser die Rückkehr zum Rechtsstaat, wie er sich im Erlaß des Grundgesetzes manifestiert, zu dokumentierten. Als Reaktion auf die Überhöhung des Gemeinschaftsdenkens im Nationalsozialismus folgt die Renaissance des Individualismus altliberaler Prägung, den der BGH nunmehr sogar verfassungsrechtlich garantiert glaubt. Die eindeutigen Äußerungen des BGH dienen im Jahr 1951 sicherlich auch der Selbstdarstellung, um sich in dieser frühen Phase der Bundesrepublik rechtsstaatliches Profil zu geben.

Der 4. Senat ging indes zu weit, als er zum Ehrbegriffs *Bindings* zurückkehren wollte. Dies macht der 1. Senat in der bereits zur Frage der Beleidigungsfähigkeit der anderen Personengemeinschaften zitierten Entscheidung BGHSt 6, 186 deutlich:"Die Ansicht, Ehre stehe nur der Einzelperson zu, ist zu individualistisch; sie hat einige Zeit überwogen, aber weder gesellschaftlich (in sozialer Beziehung) noch rechtlich trifft sie zu ... Im täglichen Leben tritt diese Tatsache vielfach so unverkennbar hervor, daß ein Bedürfnis nach angemessener rechtlicher Anerkennung besteht, soweit das Gesetz nicht das Gegenteil ausspricht"[44]. Die entschiedene Stellungnahme des 4. Senats aus dem Jahre 1951 zwingt allerdings den 1. Senat dazu, das rechtspolitische Bedürfnis nicht als einzigen Grund für seine Entscheidung zu bringen, sondern sich auch intensiv mit der Rechtsprechung des Reichsgerichts und dem Einfluß des Nationalsozialismus auf die Anerkennung der Gemeinschaftsehre auseinanderzusetzen. Wie oben bereits dargelegt, geht der BGH dabei über das Ergebnis des RG weit hinaus, weil er sich zutraut, im Jahre 1954 nunmehr die "echten" und schutzwürdigen Gemeinschaften erkannt zu haben. Durch die frühe Äußerung des 4. Senats, auf der dieser beharrte[45], wurde indes die Familie nicht Schutzobjekt der §§ 185 ff. StGB - bis heute.

Von Seiten der Lehre stieß die Ablehnung der Beleidigungsfähigkeit der Familie durchweg auf Unverständnis. *Mezger*[46] kritisierte insbesondere die ideologische Frontstellung des 4. BGH-Senats gegen die Rechtsprechung des RG. *Welzel*[47] fragte, ob das Pendel nun einfach vom Kollektivismus zum Individualismus zurückschwingen solle. Beide Autoren waren neben *Dahm*[48] und *Engisch*[49] vor 1945 entschieden für die Anerkennung der Familienehre eingetreten[50], wobei *Mez-*

---

[43] NJW 1951, 532.
[44] A.a.O. S. 189.
[45] BGHSt 6, 192.
[46] JZ 1951, 521.
[47] MDR 1951, 502, 503.
[48] Vgl. o. Fn. 20.
[49] ZAkDR 1939, 568.
[50] *Welzel*, ZStW 57 (1938), 28, 49 f.; *Mezger*, DR 1941, 150.

ger der Auffassung war, daß "der Sache nach" sich das RG bereits für den strafrechtlichen Schutz der Familienehre entschieden habe[51]. Zur Zeit der Entscheidung des 4. Senats 1951 entsprach diese Auffassung durchaus der herrschenden Lehre[52]. Hintergrund dieser Lehre war allerdings die Befürchtung, daß es zu einer konturlosen Ausweitung des Beleidigungstatbestandes komme, wenn man ihn nicht auf bestimmte Ehrtypen begrenze[53] eine spezielle Entwicklung in der Rechtsprechung des RG, die die Beleidigung als Auffangtatbestand insbesondere für Sexualdelikte benutzte.

Nicht erst ab 1933, sondern bereits wesentlich früher[54] hatte das RG damit begonnen, vermeintliche Strafbarkeitslücken der Sexualdelikte durch Heranziehung des Beleidigungstatbestandes zu füllen[55]. Es ging dabei meist um Handlungen unterhalb der Schwelle der eigentlichen Sexualdelikte, in RGSt 10, 372 z.B. um zotige Reden vor 11- bzw. 13jährigen Mädchen, oder um sexuelle Handlungen, die von den Sexualtatbeständen nicht erfaßt wurden, insbesondere an Geistesschwachen[56]. Diese Rechtsprechung setzte das RG nach 1933 in verstärktem Maße fort[57]. Oft dient hier die Annahme einer Beleidigung dazu, auch dort zu einer Bestrafung zu gelangen, wo sich der Verdacht eines Sittlichkeitsdeliktes nicht beweisen ließ, so in RG JW 1935, 526, beim an sich harmlosen Küssen eines 7jährigen Mädchens durch einen mehrfach vorbestraften Sexualtäter. Vermehrt sieht das RG auch einverständliche sexuelle Kontakte mit Jugendlichen, die einem Sexualtatbestand nicht unterfallen, als Beleidigung an[58]. Besondere Beachtung fand der Fall RGSt 74, 224, wo es zum Geschlechtsverkehr zwischen einer 42jährigen Frau mit zwei noch nicht 16 Jahre alten Jungen gekommen war, wobei die Initiative hierzu nicht von der Frau ausgegangen war[59]. RGSt 72, 113 hatte, weil die Bestrafung wegen Blutschande den Geschlechtsverkehr voraussetzte, einverständliche unzüchtige Handlungen zwischen Vater und minderjähriger Tochter als tätliche Beleidigung qualifiziert.

Der BGH setzte nach dem Krieg diese Tendenz in der Rechtsprechung des RG, die sich ab 1933 verstärkt hatte, nahtlos fort. In BGHSt 1, 288 hielt der BGH

---

51 JZ 1951, 522.

52 Vgl. die Nachweise bei BGH NJW 1951, 532, sowie H.J. Hirsch, Ehre und Beleidigung, 1967, S. 98 ff.

53 *Gallas*, ZAkDR 1941, 15 ff.; *Graf zu Dohna*, DStR 1941, 34 ff.

54 RGSt 10, 372; 27, 366.

55 Zur Funktion des § 185 als "kleines Sexualdelikt" vgl. *Arzt*, JuS 1982, 723 ff.; s.a. *Laubenthal*, JuS 1987, 700 ff.

56 Vgl. RGSt 27, 366.

57 Vgl. neben den im Text genannten Entscheidungen die bei *August Schaefer*, LK, 8.Aufl. § 185 II c aufgeführten Urteile.

58 So in RGSt 71, 349 (Sexuelle Handlungen an einem 14jährigen Mädchen mit dessen Einverständnis)

59 Vgl. *Gallas*, ZAkDR 1941, 15 ff.; *Graf zu Dohna*, DStR 1941, 34 ff.;

die Beleidigung eines 12jährigen Mädchens durch das Zeigen von an sich nicht unzüchtigen Bildern nackter Frauen für möglich, wobei der BGH keine Bedenken hatte, Ehre und Schamgefühl gleichzusetzen[60]. Im Griff unter den Rock einer Frau sah BGH NJW 1951, 368 ebenso eine Beleidigung wie BGH GA 1965, 283 im Kuß auf den Mund eines 5jährigen Mädchens[61].

Im Grundsatz hält der BGH an dieser Rechtsprechung bis heute fest[62]. Der vorsichtige Versuch des 3. Senats, in der Entscheidung NJW 1986, 2442 den § 185 von seiner Lückenbüßerfunktion zu befreien, wird bereits durch die Formulierung des Leitsatzes konterkariert, worin der Senat dem Tatrichter die Entscheidung darüber überläßt, ob nach den "besonderen Umständen des Einzelfalles" in einer sexuellen Handlung auch eine Beleidigung liegt[63]. Ob das Urteil des 2. Senats BGHSt 36, 145[64] einen "Wendepunkt" der Rechtsprechung des BGH markiert, wie *Kiehl*[65] meint, muß bezweifelt werden. Zwar geht der 2. Senat über das zuvor erwähnte Urteil des 3. Senats hinaus, in dem er von einem Tatbestandsausschluß des § 185 durch ein verwirklichtes Sexualdelikt ausgeht, soweit der Täter über die sexuelle Handlung hinaus nicht eine weitergehende Mißachtung der Ehre des Opfers zum Ausdruck bringe, doch zeigt die Entscheidung des 1. Senats NJW 1989, 3029, die hiermit angeblich übereinstimmt[66], daß hierdurch § 185 seine Lückenbüßerfunktion nicht notwendig verliert.

c) Die Beleidigung der Bezugsperson

In engem Zusammenhang mit der Sexualbeleidigung steht die, meist in Verbindung mit sexualbezogenen Vorgängen vorkommende Beleidigung von **Bezugspersonen**. Solche Bezugspersonen sind der Ehemann[67], bzw. der Vater, die durch eine sexuelle Verhaltensweise gegenüber der Ehefrau bzw. der Tochter als beleidigt angesehen werden. Wie bei der eigentlichen Sexualbeleidigung füllte auch hier die Anwendung des § 185 StGB eine Strafbarkeitslücke. Dies vor allem in den Fällen, in denen es zu einvernehmlichen Sexualkontakten zwischen Ehefrau/Tochter und einem Dritten gekommen war, und auf Seiten der weiblichen Tatbeteiligten kein Defekt (sehr jugendliches Alter, Geistesschwäche etc.) vorlag, der es erlaubt hätte, ihnen die Dispositionsbefugnis über die eigene Geschlechtsehre abzusprechen, wodurch man die Frauen selbst hätte als beleidigt ansehen können. Die Behandlung dieser Fälle steht dabei in Zusammenhang mit dem Be-

---

60 Ähnlich BGH GA 1963, 50.

61 Direkte Fortsetzung von RG JW 1935, 526.

62 Vgl. BGH StV 1982, 14.

63 Krit. hierzu *Herdegen*, LK, 10. Aufl., § 185, Rdnr. 31: "Wo fände sich nicht ein 'besonderer Umstand'?".

64 = NJW 1989, 3092 = JZ 1989, 801 mit Anm. *Otto*.

65 NJW 1989, 3003 ff.

66 Kritisch hierzu *Kiehl*, NJW 1989, 3003 ff., 3005.

67 In einem Ausnahmefall, RGSt 76, 226 auch einmal die Ehefrau als Kriegerwitwe.

griff "Familienehre"[68], und hat mit der Sexualbeleidigung den tatsächlichen Hintergrund und die lückenfüllende Funktion gemeinsam. Das besondere an der mittelbaren Beleidigung der Bezugsperson ist, daß sie eine originäre Erfindung der Rechtsprechung nach 1933 ist[69].

Die bereits erwähnte Entscheidung RGSt 70, 92 sah den Ehemann durch eine nächtliche "Bierreise", die seine Ehefrau zusammen mit zwei Männern und einer weiteren Frau unternommen hatte, als beleidigt an. In dieser Entscheidung gebraucht das Gericht zwar, wie oben dargestellt, den Begriff der Familienehre, läßt aber dahinstehen, ob sich hieraus die Beleidigung des Ehemannes ergibt. Vielmehr wird vom Ehebruch her argumentiert, der immer schon zugleich als (konsumierte) Beleidigung des Ehemannes gesehen worden sei. Dies müsse auch für andere ehrverletzende Handlungen gegenüber der Ehefrau gelten, und zwar auch dann, wenn solche mit deren Einverständnis vorgenommen worden seien.

Eine Beleidigung des Vaters durch sexuelle Handlungen gegenüber der Tochter nimmt erstmals RGSt 70, 245 an. Der Angeklagte war Personalchef eines Warenhauses und Jude. Mit einer "arischen", 18jährigen Angestellten unterhielt er sexuelle Beziehungen, und zwar vor Inkrafttreten des "Blutschutzgesetzes"[70], so daß dessen Strafbestimmungen nicht anwendbar waren. Das RG nimmt eine **unmittelbare** Beleidigung des Vaters des Mädchens an, und führt zu den "besonderen Umständen", aus denen sich diese ergibt, u.a. aus: "Schließlich darf nicht außer acht gelassen werden, daß der Angeklagte *Jude* ist und daß, namentlich seit dem Umbruch, auch schon vor Erlassung der Nürnberger Gesetze, in weiten Kreisen des deutschen Volkes der Geschlechtsverkehr eines Juden mit einem deutschblütigen Mädchen als verwerflich empfunden wird"[71]. Die Zeitbedingtheit dieser Rechtsprechung ist deutlich, und wurde insbesondere von *Hirsch*[72] betont.

Die zeitgenössische Lehre stand dieser Rechtsprechung z.T. sehr kritisch gegenüber. *Gallas* warnte vor dieser Entwicklung, weil dadurch der Tatbestand der Beleidigung zu einem allgemeinen Persönlichkeitsdelikt nach Art der römischrechtlichen iniuria verflüchtigt werde[73]. Das Eintreten der Lehre für die Anerkennung einer Familienehre wird von hier aus verständlich. Die Annahme einer Familienehre hätte vom Standpunkt der Lehre zum einen den Vorteil gehabt, die Konstruktion einer mittelbaren Beleidigung zu vermeiden, zum anderen den Belei-

---

68 S.o. Kapitel 2 b).

69 Vgl. *H.J.Hirsch*, Ehre und Beleidigung, 1967, S. 65 f., insbesondere Fn. 45 m.w.N.

70 Gesetz zum Schutz des deutschen Blutes und der deutschen Ehre vom 15.9.1935, RGBl. I, S. 1146.

71 A.a.O. S. 249 (Hervorhebung im Original); *Mezger*, DR 1941, 148 nahm hier Beleidigung der Frau an, der er bei "besonders verwerfliche(n) Angriffe(n)...etwa bei Rassenschande" die Dispositionsbefugnis über ihre Geschlechtsehre absprach.

72 A.a.O. (o.Fn. 50), S. 66

73 ZAkDR 1941, 15 ff.; ähnlich *Graf zu Dohna*, DStR 1941, 34 ff.

digungstatbestand in seiner Anwendung einzuschränken, denn man sah die Gefahr, daß hier ein konturloser Auffangtatbestand geschaffen würde[74]. Insbesondere die Annahme tätlicher Beleidigung im Zusammenhang mit Sittlichkeitsdelikten wäre weit hinter die Grenzen zurückgedrängt worden, die sie in der Rechtsprechung des RG erreicht hatte.

Das RG setzte indes seine Rechtsprechung zur mittelbaren Beleidigung von Bezugspersonen fort. Noch im letzten veröffentlichten Band der amtlichen Sammlung finden sich hierzu zwei Entscheidungen. In RGSt 77, 157 wird der "im Felde stehende" Ehemann durch "zu vertraulichen Umgang" eines Freundes mit der Ehefrau beleidigt. Hier betont das Reichsgericht, daß die Ehe eines Kriegsteilnehmers eines besonderen Schutzes bedürfe[75]. In RGSt 77, 226 werden Kinder durch unzüchtiges Benehmen eines Mannes gegenüber ihrer Mutter als beleidigt angesehen.

Der BGH setzte die Rechtsprechung des RG zur Beleidigung der Bezugsperson fort. Frühes Beispiel ist hier die bereits erwähnte Entscheidung NJW 1951, 531, die sich zwar verhement gegen die Anerkennung einer Familienehre aussprach, zuvor jedoch die Beleidigung der Mutter des 16jährigen Mädchens, mit dem der Angeklagte geschlechtlich verkehrt hatte, für möglich, im konkreten Fall aber noch nicht als genügend festgestellt erachtet hatte. BGHSt 7, 129 bestätigte die Verurteilung eines Heilpraktikers, der ein 10jähriges Mädchen wegen des Verdachts einer Geschlechtskrankheit behandelt hatte, wegen Beleidigung der Eltern[76]. Einschränkend verlangt allerdings BGHSt 16, 58, 60, daß eine unmittelbare Beziehung zwischen dem Täter und den Eltern eines Kindes bestehen müßte, das der Täter für kürzere Zeit vom Spielplatz weg in ein Kornfeld gelockt hatte.

d) Zusammenfassung

Betrachtet man die Beleidigungsrechtsprechung von RG und BGH unter Kontinuitätsaspekten, gelangt man zu einem gemischten Befund. Da ist einmal die bewußte **Diskontinuität** des BGH zum Begriff der Familienehre, eine Diskontinuität, die, weil die Familienehre die Entscheidungen des RG, in denen sie Erwähnung fand, nie trug, allerdings nicht schwer wiegt. Der Bruch mit dem RG hatte hier Darstellungsgründe, am konkreten Ergebnis änderte sich wenig. Der Grund hierfür war die **Kontinuität** des BGH zur Beleidigungsrechtsprechung des RG im übrigen. Ohne die Familienehre zu erwähnen, ließen sich entsprechende Fälle über die mittelbare Beleidigung von Bezugspersonen genausogut lösen. Strafbarkeitslücken in den Sexualdelikten schloß man, indem man im Anschluß an das RG die Beleidi-

---

74 Vgl. *Welzel*, MDR 1951, 502.

75 A.a.O. S. 161.

76 Zur Kontinuität dieser Entscheidung in Bezug auf RGSt 70, 245 insbes. *Hirsch*, a.a.O. (o.Fn. 48), S. 66 f.

gung als Auffangtatbestand verwendete. Insgesamt wurde also die Auslegung der Beleidigungstatbestände, die unter dem ideologischen Einfluß des Nationalsozialismus in Richtung einer generellen Strafbarkeitsausdehnung erfolgt war, vom BGH fortgesetzt.

3. Der Begriff Treue

Genau wie die Ehre erhält auch die Treue, ein Hauptschlagwort der NS-Ideologie[77], ihre Bedeutung aus der Gemeinschaftsideologie des Nationalsozialismus: "Die sichtbare Aeußerung der Ehre ist das Treusein. Wir haben daher die Treue in den Mittelpunkt des Ehrbegriffs der SS-Gemeinschaft gestellt. Möge es einstmals für die ganze deutsche Volksgemeinschaft heißen: Meine Ehre heißt Treue"[78]. Die rechtspolitische Bedeutung, die man dem Begriff "Treue" beimaß, wird daraus deutlich, daß, wie bei der Ehre[79], ein ganzes Heft des Zentralorgans des BNSDJ "Deutsches Recht"[80] dem Thema Treue gewidmet wurde. Zum Treuegedanken im Strafrecht schreibt hier *Siegert*: "Die Treue schließt ... ein unzerreißbares seelisches Band um die Gemeinschaft und ihren Führer. In unserem völkischen Führerstaat bildet in der großen und den unzähligen kleinen Gemeinschaften dies seelische Treueverhältnis eine der festesten seelischen Grundlagen. Es zu schützen und den Treubruch des Verräters zu bestrafen ist die Aufgabe des nationalsozialistischen Strafrechts"[81]. Im "Vorspruch für ein nationalsozialistisches Strafgesetzbuch" heißt es zur Bedeutung der Treue im neuen Strafrecht: "Diese große, ewige, völkische Verbundenheit wird von dem Blute als dem Träger alles Lebendigen und von der Treue als dem sittlichen Band der Gemeinschaft getragen. Verdirbt das Blut, dann stirbt das Volk; erlischt die Treue, dann zerfällt die Gemeinschaft". Auf den 3. Leitsatz zum nationalsozialistischen Strafrecht wurde oben[82] bereits hingewiesen:"Das nationalsozialistische Strafrecht muß auf der völkischen Treuepflicht aufgebaut sein. Die Treuepflicht ist für nationalsozialistisches und deutsches Denken höchste völkische und daher sittliche Pflicht". Im 4. Leitsatz heißt es:"Der hohe Wert der Volksgemeinschaft verlangt die unbedingte Einhaltung der Treuepflicht, und zwar sowohl der Volksgemeinschaft selbst gegenüber, als auch gegenüber allen ihren Gestaltungen ..."[83].

---

[77] Zur Begriffswanderung der Treue bis zur germanistischen Rechtsschule und darüberhinaus vgl. *Stolleis*, Thesenpapier, a.a.O., S. 22 f.
[78] *Brandt*, DR 1934, 394.
[79] Vgl. o. Teil D, Kapitel 2 a.
[80] Nr. 22 vom 25. November 1934.
[81] DR 1934, 528.
[82] Teil D, Kapitel 1.
[83] *Frank*, Nationalsozialistische Leitsätze, a.a.O., S. 5 ff.

Sicher spiegelt sich in der Diktion dieser Zitate die konsequente Ausbeutung der Restbestände spätidealistischer Metaphorik durch den Nationalsozialismus[84]. Es kann auch kein Zweifel daran bestehen, daß der Appell an irrationale Werte des deutschen Bürgertums Bestandteil einer Herrschaftstechnik war, die auf die totale Lenkbarkeit eines für solche Appelle empfänglichen Volkes abzielte[85]. Indes darf man sich durch den nationalsozialistischen Wortschwulst nicht über die Tiefendimensionen der Gemeinschaftsorientierung des Strafrechts, versinnbildlicht in den Topoi "Ehre" und "Treue", täuschen lassen.

Ab der zweiten Hälfte des 19. Jahrhunderts läßt sich eine **sozialrechtliche Tendenz** der Rechtsentwicklung ausmachen[86]. Diese ging von der rechtshistorischen Germanistik, insbesondere von *Gierke* aus, der in seinem Hauptwerk "Das deutsche Genossenschaftsrecht" die germanische Rechtsidee in den Mittelpunkt stellte, derzufolge den Rechten des Einzelnen immer auch Pflichten gegenüber der Gemeinschaft korrelieren[87]. Hinter Sätzen wie "Wir suchen den Lebenszweck des Individuums nicht ausschließlich in ihm selbst, aber auch nicht ausschließlich außer ihm, wir statuieren weder den rücksichslosen Egoismus noch die rücksichtslose Hingabe: uns lebt jeder zugleich für sich selbst und für das Ganze"[88] steht dabei auch ein soziales Programm, das die sich deutlich abzeichnende soziale Frage durch einen sozialen Umbau der liberal-individualistischen Rechtsordnung zu entschärfen suchte. Die soziale Dimension der Gemeinschaftsorientierung wurde deutlich in der *Gierkeschen* Kritik am 1. Entwurf des BGB[89]. Dieses Anliegen übersieht man leicht hinter dem spätromantisch inspirierten Sprachstil[90], der *Gierke* wie viele andere Germanisten seiner Zeit kennzeichnet.

Die Diktion findet sich auch noch in dem Beitrag, den *Merk* für das Sonderheft der DR zum Thema Treue 1934 verfaßte[91]. Wenn hier von der "Treue gegen andere" im Zusammenhang mit der Gemeinsachaft die Rede ist, weist dies darauf hin, daß die Rechtspflichten des Einzelnen aus dem Solidaritätsgedanken heraus ausgeweitet werden sollen. Solidarität gegenüber der Volksgemeinschaft im ganzen, aber natürlich auch gegenüber ihren Untergliederungen, der Familiengemeinschaft,

---

84 So insbes. *Stolleis*, Thesenpapier, a.a.O. S. 22 f.

85 Ähnlich *Stolleis*, ebd.

86 Hierzu bereits oben Teil B, Kapitel 3, und Teil D, Kapitel 2 a.

87 Vgl. insbes. Bd. 2 (1873), S. 32 f., 36, 42, 126 ff., 130.

88 Bd. 2, S. 42; in seiner Ausgewogenheit hebt sich dieser Satz wohltuend von der nationalsozialistischen Parole "Du bist nichts, Dein Volk ist alles" ab.

89 Die soziale Aufgabe des Privatrechts, 1889, insbes. S. 12 ff.; das gleiche Ziel wie der (konservative) *Gierke* verfolgten naturgemäß die sozialistischen Kritiker der Privatrechtsordnung, vgl. insbes. *Menger*, Das bürgerliche Recht und die besitzlosen Volksklassen, 1. Aufl. 1890.

90 Hierzu, vor allem zu den Verwerfungen eines spätromantischen und zugleich sozial-realistischen Zeitgeistes in der Gestalt *Gierkes* vgl. *Wieacker*, Privatrechtsgeschichte, S. 454.

91 Die Treue im älteren deutschen Recht, DR 1934, 526.

der Ehe[92], der Hausgemeinschaft, der Betriebsgemeinschaft usw. Wie sich diese Ausweitung der Pflichten des Individuums zugunsten der Gemeinschaft in der Rechtsprechung darstellten, soll zunächst am Beispiel der unechten und echten Unetrlassungsdelikte dargestellt werden.

a) Die Garantenpflicht aus "enger Lebensgemeinschaft"

Seit jeher war das RG davon ausgegangen, daß ein Unterlassen nicht ohne weiteres einem aktiven Tun gleichgestellt werden kann, sondern dies auf der Seite des Unterlassenden eine **Rechtspflicht zum Handeln** voraussetzt[93] . Diese Rechtspflichten und ihre Entstehungsgründe faßt RGSt 64, 273 im Jahre 1930 exemplarisch zusammen: sie können auf einer gesetzlichen Regelung beruhen, durch Vertrag übernommen sein, oder aus einem vorangegangenen Tun des Täters resultieren[94]. Betont wurde dabei stets, daß eine rein sittliche Verpflichtung zum Einschreiten nicht genüge[95].

Bereits vor 1933 deuteten sich jedoch Änderungen dieser Rechtsprechung an. In RGSt 66, 71 entschied der 2. Senat am 4. Januar 1932, daß der Vater eines unehelichen Kindes, der dieses unmittelbar nach der Geburt erfrieren läßt, eine vorsätzliche Tötung durch Unterlassen begeht. Das Problem war dabei, daß sich eine Rechtspflicht zum Handeln für den Vater des unehelichen Kindes nicht aus dem Gesetz ergab, da nach der damaligen Fassung des BGB der Vater mit dem unehelichen Kind nicht verwandt, sondern ihm gegenüber lediglich unterhaltsverpflichtet war. Neben einer Rechtspflicht aus Ingerenz leitet das RG aus dem Gedanken des § 221 StGB und sogar aus Art. 132 der Constitutio Criminalis Carolina, der Peinlichen Halsgerichtsordnung Karls V. aus dem Jahre 1532 eine Obhutspflicht des Mannes gegenüber Mutter und Kind her, die über die sittliche Pflicht hinaus auch eine Rechtspflicht sei:"Denn die Beantwortung der Frage, ob eine allgemein anerkannte Pflicht dem weiteren Kreis der sittlichen Wertung oder dem hierin eingeschlossenen engeren Gebiet der rechtlichen Anforderung angehöre, hängt nicht nur davon ab, welche Ausgestaltung in den Einzelheiten das eingreifende Gesetz gewählt, also beim Strafgesetz, welche einzelnen Begehungsarten es bestimmt hat, sondern vornehmlich davon, auf welcher aus dem Willen der Gemeinschaft heraus entwickelten Vorstellung vom Recht seine Vorschriften aufgebaut sind. Für die hier zu beachtende Regelung aber richtet sich der tragende Rechtsgedanke dahin, daß der Hüter dem Hilflosen die zur Wahrung von Leib und Leben erforderliche Hilfe leisten ... soll"[96].

---

[92] Hierzu *Siegert*, DR 1934, 530.
[93] Den Begriff Garantenstellung hat erst *Nagler*, GS 111, 1938, S. 1, 59 ff. geprägt.
[94] Ebd. S. 276.
[95] Ebd. S. 275 m.w.N.
[96] RGSt 66, 73 f.

Dieses Urteil ist in mehrfacher Hinsicht bemerkenswert. Zunächst fällt auf, daß keine weitere Entscheidung des RG zitiert wird, obwohl die Argumentation aus dem "aus dem Willen der Gemeinschaft heraus entwickelten Vorstellung vom Recht" zur Bestimmung der Rechtspflicht einen neuen Ansatz in der Reichsgerichtsrechtsprechung darstellt. Sodann bringt der Senat deutlich zum Ausdruck, daß er das Vorgehen des Angeklagten für besonders strafwürdig hält, so daß von daher schon die Entscheidung vorgeprägt ist:"Überdies verletzte der Angeklagte durch die als rechtswidrig gekennzeichnete Unterlassung das Recht umso mehr, als er .... doch als leiblicher Vater des Kindes in einem persönlichen Verhältnis zu ihm stand, das die Preisgabe seines Lebens im Sinne des genannten Rechtssatzes als besonders strafwürdig erscheinen ließ"[97], ohne daß aus diesem "persönlichen Verhältnis" selbst die Rechtspflicht entnommen wird. Vielmehr benötigt der Senat noch positive Normen um diese Rechtspflicht herzuleiten, wozu sogar noch auf die Carolina zurückgegriffen wird. Zu Recht ist dies später als "Fassade"[98] bezeichnet worden, hinter der sich der Übergang von einer positiv-rechtlichen, formalen Begründung der Rechtspflicht zum Handeln zu deren Herleitung aus materiellen, "sozialethischen" Entstehungsgründen vollzog.

Nach 1933 schlug sich dieser Prozeß der "Ethisierung der Rechtspflege"[99], d. h. der Wende von einer formalen zu einer materiellen Begründung der Rechtspflicht zum Handeln bei unechten Unterlassungsdelikten ausdrücklich in den Entscheidungen des RG nieder. Im Urteil vom 10. September 1935 entschied der 1. Senat, daß sich eine Rechtspflicht zum Handeln auch aus einer engen Lebensgemeinschaft heraus ergeben könne[100].

In dem Fall ging es darum, daß ein Vater und seine Tochter eine in ihrem Haushalt lebende weibliche Hilfskraft, die an einem schweren Rückenmarksleiden erkrankt und völlig gelähmt war, nicht pflegten, so daß die Frau völlig verwahrloste und daher vorzeitig verstarb. Neben der Rechtspflicht des Vaters als Haushaltungsvorstand für das Schicksal der Haushilfe einzustehen, sieht der Senat auch die Tochter aus der engen Lebensgemeinschaft des Hauses heraus als zum Handeln verpflichtet an:"Gegenseitig füreinander einzustehen ist ein Gebot der Sittlichkeit, das sich im weitesten Bereich aus der Pflicht zur christlichen Nächstenliebe ergibt und für einen engeren Kreis der Kameradschaft der Frontsoldaten und dem Nationalsozialismus entspringt, der innerhalb der Volksgemeinschaft Opferbereitschaft verlangt. Die sittliche Pflicht kann zur Rechtspflicht werden für Menschen, die der Außenwelt in so enger Lebensgemeinschaft verbunden gegenüberstehen, wie es in der Familie oder der häuslichen Gemeinschaft der Fall

---

97 Ebd. S. 74.
98 *Nagler*, GS 111, 1, 39.
99 So *Nagler*, GS 111, S. 42.
100 RGSt 69, 321.

zu sein pflegt. Ähnliche Verhältnisse lassen sich z. B. bei gemeinsamer Bergnot, wohl auch auf Streifdienst am Feind denken"[101]. Im Anschluß hieran wird auf die Entscheidung RGSt 66, 73 Bezug genommen.

Zur Abrundung seiner Argumentation verweist der Senat schließlich doch noch auf eine Norm des positiven Rechts, allerdings auf eine Norm, die zum Zeitpunkt der Urteilsfällung noch gar nicht in Kraft war: § 330c StGB, die unterlassene Hilfeleistung[102]. Dieser Vorschrift sei der Rechtsgedanke zu entnehmen, daß nach gesundem Volksempfinden die Angehörigen einer engen Lebensgemeinschaft einander in Leibes- und Lebensgefahr Hilfe zu leisten hätten.

Entscheidend ist, daß der Senat ausdrücklich klarstellt, neben die bisher anerkannten Rechtspflichten aus Gesetz, Gewohnheitsrecht, Vertrag und Ingerenz trete nunmehr die Rechtspflicht aus enger Lebensgemeinschaft[103].

Die Entscheidung fand in der zeitgenössischen Literatur lebhaften Beifall. *Adami* fand, das RG habe die neue Rechtspflicht "in vorbildlicher Begr. aus dem nationalsozialistischen Gemeinschaftsgedanken und folgerichtig weitergehend aus der nationalsozialistischen Forderung zur Opferbereitschaft innerhalb der Volksgemeinschaft" abgeleitet[104].

Zu diesem Schluß kommt *Adami* nicht von ungefähr. In der Ausgabe der *Juristischen Wochenschrift* vom 17. August 1935[105], also rund 3 Wochen vor Verkündung des Urteils RGSt 69, 321[106] hatte der Leiter des Amts für Rechtspolitik im Reichsrechtsamt der NSDAP, *Barth*, einen Aufsatz "Die Nothilfe im neuen deutschen Strafrecht" veröffentlicht. Darin wird u. a. die Selbstverständlichkeit der im neuen § 330c StGB manifestierten Hilfeleistungspflicht, die aus der volksgenössischen Verbundenheit resultiere, betont. Bezeichnend sind dabei die Beispiele für die Treuepflicht, deren Verletzung nun endlich unter Strafe gestellt ist:"Daß dann, wenn das eigene Volk von einem fremden überfallen und mit Krieg überzogen wird, der Einsatz alle Volksgenossen erfaßt und Leben und Sicherheit des einzelnen sich diesem Einsatz unbedingt und restlos unterordnen müssen, dürfte wohl niemand bestreiten ... Die aus tiefstem Pflichtgefühl kommende Einsatzbereitschaft des Frontsoldaten, des alten Kämpfers und des S.A.=Mannes muß allen zum leuchtenden Vorbild werden"[107]. Darüber hinaus zieht *Barth* aus der allgemeinen Treuepflicht als Rechtspflicht auch Konsequenzen für die unechten Unterlassungsdelikte:"Wer durch eine pflichtwidrige (im neuen Sinn) Unterlassung einen sogenannten verbrecherischen Erfolg herbeiführen oder an seiner Herbeifüh-

---

[101] A.a.O., S. 323.
[102] Heute § 323c StGB
[103] A.a.O. S. 324.
[104] JW 1935, 3468.
[105] S. 2320 ff.
[106] 10. September 1935.
[107] S. 2321.

rung mitwirken will, wird selbstverständlich aus diesem besonderen Strafgesetz, also als Mörder, Brandstifter usw., zu bestrafen sein .... Darüber hinaus wird auch dann, wenn eine besondere Treuepflicht zum Handeln, zur Hilfeleistung, zum Schutz usw. gegeben ist und diese Pflicht verletzt wird, zu prüfen sein, ob die Bestrafung aus dem einzelnen besonderen Strafgesetz zu erfolgen hat ... Diese besondere Treuepflicht wird dabei in der Hauptsache die Fälle der bisherigen Rechtspflicht zum Handeln umfassen und darüber hinaus auch die Fälle treffen, bei denen eine Rechtspflicht im bisherigen Sinne nicht vorlag, bei denen aber die Verletzung einer besonders erhöhten Treuepflicht die Bestrafung aus dem einzelnen Strafgesetz verlangt. Die Fälle werden sich von denen der allgemeinen Hilfeleistungspflicht dadurch unterscheiden, daß ein besonderes Treueverhältnis zwischen den in Not befindlichen und dem Pflichtsäumigen vorlag oder daß diesem kraft seines Berufes, kraft seiner Stellung innerhalb der Volksgemeinschaft usw. eine erhöhte Pflicht zur Hilfeleistung und zum Eingreifen oblag oder daß sonstige Beziehungen und Umstände eine über die allgemeine Pflicht zur Hilfeleistung und zum Ergreifen hinausgehende verschärfte Pflicht entstehen lassen"[108].

Dem Geist des Nationalsozialismus, der aus diesem Aufsatz spricht, und den hier ebenfalls erwähnten Frontkämpfern addiert der 1. Senat des RG noch die christliche Nächstenliebe hinzu, um so zur geforderten Erweiterung der Rechtspflichten zum Handeln zu gelangen. Mit der "engen Lebensgemeinschaft" wird dabei das ausgefüllt, was *Barth* als "sonstige Beziehungen und Umstände" bezeichnet. Das RG setzt hier prompt um, was ein führender Parteijurist an exponierter Stelle verlangt hat.

Dies wird um so deutlicher, wenn man sich vor Augen führt, daß das RG auf der Grundlage der gleichgelagerten Fälle RGSt 10, 100 und RGSt 17, 260, 261 auch zu einer Verurteilung wegen fährlässiger Tötung hätte kommen können. In den genannten Entscheidungen sprach das RG nämlich von einer sich unabhängig von Gesetz und Vertrag ergebenden Rechtspflicht aus "thatsächlicher Übernahme", wenn eine pflegebedürftige Person im Haushalt Aufnahme gefunden hat. Von daher ist verständlich, wenn *Nagler*[109] von der "vielbeachteten Entscheidung E 69, 324" meint, sie sei "gar nicht so epochemachend, wie es gewöhnlich dargestellt wird". Das Epochemachende der Entscheidung liegt denn auch weniger in ihrem sachlichen Gehalt, als in der Art und Weise, wie das RG in Diktion (Frontsoldaten, Nationalsozialismus) und Inhalt (Rechtspflicht, die neben die bisher anerkannten Rechtspflichten tritt) den deutlich geäußerten politischen Wünschen entspricht. Hieraus erklärt sich auch, warum das RG in der genannten Entscheidung auf § 330c StGB Bezug nimmt, denn daß sich aus echten Unterlassungsdelikten keine Rechtspflichten zum Handeln herleiten lassen, weil der Täter nur für die unterlas-

[108] Ebd. S. 2322.
[109] GS 111 (1938) S. 43.

sene Handlung, nicht aber für den daraus resultierenden Erfolg haftet, war auch schon vor 1933 bekannt[110].

Der 1. Senat hat im Urteil vom 18.2.1936[111] seinen Standpunkt zur Rechtspflicht aus enger Lebensgemeinschaft wiederholt. Mit Bezug auf RGSt 69, 321 haben dann auch andere Senate, insbesondere zur Hausgemeinschaft, diese Rechtsprechung übernommen[112].

Zuletzt hat der 3.Senat im Urteil vom 4. November 1940 den Arzt zum Garanten für das Leben eines Kindes gemacht, dessen Vater eine bestimmte, wissenschaftlich anerkannte Behandlungsmethode ablehnt. Die Rechtspflicht zum Handeln ergäbe sich aus der "nahen persönlichen Beziehung, die zwischen dem Arzt und dem der Gewalt des Sorgeberechtigten unterworfenen Kinde durch den rein tatsächlichen Vorgang der Krankenbehandlung entstanden ist"[113]. Das RG habe in seiner neueren Rechtsprechung mehrfach entschieden, daß sich aus einer persönlichen Beziehung nach gesundem Volksempfinden eine Fürsorgepflicht ergeben könne, deren Vernachlässigung der Verpflichtete strafrechtlich zu vertreten habe[114].

Die ideologische Grundlage, auf der die Ausweitung der Garantenpflichten beruhte, wurde nach 1945 deutlich gesehen. So schreibt *Maurach* im Jahre 1949[115]: "Die Kritik am RG war sich im wesentlichen darüber einig, daß das RG den Begriff der Erfolgsabwendungspflicht, auf seine uneingeschränkte "Vorhandlungstheorie" abstellend, überspannt hatte. Das lag zweifellos im Zeitgeist begründet, der auf der einen Seite die soziale Verflechtung, das Für-Einander-Einstehen-Müssen ebenso betonte, wie er das Prinzip der Eigenverantwortlichkeit vernachlässigte. Die Gegenwart, die den Wert des Einzelnen wieder zu unterstreichen sucht, hat keine Veranlassung mehr, an dieser überspitzten Judikatur zu haften. Der Gedanke der Individualverantwortlichkeit, in den trübsten Tagen Nürnbergs neugeboren, sollte auch auf unser Problem ausstrahlen und zu einer richtigen Begrenzung der Erfolgsabwendungspflicht führen". Andererseits zählt ein Praktiker wie *Niethammer*, bis 1936 Reichsgerichtsrat[116], die Entscheidung RGSt 69, 321 im Nachhinein zu den Urteilen des Reichsgerichts, "aus denen ein gewissenhaftes Streben nach fleckenloser Gerechtigkeit hervorleuchtet"[117]. Richterliche Tugenden zeichne die Entscheidungen aus, in denen festgehalten sei, daß der Starke

---

110 Vgl. *Frank*, StGB, 18. Aufl. § 1 IV 1; v. *Liszt/Schmidt*, Lehrbuch, 25. Aufl., § 32 III Fn. 17; vgl. aber auch RGSt 71, 187, 189.

111 DStR 1936, 178.

112 Vgl. RGSt 71, 373, 374; RGSt 73, 389, 391; RGSt 74, 309, 311.

113 RGSt 74, 350, 354.

114 Ebd.

115 SJZ 1949, Sp. 541 f.

116 Vgl. *Kaul*, Geschichte des Reichsgerichts IV, S. 327.

117 DRZ 1946, 11, 13.

dem Schwachen und Bedrängten tätigen Beistand schulde[118]. Diese Bewertung zeigt, daß das Reichsgericht, unabhängig von der Begründung im konkreten Fall, mit der Ausweitung der Garantenpflichten einem Rechtsgefühl der Zeit entsprochen hatte, das nach 1945 nicht per se als anstößig empfunden wurde.

Daher verwundert es nicht, daß auch der BGH, am deutlichsten in einer Entscheidung aus dem Jahre 1963[119], auf die Entscheidung RGSt 69, 321 Bezug nimmt:"Unter Berufung auf RGSt 66, 71 hat schon das Reichsgericht in RGSt 69, 321 ausgeführt, die sittliche Pflicht zur Leibes- und Lebensfürsorge könne zur Rechtspflicht werden für Menschen, die in so enger Lebensgemeinschaft verbunden seien wie üblicherweise in der Familie oder in der häuslichen Gemeinschaft. Auch ohne gesetzliche Vorschrift oder vertragliche Bindung seien sie verpflichtet, dem Mitglied dieser Gemeinschaft Hilfe zu leisten, das in Leibes- oder Lebensgefahr gerate, zu deren Abwehr es selber nicht imstande sei. Seitdem ist in der Rechtsprechung die enge, auch nur tatsächliche, Lebensgemeinschaft als Rechtsgrundlage für Garantenpflichten anerkannt[120]. Auch die Rechtsprechung des Bundesgerichtshofs hat sich im Einklang mit dem Schrifttum nicht auf die frühere Dreiteilung der Garantenpflichten beschränkt, sondern unter bestimmten Voraussetzungen eine Gemeinschaft als Grundlage solcher Pflichten angesehen (BGHSt 2, 150; 13, 162; BGH FamRZ 1955, 136 = JR 1955, 104; FamRZ 1960, 402; *Henkel* MSchKrim 44. Jahrg. 178, 190). Daß enge Gemeinschaften die Grundlage von Garantenpflichten sein können, ist heute allgemein anerkannt"[121]. In den zitierten BGH-Urteilen, insbesondere in BGHSt 2, 150, 153 war die Entscheidung RGSt 69, 321 zu den vom Reichsgericht zur Rechtspflicht innerhalb der Familie ergangenen Urteile gezählt und unter mehreren älteren Entscheidungen gleichsam versteckt worden. Erst BGHSt 19, 167 streicht sie in ihrer Bedeutung für die Begründung der Garantenpflicht aus enger Lebensgemeinschaft deutlich heraus und stellt sich gleichzeitig in die Tradition dieser Rechtsprechung.

b) Die Rechtsprechung zum Treuegedanken beim echten Unterlassungsdelikt am Beispiel des § 330c a.F. StGB

Eine typische Verletzung der Treuepflicht behandelt der 1935[122] neugeschaffene § 330c, der im wesentlichen dem heutigen § 323c StGB entspricht. Nach nationalsozialistischer Vorstellung betraf diese Norm die "volksgenössische Nothilfepflicht"[123]. Bis 1935 galt hier nur der § 360 Nr. 10 StGB, der es als Übertretung ahndete, wenn jemand auf polizeiliche Aufforderung hin bei Un-

[118] Ebd.
[119] BGHSt 19, 167.
[120] RG DStR 1936, 178; RGSt 74, 309.
[121] BGHSt 19, 168 f.
[122] Gesetz vom 28. Juni 1935, RGBl. I 839.
[123] Vgl. *Barth*, JW 1935, 2320.

glücksfällen oder gemeiner Gefahr nicht Hilfe leistete. Wer, ohne polizeilich dazu aufgefordert zu sein, eine Hilfeleistung unterließ, machte sich also nicht strafbar. Für den bereits erwähnten Leiter des Amts für Rechtspolitik im Reichsrechtsamt der NSDAP *Barth* war es "ein empörender Gedanke, daß ein solch unerhörter Treuebruch ungesühnt bleiben soll"[124]. In der Tatbestandsfassung des § 330c spiegelte sich dabei die im Nationalsozialismus herrschende Auffassung vom Verbrechen als Pflichtverletzung:"Wer bei Unglücksfällen ... nicht Hilfe leistet, obwohl dies nach gesundem Volksempfinden seine Pflicht ist ...".

Das RG ging über die Beschreibung des Strafgrundes des § 330c als Pflichtverletzung noch hinaus:"... nach dem Sinne des § 330c StGB wird das Unterlassen als solches wegen der rücksichtslosen Gesinnung bestraft, die in ihm zutage getreten ist, unabhängig davon, ob und welche Folgen das Unterlassen der Hilfeleistung gehabt hat"[125]. In dem konkreten Fall hatte der Angekl. mit seinem Kfz zwei Radfahrerinnen angefahren; während die eine sofort tot war, blieb die andere unverletzt. Der Angeklagte war weitergefahren, ohne sich um die Radfahrerinnen zu kümmern. Dem Argument, daß hier sinnvollerweise keine Hilfe hätte geleistet werden können, begegnet das RG mit dem Postulat, bei § 330c werde die rücksichtslose Gesinnung bestraft. Damit wird zugleich eine Strafbarkeitslücke geschlossen, denn § 22 Abs. 2 KraftfahrzG, die Vorgängerbestimmung der Vekehrsunfallflucht, bestrafte das Entfernen vom Unfallort nur, wenn und solange eine hilflose Lage für verletzte Personen bestand. Mit der Revision hatte im konkreten Fall die Staatsanwaltschaft die analoge Anwendung des § 22 Abs. 2 KraftfahrzG verlangt. Das RG umgeht dies, indem es den § 330c direkt anwendet.

Die Begründung, daß § 330c in erster Linie die rücksichtslose Gesinnung bestrafe, wurde später noch mehrfach wiederholt[126]. Von besonderem Interesse ist dabei die Entscheidung RGSt 74, 199. Mit dem Gesinnungsargument abstrahiert sie zunächst vom möglichen Erfolg einer Hilfeleistung, hält dann aber § 330c für eine geeignete Norm, um ein Verbrechen nach § 2 VolksschädlingsVO begründen zu können. § 2 VolksschädlingsVO bestrafte Verbrechen oder Vergehen gegen Leib, Leben oder Eigentum, die unter Ausnutzung der zur Abwehr von Fliegergefahr getroffenen Maßnahmen begangen wurden, mit Zuchthaus bis zu 15 Jahren, lebenslangem Zuchthaus oder, in besonders schweren Fällen, mit dem Tode. Einerseits soll es also bei § 330c auf den Erfolg nicht ankommen, andererseits aber soll die Tat gegen Leib oder Leben gerichtet sein. Diesem Widerspruch konnte man auch in einer anderen Konstellation begegnen. RGSt 71, 187, 189 trug keine

---

[124] Ebd.

[125] RGSt 71, 200, 203 f.

[126] RG DR 1939, 713 Nr. 7; RGSt 74, 199, 200; RGSt 75, 353, 359 formulierte allgemein die Hilfeleistungspflicht bestehe unabhängig davon, ob sich der Betroffene in einer hilflosen Lage befinde.

Bedenken, § 330c zur Begründung einer Garantenpflicht heranzuziehen, um wegen Beihilfe zum Mord verurteilen zu können.

Die Fortgeltung des § 330c war nach 1945 in der Rechtsprechung der Oberlandesgerichte zunächst heftig umstritten[127]. Der BGH entschied sich in BGHSt 1, 266, 268 für eine uneingeschränkte Fortgeltung der Norm. Die Verweisung auf das gesunde Volksempfinden sei so zu verstehen, daß der Richter bei der Frage nach der Zumutbarkeit der Hilfeleistung auf das Rechtsempfinden des Volkes zu achten habe. Weiter heißt es lapidar:"Bestraft wird nicht die rücksichtslose Gesinnung des Täters, sondern die Verletzung der Hilfeleistungspflicht bei schweren Unglücksfällen". Das Gesinnungsstrafrecht war desavouiert und als Strafgrund des § 330c offenbar nicht mehr verwendbar. Trotzdem sollte § 330c beibehalten werden.

In dieser Situation erhielt der BGH Schützenhilfe von *Gallas*[128]. *Gallas* vertrat die Auffassung, daß das Reichsgericht im Abstellen auf die rücksichtslose Gesinnung nicht den eigentlichen Sinn des § 330c erkannt hätte, der darin bestehe, daß durch Erfüllung der Hilfspflicht der Schadenserfolg abgewendet oder wenigstens zur Abwendung beigetragen werden könne. Darum entfalle die Hilfeleistungspflicht, wenn dem Betroffenen nicht mehr zu helfen oder er überhaupt nicht hilfsbedürftig sei, bzw. wenn der Hilfspflichtige nichts Sachdienliches zur Schadensabwehr beizutragen vermöge.

Der BGH hatte kurz zuvor[129] einen Angeklagten, der zutreffend darauf vertraute, daß einer Verletzten auf einer belebten innerstädtischen Straße von Dritten unmittelbare und ausreichende Hilfe zuteil werde, vom Vorwurf des § 330c StGB freigesprochen[130]. Die Problematik wird dabei sehr genau herausgearbeitet:"Eine Pflicht zur Hilfeleistung aufzuerlegen, obwohl niemand vorhanden ist, dem Hilfe nottut, führt im Ergebnis zu einem reinen Gesinnungsstrafrecht. Dann wird nicht mehr das Unterlassen der Hilfeleistung bestraft, sondern die unterlassene Bereitschaftserklärung"[131].

Diese Deutlichkeit ließ indes das Urteil BGHSt 2, 296 vermissen, das die Verurteilung eines Arztes bestätigte, der sich bei einem Unfall, der sich einige hundert Meter von seinem Aufenthaltsort entfernt ereignet hatte, geweigert hatte, das Unfallopfer auch nur zu untersuchen. Der BGH sieht hier die Hilfspflicht in der Untersuchung des Opfers, die überhaupt erst ergeben konnte, ob und welche Hilfe erforderlich war[132]. Zumindest eine vorläufige Untersuchung hätte der Angeklagte vornehmen müssen:"Dieser Prüfung hat er sich aber entzogen"[133].

---

127 Vgl. die Nachweise bei *Schönke*, StGB, 5. Aufl. 1951, § 330c Vorb.

128 JZ 1952, 396.

129 NJW 1952, 394 = JZ 1952, 116 = LM Nr. 2 zu § 330c StGB.

130 *Gallas* (a.a.O. Fn. 8) geht die Entscheidung allerdings "zu weit".

131 BGH a.a.O.

132 BGHSt 2, 296, 299.

133 S. o. S. 300.

Welzel zieht aus diesem Satz den Schluß, daß der BGH nunmehr eine allgemeine Prüfungspflicht, ob und welche Hilfe zu leisten sei, voraussetze[134]. Die Hilfeleistungspflicht zerfalle in eine Prüfungspflicht und eine Hilfepflicht i.e.S. Mit dieser Argumentation versucht *Welzel* die Urteile des RG, die auf die Gesinnung des Täters als Strafgrund abstellen (insbes. RGSt 71, 200), zu legitimieren, indem er eine wertneutrale Begründung nachschiebt. Die Täter in den entsprechenden Fällen hätten prüfen müssen, ob Hilfe notwendig war, und wegen dieser Unterlassung würden sie bestraft. Damit wird aber genau das, was BGH NJW 1952, 394 vermeiden wollte, die unterlassene Bereitschaftserklärung, pönalisiert. Indem *Welzel* die Prüfungspflicht in den Tatbestand des § 330c StGB einführt, entnazifiziert er die Urteile des RG, die auf der Annahme eines Gesinnungsstrafrechts beruhen. Sein Kontinuitätsstreben geht also weiter als das des BGH, der sich zumindest von den Urteilen des RG, die als Strafgrund die rücksichtslose Gesinnung ansahen, distanziert hatte.

Durch das 3. StrÄndG v. 4.8.1953[135] erhielt der § 330c StGB dann eine Fassung, die das gesunde Volksempfinden aus dem Normtext eliminierte, und statt dessen davon sprach, daß die Hilfeleistung **erforderlich** sein muß. Dadurch hatte der Gesetzgeber die objektive Notwendigkeit der Hilfeleistung zum Tatbestandsmerkmal gemacht. In der Begründung hierzu heißt es, daß die Nothilfepflicht nur dort entstehen solle, wo wirklich Hilfe erforderlich sei. Da die bisherige Fassung des § 330c StGB diese Frage aber offen lasse, "erscheint es zweckmäßig, schon im Gesetz die Möglichkeit auszuschließen, daß der Tatbestand als reines Gesinnungsdelikt ausgelegt wird"[136]. Strafgrund des § 330c StGB sei die Versäumung einer wirklichen Chance zur erfolgreichen Schadensabwendung[137]. Die damit beabsichtigte objektive Begrenzung des § 330c StGB kam allerdings nicht voll zum Tragen, da der BGH später[138] eine Schädigung des Opfers auch dann annahm, wenn durch eine Verzögerung der Hilfe die Schmerzen verlängert oder vermehrt wurden. Damit blieb als Fall der nicht erforderlichen Hilfeleistung praktisch nur der sofortige Tod des Opfers übrig[139]. Zudem vertritt der BGH[140] unter Berufung auf RGSt 71, 200, 202 (!) und *Welzel*[141] die Auffassung, daß die Hilfeleistungspflicht ex-ante zu bestimmten ist, die nachträgliche Feststellung also, daß die Hilfeleistung aussichtslos war, dem Täter nichts nutze. Damit stellt der BGH wiederum Kontinuität zum RG her, das die Fälle, in denen der Erfolg des § 330c StGB, die Verschlechte-

---

134 *Welzel*, NJW 1953, 327, 328.
135 BGBl. I 735.
136 BT-Drucks. I/3713 S. 44.
137 Ebd.
138 BGHSt 14, 213, 216.
139 Ebd.
140 Ebd.
141 NJW 1953, 329.

rung der Lage des Hilfebedürftigen, nicht mehr eintreten konnte oder nicht mehr zu verhindern war, nicht als (straflosen) Versuch, sondern als Vollendung behandelt hatte .

c) Die Offenbarungspflicht beim Betrug als weiteres Beispiel einer aus dem Treuegedanken erwachsenden Rechtspflicht

Neben der Rechtspflicht aus enger Lebensgemeinschaft gründet das RG noch eine weitere Rechtspflicht auf ein besonderes Vertrauensverhältnis: die Offenbarungspflicht beim Betrug im Rahmen des § 263 StGB. Hier geht es um die Frage, wann beim Abschluß eines Vertrages der eine Partner den anderen durch Verschweigen ungünstiger Umstände **täuscht**. Lange Zeit hatte das RG eine aus Treu und Glauben erwachsende Rechtspflicht zur Offenbarung auch bei offenbar treuwidrigem Verhalten abgelehnt[142].

Der 1. Senat des Reichsgerichts ging hingegen seit 1931[143] davon aus, daß über "eine sittliche Pflicht der Offenheit" hinaus eine "förmliche Rechtspflicht" zur Offenbarung ungünstiger Vermögensverhältnisse bestehe, "wenn jemand bestimmt wird, ein auf gegenseitigem Vertrauen beruhendes u. durch ein solches Vertrauen bedingtes Vertragsverhältnis einzugehen (Urteil vom 20. Februar 1931, 1 D 1129/30)". Der Senat bestätigt diesen Standpunkt im Urteil vom 11. Dezember 1931[144] und benennt hier mit dem Grundsatz von Treu und Glauben auch das Rechtsprinzip, aus dem heraus sich die Offenbarungspflicht bei auf gegenseitigem Vertrauen beruhenden und dadurch bedingten Rechtsgeschäft ergebe[145]. Diese Rechtsprechung wurde nach 1933 fortgesetzt und ausgebaut, zunächst vom 6. Senat, dem nach der Umbesetzung vom 15. Juli 1933 sowohl der vormalige Präsident des 1. Senats, *Gundel*, als auch 3 weitere ehemalige Mitglieder des 1. Senats[146] angehörten[147]. In der Entscheidung JW 1934, 1418 Nr. 11 heißt es:"Wenn dazu die Rev. vorträgt, der Angekl. habe keine Pflicht zur Offenbarung seiner Vermögensverhältnisse gehabt und wenn sie meint, eine Pflicht nach Treu und Glauben genüge gemeinhin nicht zur Begründung eines Betruges, so ist demgegenüber darauf zu verweisen, daß die Rspr. des RG schon seit Jahren betont, daß gerade bei Begründung von Vertragsverhältnissen eine förmliche Rechtspflicht zur Offenlegung der Verhältnisse sehr wohl angenommen werden kann und nach Lage des Falles angenommen werden muß, und daß eine solche Rechtspflicht auch aus den allgemeinen Grundsätzen über Treu und Glauben im Verkehr sich ergeben kann (vgl. DRZ 1932 Rspr. Nr. 55; RGSt 66, 56)". Das besondere Vertrauens-

142 Nachweise bei Maaß, Betrug verübt durch Schweigen, 1982, S. 141, Fn. 619.

143 Urteil vom 15. November 1931, DRiZ 1932, Rspr. Nr. 55.

144 RGSt 66, 56.

145 RGSt 66, 56, 58.

146 Klingsporn, Dr. Schwarz und Gerlach.

147 Vgl. Kaul, Geschichte des Reichsgerichts IV, S. 324 f.

verhältnis zwischen den Vertragsparteien ergibt sich nach Ansicht des Senats aus der Tatsache, daß es sich um "Berufskollegen" handelte.

Interessanter als der Umstand, daß hier eine "seit Jahren" bestehende Rechtsprechung des RG auf zwei Entscheidungen gegründet wird, die von dem Senat herrührten, dem vier Mitglieder des erkennenden Senats inklusive des Senatspräsidenten angehört haben, ist der Stellenwert, der einer solchen Entscheidung unter den geänderten Bedingungen zukommt. *Mezger* schreibt in einer Anmerkung zu diesem Urteil[148]:"Die hier berührte Frage ist von grundsätzlicher Wichtigkeit für die Rechtsanwendung im nationalsozialistischen Staate .... Wir sind .... der Anschauung, daß 'heute' die vorliegende Frage auch ohne formelle Gesetzesänderung im Rahmen des § 263 StGB nicht notwendig genau so beantwortet werden muß wie ehedem. In dieser Beziehung ist zu beachten, daß zwar nach wie vor aus Gründen der Rechtssicherheit das unechte Unterlassungsdelikt ... nur auf eine 'Rechtspflicht' gestützt werden kann. Auf der anderen Seite aber ist schon wiederholt von seiten der obersten, für die Rechtsauffassung des nationalsozialistischen Staates maßgebenden Volksführung darauf hingewiesen worden, daß nach nationalsozialistischer Auffassung die Grenzen von Recht und Ethik der früheren Auffassung gegenüber näher aneinander gerückt sind". Wiederum wird also, wie in RGSt 69, 321 (Rechtspflicht aus enger Lebensgemeinschaft) eine **vor** 1933 begonnene Entwicklung **nach** der nationalsozialistischen Machtergreifung fortgeführt; die Strafbarkeitsausdehnung im Einzelfall wird aber **nach** 1933 zur rechtspolitischen Grundsatzentscheidung.

Da diese Ansicht der nach 1933 veränderten Kriminalpolitik entspricht, wird sie folgerichtig nach und nach auch von den übrigen Senaten des RG übernommen. Zunächst im August 1935 vom 3. Senat[149], wobei allerdings eine unveröffentlichte Entscheidung des gleichen Senats vom Juli 1934 angeführt wird, in der auch bereits eine Offenbarungspflicht aus Treu und Glauben angenommen worden sein soll. Der 3. Senat führte diese Rechtsprechung in RGSt 70, 45, 47 fort. Auch der 2. Senat schloß sich in einer Entscheidung aus dem Jahre 1936[150] dieser Rechtsprechung an, wobei er jedoch ausdrücklich betonte, daß das RG insofern von seinen früher ausgesprochenen Rechtsgrundsätzen abweiche[151]. Als zusätzliches Argument zieht der 2. Senat die Rechtsprechung der Zivilsenate zur Offenbarungspflicht aus Treu und Glauben heran[152]. Der 2. Senat setzt in der Entscheidung RGSt 70,

---

148 JW 1934, 1418 f.
149 RGSt 69, 283, 284.
150 RGSt 70, 151, 155 f.
151 A.a.O. S. 155.
152 A.a.O. S. 156.

225 die nunmehr gefundene Linie fort[153]. Im Laufe der Zeit schließen sich auch der 1. Senat[154] und der 4. Senat (HRR 1941, Nr. 100) dieser Rechtsprechung an.

Der BGH hat in der Frage der Offenbarungspflicht beim Betrug die geschilderte Rechtsprechung des Reichsgerichts fortgeführt, wobei teilweise auf Treu und Glauben, teilweise auf das besondere Vertrauensverhältnis zur Begründung dieser Pflicht abgestellt wird. In einer Entscheidung aus dem Jahre 1954[155] heißt es:"Es ist allgemein anerkannt, daß Treu und Glauben die Pflicht begründen können, den Vertragsgegner über Umstände aufzuklären, die für seine weiteren Entschließungen erkennbar von Bedeutung sind. Ebenso steht in der neueren Rechtsprechung fest, daß auf solcher Grundlage echte Rechtspflichten entstehen (vgl. u.a. RGSt 70, 151, 155 ff.)". In einer späteren Entscheidung[156] stellt der BGH die Garantenstellung aus Treu und Glauben neben eine sich aus bestehendem Vertrauensverhältnis ergebende Garantenpflicht: "Zwar ist ein Vertragspartner im allgemeinen nicht ohne weiteres verpflichtet, bei Vertragsabschluß unaufgefordert alle für den anderen Teil irgendwie erheblichen Tatsachen zu offenbaren. Eine Ausnahme gilt nach der Rechtsprechung jedoch außer bei bestehenden Vertrauensverhältnissen auch für die Anbahnung besonderer, auf gegenseitigem Vertrauen beruhenden Verbindungen, bei denen Treu und Glauben und die Verkehrssitte die Offenbarung der für die Entschließung des anderen Teils wichtigen Umstände gebieten (vgl. RGSt 70, 151, 155 ff....)". In neuerer Zeit[157] läßt der BGH auch das Vertrauensverhältnis als solches genügen, ohne auf den Grundsatz von Treu und Glauben zurückzugreifen.

Insgesamt betrachtet hat sich die vom RG vor 1933 begonnene und nach 1933 konsequent durchgeführte Rechtsprechungsänderung zur Offenbarungspflicht im Betrugstatbestand auch in der Rechtsprechung nach 1945 fortgesetzt[158]. Auch die Lehre ist dem weitgehend gefolgt[159].

d) Der Treubruchstatbestand des § 266 StGB - Rechtsprechung zur gesetzlichen Ausformung des Treuegedankens

Das nationalsozialistische Treuedenken beeinflußte auch erheblich die Neufassung des § 266 StGB durch die Novelle vom 26.5.1933[160]. Der Gesetzgeber hatte die verschiedenen Theorien, die zur Bedeutung der Untreue vor 1933 vertreten wurden, in einem Tatbestand zusammengefaßt. Die Untreue konnte nun sowohl im

153 Dieser Senat zuletzt in HRR 1941, Nr. 371.
154 JW 1936, 3001.
155 BGHSt 6, 198, 199.
156 GA 1967, 94.
157 Vgl. BGHSt 30, 177, 181 f.
158 Zahlreiche Nachweise aus der obergerichtlichen Rechtsprechung bei Maaß, a.a.O. S. 143 ff.
159 Vgl. LK-Lackner, § 263, Rdnr. 63, 65; Maaß, a.a.O., S. 145 ff.
160 RGBl. I 295.

Mißbrauch der rechtlichen Vertretungsmacht über fremdes Vermögen bestehen[161], als auch im Treubruch, was insbesondere die Rechtsprechung angenommen hatte[162]. Darüberhinaus war auch die Auffassung, das Wesen der Untreue bestände in der Verletzung einer Rechtspflicht zur Vermögensfürsorge, berücksichtigt worden[163]. Die neue Fassung des Tatbestandes erweiterte die Anwendbarkeit des § 266 außerordentlich[164]. Dies war auch erklärtes Ziel der Novelle, die, insbesondere durch die Anerkennung des Treubruchgedankens, alle strafwürdigen Fälle der Verletzung der Vermögensfürsorge erfasssen sollte[165].

Der Treubruchgedanke spiegelt dabei insbesondere nationalsozialistisches Rechtsdenken wieder, wie sich deutlich an der Äußerung *Dahms*, das Wesen der Untreue bestehe in "Verrat und Treubruch"[166] zeigt.

Die Neufassung des § 266 StGB im übrigen beruhte wesentlich auf der extensiven Auslegung, die § 266 StGB a. F. durch die Rechtsprechung insbesondere des RG[167] erfahren hatte. Es ist von daher besonders interessant, wie die Rechtsprechung auf die Novellierung des § 266 StGB, insbesondere im Hinblick auf den Treubruchtatbestand, reagierte.

Von zentraler Bedeutung ist hier die Entscheidung RGSt 69, 58: Ein Betriebszellenobmann der "Deutschen Arbeitsfront" hatte Beitragsmarken ausgegeben und das erhaltene Geld z. T. für sich verwandt. Das Landgericht hatte in der Ausgabe der Beitragsmarken nur eine botenmäßige Übermittlung gesehen und deswegen Untreue abgelehnt. Das RG sieht zwar nicht den Mißbrauchs-, wohl aber den Treubruchstatbestand erfüllt, und setzt sich mit dem Begriff des Treueverhältnisses

---

161 So die im Anschluß an *Binding* von der Lehre vertretene Mißbrauchstheorie, Nachweise bei *Frank*, § 266, I.

162 Hierzu *Schäfer/v. Dohnanyi*, Die Strafgesetzgebung der Jahre 1931-1935, Tübingen 1936, S. 52 f.

163 Vgl. ebd.

164 Die Neufassung war im wesentlichen mit der heutigen Fassung wortgleich. Die zuvor geltende Fassung des § 266 StGB hatte gelautet: "Wegen Untreue werden ...bestraft:

1. Vormünder, Kuratoren, Güterpfleger, Sequester, Massenverwalter, Vollstrecker letztwilliger Verfügungen und Verwalter von Stiftungen, wenn sie absichtlich zum Nachtheile der ihrer Aufsicht anvertrauten Personen oder Sachen handeln;

2. Bevollmächtigte, welche über Forderungen oder andere Vermögensstücke des Auftraggebers absichtlich zum Nachtheile desselben verfügen;

3. Feldmesser, Versteigerer, Mäkler, Güterbestätiger, Schaffner, Wäger, Messer, Bracker, Schauer, Stauer und andere zur Betreibung ihres Gewerbes von der Obrigkeit verpflichtete Perrsonen, wenn sie bei den ihnen übertragenen Geschäften absichtlich diejenigen benachtheiligen, deren Geschäfte sie besorgen.

Wird die Untreue begangen, um sich oder einem anderen einen Vermögensvorteil zu verschaffen, so kann neben der Gefängnisstrafe auf Geldstrafe erkannt werden ".

165 Vgl. *Schäfer/v.Dohnanyi* a.a.O..

166 Bei *Gürtner*, Das kommende deutsche Strafrecht, 1. Aufl. 1935, Bd. II, S. 334, 337.

167 Vgl. im einzelnen *Schneidewin*, bei *Lobe*, 50 Jahre Reichsgericht, S. 286 ff.; diese Auslegung wird dort euphemistisch als "Verjüngung" bezeichnet.

intensiv auseinander. Zunächst führt das RG aus, daß die Treubruchvariante vom Gesetzgeber außerordentlich weit gefaßt sei, so daß vom Wortlaut her auch untergeordnete Tätigkeiten ein Treueverhältnis begründen könnten. Dies könne aber nicht der Wille des Gesetzgebers sein. Kleine und "vom Standpunkt der Volksgesamtheit" unbedeutende Fehltritte sollten angesichts der Strafdrohung des § 266 StGB nicht erfaßt werden. Man müsse den Zweck der Novelle beachten: der Gesetzgeber habe "Schiebertum" und "Korruption" treffen wollen, weshalb eine einschränkende Auslegung geboten sei. Diese findet das RG in einer über den Einzelfall hinausgehenden Betreuung von Vermögensinteressen von einer gewissen Dauer. Rein "mechanische" Tätigkeiten, wie bloße Botengänge, genügten hierzu nicht. Das RG erkennt, daß mit diesen Kriterien keine eindeutige Grenze zwischen strafbarem und straflosem Verhalten gezogen worden ist. Der Gesetzgeber habe aber auch nur eine Rahmenvorschrift schaffen wollen, deren Ausfüllung der Rechtsprechung überlassen bleibe:"Ob im Einzelfall von einer Pflicht zur Wahrnehmung und Betreuung fremder Vermögensinteressen gesprochen werden kann, hat der Richter schließlich nach seinem vernünftigen Ermessen zu entscheiden, für das ihm als Maßstab der Zweck des Gesetzes und dessen Entstehungsgeschichte dienen müssen. Die Erweiterung des bisherigen Geltungsbereichs der strafbaren Untreue liegt im Sinne des Gesetzes und steht auch nicht im Widerspruch zu dem, was der deutsche Sprachgebrauch und das gesunde Volksempfinden mit dem Wort 'Untreue' auszudrücken pflegen"[168].

Die Eröffnung von Wertungsspielräumen, ein immer wieder zu beobachtendes Ziel der Reichsgerichtsrechtsprechung, ist in der Neufassung des § 266 StGB schon legislatorisch vorgesehen[169]. Auch dies war ein Wesenszug des nationalsozialistischen Strafrechts, das Umgeben von Strafnormen mit "Grauzonen", die den Einzelnen im unklaren darüber lassen, wann der Tatbestand erfüllt ist, um so von vornherein ein verunsicherndes, einschüchterndes Klima zu schaffen.

Das RG billigt das. Zunächst spricht man von einer einschränkenden Auslegung des Treubruchtatbestandes, gibt dann aber Maßstäbe an, die den Tatbestand kaum berechenbarer machen. Dies ist auch gar nicht die Absicht des RG, und es ist bemerkenswert für die Errosion, die der nulla-poena-Satz 1934, also vor seiner Aufhebung, bereits erfahren hat, daß das RG eine Strafnorm als "Rahmenvorschrift" bezeichnet. Die Einführung des Treubruchtatbestandes wird vom RG als Befestigung der richterlichen Definitionsmacht interpretiert[170]. Vage

---

168 A.a.O. S. 62.

169 Vgl. hierzu auch *Werle*, Justiz-Strafrecht und polizeiliche Verbrechensbekämpfung im Dritten Reich, S. 79 f.

170 *Werle*, a.a.O. S. 81, sieht in der gesamten Novelle vom 26.5.1933 zutreffend die Tendenz zur Auflockerung der Gesetzesbindung des Richters.

Umschreibungen dessen, was ein Treueverhältnis konstituiert, sollen die einzelfallgerechte Entscheidung ermöglichen.

Für eine solche Interpretation spricht auch, daß die Rechtsprechung sich selbst an die vagen Merkmale, die RGSt 69, 58 als kennzeichnend für ein Treueverhältnis nannte, kaum gehalten hat[171]. Schon in RGSt 69, 279, 280 sagt der gleiche 1. Senat, es müsse sich um Vorgänge von "einem gewissen Gewicht, einer gewissen Bedeutung" handeln, wofür der Grad der Selbständigkeit, der Bewegungsfreiheit, der Verantwortlichkeit des Verpflichteten oder Dauer und Umfang der Tätigkeit Anhaltspunkte, aber auch nur Anhaltspunkte böten.

Gegen das Merkmal der Art und Dauer hat sich bereits zu RGSt 69, 58 *Schwinge* deutlich ausgesprochen, und das RG hat es später auch nicht mehr ernst genommen[172]. Der Treubruchtatbestand war so von Anfang an konturlos. Der unsystematischen Einzelfallentscheidung war Tür und Tor geöffnet, und es paßt ins Bild, wenn *Jagusch*[173] von einem "sozialethischen Treuverhältnis" spricht, aus dem sich eine Rechtspflicht zur Vermögensfürsorge ergeben könne[174].

Der BGH hat die Rechtsprechung des RG fortgesetzt. Dabei war von entscheidender Bedeutung, daß es sich bei dem grundlegenden Urteil RGSt 69, 58 um eine wertungsoffene Entscheidung handelt. Man konnte unter Berufung darauf verurteilen[175] oder auch freisprechen[176]. Eine interessante Zusammenfassung der Rechtsprechung bietet BGHSt 13, 315, 319. Dort heißt es im Leitsatz:"Ob eine Wahrnehmung von Vermögensinteressen im Sinne des Treubruchstatbestandes vorliegt, kann nur nach den gesamten Umständen des Falles entschieden werden; der Grad der Selbständigkeit, der wirtschaftlichen Bewegungsfreiheit und der Verantwortlichkeit des Verpflichteten, die Dauer, der Umfang und die Art seiner Tätigkeit sind hierfür nur Beweisanzeichen (wie RGSt 69, 279)".

Der BGH leugnet also die Kontinuität zur Rechtsprechung des RG nicht. Die Problematik dieser Kontinuität liegt dabei weniger in dem Bezug auf eine Strafnorm, die im Nationalsozialismus erlassen und deren Fassung (vor allem im Treubruchstatbestand) von nationalsozialistischem Gedankengut beeinflußt wurde, als in der Auslegung, die dem Treubruchstatbestand gegeben wurde. Diese engt die Vorschrift zunächst ein, gibt aber wenig faßbare Kriterien für diese Einengung, und relativiert diese dann auch noch so stark, daß ein berechenbarer Maßstab nicht mehr existiert. Dadurch wird die Definitionsmacht über die Strafbarkeit vom Gesetz auf den Richter übertragen, eine Verlockung, der RG und BGH gleichermaßen

171 Vgl. *Heinitz*, FS für H. Mayer, 1966, 433, 438 f.
172 Vgl. RGSt 77, 391.
173 LK 8. Aufl., § 266, 3c.
174 gegen ihn *Heinitz*, a.a.O. S. 439 f.
175 Z.B. BGHSt 1, 186, 189: Vorauszahlung für zu liefernde Waren, gegen RGSt 69, 146, aber mit RGSt 77, 391.
176 Z.B. BGHSt 3, 289, 294.

erliegen. Dies führt keineswegs zu rechtsstaatswidrigen Exzessen, beläßt dem Richter aber die Möglichkeit, jeden Einzelfall nach subjektivem Empfinden "gerecht" entscheiden zu können, ohne dabei durch strikte Grenzen, die die höchstrichterliche Rechtsprechung gesetzt haben könnte, behindert zu werden.

e) Die Beihilfe zum Aussagedelikt durch Unterlassen als weiteres Beispiel der Erweiterung der Garantenpflichten

Eine weitere Ausweitung der Garantenpflichten findet sich im Bereich der Beihilfe zu Aussagedelikten, insbesondere der Beihilfe zum Meineid durch Unterlassen. Hierbei geht es zumeist um die Fallgestaltung, daß ein Prozeßbeteiligter eine ihm günstige, aber, wie er weiß, wahrheitswidrige Aussage eines Zeugen nicht verhindert. In RGSt 70, 82 nahm der 2. Senat an, ein **Rechtsbeistand** sei rechtlich verpflichtet eine Zeugenaussage, deren Unwahrheit ihm bekannt ist, zu verhindern. Ist der Rechtsbeistand sich dieser Verpflichtung bewußt und verhindert die Aussage nicht, sei dies Beihilfe zum Meineid. Die Rechtspflicht entnimmt der Senat dabei dem § 138 ZPO[177], der 1933 die Wahrheitspflicht der Prozeßparteien in das Zivilverfahren eingeführt hatte. Hierdurch sei die schon vorher für Rechtsanwälte und Rechtsbeistände existente standesrechtliche Ehrenpflicht, Falschaussagen zu verhindern, zur Rechtspflicht erstarkt.

Der 1. Senat bezweifelt in der Entscheidung vom 30. November 1937, RGSt 72, 20, daß sich eine Rechtspflicht zum Handeln aus § 138 ZPO herleiten läßt. Beihilfe zum Meineid durch Unterlassen - hier durch die Angeklagte, die im Ehescheidungsverfahren die bewußt falsche eidliche Aussage ihres Liebhabers zugelassen hatte - begründet der 2. Senat aber aus Ingerenz. Die Angeklagte habe "als Ehefrau den F. als jugendlichen Liebhaber so stark in ein ehebrecherisches Verhältnis an sich gezogen, daß dieser nun alles für sie zu tun bereit war"[178]. Hierdurch habe sie die Gefahr des Meineids geschaffen, den abzuwenden sie verpflichtet gewesen sei.

In der Entscheidung vom 20. August 1937, JW 1937, 2644 hatte der 2. Senat zuvor das vorangegangene gefährdende Tun, das eine Rechtspflicht zur Verhinderung eines Meineids auslöst, in der Erhebung einer unbegründeten Privatklage gesehen. Der 3. Senat sieht in RGSt 74, 283 in der Benennung eines Zeugen bereits ein gefährdendes Tun, was der Senat in der Entscheidung DR 1941, 1837 allerdings dahingehend einschränkt, daß über die Zeugenbenennung hinaus Umstände vorliegen müssen, die den Zeugen zum Meineid hin beeinflussen können. In RGSt 75, 271 nimmt der 3. Senat an, daß bereits das Bestreiten einer von der Gegenpartei unter Zeugenbenennung vorgetragenen Behauptung ein Ingerenz begründendes Verhalten sei, wenn der Zeuge hierdurch in einen Interessenwider-

---

177 I.d.F. vom 8. November 1933, RGBl. I, S. 821.

178 RGSt 72, 20, 23.

streit gerät, der ihm zum Meineid bringt. Dies bestätigt der Senat in der Entscheidung RG DR 1943, 577.

In der Literatur wurde diese Rechtsprechung mit Beifall aufgenommen. *Schaffstein* zählte insbesondere die Entscheidung RGSt 72, 20 "zu den beachtenswertesten und wichtigsten RGEntsch. der letzten Jahre"[179], wiewohl sie entgegen seiner eigenen Auffassung[180] am Erfordernis der Rechtspflicht festhielt.

Zur Ingerenz als Rechtspflicht hielt *Dahm* in seiner Anmerkung zu RGSt 75, 271[181] fest, entscheidend sei, diese Rechtspflicht nicht formell, sondern materiell zu begreifen, sie den Lebensverhältnissen direkt zu entnehmen. Bezeichnend für die Unschärfe dieser "materiellen" Garantenpflichtegründung ist dann aber die Herleitung der Ingerenz durch *Dahm* :"Es handelt sich hier in der Tat, wenn nicht um Gewohnheitsrecht, so doch um einen Rechtssatz, der sich aus der Natur der Sache ergibt und sich durch seine Praktikabilität und die Gerechtigkeit der daraus folgenden Ergebnisse als brauchbar erwiesen hat"[182]. Hier kommt einmal mehr zum Ausdruck, daß es das Ergebnis ist, das die Herleitung rechtfertigt.

Die Zeitbedingtheit dieser Rechtsprechung ist nach 1945 genauso erkannt worden wie im Problemkreis Garantenpflicht aus enger Lebensgemeinschaft[183]. Der Forderung *Maurachs*[184], nicht an einer überspitzten Judikatur festzuhalten und dem geänderten Zeitgeist Rechnung zu tragen, folgte der BGH in seinen ersten Entscheidungen nur zögernd. In BGHSt 1, 22, 27 geht der 4. Senat von der Möglichkeit aus, daß eine Prozeßpartei Beihilfe zum Meineid durch Unterlassen begehen könne, wenn sie durch eine Zeugenbenennung die Gefahr des Meineids geschaffen und erkannt habe, und bei der Zeugenvernehmung die Wahrheit nicht offenbare. Der Senat nimmt dabei auf RGSt 74, 283, 286 Bezug. Die Gefahrenlage für den Zeugen wird allerdings dahingehend konkretisiert, daß für diesen mit der Offenbarung der Wahrheit schwere Nachteile verbunden sein müssen.

Der 1. Senat führt dies in der Entscheidung BGHSt 2, 129, 133 ff. weiter aus: zwar ergebe sich aus § 138 ZPO keine Rechtspflicht zum Handeln gegenüber von der Gegenpartei benannten Zeugen, doch könne eine solche Rechtspflicht aus der Gefahr resultieren, die ein noch während des Prozesses fortgesetztes Liebesverhältnis zwischen dem Ehemann als Kläger des Ehescheidungsverfahrens und der Zeugin mit sich bringe. Hierbei nimmt der Senat Bezug auf die Entscheidungen RGSt 72, 20; 74, 38; 74, 283; 75, 271; die hiergegen vorgetragene Kritik trifft nach seiner Ansicht nicht die Grundfrage der Problematik, die in der Konkretisierung der Frage zu sehen sei, in welchem Verhalten die Schaffung einer Gefahrenlage

179 JW 1938, 578.
180 S.o.
181 DR 1941, 1994 ff.
182 DR 1941, 1994, 1995; vgl. a. *Rietzsch*, DStR 1943, 97 ff., 105.
183 Vgl. *Maurach*, SJZ 1949, Sp. 541.
184 Ebd.

liegt, die zum Handeln verpflichtet. Mit der Darlegung der aus einem Liebesverhältnis folgenden Abhängigkeiten glaubt der Senat eine hinreichende Eingrenzung der haftungsbegründenden Vorhandlung gefunden zu haben.

Weiter geht der 4. Senat in der Entscheidung BGHSt 3, 18. Der Leitsatz dieser Entscheidung lautet:"Der Senat hält an der Rechtsprechung des Reichsgerichts fest, wonach eine Prozeßpartei, die durch ihr wahrheitswidriges Bestreiten die Vernehmung eines vom Prozeßgegners benannten Zeugen veranlaßt hat, Beihilfe zum Meineid leistet, wenn sie bei der in ihrer Gegenwart stattfindenden Beweisaufnahme eine vorsätzliche Eidesverletzung des Zeugen nicht dadurch verhindert, daß sie die Wahrheit bekennt (RGSt 75, 271)". Das Urteil lehnt sich sehr eng an die zitierte Reichsgerichtsentscheidung an, einzelne Passagen sind wortgleich. Im Gegensatz zu BGHSt 2, 129, 133 läßt das Urteil ganz allgemein die Schaffung einer Gefahrenlage für die Zeugin zur Entstehung einer Garantenpflicht genügen, wobei schon die Gefahr, sich selbst einer "zur Unehre gereichenden Handlung"[185] bezichtigen zu müssen, ausreicht. Daß der Angeklagte sich durch die Offenbarung der Wahrheit selbst der Gefahr der Strafverfolgung aussetzen würde, ist für den BGH wie für das RG kein beachtlicher Einwand. Für den BGH besteht ".... das natürliche Recht auf Selbstschutz .... nicht, wenn zur Verdeckung eigener Straftaten durch neues Unrecht in die strafrechtlich geschützte Rechtsordnung eingegriffen wird"[186]. Das RG[187] zitierte in diesem Zusammenhang einen Satz aus der Entscheidung RGSt 72, 20, 23, wonach die Rechtsordnung verlangen muß, "daß man eher die Strafe für begangenes Unrecht auf sich nimmt, als tatenlos neues Unrecht von einem anderen Volksgenossen begehen läßt, das man in seinem Ursprunge schon selbst gefördert hat". Die von Maurach[188] monierte Überbetonung des Füreinander-Einstehen-Müssens kommt in der Formulierung des RG deutlich zum Ausdruck. Die Formulierung kann der BGH 1951 nicht mehr übernehmen. Am Ergebnis ändert sich aber nichts, wenn auch jetzt nicht mehr der Selbstschutz vor dem Schutz des Volksgenossen zurückweicht, sondern in die "strafrechtlich geschützte Rechtsordnung" nicht zur Verdeckung eigener Straftaten eingegriffen werden darf.

Der 4. Senat hat später (1962) in der Entscheidung BGHSt 17, 321 ausdrücklich die in BGHSt 3, 18 vertretene Auffassung, die durch wahrheitswidrige Bestreiten veranlaßte Zeugenvernehmung könne ohne Hinzutreten weiterer Umstände zur Beihilfe zum Meineid durch Nichtoffenbarung der Wahrheit führen, aufgegeben und sich den in BGHSt 2, 129 und 14, 229 vertretenen Grundsätzen angeschlossen. Seither ist es einheitliche BGH-Rechtsprechung, daß das Schwei-

---

[185] BGHSt 3, 18, 19.
[186] BGHSt 3, 18, 19.
[187] RGSt 75, 271, 275.
[188] SJZ 1949, 541, 542.

gen einer Partei zu einer wahrheitswidrigen Zeugenaussage erst dann Beihilfe zum Aussagedelikt durch Unterlassen darstellt, wenn über das wahrheitswidrige Bestreiten hinaus besondere Umstände hinzutreten, die für den Zeugen eine "prozeßunangemessene, besondere Gefahr der Falschaussage"[189] schaffen.

Trotz dieser Einschränkung bleibt festzuhalten, daß der BGH in der Frage der Meineidsbeihilfe durch Unterlassen im Prinzip eine im Jahre 1936 beginnende Rechtsprechung des RG fortsetzt[190]. Zu den Einschränkungen läßt sich der BGH durch die Kritik *Maurachs*[191] und *Bockelmanns*[192] bewegen, im Fall des 4. Senats immerhin erst 1962. Durch die Änderung des Ehescheidungsverfahrens und die Aufhebung der Strafbarkeit des Ehebruchs[193] sind jedoch die typischerweise dem Problem zugrundeliegenden Fallgestaltungen hinfällig geworden. Die nunmehr wohl h. L. lehnt die Rspr. des BGH auch mit den Einschränkungen von BGHSt 17, 321 ab[194].

f) Ausdehnende Auslegung auf dem Hintergrund des Treuegedankens

Bestimmte Tatbestände behandeln von vornherein die Verletzung einer Treuepflicht, so z. B. die Aussetzung (§ 221 StGB) oder die 1933 neugeschaffene Mißhandlung Abhängiger (§ 223 b StGB)[195]. Die Berücksichtigung des Stellenwertes des Treuegedankens im nationalsozialistischen Staat führte hier zu einer ausdehnenden Rechtsprechung des RG.

So brach RG DR 1941, 193 mit der bisherigen Rechtsprechung des RG, daß für ein Verlassen in hilfloser Lage eine räumliche Trennung zwischen Täter und Opfer notwendig sei[196]. Der Angeklagte, der unverheiratet mit einer Frau, die gerade ein gemeinsames Kind geboren hatte, zusammenlebte, hatte sich neben die Frau schlafen gelegt, obwohl er wußte, daß die Frau verzweifelt und daher das Leben des Kindes, das sich unter ihrer Bettdecke befand, gefährdet war. Das Kind erstickte. Das RG sieht ein "Verlassen" des Säuglings hier schon dadurch verwirklicht, daß der Angeklagte sich "in Schlaf versetzte". Dadurch sei zwar räumlich das Kind nicht verlassen worden, wohl aber habe sich der Angeklagte **geistig** außerstande gesetzt, dem Kind die gebotene Hilfe zu leisten. Dies sei als "Verlassen" i.S.d. § 221 anzusehen[197].

---

189 So BGHSt 4, 327, 329.
190 Vgl. eingehend *B. Schünemann*, Grund und Grenzen der unechten Unterlassungsdelikte, S. 199 ff.
191 DStR 1944, 1, 11 ff.; SJZ 1949, 541 ff.
192 NJW 1954, 697.
193 § 172 a. F. StGB.
194 Übersicht bei *Schönke-Schröder-Lenckner*, 22. Aufl., Vor § 153 ff., Rdnr. 40; vgl. auch *Krey*, BT 1, 7. Aufl. Rdnr. 574 ff., 578 f.
195 RGBl I, 298.
196 RGSt 8, 343, 346; 10, 183, 186; 38, 377, 379; 59, 387, 389.
197 Vgl. die ablehnende Anm. von *Mezger*, DR 1941, 194.

Eine ähnlich weite Auslegung findet sich in RGSt 76, 371 zu § 223b. Eine Mutter hatte hier ihre beiden zwei und drei Jahre alten Söhne mehrmals über Stunden, einmal die ganze Nacht, alleingelassen und sich nicht um ihre Pflege gekümmert. Die Kinder und die Wohnung waren in einem äußerst verwahrlosten Zustand, als der Ehemann überraschend auf Heimaturlaub von der Ostfront eintraf. Neben § 221 verurteilt das RG hier auch aus § 223b. Den hatte das LG nur analog angewandt, weil eine Gesundheitsbeschädigung der Kinder nicht feststellbar war. Das RG kommt zu einer direkten Anwendung, weil "Schädigung an der Gesundheit" (§ 223b) etwas anderes sei als "Beschädigung der Gesundheit" (§§ 223, 229). Eine enge Auslegung des § 223b entspräche auch nicht dem Sinne des Gesetzes, da so eine wirksame Bestrafung des Sorgfaltspflichtigen, der sein Kind böswillig verwahrlosen lasse, verhindert werde. "Eine Schädigung der Gesundheit i.S.d. § 223b StGB ist danach schon dann anzunehmen, wenn die Vernachlässigung der Sorgfaltspflicht die gesunde Entwicklung des Kindes beeinträchtigt oder hemmt, die der Gesetzgeber im Interesse der deutschen Volkskraft sicherstellen will"[198].

Eine nennenswerte Fortwirkung hatten beide Entscheidungen allerdings nicht. BGHSt 21, 44, 47 neigt offenbar der Entscheidung RG DR 1941, 193 zu § 221 zu, indem als der "neueren Rechtsentwicklung entsprechend" das "Verlassen" auch als "Imstichlassen" ohne räumliches Sichentfernen des Täters bezeichnet wird. Die Entscheidung kann der BGH im konkreten Fall allerdings offen lassen. Die Frage, ob auch die Gesundheitsgefährdung den § 223b erfüllen kann, hat der BGH ebenfalls nicht entschieden. Im Schrifttum hat sich insbesondere *Stree*[199] der Auffassung von RGSt 76, 373 angeschlossen, während *Horn*[200] darauf hingewiesen hat, daß diese Entscheidung einen auf ideologischen Gründen beruhenden Verstoß gegen das Analogieverbot darstelle.

g) Die Bestechlichkeit des Ermessensbeamten

Der Treuegedanken war auch der Hintergrund von zwei späten Urteilen des RG, die zu einer verschärften Haftung des sogenannten Ermessensbeamten führten. Konkret geht es dabei um die beiden Entscheidungen RGSt 74, 251 aus dem Jahre 1940 und RGSt 77, 75 aus dem Jahre 1943. Beide hatten die Strafbarkeit eines Beamten aus § 332 zum Gegenstand, dem Vorteile gewährt worden waren, um den Erlaß einer in seinem Ermessen stehenden Entscheidung zu beeinflussen. In beiden Fällen war nicht nachzuweisen, daß der Beamte ermessensfehlerhaft gehandelt hatte.

Darauf kommt es nach Ansicht von RGSt 74, 251, 255 auch nicht an:"In der Rechtsprechung des RG steht seit langem fest, daß ein Beamter, der nach seinem

---

[198] RGSt 76, 371, 373.
[199] *Schönke-Schröder*, 23. Aufl., § 223b, 14.
[200] SK, § 223b, 15.

Ermessen eine Entscheidung zu treffen hat, pflichtwidrig handelt, wenn er sich nicht ausschließlich von sachlichen Gesichtspunkten leiten läßt, sondern bei seiner Entschließung der Rücksicht auf einen Vorteil Raum gewährt, den er von einem Beteiligten erhalten hat oder sich versprechen läßt; der Beamte verstößt schon dadurch gegen seine Amtspflicht, daß er an die Entscheidung nicht unbefangen, sondern mit der inneren Belastung herangeht, die für ihn in dem gewährten oder erwarteten Vorteile liegt; denn durch eine solche Belastung wird sein Urteil regelmäßig getrübt". Zum Tatbestand der schweren Bestechlichkeit gehöre es nicht, daß der Beamte entschlossen gewesen sei, eine Amtspflichtwidrigkeit zu begehen:"Ein solcher Wille wäre, da es sich um einen inneren Vorgang handelt, in vielen Fällen, gerade bei den Beamten, die nach ihrem pflichtgemäßen Ermessen zu entscheiden haben, nur schwer zu beweisen. Überdies wäre selbst der beste Wille des Beamten, sich nicht beeinflussen zu lassen, wirkungslos; ein Ereignis, wie es eine solche Vorteilsgewährung darstellt, läßt sich bei der Willensbildung niemals völlig ausschalten; und schon die bloße Möglichkeit, daß es einen Einfluß darauf gehabt hat, setzt die Entscheidung des Beamten in ihrem Werte für die Allgemeinheit herab und belastet sie mit einem unauslöschbaren Makel"[201].

Über die Einordnung dieser Entscheidung und des Urteils RGSt 77, 75 in die Rechtsprechung des RG und ihre Fortwirkung in der Rechtsprechung des BGH kam es zu einer ausgedehnten Kontroverse zwischen *Eberhard Schmidt* und dem BGH, die ein eigenes Beispiel zum Problem Kontinuität-Diskontinuität darstellt[202]. Für *Eb. Schmidt*[203] stellt das Urteil RGSt 74, 251 einen Bruch mit der bis dahin geltenden Rechtsprechung des RG dar. Die Kernaussagen der Entscheidung (und der ihr folgenden Entscheidung RGSt 77, 75) gliedert *Eb. Schmidt* in 3 Sätze:

1. Ein Beamter, der seine Entscheidungen nach seinem Ermessen zu treffen hat, handelt dann pflichtwidrig, wenn er sich nicht ausschließlich von sachlichen Gesichtspunkten leiten läßt, sondern bei seinen Entscheidungen der Rücksicht auf einen Vorteil Raum gibt, den er erhalten hat oder sich versprechen läßt;

2. er verstößt schon dadurch gegen seine Amtspflicht, daß er an die Entscheidungen nicht unbefangen, sondern mit der inneren Belastung herangeht, die für ihn in dem gewährten oder erwartenden Vorteil liegt;

3. denn durch eine solche Belastung wird sein Urteil regelmäßig getrübt.

Lediglich die erste Aussage entspreche der bisherigen Rechtsprechung. Die weitergehenden Aussagen in RGSt 74, 251 führten indes zu einer völligen Strukturveränderung der Bestechungstatbestände. Das RG **dekretiere**, daß der Beamte, der einen Vorteil empfangen oder zu erwarten habe, schon dadurch pflichtwidrig

---

201 Ebd. S. 256.

202 Vgl. *Eb. Schmidt*, Die Bestechungstatbestände in der höchstrichterlichen Rechtsprechung von 1879-1959, 1960, S. 56 ff. einerseits, BGHSt 15, 88, 93 ff., 239, 243 ff. andererseits.

203 A.a.O. S. 56; vgl. *ders.*, NJW 1960, 802 ff.

handele, daß er mit einer inneren Belastung an die Entscheidung herangehe, wodurch sein Urteil regelmäßig getrübt sei. Dies stehe im Gegensatz zur älteren Rechtsprechung des RG, wo durchgehend eine Aufklärung des inneren Erwägungsvorganges verlangt worden sei, um die Frage der Pflichtwidrigkeit beurteilen zu können. Eine solche Prüfung sei nun überflüssig, da mit der Entgegennahme bzw. dem Sich-Versprechen-lassen des Vorteils die Pflichtwidrigkeit bereits feststehe. Die Funktion dieser Rechtsprechungsänderung gebe das RG auch deutlich an: es gehe um eine Beweiserleichterung, die sich nach Ansicht des RG aus der Bemakelung eines mit einem rechtswidrigen Urteil im Zusammenhang stehenden Entscheidungsvorganges rechtfertige. Die Entscheidung RGSt 77, 75 erwecke, insbesondere durch das Zitat älterer Rechtsprechung, den Eindruck von Kontinuität, wiederhole aber im Grunde die Entscheidung RGSt 74, 251 und den darin enthaltenen Rechtsprechungswandel.

Diese Kritik *Eb. Schmidts* zielte darauf, die Fortwirkung der Urteile RGSt 74, 251; 77, 75 zu problematisieren. So zitiert der BGH in einem Urteil aus dem Jahre 1957[204] wörtlich RGSt 74, 251, und zwar insbesondere auch die Aussage, daß bereits das Herangehen an eine Entscheidung mit einer inneren Belastung eine Amtspflichtwidrigkeit darstelle, da der Erhalt oder das Versprechen von Vorteilen das Urteil des Beamten regelmäßig trübe[205].

Die massive Kritik *Eb. Schmidts* an dieser Rechtsprechung ließ den BGH nicht unbeeindruckt. Insbesondere der 2. Senat setzte sich in zwei Entscheidungen aus dem Jahre 1960 intensiv mit den Einwänden *Schmidts* auseinander. In der Entscheidung BGHSt 15, 88 relativiert der Senat insbesondere die Aussage des RG, eine Amtspflichtverletzung liege schon im Herangehen an eine Entscheidung in Erwartung oder nach Erhalt eines Vorteils, da dadurch das Urteil regelmäßig getrübt sei:"Der erkennende Senat ist ... nicht überzeugt, daß diese Formulierungen einer richtigen Anwendung der Bestechungstatbestände förderlich gewesen sind. Sie sind mißverständlich, weil sie den Eindruck erwecken, daß es jetzt nicht mehr auf Feststellungen nach Maßgabe des Satzes 1[206] ankomme. Der Hinweis, der Beamte könne schon wegen des gewährten Vorteils nicht unbefangen an die von ihm zu treffende Entscheidung herangehen, mag nach der Lebenserfahrung zutreffen; er ist aber in dieser Allgemeinheit sicher nicht richtig. In Verbindung mit der weiteren Unterstellung, daß die in der Gewährung oder in der Hoffnung auf den Vorteil liegende Belastung das Urteil des Beamten 'regelmäßig' trübt, sieht der Senat die Gefahr, daß der Tatrichter zu Vermutungen verleitet wird und sich mit ihnen begnügt"[207].

---

204 BGHSt 11, 125, 129.

205 Vgl. auch BGH NJW 1960, 830

206 Der BGH bezieht sich auf die von Schmidt als Inhalt der Entscheidung RGSt 74, 251 herausgearbeiteten Sätze s. o.

207 BGHSt 15, 88, 93.

Der BGH sah hier jedoch noch keine Veranlassung, sich abschließend zur Rechtsprechung des RG zu äußern, da in dem von ihm zu entscheidenden Fall die Beamten sich auch in ihrer sachlichen Entscheidung hatten beeinflussen lassen.

Eine eingehendere Untersuchung des Stellenwerts der in den Entscheidungen RGSt 74, 251 und 77, 75 ausgesprochenen Grundsätze stellt der 2. Senat indes drei Monate später in der Entscheidung BGHSt 15, 239 an. In dieser sehr umfangreichen und eingehenden Entscheidung gelangt der BGH zu dem Ergebnis, daß die problematischen Aussagen des späten RG dann haltbar sind, wenn man sie zusammen mit der Anforderung sieht, daß der Beamte zumindest auch zu erkennen gibt, er werde sich bei einer künftigen Entscheidung nicht nur von sachlichen Erwägungen leiten lassen. Damit geht der BGH im Grunde nicht über das bereits in der Entscheidung BGHSt 15, 88 Gesagte hinaus, daß insbesondere die Entgegennahme eines Vorteils allein eine schwere Bestechlichkeit des Ermessensbeamten nicht auslösen kann. Dies war aber, insbesondere nach der Auffassung *Eb. Schmidts*, eine der Zentralaussagen der Entscheidung RGSt 74, 251, daß nämlich die innere Belastung des Ermessensbeamten durch die bloße Akzeptanz eines Vorteils schon die Pflichtwidrigkeit seiner Handlung auslöse. Der BGH bemüht sich nun nachzuweisen, daß das RG eine solche isolierte Haftungsbegründung nicht gemeint haben könne. Die Äußerungen des RG gäben zwar zu Fehldeutungen Anlaß, seien aber, richtig interpretiert, so zu verstehen, daß das RG keine neuen, haftungsbegründenden Alternativen zur Unrechtsvereinbarung habe aufstellen wollen. Der BGH bemüht sich um den Nachweis, daß die von *Eb. Schmidt* herausgestellten Sätze 2 und 3 des RG auf ältere Entscheidungen zurückgehen. Sie dienten der Erläuterung, ab wann ein Ermessensbeamter die Grenze zur Pflichtwidrigkeit überschreite, seien aber stets nur unter der Erfüllung der Grundvoraussetzung des Satzes 1 zu verstehen gewesen. Daher sei insbesondere der Satz, selbst der beste Wille des Beamten, sich nicht beeinflussen zu lassen, sei wirkungslos, irreführend und unrichtig. Die Feststellungen nach Maßgabe des Satzes 1 seien die unersetzbare Grundvoraussetzungen für die Anwendung des § 323 auf Ermessensbeamte.

Interessanter als die Frage, ob nun der BGH oder *Eb. Schmidt* in der Kontroverse über den Stellenwert der Entscheidungen RGSt 74, 251 und 77, 75 Recht hat, ist die Art und Weise, wie der BGH auf die Kritik *Eb. Schmidts* reagiert. Im Ergebnis stimmen nämlich beide Positionen überein: der Beamte muß, um wegen schwerer Bestechlichkeit strafbar zu sein, sich bereit zeigen, auf einen gewährten oder zu gewährenden Vorteil bei der Entscheidung Rücksicht zu nehmen. Was den BGH aber zu einer ausführlichen Stellungnahme veranlaßt, ist die Behauptung *Schmidts*, die Entscheidung RGSt 74, 251 breche mit der bisherigen Rechtsprechung des RG, mithin die Frage der **Kontinuität**, zunächst innerhalb des RG, dann aber auch in Bezug auf den BGH[208]. Dem BGH ist es wichtig, gerade die Sätze, die nach Auffassung *Schmidts* zu einer "völligen Strukturveränderung"[209] der Bestechungstatbestände führen, als in der Tradition der reichsgerichtlichen Rechtsprechung stehend darzustellen. Der BGH interpretiert dann zwar die (von *Schmidt* numerierten) Sätze 2 und 3 in einer Weise, die ihnen eine eigenständige Wirksamkeit nimmt, so daß er sie im Ergebnis auch hätte aufgeben können. Das Kontinuitätsbedürfnis des BGH ist aber offenbar so stark, daß er nicht sang- und klanglos auf Teile der RG-Rechtsprechung verzichtet, sondern zuvor versucht, ihr eine Auslegung zu geben, die den offenen Widerspruch vermeidet, wenn dem RG im **Ergebnis** auch widersprochen wird. Dies hat seine Notwendigkeit in den BGH-Urteilen, die bis BGHSt 15, 88 der späten Rechtsprechung des RG gefolgt waren und die durch einen offenen Widerspruch des BGH gegen das RG diskretitiert worden wären. Der BGH demonstriert so nach außen hin Geschlossenheit. In Wirklichkeit stellt BGHSt 15, 239 den Beginn einer neuen Ära von Rechtsprechung zur schweren Bestechlichkeit dar, in dem der BGH den Begriff der "Unrechtsvereinbarung" ins Zentrum des Tatbestandes rückt.

4. Der "Kampf gegen die Entartung" am Beispiel der Verfolgung der Homosexualität

Ein besonderes Kennzeichen der nationalsozialistischen Ideologie ist ihr hohes Maß an Intoleranz gegenüber Abweichungen von der selbst gesetzten Norm. Das eindimensionale Freund-Feind-Denken des Nationalsozialismus, von *Carl Schmitt*[210] als "Begriff des Politischen" vorgedacht, vereinnahmte den Menschen, der dem Normbild der Weltanschauung entsprach und stieß denjenigen, der in dieses Schema nicht paßte im Zuge einer "innerstaatlichen Feinderklärung"[211] mit dem Ziel seiner physischen Vernichtung aus der Gemeinschaft aus. Dies traf die politisch anders Denkenden, insbesondere Sozialdemokraten und Kommunisten, es traf die "rassisch" Andersseienden, besonders Juden und "Zigeuner" (Sinti und Roma), und es traf die sexuellen Normabweichler, insbesondere die Homosexuellen. In der Bekämpfung der Homosexualität spiegelt sich dabei besonders deutlich ein Vorverständnis nationalsozialistischer Strafrechtspolitik: Kriminalität ist wesentlich biologisch bedingt. Sie erwächst aus einer "Entartung", einem Anderssein als die Masse der rassisch hochstehenden Volksgenossen: "Für den Nationalsozialismus ist die Entartung als Quelle verbrecherischen Handelns von ungeheuerer Wichtigkeit. Wir sind der Meinung, daß jedes hochstehende Volk für seinen Le-

---

208 Weitere Beispiele für die Fortwirkung von RGSt 74, 251 gibt *Eb. Schmidt*, a.a.O., S. 93 ff.
209 A.a.O. S. 56.
210 *Schmitt*, Der Begriff des Politischen, 1933, S. 7 ff.
211 *Schmitt*, a.a.O., S. 29.

bensweg in seiner rassischen Ursubstanz eine solche Fülle Veranlagungen mitbekommt, daß das Wort "Entartung" den Tatbestand, auf den es uns ankommt, am klarsten trifft. Die Art als solche muß in einem anständigen Volk als wertvoll angesehen werden, so daß die Entartung für ein Individuum das Herausgenommensein aus der normalen Art des anständigen Volkes bedeutet. Dieses Ent- oder Herausgeartetsein, dieses Anders- oder Fremdartige hat meistens seine Ursache in einer Vermischung des anständigen Rasserepräsentanten mit einem Individuum von minderwertigem Rassekern. Kriminalbiologie, die Lehre von der Lebensgesetzlichkeit des Verbrechertums, ist für uns Nationalsozialisten die Lehre vom Zusammenhang rassischer Dekadenz mit den Verbrechensäußerungen. Der völlig Entartete entbehrt jeden rassischen Hochempfindens und sieht in der Schädigung der Gemeinschaft oder eines Gemeinschaftsangehörigen geradezu seine Aufgabe. Er ist der absolute Gegensatz zu dem, der seine Lebensaufgabe in der volksgenössischen Pflichterfüllung erkennt"[212]. Diese Vorstellung von der "Entartung" des Kriminellen ist die Umsetzung des Freund-Feind-Schemas ins Strafrecht. Komplexe kriminologische Zusammenhänge der Kriminalitätsentstehung werden mit Hilfe eines pseudo-biologischen Verfahrens auf den allfälligen und denkbar simplen Rassegedanken reduziert.

War nun praktisch jede Form von Kriminalität ein Zeichen von Entartung, so galt dies besonders für Delikte, die direkt an ein Anderssein des Täters, seine Abweichung vom "Normalen" anknüpfen, den Sittlichkeitsdelikten[213]. Hier waren insbesondere die männlichen Homosexuellen nationalsozialistischer Verfolgung ausgesetzt:"Besonders beachtlich ist die Homosexualität, die der klare Ausdruck einer gegensätzlichen Geartetheit gegenüber der normalen Volksgemeinschaft ist. Der Homosexuelle bedeutet in seiner Betätigung die Negierung der Gemeinschaft, wie sie geartet sein muß, wenn die Rasse nicht zugrunde gehen soll. Daher verdient gerade der Homosexuelle keine Schonung"[214].

Damit ist ein Grund, weshalb gerade die Homosexuellen eine besondere Zielgruppe nationalsozialistischer Verbrechensbekämpfung - mit strafrechtlichen, aber auch mit polizeilichen Mitteln - waren, bereits angesprochen. Die nationalsozialistische Ideologie zielte auf Vermehrung des Volkes, und den Homosexuellen hielt man vor, daß sie hierzu ihren Beitrag verweigerten[215]. Funktionell wurde damit die

---

212 *Frank*, Nationalsozialistische Strafrechtspolitik, 1938, S.32.

213 Zum Zusammenhang zwischen "Entartung" und Sittichkeitsdelikten vgl. *H.P. Bleuel*, Das saubere Reich - Theorie und Praxis des sittlichen Lebens im Dritten Reich, 1972, S. 242 ff.

214 *Frank*, Nationalsozialistische Strafrechtspolitik, S. 32.

215 Vgl. die Erklärung der NSDAP vom 14.5.1928 auf Anfrage einer Homosexuellen-Organisation zu § 175, abgedruckt bei *E. Vismar*, Perversion und Verfolgung unter dem deutschen Faschismus, in: *Lautmann* (Hrsg.), Gesellschaft und Homosexualität, S. 308 f.:"Wir verwerfen darum jede Unzucht, vor allem die Mannmännliche Liebe, weil sie uns der letzten Möglichkeit beraubt, jemals unser Volk von den Sklavenketten zu befreien, unter denen es jetzt frohnt".

Homosexualität auf eine Stufe mit der Abtreibung gestellt; konsequent wurde daher auch im Oktober 1936 eine "Reichszentrale zur Bekämpfung der Homosexualität und Abtreibung" errichtet[216].

Zum anderen spiegelte sich im Nationalsozialismus, ganz besonders nach der Ausschaltung *Röhms* und der damit verbundenen Akzeptanz des sozialen status quo[217] eine gesellschaftliche Vorurteilsstruktur wider, die Homosexualität als abartig und krankhaft empfand.

Unmittelbar im Zusammenhang mit der Ermordung *Röhms* geriet zusätzlich der Gesichtspunkt der Aussendarstellung der vom NS-Regime geschaffenen Verbände in den Vordergrund. Am selben Tag, an dem *Röhm* in Wiessee festgenommen wurde und noch vor dessen Ermordung führte *Hitler* in einem Tagesbefehl an den neuen SA-Stabschef *Lutze* u.a. aus:"Ich erwarte von allen SA-Führern, daß sie helfen, die SA als reinliche und saubere Institution zu erhalten und zu festigen. Ich möchte, daß jede Mutter ihren Sohn in SA, Partei und HJ gehen lassen kann, ohne die Furcht, er könne dort sittlich oder moralisch verdorben werden. Ich wünsche daher, daß alle SA-Führer peinlichst darüber wachen, daß Verfehlungen nach § 175 mit dem sofortigen Ausschluß des Schuldigen aus SA und Partei beantwortet werden. Ich will Männer als SA-Führer sehen und keine lächerlichen Affen"[218]. In Letzterem zeigt sich auch ein weiteres Vorurteil: man warf der Homosexualität vor, die "Mannbarkeit" zu untergraben, und damit eine krankhafte Dekadenzerscheinung ("Seuche") zu sein, die zum Untergang eines Staates führe, wofür *Hitler* an anderer Stelle pauschal das "alte Griechenland" anführte[219].

Folge dieser Einstellung zur Homosexualität war eine hohe Verfolgungsintensität[220], aber auch Bemühungen um eine Verschärfung der entsprechenden Tatbestände[221]. Dies ging weniger von der amtlichen Strafrechtskommission aus, als von Seiten der SS. Der Rechtshistoriker *Karl-August Eckhardt*, SS-Untersturmführer, veröffentlichte am 22. Mai 1935 in der SS-Zeitung "Das schwarze Korps" einen Artikel mit dem programmatischen Titel:"Widernatürliche Unzucht ist todeswürdig"[222], in dem er den "westisch-romanischen Völkern" und ihrer toleranten Einstellung in Bezug auf Homosexualität die "nordisch-germanischen Völker" ge-

---

216 *Vismar*, a.a.O., S. 321.

217 *Meinck*, ZNR 1981, S. 37.

218 Zitiert bei *Bleuel*, a.a.O., S. 253 f.

219 *Vismar* a.a.O., S. 309.

220 Die Zahl der Verurteilten stieg nach den Angaben bei *Vismar*, a.a.O., S. 320 von 991 im Jahre 1932 auf 24 450 in den Jahren 1937-1939.

221 Das in der Verfolgung der Homosexuellen ein Merkmal des Totalitarismus besteht, kann man aufgrund der Tatsache, daß *Stalin* 1934 die nach der Oktoberrevolution gestrichene Bestrafung der einfachen Homosexualität wieder einführte, vermuten; vgl. *Simson/Geerds*, Straftaten gegen die Person und Sittlichkeitsdelikte in rechtsvergleichender Sicht, 1969, S. 447.

222 Wiederveröffentlicht in DRW 1938, 170 unter dem Titel:"Widernatürliche Unzucht".

genüberstellte, die die Homosexuellen zwecks Reinhaltung der Rasse im Moor versenkt hätten.

Die gesetzgeberische Reaktion auf die rechtspolitischen Vorgaben des Nationalsozialismus war die Änderung der Straftatbestände bezüglich der Homosexualität durch die Novelle vom 25.6.1935[223]. § 175 StGB wurde neu gefaßt. Anstatt wie bisher die "widernatürliche Unzucht" zwischen Männern oder die Unzucht von Menschen mit Tieren, betraf er nun das "Unzuchttreiben" eines Mannes mit einem anderen Mann, das wie bisher mit Gefängnis bedroht war. Mit § 175a wurde ein Qualifikationstatbestand geschaffen, der Zuchthaus bis zu 10 Jahren für besonders schwere Fälle androhte, wozu auch die "Verführung" eines Mannes unter 21 Jahre und die homosexuelle Prostitution zählte. Die Sodomie wurde in § 175b eigens mit Strafe bedroht.

Im Wortlaut war die Neufassung des § 175 nicht unbedingt eine Verschärfung, man hatte schließlich nur die "widernatürliche Unzucht zwischen Männern" durch "Unzuchttreiben mit Männern" ersetzt. Die Verschärfung war indes intendiert. Das RG hatte bis 1935 aus dem Gebrauch der Präposition "zwischen" in § 175 a. F. gefolgert, daß im Gegensatz zu § 174, der von der Vornahme unzüchtiger Handlungen "mit" bestimmten Personen (Kindern, Kranken etc.) sprach, nicht jede unzüchtige Handlung zur Verwirklichung des Tatbestandes ausreiche. Vielmehr seien nur Handlungen von bestimmter Intensität, "beischlafsähnliche" Handlungen, erfaßt[224]. Hierbei handelte es sich um eine traditionell begründete[225] wortlautunterschreitende Auslegung, der im Ergebnis im Schrifttum nicht widersprochen wurde. Umstritten war zwar die Brauchbarkeit des Begriffs der "beischlafsähnlichen Handlung"[226], doch war man sich im Prinzip darüber einig, daß nur bestimmte, qualifizierte Handlungen dem Tatbestand unterfallen sollten. Hierzu sollte z.B. keinesfalls die einseitige oder wechselseitige Masturbation zählen[227].

In dieser Beschränkung erblickte der nationalsozialistische Gesetzgeber eine Lücke, die "die Gefahr einer stärkeren Ausbreitung der für die Volksgesundheit und das gesunde sittliche Empfinden des Volkes schädlichen Lasters in sich (barg)", wie *Schäfer/v.Dohnanyi*, beides Angehörige des Reichsjustizministeriums, im Nachtrag zum Frank`schen Kommentar schrieben[228].

Das RG wartete indes die Gesetzesänderung nicht ab, um seine Rechtsprechung gegenüber Homosexuellen zu verschärfen. In der bereits mehrfach erwähnten Entscheidung RGSt 69, 273[229] billigte der 5. Senat die Verurteilung eines

223 RGBl. I, S. 839.
224 Vgl. RGSt 20, 225.
225 So Frank, StGB, 18. Aufl., § 175, II.
226 Nachweise bei v.Liszt/Schmidt, Lehrbuch des Deutschen Strafrechts, 25. Aufl., § 110 II m.Fn. 2.
227 Ebd.
228 Die Strafgesetzgebung der Jahre 1931 bis 1935, Tübingen 1936, S. 209.
229 Vgl. Einleitung A 3 c).

Mannes nach § 175 a. F., also wegen "widernatürlicher Unzucht" aufgrund masturbierender Handlungen am Geschlechtsteil eines anderen Mannes. Damit wich der Senat von der feststehenden Rechtsprechung des RG, das weder die einseitige noch die wechselseitige Onanie bis dahin als beischlafähnlich angesehen hatte, ab[230]. Der 5. Senat gelangt zu dieser Entscheidung, indem er den Begriff der "Beischlafsähnlichkeit", von der Rechtsprechung als Rechtsbegriff zur Begrenzung des Tatbestandes geschaffen, umdefiniert in einen Tatsachenbegriff, der der Nachprüfung des Revisionsgerichts entzogen sei[231]:"... es (muß) dem Tatrichter überlassen bleiben, zu entscheiden, worin er die Ähnlichkeit zwischen der Ausführung des natürlichen Beischlafs und der abzuurteilenden Tat finden und welche Vergleichsmöglichkeit er heranziehen will". Sodann nimmt der Senat eine doppelte Vorwirkung der Novelle vom 28.6.1935, die erst am 1.9.1935 in Kraft trat[232], an. Materiell-rechtlich untermauert er sein Ergebnis mit der Neufassung des § 175:"Die erhebliche Erweiterung dieser Bestimmung soll aber nicht nur der Abschreckung vor einem um sich greifenden Laster dienen; sie ist zugleich Beweis der veränderten Auffassung über die Strafwürdigkeit solcher Handlungen"[233].

Die entscheidende prozessuale Hürde, von der feststehenden Rechtsprechung des RG ohne Anrufung des Plenums abweichen zu können, nimmt der Senat dann, indem er auch noch von einer Vorwirkung der in der Novelle ebenfalls enthaltenen "Befreiung des Reichsgerichts von der Bindung an alte Urteile" ausgeht[234].

Damit wird der Angeklagte gleich mehrfach benachteiligt: einmal wird faktisch eine Gesetzesfassung angewandt, die weder zur Zeit der Tat, noch zur Zeit des Urteils in Kraft war, zum zweiten wird von einer feststehenden Rechtsprechung abgewichen[235], und zum dritten geschieht dies auch noch in einer prozessual unzulässigen Art und Weise.

Hier greifen mehrere Dinge ineinander, wobei hinter dem Ganzen der feste Wille steht, die Strafbarkeit auf die konkrete Fallgestaltung auszudehnen. Um den Begriff der "widernatürlichen Unzucht" nicht definieren zu müssen, hält das RG am Begriff "beischlafähnliche Handlung" fest, den es indes inhaltlich völlig aushöhlt, indem es ihn der Definitionsmacht des Tatrichters überantwortet. Damit verliert der Begriff nicht nur seine ursprüngliche, strafbarkeitsbegrenzende Funktion, sondern wird auch zum Einfallstor von Wertungen über die Strafwürdigkeit be-

---

230 Vgl. *Frank*, StGB, 18. Aufl. § 175, II; die vom 5. Senat als Gegenbeispiel angeführten Entscheidungen RG JW 1913, 935 und GA Bd. 61, 348 sind nicht einschlägig , GA 61, 348 betrifft - nach der Wertung des Gerichts - keinen Fall der Onanie, während das andere Urteil freispricht, weil lediglich Onanie vorläge.

231 RGSt 69, 274.

232 Die Entscheidung erging am 1.8.1935.

233 Ebd.

234 Hierzu speziell s. o. Teil A 3 c).

235 Zur Irrtumsproblematik s. o. B 3.

stimmter Handlungen. Die Rechtssicherheit, die darin lag, daß das RG bestimmte Gruppen sexueller Handlungen aus dem Anwendungsbereich des § 175 ausgeklammert hatte, geht verloren, und dies ist wahrscheinlich auch beabsichtigt gewesen.

Jede homosexuelle Betätigung eines Mannes stand fortan in der Gefahr, als strafbare Handlung angesehen zu werden. Die Justiz hatte begonnen, sich mit ihren Mitteln an der allgemeinen Einschüchterung der Homosexuellen zu beteiligen. Die Art und Weise, wie dies geschah, läßt sich kaum als Gesetzesgehorsam beschreiben, da das RG eifrig bedacht war, den rechtspolitischen Auffassungen der Führung vorauseilend und mit prozessual dubiosen Mitteln Geltung zu verschaffen. Die Tatsache, daß dies vom ideologisch nicht verdächtigen 5. Senat[236] betrieben wurde, läßt vermuten, daß der Nationalsozialismus nicht erst Aversionen gegenüber sexuell abweichendem Verhalten wecken mußte, sondern eine latente Bereitschaft innerhalb der Justiz bestand, verschärft gegen Homosexuelle vorzugehen.

In dieses Bild paßt, wie das RG mit denjenigen Tätern verfuhr, die sich darauf beriefen, sie hätten auf eine feststehende Rechtsprechung des RG vertraut, das bestimmte sexuelle Handlungen bis 1935 als nicht tatbestandsmäßig angesehen habe[237]. Es handele sich um einen unbeachtlichen Strafrechtsirrtum, wenn der Angeklagte auf die ständige Rechtsprechung des RG vertraut habe, führt der 5. Senat in dem Teil des Urteils, der nur in JW 1935, 2732, 2734 abgedruckt ist, aus, und der 3. Senat folgt dem in der Entscheidung HRR 1936, Nr. 1388[238].

RGSt 69, 273 war nur der Beginn der verschärften Verfolgung Homosexueller durch das RG, ein Beginn allerdings, der umso bemerkenswerter war, als er vor der gesetzlichen Verschärfung der entsprechenden Tatbestände einsetzte. Der Auffasssung des 5. Senates traten der 3.[239] und der 4. Senat[240] ausdrücklich bei, der 4. Senat mit den Worten, die frühere Rechtsprechung des RG könne "weder auf den Wortlaut, noch auf den Sinn des Gesetzes gestützt werden", womit wohlgemerkt der § 175 a. F. gemeint war.

Die Ergebnisorientierung auf eine weitgehende Bestrafung homosexueller Betätigung zeigt sehr deutlich die Entscheidung des 3. Senates RGSt 71, 281. Es geht immer noch um § 175 a. F. Hatte der 5. Senat in dem Fall RGSt 69, 273, in welchem das Landgericht mit der Annahme einer beischlafähnlichen Handlung bei wechselseitiger Onanie verurteilt hatte, den Begriff der Beischlafähnlichkeit zum Tatbegriff erklärt, und so die Verurteilung gestützt, verfährt der 3. Senat jetzt genau umgekehrt. Er erklärt, "Beischlafähnlichkeit" sei ein Rechtsbegriff (so aus-

236 S. o. Teil A. 3 c).
237 Vgl. a. o. Teil B 4, S. 31.
238 Vgl. oben Teil B 4.
239 HRR 1936, Nr. 1388.
240 HRR 1936, Nr. 72.

drücklich im Leitsatz) und daher der Überprüfung durch das Revisionsgericht zugänglich.

Der Hintergrund war, daß das Landgericht Hamburg einen Angeklagten, dem mehrere Fälle wechselseitiger Onanie vorgeworfen wurden, freigesprochen hatte, indem es die Beischlafsähnlichkeit verneinte. Dies tat es bewußt deswegen, weil das RG mit der Übertragung der Definitionsmacht auf den Tatrichter "eine unerträgliche Unsicherheit in die Rechtsprechung bringe"[241]. Durch die unerwünschten Freisprüche unter Druck gesetzt, verwandelt das RG den zuvor geschaffenen Tatbegriff der "Beischlafähnlichkeit" in einen Rechtsbegriff zurück:"Die Frage der Beischlafähnlichkeit ist zwar in der Hauptsache (RGSt. Bd. 69, S. 273, 274) tatsächlicher Natur, aber nicht ausschließlich. Sie ist vielmehr - ähnlich wie der "Geschlechtsverkehr" i. S. des BlutSchG. (vgl. RGSt. Bd. 70, S. 375) - zugleich rechtlicher Art und insoweit der Nachprüfung durch das Revisionsgericht zugänglich"[242].

Der Begriff "Beischlafähnlichkeit" hat also eine Doppelnatur: er ist tatsächlicher Art, soweit das erkennende Gericht von sich aus zur Strafbarkeit - jedenfalls bei der in Rede stehenden Fallgruppe - gelangt, und er ist rechtlicher Art, wenn der Tatrichter freispricht und das Revisionsgericht an der Aufhebung des Freispruchs gehindert wäre, hielte es sich an die Annahme, es handele sich um einen Begriff tatsächlicher Art.

Die Verweisung auf die Rechtsprechung zum BlutschutzG ist dabei besonders aufschlußreich, waren doch die Juden, die dieses Gesetz betraf, eine weitere Gruppe, die in besonderem Maße von einer innerstaatlichen Feinderklärung betroffen war, und der gegenüber das RG in seiner Rechtsprechung in eifriger Weise bemüht war, die rechtspolitischen Ziele des Nationalsozialismus umzusetzen. Bei der vom RG erwähnten Entscheidung RGSt 70, 375 handelte es sich um den Beschluß des Großen Senates, in welchem dieser, obwohl § 11 der AusführungsVO zum BlutschutzG[243] als strafbaren "außerehelichen Verkehr" nur den Geschlechtsverkehr definierte, auch alle Handlungen zum Geschlechtsverkehr zählte, "die nach der Art ihrer Vornahme bestimmt sind, an Stelle des Beischlafs der Befriedigung des Geschlechtstriebes mindestens des einen Teiles zu dienen", da sonst die Gerichte vor "kaum überwindliche Beweisschwierigkeiten" gestellt würden[244]. Damit hatte sich das RG der extremsten damals vertretenen Auffassung zum Begriff des Geschlechtsverkehrs angeschlossen und die Grundlage für ein besonders düsteres Kapitel deutscher Rechtsprechung geschaffen[245].

---

241 RGSt 71, 282.

242 RGSt 71, 282.

243 RGBl. I, S. 1334.

244 RGSt 70, 375, 376.

245 Vgl. hierzu *Müller*, Furchtbare Juristen, S. 105 ff. und *Noam/Kropat*, Juden vor Gericht 1933-1945, Wiesbaden 1975.

Der gleiche Übereifer, mit denen das RG in seinen Rassenschande-Entscheidungen die Politik des Nationalsozialismus umsetzte, zeigt sich also auch in der Rechtsprechung zur Homosexualität. Damit in Zukunft kein Tatrichter mehr auf den Gedanken kommt, er könne bei der Frage nach der Strafbarkeit wechselseitiger Onanie eigene Maßstäbe anlegen, stellt der 3. Senat im Leitsatz seiner Entscheidung RGSt 71, 281 klar:"Die gegenseitige Selbstbefriedigung ist stets beischlafähnlich".

Der Begriff der "Beischlafähnlichkeit" hatte damit eine Ausdehnung erreicht, die an sich kaum verständlich macht, wozu er überhaupt noch vonnöten war. Ursprünglich diente er der Tatbestandsbegrenzung durch Beschreibung des **äußerlich** notwendigen Verhaltens. Das RG stellt nunmehr aber nicht mehr auf das äußere Erscheinungsbild, sondern auf den vom Täter verfolgten Zweck ab:"... es (kommt) nicht darauf an, ob die unzüchtige Handlung dem natürlichen Geschlechtsverkehr im äußeren Geschehen ähnelt, sondern darauf, ob dadurch eine Befriedigung, ähnlich der, die mit dem Beischlaf verbunden ist, herbeigeführt werden soll"[246]. Wieder also ein Verlust von objektiver Tatbestandlichkeit zugunsten einer Orientierung an der Intention des Täters[247]. Statt der Ähnlichkeit zum Beischlaf**verhalten** kommt es auf die Ähnlichkeit zur Beischlaf**empfindung** an, womit das RG offenbar die einseitige Triebabfuhr meint. Der Effekt auf die Annahme der Strafbarkeit liegt in der bereits dargestellten[248] Verlagerung der Definitionsmacht bezüglich der subjektiven Empfindung des Täters auf den Richter.

Damit aber nicht genug. Indem das RG von der äußeren Handlungsbeschreibung zur Intention wechselt, dehnt es die Strafbarkeit auch insofern aus, als es von einem Handlungserfolg absieht und bereits die Absicht der Triebbefriedigung ("Befriedigung ... herbeigeführt werden soll"[249]) zur Vollendung des Delikts genügen läßt.

Eine weitere Verschärfung des Tatbestandes brachte der Verzicht auf das Erfordernis der "Beischlafähnlichkeit", mit den ersten Entscheidungen zu § 175 n. F.[250]. Obwohl nach dem Wortlaut der Norm dies so wenig zwingend war wie das Erfordernis der "Beischlafähnlichkeit" bei § 175 a. F., wurde behauptet, die Neufassung stelle jede Art von Unzucht zwischen Männern unter Strafe. Was "Unzucht treiben" bedeute, ergebe sich aus den § 174 Abs. 1 Nr. 1 (Unzucht mit Abhängigen) und § 176 Abs. 1 Nr. 3 (Unzucht mit Kindern) und der hierzu ergangenen Rechtsprechung. Danach genüge es "zur Annahme eines Unzuchttreibens mit einem anderen Manne ..., daß die - auf die Erregung oder Befriedigung der eigenen oder fremden Geschlechtslust gerichtete - Handlung des Täters geeignet ist,

246 RGSt 71, 281 (Leitsatz).
247 Hierzu vgl. im übrigen o. Teil C.
248 S. o. Teil C
249 RGSt 71, 281.
250 Vgl. RGSt 70, 224.

das allgemeine Scham- und Sittlichkeitsgefühl in geschlechtlicher Beziehung zu verletzen, und daß dabei der Täter den Körper des anderen Mannes als Mittel benutzt, Wollust zu erregen oder zu befriedigen"[251]. Das RG trägt also keine Bedenken, seine mit Hilfe der "Subjektivierung"[252] sehr extensive Auslegung des Begriffes der "unzüchtigen Handlung" auf das "Unzuchttreiben" in § 175 n. F. zu übertragen, obwohl die Opfergruppe in den §§ 174, 176 in weit höherem Maße schutzwürdig ist als das Interesse der Allgemeinheit an der Unterbindung sexueller Handlungen zwischen erwachsenen Männern.

Nachdem das RG also das Erfordernis der "Beischlafähnlichkeit" zunächst formal beibehalten, inhaltlich aber ausgehöhlt hatte, vollzieht es nun zum neuen § 175 mit dem Abstellen auf das allgemeine Scham- und Sittlichkeitsgefühl einen weiteren Schritt zur Verflüchtigung des objektiven Tatbestandes. Ein letztes objektives Merkmal war die Forderung, daß "der Täter den Körper des anderen Mannes als Mittel benutzt"[253]. Auch diese Minimalanforderung sollte indes im Zuge einer fortschreitenden "Vergeistigung" des Tatbestandes bald fallen.

In RGSt 73, 78 führt der 2. Senat aus, daß zum "Unzuchttreiben" i.S.d. Vorschrift keine körperliche Berührung stattgefunden haben müsse. Damit setzte sich der Senat über mehrere Entscheidungen des 3. Senates[254] hinweg, der zwar bei der Vornahme unzüchtiger Handlungen mit Kindern auf das Erfordernis der körperlichen Berührung verzichtet hatte, dies aber, ebenso wie der 5. Senat[255] bei der Homosexualität für notwendig hielt.

Für eine solche Beschränkung lassen sich nach Ansicht des 2. Senates "weder aus dem Wortlaut noch aus dem Zwecke der angeführten Gesetzesbestimmungen irgendwelche stichhaltigen Gründe herleiten"[256]. Das Argument, der ohnehin schon weit gefaßte § 175 würde bei einem Verzicht auf das Erfordernis körperlicher Berührung uferlos ausgeweitet, das der Senat immerhin sieht, läßt er nicht gelten. Diese Gefahr drohe eher von einer zu weiten Auslegung des Begriffes Unzucht, und hier haben das RG in RGSt 67, 170 schon gegengesteuert[257].

Diese Gegensteuerung bestand allerdings darin, daß das RG aufgrund einer wertenden, an objektiven Kriterien nicht nachprüfbaren Betrachtung geringfügige Fälle aus dem Bereich der unzüchtigen Handlung ausgenommen hatte. Genau dies sollte nun auch das Korrektiv für den § 175 bilden, nach dem an dessen Verwirklichung kaum noch objektive Tatbestandsanforderungen gestellt wurden. In dem zu entscheidenden Fall kommt das RG zu einer Strafbarkeit aus den §§ 175 und 175a

251 RGSt 70, 225.
252 Vgl. o. Teil C 5.
253 RGSt 70, 225.
254 Nachweise in RGSt 73, 79.
255 Vgl. ebenda.
256 RGSt 73, 80.
257 Zu dieser Entscheidung vgl. eingehend o. Teil C, Kapitel 4.

Nr. 3 (Verbrechen, Zuchthaus bis zu 10 Jahren), weil ein Arbeitgeber einen noch nicht 21 Jahre alten Bediensteten in zwei bis drei Fällen aufgefordert hatte, das Hemd herunterzulassen und dann "um sich .... geschlechtlich zu erregen" dessen Geschlechtsteil betrachtet hatte. Es verwundert dann nicht, daß das RG sich veranlaßt sieht klarzustellen, daß das alleinige Betrachten des entblößten Körpers eines anderen Mannes in wollüstiger Absicht zur Tatbestandserfüllung noch nicht ausreiche[258]. Dies sei eine Überspannung des Begriffs "Unzuchttreiben". Es genüge allerdings "die an den anderen gerichtete Aufforderung ..., seinen Körper, namentlich den Geschlechtsteil, unzüchtigen Blicken preiszugeben oder bestimmte Stellungen einzunehmen oder sich zu entblößen"[259]. Die Anforderung an das zu verwirklichende Handlungsunrecht sind also auf eine mündliche Aufforderung an einen anderen Mann reduziert, weil die wollüstige Absicht, in der dies geschieht, alle sonstigen äußeren Merkmale ersetzt.

Hinter dieser neuerlichen Ausweitung des Tatbestandes steht dabei eine reine Strafwürdigkeitsbetrachtung:"Gegen die Annahme, daß eine körperliche Berührung stattgefunden haben müsse, bestehen aber auch deshalb erhebliche Bedenken, weil dann Unzuchthandlungen zwischen Männern straffrei bleiben müßten, die unzweifelhaft das allgemeine Scham- und Sittlichkeitsgefühl gröblich verletzen. Der Strafverfolgung würden dann unter anderem die Fälle entzogen bleiben, in denen gleichgeschlechtlich veranlagte Männer ohne körperliche Berührung an nicht öffentlichen Orten voreinander onanieren, um sich geschlechtlich zu erregen oder zu befriedigen. Das entspricht nicht dem Sinne des Gesetzes"[260].

Hier geht es nicht mehr um die Subsumtion einer bestimmten Handlung unter einem Straftatbestand, sondern um eine lückenlose Kriminalisierung jedweder homosexueller Handlung. Das die Verfolgung auslösende Moment wird mit der Verletzung des allgemeinen Scham- und Sittlichkeitsgefühls deutlich hervorgehoben, so daß klar ist, daß das abweichende Sexualverhalten als solches kriminalisiert werden soll. Für diese letzte große Strafbarkeitsausdehnung bedarf es, auch wenn zuvor noch andere Ansichten innerhalb des RG vertreten worden waren, nicht der Anrufung des Großen Senates, weil sowohl der 3. als auch der 5. Senat sich der Rechtsansicht des 2. Senats anschließen[261].

> Es ist bezeichnend, daß sich diese Entscheidung dann wieder auf die Rechtsprechung zum BlutschutzG auswirkt, wo derselbe 2. Senat wenig später[262] entscheidet, daß zum Begriff "Geschlechtsverkehr" i.S. des § 11 AusführungsVO zum BlutschutzG eine körperliche Berührung zwischen den Beteiligten nicht notwendig stattfinden muß.

---

258 RGSt 73, 78 (2. Leitsatz).

259 RGSt 73, 81.

260 RGSt 73, 80.

261 Der Begründung schlossen sich ebenfalls der 1. Senat in RG JW 1939, 541 und der 4. Senat in RGSt 74, 78 an.

262 RGSt 73, 94.

Die Auslegung, die die §§ 175, 175a durch die Rechtsprechung des RG erhalten hatten, war nach 1945 nicht unumstritten. Zwar zählten diese Normen nicht zu den durch die Kontrollratsgesetze Nr. 1[263] und Nr. 11[264] aufgehobenen Vorschriften, doch war nach Art. III Ziff. 6 des Gesetzes Nr. 1 der Militärregierung Deutschlands[265] deutsches Recht, das nach dem 30. Januar 1933 in Kraft getreten war und in Kraft bleiben durfte, entsprechend dem klaren Sinn des Wortlautes auszulegen und anzuwenden. Gesetzeszwecke und Deutungen, die beim Erlaß maßgeblich waren, hatten außer Betracht zu bleiben.

Hierauf baute *Kohlrausch* auf, wenn er 1947 die Rückkehr zum Erfordernis der "beischlafähnlichen Handlung" zur Verwirklichung des § 175 n. F. forderte[266]. Die Verschärfung des Gesetzes beruhe darauf, daß die Männer- und Jünglingsverbände im Nationalsozialismus besonderen Anreiz für homosexuelle Betätigung geboten hätten. *Lange* wies darauf hin, daß zwar § 175a im Zuge der allgemeinen Tendenz, den Mißbrauch von Abhängigkeitsverhältnissen verstärkt zu pönalisieren, zu verstehen sei, die Erweiterung der Strafbarkeit der einfachen Homosexualität der Linie der Strafrechtsreform vor 1933 aber widersprochen habe[267]. *Labin* betonte, daß dieser Bruch in der Strafrechtsentwicklung sich nur aus rassischen, bevölkerungspolitischen und disziplinären Gründen erklären lasse[268].

In der Tat läßt sich aus dem Bericht der amtlichen Strafrechtskommission belegen, daß diese noch im September 1934, also auch nach dem "Röhm-Putsch", der Auffassung war, es bedürfe keiner Ausweitung der Strafbarkeit über die von der Rechtsprechung mit dem Begriff der "beischlafähnlichen Handlung" geschaffenen Grenzen hinaus[269], obwohl man klar erkannte, daß man damit nur den kleineren Teil homosexueller Betätigung unter Strafe stellte und schwierige Beweisfragen aufwarf. Man glaubte aber Rücksicht nehmen zu müssen auf die Gefahren, die von einer umfassenden Verfolgung homosexueller Betätigung für den Einzelnen drohten.

Dies liest sich anders in der 2. Aufl. des Berichts der Strafrechtskommission aus dem Jahre 1936. Die Kommission habe sich gegen eine Beschränkung auf "beischlafähnliche Handlungen" entschieden, weil dies bedeuten würde, "daß nur ein verhältnismäßig kleiner Teil gleichgeschlechtlicher Betätigung erfaßt würde, ohne daß behauptet werden könnte, die Gefahren und Schäden diesen Verkehrs seien nur mit diesem Teil verbunden. Überdies würden Verfolgung und Bestrafung auch der schwersten Formen sehr behindert, wenn in jedem Fall der oft ehr schwierige Beweis erbracht werden müßte, daß der Verkehr beischlafähnlich gewesen sei. Die weitere

263 Vom 20. September 1945, Amtsbl. S. 6.

264 Vom 30. Januar 1946, Amtsbl. S. 55.

265 MRG 1, MRAmtsbl. Nr. 3.

266 Textausgabe StGB, 1947, Anm. zu § 175; Kommentar, 38. Aufl., § 175 Anm. 3.

267 NJW 1949, 695, 697.

268 MDR 1948, 60, 61.

269 *v. Gleispach* bei *Gürtner*, Das kommende deutsche Strafrecht, Besonderer Teil, 1. Aufl. 1935, S. 125 f.

Fassung des Tatbestandes ist also notwendig, um das Laster des gleichgeschlechtlichen Verkehrs wirksam bekämpfen zu können"[270].

Die obergerichtliche Rechtsprechung teilte die im Schrifttum geäußerten Bedenken zur Auslegung der §§ 175, 175a nicht. Mit teils ausführlicher[271], teils fragmentarischer Begründung[272] gingen die Oberlandesgerichte nach 1945 davon aus, daß es sich bei diesen Normen nicht um typisch nationalsozialistische und damit überholte Bestimmungen handele. Hierfür spreche zum einen, daß die Kontrollratsgesetzgebung die Bestimmungen nicht aufgehoben habe, zum anderen, daß auch die Entwürfe zum StGB vor 1933 entsprechende Strafvorschriften vorgesehen hätten[273].

Dabei ging es immer um § 175a und um die Frage, ob es sich hierbei um einen eigenen Tatbestand oder nur um eine Strafschärfung handelte, was nach der "Allgemeinen Anweisung an Richter" für den Strafrahmen von Bedeutung war, da Strafschärfungen, die nach dem 30. Januar 1933 in Kraft getreten waren, grundsätzlich nicht anzuwenden waren.

In den Hintergrund geriet dabei die Frage nach der Auslegung des § 175. Einig war man sich allerdings darin, daß man nicht zum Begriff der "beischlafähnlichen Handlung" zurückkehren wollte, wobei man bisweilen zu durchaus zweifelhaften Begründungen griff. So behauptete des OLG Kiel[274], daß vor 1933 "gelegentlich" die Auffassung vertreten worden sei, nach § 175 seien nur beischlafähnliche Handlungen strafbar, was die Rechtsprechung des Preußischen Obertribunals seit 1853 und des Reichsgerichts seit 1880[275] zumindest nicht zutreffend wiedergab.

Der OGH[276] zitiert eine einzige Entscheidung des RG[277] aus dem Jahre 1881, die zudem die Sodomie betraf, um zu belegen, daß das RG nicht durchgängig eine beischlafähnliche Handlung verlangt habe, sondern mitunter auch die Berührung der Geschlechtsteile zur Erfüllung des Tatbestandes ausreichen ließ.

Von Bedeutung war eine Entscheidung des OLG Hamburg[278], das die Neufassung des § 175 angesichts der Unsicherheit, was unter "beischlafähnlicher Handlung" zu verstehen gewesen, sei für sachlich geboten hielt, dem RG allerdings eine "allzuweite Auslegung", die "jedoch offensichtlich unter dem Einfluß der Himmlerschen Verfolgungen nach der Röhm-Affäre entstanden" sei, attestierte. Um den Tatbestand einzuschränken, löst sich das OLG Hamburg zunächst von der Gleichsetzung des "Unzucht-Treibens" in § 175 mit "unzüchtigen Handlungen vorneh-

---

270 *v. Gleispach*, a.a.O., 2. Aufl. 1936, S. 204 f.
271 So OLG Braunschweig, HESt 1, 50.
272 So OLG Kiel, DRZ 1947, 198.
273 Weitere Nachweise in OGH St 1, 126, 128 und BGHSt 1, 80, 82.
274 DRZ 1947, 198.
275 Nachweise bei RGSt 70, 277, 278, 280.
276 OGHSt 1, 126.
277 RGSt 3, 200.
278 MDR 1947, 75 = SJZ 1947, 553 mit Anm. *Less*.

men" in § 176 Abs. 1 Ziff. 1 und 3. Aus dem Begriff des "Treibens" folgert es eine gegenüber § 176 gesteigerte Anforderung an die zur Tatbestandserfüllung notwendige Handlung, und zwar in räumlicher wie in zeitlicher Hinsicht:"Unzucht treiben bedeutet mehr eine stärkere Art der Betätigung, die beide beteiligten Personen enger zusammenbringt; Unzucht bedeutet auch ein **Betreiben**, d. h. eine zeitlich länger andauernde, auf die Befriedigung der Wollust ausgehende Einwirkung auf einen anderen männlichen Körper"[279]. Das Bedürfnis nach einer Einengung des Tatbestandes soll hier also mit dem Einbau wertungsoffener Formeln wie "enges Zusammenbringen" und "zeitlich länger andauernde Betätigung" befriedigt werden. Der Unterschied zur Verwendung des vom OLG als zu ungenau verworfenen Begriffs der "beischlafähnlichen Handlung" liegt dabei darin, daß dieser, jedenfalls vor 1935, bestimmte Fallgruppen, wie eben die gegenseitige oder gar nur gleichzeitige Onanie ausgeschlossen hatte. Zu dieser Praxis möchte das OLG Hamburg ganz offenbar nicht zurück, sondern möchte sich vielmehr die Möglichkeit schaffen, mit Hilfe wertungsoffener Formeln von Fall zu Fall nach Strafwürdigkeitsaspekten zu urteilen[280].

Mit dieser Einschränkung erklärte sich der BGH hingegen keineswegs einverstanden. In der ersten hierzu veröffentlichten Entscheidung aus dem Jahr 1951[281] schließt sich der BGH im Grunde dem späten RG an. Insbesondere lehnt er es ab, den Begriff der Unzucht im § 175 enger auszulegen als in §§ 174, 176. Zwar sei zu beachten, daß Handlungen zwischen erwachsenen Männern unter Umständen noch nicht als unsittlich, sondern erst als unanständig empfunden werden könnten, während die gleiche Handlung gegenüber Kindern oder minderjährigen Abhängigen anders zu bewerten sei, doch ergäbe sich hieraus noch keine zwingende Einengung des § 175, da man auf den engen Zusammenhang mit den §§ 174, 175a und 176 Rücksicht nehmen müsse. An der Auffassung des OLG Hamburg kritisiert der BGH weiter, daß als Unzucht nur das auf **Befriedigung** der Wollust zielende Einwirken auf den Körper eines anderen bezeichnet wird:"Es ist nicht einzusehen, weshalb im Rahmen der unter § 175 StGB fallenden unzüchtigen Handlungen nur solche in Betracht kommen sollen, die auf die Befriedigung des Geschlechtsstriebes gerichtet sind, während unter "Unzucht" in § 174 StGB nach einhelliger Meinung auch Handlungen verstanden werden, die nur auf **Erregung** der Geschlechtslust gerichtet sind"[282].

Der BGH läßt also auch die bescheidenen Versuche des OLG Hamburg, den Anwendungsbereich des § 175 einzuschränken, nicht gelten. Seinen Grund hat dies darin, daß der BGH insbesondere den Zusammenhang zwischen den §§ 175 und

---

[279] OLG Hamburg, a.a.O., Hervorhebung im Original.

[280] Der Auffassung des OLG Hamburg schloß sich das OLG Tübingen, MDR 1949, 186 ausdrücklich an.

[281] BGHSt 1, 80.

[282] BGHSt 1, 80, 83, Hervorhebung im Original.

175a sieht, die er in Hinblick auf den Unzuchtsbegriff nicht für unterschiedlich interpretierbar hält. Würde man den Anwendungsbereich des § 175 einengen, würde man nach Ansicht des BGH "dem § 175a StGB einen großen Teil seiner kriminalpolitisch unentbehrlichen Wirkung nehmen"[283]. Mit dieser Begründung bestätigte der BGH die Verurteilung eines Mannes, der in einer Gaststätte einem anderen Mann mit dessen Einwilligung mehrmals über der Kleidung an den Geschlechtsteil gefaßt hatte und sich in gleicher Weise von dem Anderen berühren ließ, nicht nur wegen Erregung öffentlichen Ärgernisses, sondern auch wegen Unzucht zwischen Männern.

In ähnlicher Weise wie der 1. Senat in BGHSt 1, 80 äußert sich einen Monat später der 4. Senat in BGHSt 1, 107. Die Beschränkung des Tatbestandes auf beischlafähnliche Handlungen wird ausdrücklich abgelehnt, da sie in der Gesetzeslage keine Stütze finde[284]. Problematisiert wird in dieser Entscheidung, ob das Unzuchttreiben "mit" einem anderen Mann dessen körperliche Berührung voraussetze. Der BGH läßt es offen, ob mit der späten Rechtsprechung des RG auf dieses Erfordernis verzichtet werden kann, hält aber irgendeine gewollte Berührung für ausreichend. In dem zu entscheidenden Fall hatte der Angeklagte in einer Bedürfnisanstalt onaniert, hatte dies beim Eintritt eines anderen Mannes nicht unterbrochen, sondern war auf diesen zugegangen und hatte ihn flüchtig berührt. Diese flüchtige Berührung, wo genau konnte nicht festgestellt werden, genügt dem BGH zur Annahme eines Unzuchttreibens "mit" einem anderen.

Eine erste Einschränkung brachte das Urteil des 2. Senates in BGHSt 1, 293. Der 2. Senat relativiert die Gleichsetzung von "Unzuchttreiben" und "unzüchtige Handlung vornehmen", indem er unter ausdrücklicher Berufung auf das OLG Hamburg und die dieser Entscheidung folgende Rechtsprechung zur Erfüllung des § 175 nur die Vornahme unzüchtiger Handlungen von gewisser Stärke und Dauer zählt[285]. Dies folgert der Senat aus dem Ausdruck "Treiben", der nach dem Sprachgebrauch des Lebens eine Betätigung von einer gewissen Anspannung und Dauer meine, wie sich z. B. an den Redewendungen Sport treiben, Unfug treiben, Ehebruch treiben oder Handel treiben zeige[286]. Mit dieser Eingrenzung des Tatbestandes verfolgt der Senat das Ziel, "die deutsche Rechtsprechung wieder in den Rahmen der europäischen Rechtsentwicklung (einzufügen)"[287]. Der Senat legt ausführlich dar, daß es in der Tendenz nicht nur der europäischen, sondern speziell auch der deutschen Gesetzgebung vor 1933 gelegen habe, die Strafbarkeit der einfachen Homosexualität einzuschränken, wenn nicht gar abzuschaffen[288].

[283] Ebd.
[284] BGHSt 1, 110.
[285] BGHSt 1, 294, 296.
[286] A.a.O., S. 235.
[287] A.a.O., S. 297.
[288] A.a.O., S. 297.

Rechtspolitisch hält der Senat eine Beschränkung des Tatbestandes für vertretbar, da für geringfügige unzüchtige Handlungen unter Erwachsenen § 185 einschlägig sein könnte, während gegenüber dem privilegierten Personenkreis in § 175a in der Regel ein strafbarer Versuch dieses Tatbestandes vorläge[289].

Gegen diese Entscheidung spricht das Gleiche wie gegen das zugrundeliegende Urteil des OLG Hamburg[290]. Statt klar definierte Handlungen aus dem Tatbestand auszunehmen, wird ein wertungsoffener Maßstab ("Dauer und Intensität") eingeführt, der es im wesentlichen dem Tatrichter überläßt, zu entscheiden, ob der Tatbestand erfüllt ist[291]. Mit BGHSt 1, 80 hält es der 2. Senat auch durchaus für ausreichend, daß der Täter eigene oder fremde Geschlechtslust **erregen** will; auf eine **Befriedigung** der Wollust müsse sein Tun nicht gerichtet sein[292]. Dementsprechend stellt der Senat im Leitsatz klar, daß eine wechselseitige Befriedigung genüge, wozu er auch "ein zweckgerichtetes Reiben an den Geschlechtsteilen, selbst wenn es nicht zum Samenerguß kommt", zählt.

Immerhin wird in dieser Entscheidung ein Bemühen des BGH sichtbar, die zu weit geratene Auslegung des späten RG einzuschränken. Möglich wird dies durch die Erkenntnis, daß auch bei einer Einschränkung des Tatbestandes keine unerwünschten Strafbarkeitslücken entstehen. Dabei ist bezeichnend, was der BGH hier unter Rechtspolitik versteht, nämlich die umfassende Möglichkeit zur Bestrafung strafwürdigen Verhaltens. Gegenüber dem Versuch des BGH, sich der europäischen Rechtsentwicklung anzupassen, muß hingegen festgehalten werden, daß er ein Verhalten pönalisiert, welches vom RG in ständiger Rechtsprechung bis 1935 für nicht strafbar erachtet wurde. Eine stärkere tatbestandliche Restriktion, bsp. im Sinne der Rechtsprechung des RG vor 1935, hätte der europäischen Rechtsentwicklung auch im Jahre 1951 in weit höherem Maße entsprochen[293].

BGHSt 1, 293[294] leitete auch keineswegs eine Entwicklung zur allgemeinen Restriktion des Tatbestandes ein. In einer Entscheidung aus dem Jahre 1953[295] sah der 2. Senat den Tatbestand auch bei gleichzeitiger Onanie, also ohne körperliche Berührung, als erfüllt an. Zwar bestätigt der Senat die Auffassung, daß ein Unzuchttreiben von gewisser Intensität und Dauer sein muß. Dies sei bei der Onanie jedoch gegeben, die auch unzüchtig sei, da sie das allgemeine Scham- und Sittlich-

---

289 A.a.O., S. 297 f.

290 S. o.

291 A.a.O., S. 296.

292 A.a.O., S. 295.

293 Daß die Rechtsentwickung in den meisten europäischen Ländern wesentlich liberaler war als die deutsche, belegt die Darstellung bei *Simson/Geerds*, Straftaten gegen die Person, 1965, S. 444 ff.; Deutschland ist in dieser Frage ab dem Preußischen StGB von 1851 einen Sonderweg gegangen.

294 Ebd. S. 443.

295 BGHSt 4, 323.

keitsgefühl in geschlechtlicher Hinsicht verletze[296]. Schließlich liege in der gleichzeitigen Onanie auch ein Unzuchttreiben "mit" einem anderen Mann.

Der BGH schließt sich insofern ausdrücklich der späten Rechtsprechung des RG an, die den Begriff und die Auslegung der Vornahme einer unzüchtigen Handlung "mit" aus §§ 174 Abs. 1 Nr. 1, 176 Abs. 1 Nr. 3 auf § 175a übertragen hatte. Hiergegen sei kein vernünftiger Grund einzuwenden. Der Gefahr einer zu weiten Ausdehnung des Tatbestandes könne mit der Beschränkung des Merkmals "Treiben" auf Handlungen von gewisser Dauer und Intensität begegnet werden. Wieder wird also ein objektives Merkmal, die körperliche Berührung, aufgegeben, und Bedenken gegen eine Überdehnung des Tatbestandes wird eine Wertungsklausel entgegengehalten. Der BGH interpretiert das Merkmal "mit" i.S. eines "in Mitleidenschaft ziehen":"Das ist jedenfalls dann der Fall, wenn der Täter bewußt den anderen Mann veranlaßt, den Körper, insbesondere den Geschlechtsteil, zu entblößen und wollüstigen Blicken preiszugeben oder sogar sich selbst zu befriedigen"[297]. Mit dieser Formulierung läßt der BGH sogar noch Raum, Handlungen unterhalb der Onanie ("Körper ... entblößen") tatbestandlich zu erfassen.

In einer Anmerkung zu dieser Entscheidung[298] bescheinigt *Schmidt-Leichner* den BGH eine beständige und bedenkliche Ausweitung des Tatbestandes, der mittlerweile keine Abgrenzung mehr zum Exhibitionismus (§ 183) besitze, da die einseitige Onanie in Gegenwart eines anderen Mannes, der mit dem Vorgang gar nicht einverstanden sein müsse, bereits den Tatbestand des § 175 bzw. 175a erfülle, wenn der andere Mann unter 21 Jahre alt sei.

Die Vermutung, daß die vom 2. Senat verwendete Definition noch auf Erfassung weiterer Fälle angelegt ist, bestätigt sich in BGHSt 5, 88. Hier nimmt der 2. Senat eine Strafbarkeit auch desjenigen an, der bei homosexuellen Handlungen zweier anderer Männer zuschaut (sog. Triolist), wenn er zu diesen Handlungen angestiftet hat. Der Senat beruft sich dabei auf seine Ansicht, daß ja schon das Veranlassen eines anderen Mannes, den Körper zu entblößen, den Tatbestand erfüllen könne. Umso mehr müsse dies gelten, wenn der Täter noch zu homosexuellen Handlungen mit einem Dritten auffordere[299].

Diese Auffassung des 2. Senates wurde ausdrücklich bestätigt vom 1. Senat in BGHSt 7, 48, 51, hier zwar für § 174 Nr. 1, doch unter Betonung der einheitlichen Auslegung dieser Tatbestände. Ausdrücklich wird dabei hervorgehoben, daß damit die Rechtsprechung des RG fortgeführt werden soll.

Eine gewisse Einschränkung bringt die Entscheidung des 2. Senats vom 11. Februar 1955[300]. § 175 ist danach durch das Betrachten des Geschlechtsteils eines

---

[296] A.a.O., S. 324.
[297] A.a.O., S. 325.
[298] NJW 1953, 1761 f.
[299] A.a.O., S. 90.
[300] BGHSt 7, 231.

anderen Mannes dann nicht erfüllt, wenn das Opfer die wollüstige Absicht des Betrachters nicht erkennt, etwa weil es glaubt, auf das Vorliegen einer Geschlechtskrankheit untersucht zu werden. Es bedürfe zumindest einer gedanklichen Verbindung zwischen Täter und Opfer, da man nur dann an einem "Teilhaben" des Opfers am unzüchtigen Treiben des Täters sprechen könne[301]. Diese Einschränkung stellt offenbar eine Reaktion auf die Kritik *Schmidt-Leichners*[302] dar, daß, wenn eine einseitige Handlung in Gegenwart eines anderen Mannes genüge, man nicht mehr zwischen Exhibitionismus und homosexueller Betätigung unterscheiden könne.

In BGHSt 8, 1 bestätigt allerdings der 1. Senat noch einmal, daß auch die Selbstbefriedigung dann tatbestandsmäßig sein könne, wenn der Täter dabei andere in wollüstiger Absicht zu geflissentlichem Hinsehen verleite. Hierzu überträgt der Senat Grundsätze, die zum Verleiten von Kindern zum geflissentlichen Betrachten des Täters nach § 174 Nr. 1 entwickelt worden waren, auf § 175. Durch diese geflissentliche Hinsehen werde "der Mitbeteiligte in einer Weise in den Vorgang hineingezogen, daß er als mithandelnd anzusehen ist"[303].

BGHSt 8, 1 ist das letzte in der amtlichen Sammlung abgedruckte Urteil des BGH zur einfachen Homosexualität. Es wäre indes unzutreffend hieraus zu schließen, daß ab dem Jahr 1955 die Verfolgungsintensität mehr und mehr aufgrund einer sich wandelnden Einstellung zur Sexualität allgemein nachgelassen hätte. Ende 1962 hielt der BGH in einem obiter dictum Zungenküsse zwischen erwachsenen Männern für tatbestandsmäßig[304], was nach Ansicht des OLG Stuttgart[305] "dem Empfinden unverbildeter Menschen" entsprach. Auch angesichts der Tatsache, daß der E 1962 die Strafbarkeit auf "beischlafähnliche Handlungen" beschränken wollte[306], blieb der BGH bei seiner extensiven Tatbestandsauslegung[307].

Gegen die Annahme, daß die einfache Homosexualität ab Ende der 50er Jahre nicht mehr verfolgt worden wäre, spricht auch die Verurteilungsstatistik. 1962 wurden noch 2211 Männer nach § 175 verurteilt. Diese Zahl sank 1966 deutlich auf 1558, doch auch 1968, als eine Streichung des § 175 a. F. durch das 1. Strafrechtsreformgesetz, das zum 1.9.1969 in Kraft trat[308], bereits absehbar war, kam es noch zu 1244 Verurteilungen[309], während es 1932 im gesamten Deutschen Reich nur 991 Verurteilungen gab[310].

---

301 A.a.O., S. 232.

302 NJW 1953, 1761.

303 A.a.O., S. 5.

304 BGHSt 18, 169.

305 NJW 1963, 1684.

306 Vgl. *Simson/Geerds*, Straftaten gegen die Person und Sittlichkeitsdelikte in rechtsvergleichender Sicht, 1969, S. 468.

307 Vgl. BGH NJW 1965, 2309, sowie BGHSt 21, 219 zur homosexuellen Prostitution.

308 BGBl. I, 645.

309 Zahlen nach *Göppinger*, Kriminologie, 2. Aufl. 1973, S. 419; vgl. i. ü. das Zahlenmaterial bei *Holle*, Die Sittlichkeitsdelikte im Spiegel der Polizeilichen Kriminalstatistik, 1964, S. 97 ff.

310 zit. nach *Vismar*, Perversion und Verfolgung unter dem deutschen Faschismus, a.a.O., S. 320.

Überblickt man die Rechtsprechungsentwicklung zu § 175, so fällt Folgendes auf: In der höchstrichterlichen Rechtsprechung bis 1935 spielt die Strafbarkeit der einfachen Homosexualität kaum eine Rolle, insbesondere nicht in der Endphase der Weimarer Republik. Dies hängt damit zusammen, daß kriminalpolitisch in dieser Epoche überhaupt nur die Frage der Abschaffung der Strafbarkeit zur Debatte stand. Dies ändert sich schlagartig, als, spätestens nach der Liquidierung *Röhms*, die Verfolgung der Homosexualität zu einem zentralen Ziel nationalsozialistischer Rechtspolitik wird. Die Rechtsprechunng des RG unterstützt dieses Ziel von Anfang an, und zwar, dies muß besonders beachtet werden, **bevor** eine gesetzliche Verschärfung des Tatbestandes vorgenommen wurde. Die Relativierung des Begriffes der "Beischlafähnlichkeit" durch RGSt 69, 273 setzt im Wege des "vorauseilenden Gehorsams" das kriminalpolitische Ziel des nationalsozialistischen Gesetzgebers, umfassende Kriminalisierung homosexuellen Verhaltens, in Rechtsprechung um. Da die Neufassung des § 175 nicht rückwirkend galt[311], ermöglichte das RG mit dieser Rechtsprechungsänderung auch eine Bestrafung von Handlungen, die vor Inkrafttreten der verschärften Gesetzesfassung begangen worden waren. Indem den Homosexuellen auch das Irrtumsargument abgeschnitten wurde, waren damit die Weichen für ihre umfassende strafrechtliche Verfolgung gestellt.

Das RG ging damit weit über das, was kraft Gesetzes von ihm verlangt wurde, hinaus. Dies läßt zwei Interpretationen zu: zum einen will das Gericht, in Ansehen und Stellung bedroht vom Kompetenzverlust an Sondergerichte und Volksgerichtshof[312], dem Regime seine Verläßlichkeit demonstrieren, eine Interpretation, die in ganz ähnlicher Weise für die Rechtsprechung zum BlutschutzG gilt. Die extensive Auslegung war juristisch nicht zwingend; sie war vielmehr politisch eine Ergebenheitsadresse an das Regime.

Die Bereitwilligkeit, mit der sich die Rechtsprechung an der Verfolgung der Homosexuellen beteiligte, läßt aber noch auf ein Zweites schließen: der Nationalsozialismus scheint mit der Verfolgung der Homosexualität tiefliegende Wertungsmuster zu berühren. Für diese These spricht, daß das Ende des Nationalsozialismus den BGH nicht hinderte, die extensive Rechtsprechung des RG zu § 175 zu übernehmen. Dies zeigt, wie irreführend es sein kann, das Jahr 1945 als eine feststehende Epochegrenze anzusehen. Wenn es um die Strafwürdigkeit bestimmter sexueller Praktiken, insbesondere der Homosexualität geht, muß man in der höchstrichterlichen Rechtsprechung das Jahr 1935 einerseits und die Mitte der 60er Jahre andererseits als die Grenzen annehmen. 1945 war das politische Sy-

---

311 Gem. Art. 14 des Gesetzes zur Änderung des Strafgesetzbuches vom 28. Juni 1935 (RGBl. I S. 839) trat die Novelle am 1. September 1935 in Kraft.

312 S. o. Teil A.

stem des Nationalsozialismus gescheitert; die von ihm vorgefundenen und verstärkten Wertungsmuster waren das keineswegs. Sie wirkten fort und wandelten sich nur langsam, wie sich an der Rechtsprechung des BGH ersehen läßt.

Technisch ist die Rechtsprechung des RG bei § 175 ein Musterbeispiel der verschiedenen Möglichkeiten zur Rechtsprechungsänderung. RGSt 69, 273 benutzt Revisionstechnik, um ein gewünschtes Ergebnis herzustellen, in dem es die "Beischlafähnlichkeit" zum Tatbegriff erklärt, ebenso wie RGSt 71, 281 die gleiche Technik in der umgekehrten Richtung nutzt, indem es die Beischlafähnlichkeit wenigstens teilweise wieder zum Rechtsbegriff macht, um eine Verurteilung zu ermöglichen. Hand in Hand hiermit geht die Subjektivierung des Tatbestandes. Die Bestimmung der Beischlafähnlichkeit einer Handlung wird in das Ermessen des Gerichts gestellt. Daneben verflüchtigt sich der objektive Tatbestand immer mehr. War zu Anfang nur eine qualifizierte Form körperlicher Berührung tatbestandsmäßig, genügt schon mit der Umdeutung des Begriffs der Beischlafähnlichkeit in einen Tatbegriff praktisch jede körperliche Berührung, und schließlich wird hierauf ganz verzichtet, daß Erfordernis des Unzuchttreibens mit einem anderen Mann im Sinne einer Gleichzeitigkeit verstanden. Da auch die Anforderung an die innere Tatseite gering war, der Täter nur in der Absicht gehandelt haben mußte, eigene oder fremde Sinneslust zu erregen, gelangte das RG schließlich zur umfassenden Pönalisierungsmöglichkeit für alle Formen homosexuellen Verhaltens. Das RG macht dabei im Prinzip keinen Unterschied zwischen der Strafwürdigkeit sexueller Kontakte zwischen erwachsenen Männern und dem Mißbrauch von Abhängigen und Kindern.

Im Grundsatz übernimmt der BGH diese Rechtsprechung. Er mildert sie ab, verlangt für das "Unzuchttreiben" eine gewisse zeitliche Dauer und Handlungsintensität, gibt jedoch keine klar definierte Fallgruppe an, bei der ein "Unzuchttreiben" nicht vorliegt, sondern schafft nur mit einer wertungsoffenen Formel die Möglichkeit zu einer Restriktion des Tatbestandes. Was die justizielle Verfolgung der Homosexualität angeht, trat durch das Ende des Dritten Reiches keine grundlegende Änderung ein. Dies läßt auf eine mentalitätsgeschichtliche Kontinuität schließen, die in Bezug auf den politischen Kernbestand ideologieneutral war. Vielmehr bleiben die vom Nationalsozialismus vorgefundenen und verstärkten Wertungsmuster in Bezug auf Sexualität weit über die Grenze des Jahres 1945 hinaus wirksam. Die aus ihnen resultierende Rechtsprechung ebbt erst Mitte der 60er Jahre mit dem sich anbahnenden Wandel der Einstellung zur Sexualität allmählich ab.

5. Ergebnis

In Teil D sollte anhand ausgewählter rechtspolitischer Topoi der originäre Einfluß nationalsozialistischer Ideologie auf die Strafrechtsprechung untersucht werden. Vor einem Mißverständnis muß dabei gewarnt werden. Zwar geht es um Entwicklungen, die erst mit der Herrschaft des Nationalsozialismus, also ab dem Jahr 1933 wirksam werden konnten; das heißt jedoch nicht, daß in ihnen nicht Tendenzen zum Ausdruck kommen, die bereits lange vor der Entstehung des Nationalsozialismus angelegt waren. Dies gilt insbesondere für die *sozialrechtliche Tendenz* der Strafrechtsentwicklung im 20. Jahrhundert, wie sie oben am Beispiel der Gemneinschaftsehre[313] und den Unterlassungsdelikten[314] erläutert wurde. Der Nationalsozialismus war keine gänzlich neuartige oder originelle Ideologie, sondern griff Entwicklungslinien auf, die bereits im 19. Jahrhundert entstanden waren. Dies gilt für die Rassenideologie so gut wie für die sozialrechtliche Orientierung. Das Spezifikum der NS-Zeit ist, daß der totalitäre Staat die von ihm bevorzugten Anschauungen ungehemmt durchsetzt, was umso eher gelingt, als konkurrierende gegenläufige Auffassungen praktisch nicht mehr vertreten werden. Dies hat mehrere Konsequenzen. Zunächst treten diese Entwicklungstendenzen nun plastisch hervor, was den besonderen Reiz rechtshistorischer Untersuchungen zur NS-Zeit ausmacht. Darüber hinaus erhalten diese Entwicklungstendenzen dadurch, daß sie von der offiziellen Ideologie vereinnahmt werden und konkurrierende Entwicklungen wegfallen, natürlich einen enormen Auftrieb. Die NS-Zeit wirkt, wenn man von einer durchlaufenden Kontinuität einer Materialisierungs-, Subjektivierungs- und Sozialrechtstendenz ausgeht, wie ein Verstärker oder Durchlauferhitzer für diese Entwicklungen.

Andererseits bedeutet die Vereinnahmung dieser Entwicklungstendenzen durch den Nationalsozialismus und ihre Umsetzung in der Strafrechtsprechung aber auch, daß sich die Rechtsprechung auf nationalsozialistische Ideologie eingelassen hat. Damit ist ein heikler Punkt angesprochen, bei dem es letztlich um die Bewältigung der Rolle der Justiz im Nationalsozialismus geht. Hier fehlt es nicht an veröffentlichten Äußerungen anklagender[315] oder verteidigender[316] Art, wobei Letztere bereits kurz nach dem Krieg ihren Anfang nahmen[317]. Z.T. wird dabei der Justiz eine "zu starke Hörigkeit gegenüber dem Nationalsozialismus" attestiert[318],

---

313 Teil D, Kapitel 2 a.

314 Teil D, Kapitel 3 a, b.

315 Z.B. *F.K.Kaul*, Geschichte des RG IV, 1971.

316 Z.B. *Lengemann*, Höchstrichterliche Rechtsprechung unter der Herrschaft des Nationalsozialismus, Diss. Marburg 1974.

317 Z.B. *Niethammer*, Fortdauernde Wirksamkeit der Entscheidungen des Reichsgreichts, DRZ 1946/47, 11

318 So *Rotberg*, DRZ 1947, 107, 108.

z.T. wird aber auch gerade aus der Existenz einer Rasseschande-Judikatur, aus der (Un-) Rechtsprechung von Volksgerichtshof und Sondergerichten die "Normalität" der Justiz im übrigen hergeleitet. So bezeichnet *Niethammer* die Rasseschande-Urteile des RG als "unbegreifliche Verirrung", fordert aber andererseits die Richter im Jahre 1946 auf, "sich...an dem reinen Rechtsempfinden zu stärken, das die Werke des Obersten Gerichtshofes ausgezeichnet hatte, bevor sein Ansehen durch jene verwerflichen Entscheidungen herabgesetzt wurde"[319]. Gerade der Verweis auf die "leider nicht wenigen schmerzlichen Ausnahmen" sollte im Gegenbild die Aussage stützen, daß "der Juristenstand und vor allem auch die Richter durchweg ihre gerade Haltung bewahrt haben"[320]. Das Mißtrauen *Hitlers* gegenüber den Juristen wurde nach 1945 als Beleg dafür angesehen, "daß der Richter im NS-Regime sich in der großen Mehrzahl rückgratfest und nur dem Recht verpflichtet gezeigt habe"[321].

Diese dichotomische Sichtweise vermag indes kaum zu überzeugen[322]. Sie setzt voraus, daß die Richter sich zwar in bestimmten Fällen der nationalsozialistischen Ideologie unterordneten, im Gros der "Alltagsfälle" aber bei der Entscheidung vom Nationalsozialismus unbeeinflußt blieben. Dies muß bezweifelt werden. Für die Fälle von "Rasseschande" waren in 1. Instanz die Landgerichte - nicht etwa die Sondergerichte - zuständig. Damit war das RG Revisionsinstanz, und zwar alle Senate gleichmäßig gemäß der Zuständigkeitsverteilung nach Oberlandesgerichtsbezirken. Es gab also keine speziellen Spruchkörper für die "unbegreiflichen Verirrungen" der Rasseschande-Justiz, so daß die Annahme, die Richter hätten sich hier dem Nationalsozialismus gebeugt, in übrigen sei ihr Wertesystem aber unbeeinflußt geblieben, in hohem Maße unwahrscheinlich erscheint. Es ist denn wohl auch ein Vorurteil, mit dem die "Alltagsfälle" zur "Normalität" geschlagen werden[323]; eingehende Untersuchungen hierzu fehlen im allgemeinen[324]. Hinter der dichotomischen Vorstellung von der Justiz im Dritten Reich steckt ein besonderer Trick insofern, als die "Normalität" des Nationalsozialismus verschwiegen wird. Die Exzesse werden verbrecherischen Figuren wie *Hitler, Freisler, Thierack* zugeordnet; ausgeblendet wird dabei, daß der Nationalsozialismus seinem ideologischen Anspruch nach alle Lebensbereiche umfaßte, auch

---

319 A.a.O. S. 13; dazu sei der biographische Hinweis gestattet, daß *Niethammer*, der hier allein die Entscheidung des Großen Senates RGSt 72, 91 (Erstreckung des BlutschutzG auf Auslandstaten) anführt, just in dem Jahr (1938) in Pension ging, aus dem diese Entscheidung, mit der er den Niedergang des RG beginnen läßt, stammt.

320 *Schürholz*, DRZ 1946,175.

321 So der Justizminister Nordrhein-Westfalens, *Sträter*, auf einer Tagung der Richter und Staatsanwälte seines Bundeslandes in Recklinghausen 1948, vgl. DRZ 1948, 486.

322 Zu ihrer Kritik vgl. oben Teil A m.N. Fn. 34.

323 Hierzu *R. Schröder*, "...aber im Zivilrecht sind die Richter standhaft geblieben, 1988, S. 25 m.w.N. Fn. 51.

324 Eine Ausnahme bildet das oben erwähnt Buch von *Schröder*.

die Justiz, was sich nicht zuletzt an der hohen Rate an Parteimitgliedern innerhalb der Richterschaft zeigt[325]. Es widerspricht zudem der Erfahrung, daß ausgerechnet die Justiz, von der ja die Umsetzung der rechtspolitischen Vorstellung des neuen Staates, die zum großen Teil auch gesetzgeberisch normiert waren, erwartet wurde, sich gegen das politische und gesellschaftliche Umfeld hätte immunisieren können. Das dichotomische Modell stellt sich daher eher als eine sozialpsychologisch nachvollziehbare Neutralisationstechnik des Justizpersonals nach 1945 dar, als daß es eine ernsthafte Funktionsbeschreibung der Justiz im Dritten Reich sein könnte. Der Nationalsozialismus beeinflußte die Rechtsprechung, und zwar auch die des RG (erst recht dann wohl die der nachgeordneten Instanzen), lange bevor es zu direkten Lenkungsmaßnahmen, etwa in Form der Richterbriefe[326] oder mittels der rechtskraftdurchbrechenden Rechtsbehelfe, insbesondere des außerordentlichen Einspruchs (der Besondere Senat des RG als "Gerichtshof des Führers"), kam. Dies läßt sich an dem Einfluß, den rechtspolitische Schlagworte des Nationalsozialismus auf die RG-Rechtsprechung hatten, zeigen.

Beim Topos "Treue" sei hier auf die Ausweitung der Garantenpflichten verwiesen. Zur Begründung der Garantenpflicht aus "enger Lebensgemeinschaft" verweist RGSt 69, 321 auf den "Nationalsozialismus..., der innerhalb der Volksgemeinschaft Opferbereitschaft verlangt". Zu dieser Interpretation sind zwei Gegenargumente denkbar. Zum einen verweist RGSt 69, 321 auch auf die Pflicht zur christlichen Nächstenliebe, zum anderen wurde oben ausgeführt, daß man auf der Grundlage der RG-Rechtsprechung vor 1935 auch ohne eine "Rechtspflicht aus enger Lebensgemeinschaft" zum selben Ergebnis hätte gelangen können. Zum ersten ist zu sagen, daß es ein Mißverständnis wäre, aus der Feststellung, nationalsozialistische Ideologie sei in die Rechtsprechung eingeflossen, zu schließen, die RG-Rechtsprechung sei davon vollständig bestimmt gewesen. Es geht hier nicht darum, alle RG-Urteile als "Terror-Urteile" zu diffamieren. Aber es ist legitim darauf hinzuweisen, daß in die Begründung einer Entscheidung **auch** Elemente der nationalsozialistischen Ideologie eingeflossen sind. Angesichts der mangelnden Geschlossenheit und der Vagheit der Ideologie des Nationalsozialismus wäre es auch abwegig, ein ausschließlich hierauf begründetes RG-Urteil zu erwarten. Zudem wurde bereits darauf hingewiesen, daß die Gemeinschaftsorientierung als solche nicht originär nationalsozialistisch ist, sondern auf eine sozialrechtliche Tendenz zurückgeht, die bereits im 19. Jahrhundert entstand. Von daher ergaben sich Überlagerungszonen, in denen zwar aktuell ein Gedanke von der nationalsozialistischen Ideologie vertreten wurde, dieser Gedanke im Grunde aber schon konserva-

325 Vgl. hierzu als Beispiel die Statistik über die Parteimitgliedschaft der Angehörigen der Landgerichte der britischen Zone, wiedergegeben bei *Wenzlau*, Der Wiederaufbau der Justiz in Nordwestdeutschland, S. 139.

326 Hierzu *Boberach*, (Hg.), Richterbriefe, Dokumente zur Beeinflussung der deutschen Rechtsprechung 1942-1944, 1975.

tiver Auffassung entsprach, was es dem RG leichtmachte, in der Begründung auf den Nationalsozialismus Bezug zu nehmen. Zum zweiten Gegenargument ist zu sagen, daß gerade weil die Bildung einer neuen Kategorie von Garantenpflichten im konkreten Fall überflüssig war, die Öffnung des Gerichts gegenüber der nationalsozialistischen Vorstellung von der Opferbereitschaft für die Volksgemeinschaft um so deutlicher wird. Gleiches gilt im Prinzip für die Garantenpflichterweiterung im Rahmen der Beihilfe zum Aussagedelikt durch Unterlassen. Man bestraft denjenigen, der "tatenlos Unrecht von einem anderen Volksgenossen begehen läßt" (RGSt 72, 20, 23), auch wenn seine Vorhandlung in einem prozessual prinzipiel zulässigen Verhalten wie einer Klageerhebung, einer Zeugenbenennung oder einem schlichten Bestreiten besteht. Auch die Auslegung des § 330c zeigt eine Öffnung des RG gegenüber nationalsozialistischem Gedankengut, indem ganz im Sinne des Gesinnungsstrafrechts allein auf den verwirklichten Handlungsunwert abgestellt wird.

Wie *Mezger* 1934 feststellt[327], entsprach auch die Begründung einer Offenbarungspflicht beim Betrug aus dem Grundsatz von Treu und Glauben der nationalsozialistischen Rechtsauffassung, die die Grenzen von Recht und Ethik näher aneinanderrückte. Ähnliches gilt für die Rechtsprechung zum neuen Untreuetatbestand (§ 266), wo sich das RG nicht scheut, von einer "Rahmenvorschrift" zu sprechen[328], also bewußt die nationalsozialistische Gesetzgebungspolitik der Schaffung von "Grauzonen" der Strafbarkeit mittels möglichst unbestimmter Straftatbestände unterstützt. Dies beruht nicht zuletzt darauf, daß solche offenen Tatbestände die Definitionsmacht des Richters erhöhen, wofür auch die wenig faßbaren Kriterien sprechen, die das RG zur scheinbaren Einengung des Tatbestandes entwickelt.

Auch die Ausdehnung der §§ 221, 223b ist ideologisch nicht unbeeinflußt. Daß das Tatbestandsmerkmal "Verlassen" i.S.v. § 221 eine räumliche Trennung nicht voraussetze[329], ist an sich eine den möglichen Wortsinn bereits überschreitende Analogie, so daß die Entscheidung nur verständlich wird aufgrund der besonderen Verwerflichkeit, die das Gericht der Vernachlässigung der Treuepflicht des Vaters gegenüber dem eigenen, wenn auch unehelichen Kind zumaß. Hier zeigt sich auch der Vorzug des Treuegedankens, nicht formal definiert zu sein, denn eine sonstige Strafbarkeit des Mannes scheiterte daran, daß er nach damaliger Rechtslage mit dem unehelichen Kind nicht verwandt war, so daß gesetzliche Garantenpflichten nicht eingriffen. Bei § 223b rekurriert das RG[330] ausdrücklich auf die

---

[327] JW 1934, 1418 f.
[328] RGSt 69, 58, 62.
[329] So RG DR 1941, 193.
[330] RGSt 76, 371.

"deutsche Volkskraft", die bei einer Vernachlässigung der Sorgfaltspflicht bezüglich der gesunden Entwicklung eines Kindes geschwächt werde.

Schließlich die Strafbarkeit des Ermessensbeamten wegen schwerer Bestechlichkeit. Hier überwölbt die Vorstellung vom Treubruch des Beamten gegenüber dem Staat die Auslegung des Tatbestandes in einem Maße, daß einseitig auf das Handlungsunrecht abgestellt wird. Die Pflichtwidrigkeit der Amtshandlung wird schon im Bereiterklären des Beamten zur Annahme eines Vorteils gesehen. Diese Verletzung der Treuepflicht gegen den Staat trägt einen so schweren Makel, daß es auf die konkrete Handlung und deren Vereinbarkeit mit den im Auswahlermessen des Beamten stehenden Amtshandlungen nicht mehr ankommt.

Auch beim Topos "Ehre" öffnet sich das RG, wenigstens zum überwiegenden Teil, den rechtspolitischen Tendenzen der Zeit. Die Anerkennung der Beleidigungsfähigkeit von Gemeinschaften, etwas prinzipiel Neues in der Rechtsprechung des RG, wird von RGSt 70, 140 ausdrücklich mit der Hinwendung zur "heutigen Rechtsauffassung" gerechtfertigt. Hier vermischen sich zwei ideologische Hauptbegriffe des Nationalsozialismus, Ehre und Gemeinschaft, was eine Änderung der Rechtsprechung des RG bewirkt. Der höhere rechtspolitische Stellenwert der Ehre führt allgemein zu einer Ausweitung der Beleidigungsrechtsprechung des RG. Deutlich wird dies bei der Beleidigung von Bezugspersonen, wo einverständliche, aber sittlich mißbilligte Handlungen als Beleidigung der Bezugsperson, meist Vater oder Ehemann, angesehen werden. Die Beleidigung wird damit, nachdem dies im Rahmen der Sexualdelikte bereits vorbereitet worden war, zu einem allgemeinen Persönlichkeitsdelikt, mit dessen Hilfe vermeintliche Strafbarkeitslücken geschlossen werden. Demgegenüber fällt es kaum ins Gewicht, daß das RG sich jedenfalls im Ergebnis der Anerkennung einer eigenständigen Familienehre, die von der Literatur heftig propagiert worden war, entzogen hat. Man war durch die Ausdehnung der Beleidigungsfähigkeit auf die Bezugsperson längst über den Punkt hinaus, an dem es eines eigenen Ehrenschutzes der Familie bedurft hätte. Zur Strafbarkeit konnte man über diese Erweiterung der Individualbeleidigung gelangen, ohne daß es einer Beschränkung des Beleidigungstatbestandes, die mit der ersatzweisen Anerkennung einer Familienehre verbunden gewesen wäre, bedurft hätte.

Die justizielle Verfolgung der Homosexuellen schließlich ist ein besonders trübes Kapitel der Öffnung des RG gegenüber den rechtspolitischen Vorstellungen des Nationalsozialismus. Das RG nimmt bereitwillig am "Kampf gegen die Entartung" in Gestalt der Homosexualität teil, indem es, ohne ersichtlichen äußeren Zwang die Auslegung des § 175 wesentlich verschärft, und zwar bevor es zu einer gesetzlichen Änderung des Tatbestandes kommt. Der alte wie der neue Tatbestand der einfachen Homosexualität werden soweit ausgedehnt, bis schließlich jede Form homosexueller Betätigung erfaßt wird.

Insgesamt betrachtet läßt sich die Annahme, das RG sei nur in Extremfällen den Anmutungen des Nationalsozialismus erlegen, nicht halten. Gerade auch in Fällen, die auf den ersten Blick ideologisch unverdächtig erscheinen und die man daher der "Alltagskriminalität" zuzurechnen geneigt ist, zeigt sich, daß das RG die rechtspolitischen Vorgaben des Dritten Reiches erkannt und ihnen Tribut gezollt hat. Nicht immer und schon gar nicht ausschließlich, aber zumindest auch. Hervorstechendes Merkmal dieser Einflußnahme ist eine beständige Ausweitung der Strafbarkeit.

Von der Tatsache her, daß auch die "Alltagsfälle" nicht unbeeinflußt von der Rechtspolitik des Nationalsozialismus waren, wird das Problem der Kontinuität dieser Entscheidungen beim BGH besonders heikel. Der BGH hat sich nur in sehr seltenen Fällen von der Rechtsprechung des RG ausdrücklich distanziert. Hierzu gehört die Entscheidung BGH NJW 1952, 394, die § 330c darauf begrenzt, daß eine Hilfeleistung überhaupt erforderlich ist, da man ansonsten zu einem reinen Gesinnungsstrafrecht gelange. Eine entschiedene Distanzierung enthält auch BGH NJW 1951, 532 zur Frage der Familienehre, wobei allerdings die vom BGH bekämpfte Auffassung nie tragend war. Die von ihm propagierte Rückkehr zum individualistischen Ehrbegriff *Bindings* erwies sich überdies als illusionär.

Der BGH versucht eher selbst dort, wo er im Ergebnis von der Auffassung des RG abweicht, ihr noch eine Auslegung zu geben, die mit seiner Auffassung übereinstimmt, macht die Abweichung also gerade nicht deutlich. Dies zeigt sich besonders gut in der Frage der Bestechlichkeit des Ermessensbeamten, wo der BGH durch das Gutachten *Eberhard Schmidts* gezwungen wird, sich intensiv mit der Auffassung des RG auseinanderzusetzen.

Viel häufiger war indes die nahtlose und nicht problematisierte Kontinuität. Diese ist leicht erklärlich, wenn man davon ausgeht, daß es durchlaufende Entwicklungstendenzen des Strafrechts im 20. Jahrhundert gibt, die in der NS-Zeit noch besonders verstärkt wurden. Hierher zählt eine sozialrechtliche Tendenz, die die Gebundenheit des Individuums in der Gemeinschaft betont. Diese Tendenz endete 1945 keineswegs, wie sich exemplarisch an der Auffassung des Bundesverfassungsgerichts zeigt, daß Grundgesetz habe sich im Spannungsfeld Individuum - Gemeinschaft für die Gemeinschaftsbezogenheit und Gemeinschaftsgebundenheit der Person entschieden.[331] Blieb der Begriff der Gemeinschaft also auch in der Bundesrepublik von hervorragender Bedeutung, ist die Rechtsprechungskontinuität insoweit konsequent. Im Fall der Gemeinschaftsehre erkennt BGHSt 6, 186 immerhin die Problematik der Gemeinschaftsideologie im Nationalsozialismus, traut sich aber unter der Geltung des Grundgesetzes zu, nunmehr die "echten" und schutzwürdigen Gemeinschaften zu erkennen. Im Ergebnis führt das dazu, daß über RGSt 70, 140 hinaus auch Personengesamtheiten

[331] BVerfGE 4, 7, 15 f.; vgl. o. Teil B, Kapitel 3 a.E.

Beleidigungsfähigkeit zugebilligt wird, die keine öffentliche Funktion innehaben. Auch die Rechtsprechung zur Beleidigung der Bezugsperson setzt der BGH fort, vor allem indem er § 185 weiterhin als Auffangtatbestand der Sexualdelikte benutzt.

Im Bereich der durch die nationalsozialistischen Topoi "Treue" und "Gemeinschaft" beeinflußten RG-Rechtsprechung ergibt sich mit Ausnahme des § 330c eine nahtlose Kontinuität, was wiederum konsequent ist, wenn man von der beschriebenen durchgehenden sozialrechtlichen Tendenz ausgeht. Dies bezieht sich sowohl auf die Ausdehnung der Garantenpflichten (enge Lebensgemeinschaft, Beihilfe zum Aussagedelikt, Offenbarungspflicht beim Betrug), als auch auf die Auslegung des § 266. Im Grundsatz sichert der BGH damit die Ausdehnung der Strafbarkeit, die das RG vorgenommen hat. Eine Ausnahme gilt, wie bereits erwähnt, für die erwähnt, für die Bestechlichkeit des Ermessensbeamten.

An der Fortführung der Rechtsprechung zur Homosexualität durch den BGH zeigt sich in aller Deutlichkeit, wie problematisch das Denken in strengen, durch äußere Vorgänge wie Machtübernahme oder Kapitulation gesetzten Epochegrenzen ist. Ideologisch beeinflußte Rechtsprechung kann auch dann fortgeführt werden, wenn die Ideologie zwangsweise aufgehört hat, herrschend zu sein. Dies bedeutet nicht, um dies noch einmal zu betonen, daß es sich bei den betreffenden BGH-Richtern um verkappte Nationalsozialisten gehandelt haben müßte. Es drängt sich aber die These auf, daß mit der nationalsozialistischen Rechtspolitik Ziele verfolgt wurden, die mit den Wertvorstellungen der Richter des RG wie des BGH vereinbar waren. Daher war der Untergang des Nationalsozialismus kein Hindernis für den Fortbestand der von ihm ideologisch beeinflußten Rechtsprechung, solange die zugrundeliegende Wertmuster Gültigkeit behielten.

Teil E: Zusammenfassung

Was bleibt? Die Arbeit sollte zwei Fragen nachgehen. Zunächst, ob und wie sich die Rechtsprechung des RG in Strafsachen unter der Herrschaft des Nationalsozialismus verändert hat, und dann, welches Schicksal eventuelle Rechtsprechungsänderungen in der Rechtsprechung des BGH hatten. Die Antwort lautet: es gibt Veränderungen, und es gibt Kontinuitäten dieser Veränderungen in der Rechtsprechung des BGH. Fragt man nach den Gründen hierfür, so ist zu differenzieren.

Die wichtigste Erkenntnis ist, daß es sich bei der Epoche des Nationalsozialismus nicht um eine in sich geschlossene Periode der Strafrechtsentwicklung handelt, sondern daß sie in vielem nur einen Ausschnitt aus einer vor dem Jahr 1933 beginnenden und über das Jahr 1945 hinausreichenden Entwicklung darstellt. Diese epocheübergreifenden Entwicklungen wurden hier als **Materialisierung, Subjektivierung** und **Sozialrechtstendenz** gekennzeichnet.

Materialisierung meint dabei den durch den Blick auf das Ergebnis bedingten Abbau der Form. Sie wurzelt in einem Mißtrauen gegenüber der systemimmanent hergeleiteten Entscheidung. Man zweifelt daran, daß die Form, das Gesetz die Richtigkeit einer Entscheidung garantiert. Deshalb unterzieht man das formal hergestellte Ergebnis einer Gegenkontrolle anhand eines systemexternen Faktors, der (funktional beschrieben) Zweck heißen kann, oder (werthaft) Gerechtigkeit. *Rudolf von Jherings* Abkehr von der Begriffsjurisprudenz kann man insofern durchaus als Geburtsstunde der Materialisierung bezeichnen. Entspricht das systemimmanent gefundene Ergebnis nicht dem systemexternen Vergleichsfaktor, ist es mit anderen Worten **ungerecht**, so wird die Form zurückgedrängt. Dies aber nicht nur im Einzelfall, sondern allgemein und vorauswirkend zur Erhöhung des richterlichen Entscheidungsspielraums.

Die Form, die der Rechtsprechung dabei im Wege steht, kann verfassungsrechtlich (z.B. Rückwirkungsverbot[1]) oder einfach-gesetzlich (z.B. Bestimmung des Strafrahmens bei Tateinheit[2]) vorgegeben sein. Viel häufiger indes stellt sich die eigene Rechtsprechung des RG als formales Hindernis dar. Das RG löst sich an ganz unterschiedlichen Stellen (Notwehrrecht[3], Revisibilität des Strafausspruchs[4], Wahlfeststellung[5]) von seiner eigenen, entgegenstehenden Rechtsprechung, wobei

---

[1] Vgl. Teil B, Kapitel 10.
[2] Vgl. Teil B, Kapitel 8.
[3] Vgl. Teil B, Kapitel 3.
[4] Vgl. Teil B, Kapitel 6.
[5] Vgl. Teil B, Kapitel 2.

der Einfluß nationalsozialistischen Rechtsdenkens unverkennbar ist. Begünstigt wird diese Loslösung ab 1935 durch die "Befreiung" des RG von der Bindung an "alte", d.h. vor diesem Zeitpunkt ergangene Urteile[6].

Subjektivierung ist zum einen ein Unterfall der Materialisierung, insoweit systemexterne Werte ("Ethisierung"[7]) in die Entscheidung einfließen, zum anderen meint sie eine bereits vor 1933 bestehenden Tendenz zur Bevorzugung subjektiver Entscheidungsmaßstäbe. Beides hat seinen Grund, wie bei der Materialisierung, in der starken Ergebnisorientierung der Rechtsprechung. Im Wege der Zuschreibung lassen sich über subjektive Entscheidungskriterien nahezu beliebige Ergebnisse herstellen (z.B. in den Abgrenzungen Täterschaft/Teilnahme[8] oder Vorbereitungshandlung/Versuch[9]). Folge dieser Orientierung am Subjektiven ist die "Verflüchtigung" des objektiven Tatbestandes. Die Anforderungen an das äußerlich erfaßbare Geschehen werden immer weiter heruntergeschraubt; in einzelnen Bereichen bestimmt schließlich die "böse" Absicht des Täters nahezu vollständig die Frage der Tatbestandlichkeit (Sittlichkeitsdelikte).

Auch die **Sozialrechtstendenz**[10] schließlich weist einen Bezug zur Materialisierung auf, denn auch die Orientierung am sozial Notwendigen ist ein systemexterner Zweck, der nur in dem Maße in der Rechtsentwicklung wirksam werden konnte, wie allgemein solche Zwecke Berücksichtigung fanden. Die Erkenntnis von der sozialen Gebundenheit des Individuums führt so zur Einschränkung des Notwehrrechts[11], und der Gemeinschaftsgedanke beeinflußt die Beleidigungsrechtsprechung[12] wie auch die Rechtsprechung zu den echten und unechten Unterlassungsdelikten[13].

Die Tatsache, daß die Wurzeln der genannten Phänomene lange vor der Herrschaft des Nationalsozialismus liegen, darf indes nicht dazu verleiten, die Bedeutung der NS-Zeit für die Entwicklung dieser Tendenzen zu unterschätzen. Konkurrierende Standpunkte, die im pluralistischen Staat ihren Platz hatten, fielen im Dritten Reich weg. So wurde die strenge Gesetzesbindung mit der Aufhebung des nulla-poena-Satzes obsolet, die "Ethisierung", d.h. die Orientierung der Entscheidungsfindung an Werten wurde rechtspolitisches Programm, und das Gemeinschaftsdenken des Nationalsozialismus überspielte den Gedanken der individuellen Freiheit. Damit nahmen diese Tendenzen im Nationalsozialismus einen Aufschwung, wie er im pluralistischen Staat nicht möglich gewesen wäre. Bildlich ge-

---

[6] Vgl. Teil A, Kapitel 3 c).
[7] Vgl. Teil C, Kapitel 1.
[8] Vgl. Teil C, Kapitel 2.
[9] Vgl. Teil C, Kapitel 3.
[10] Hierzu vgl. Teil B, Kapitel 3; Teil D, Kapitel 2 a, 3 a, 3 b.
[11] Vgl. Teil B, Kapitel 3.
[12] Vgl. Teil D, Kapitel 2 a.
[13] Vgl. Teil D, Kapitel 3 a, 3 b.

sprochen wirkt die Epoche des Dritten Reiches auf diese Entwicklungen wie ein Durchlauferhitzer.

Die Umsetzung dieser Tendenzen in der Strafrechtsprechung wird gekennzeichnet durch die Schaffung bzw. dem Offenhalten von Spielräumen richterlicher Wertung. Formale und/oder objektive Entscheidungskriterien beschränken den richterlichen Entscheidungsspielraum; subjektiv als strafwürdig empfundene Fälle werden aus der Strafbarkeit ausgeklammert. Dies vermeidet man, indem man möglichst "weichen" und wertungsoffenen Entscheidungsmerkmalen den Vorzug gibt. Hinter dieser Methode steht eine nicht genuin nationalsozialistische, wohl aber anti-liberale Geisteshaltung, die auf eine möglichst umfassende Anwendbarkeit des Strafrechts auf alle als strafwürdig empfundenen Fälle abzielt. Die Vorstellung von der Subsidiarität des Strafrechts, seiner notwendigen Lückenhaftigkeit und seiner aus dem nulla-poena-Satz folgenden Funktion als Freiheitsgewährleistung zugunsten des Individuums sind dieser Geisteshaltung fremd.

Die Feststellung durchlaufender Entwicklungstendenzen darf aber auch nicht zu der Annahme verleiten, die Strafrechtsprechung des RG habe sich im Grunde nicht den Vorgaben nationalsozialistischer Strafrechtspolitik gebeugt. Insbesondere in Teil D wurde dargelegt, daß sich auch in Fällen der sogenannten "Alltagskriminalität" ein Einfluß nationalsozialistischen Gedankenguts auf die Rechtsprechung des RG nachweisen läßt. Die Berücksichtigung rechtspolitischer Wertvorstellungen des Nationalsozialismus, die sich in Schlagworten wie "Ehre", "Treue", "Gemeinschaft" oder "Kampf gegen Entartung" ausdrückten, veränderten manifest die RG-Rechtsprechung. Die Vorstellung, die Rechtsprechung im Dritten Reich ließe sich in einen engen, ideologisch bestimmten Bereich, und eine Masse ideologisch unbeeinflußter Alltagsfälle teilen, ist definitiv unzutreffend. Das soll nicht heißen, daß die Rechtsprechung des RG nationalsozialistisch dominiert gewesen sei. Sie ist aber jedenfalls auch in Bereichen, in denen nach 1945 "business as usual" herrschte, und die deshalb nicht im Zentrum rechtshistorischer Untersuchungen standen, nicht unbeeinflußt geblieben. Diese Feststellung beschränkt sich im übrigen nicht nur auf die unter Teil D untersuchten Fälle. Auch in den Bereichen Materialisierung und Subjektivierung lassen sich an verschiedenen Stellen (z.B. Einschränkung des Notwehrrechts[14], Revisibilität des Strafausspruchs[15], Abgrenzung Vorbereitungshandlung/Versuch[16], Begriff der unzüchtigen Handlung[17]) Einflüsse der nationalsozialistischen Strafrechtspolitik erkennen.

Insgesamt betrachtet führt die Strafrechtsprechung des RG im Dritten Reich zu einer massiven Ausweitung der Strafbarkeit. Dies wird in der Zusammenschau am

---

[14] Teil B, Kapitel 3.
[15] Teil B, Kapitel 6.
[16] Teil C, Kapitel 3.
[17] Teil C, Kapitel 5.

deutlichsten im Bereich der Sexualdelikte. Der Fortsetzungszusammenhang wird zunächst eingeschränkt, dann die fortgesetzte Tat in Einzelakte aufgespalten, um auf Sexualtäter das Gewohnheitsverbrechergesetz (mit der Möglichkeit der Sicherungsverwahrung und der Kastration) anwenden zu können[18]; der Öffentlichkeitsbegriff in § 183 wird geändert, um verschärft gegen Exhibitionisten vorgehen zu können[19]. Mit Hilfe subjektiver Kriterien wird die Versuchsgrenze bei Sittlichkeitsdelikten immer weiter hinausgeschoben[20], wie überhaupt der Begriff der "unzüchtigen Handlung" mit Hilfe der Subjektivierung stark ausgedehnt wird[21]. Die Rechtsprechung zur Homosexualität schließlich muß man als den justiziellen Beitrag zur Verfolgung einer unter der Herrschaft des Nationalsozialismus besonders diskriminierten Gruppe bezeichnen[22].

Und der BGH ? Es finden sich Fälle der bewußten Diskontinuität. So in der Rechtsprechung zum Fortsetzungszusammenhang[23], in der neueren Rechtsprechung des BGH zum Begriff der unzüchtigen Handlung[24], in der Rückkehr zur objektiven Theorie bei den Eidesdelikten[25], und in der Frage der Bestechlichkeit des Ermessensbeamten[26]. Den Grund hierfür kann man darin sehen, daß der BGH dem RG dort nicht mehr folgen wollte, wo das RG seine eigene Rechtsprechung zu auffällig unter dem Druck nationalsozialistischer Rechtspolitik verändert hatte, was besonders deutlich in der Frage des Fortsetzungszusammenhanges ist.

Es überwiegt jedoch eindeutig die Kontinuität zwischen RG und BGH. Dies ist deshalb problematisch, weil die dichotomische Vorstellung von der Justizfunktion im Dritten Reich, daß es also einen kleinen Bereich ideologisch beeinflußter Rechtsprechung gegeben habe, die Masse der Entscheidungen aber neutral getroffen worden sei, eben nicht der Wirklichkeit entsprach. Auch die "Alltagsfälle" blieben von der Einflußnahme nationalsozialistischer Strafrechtpolitik nicht verschont.

Wie konnte es zu diesen Kontinuitäten kommen ? Ein Grund liegt sicherlich darin, daß vom heutigen Standpunkt aus es zwar plausibel erscheint, das dichotomische Modell als Neutralisationstechnik, als Bewältigungsstrategie zu beschreiben, die mit der historischen Wirklichkeit nichts zu tun hatte; für den Richter des Jahres 1950 entsprach dieses Modell der historischen Wirklichkeit, weil er daran glaubte. Dies wirkte zusammen mit den in der Einleitung[27] geschilderten hi-

[18] Vgl. Teil B, Kapitel 7.
[19] Vgl. Teil B, Kapitel 10.
[20] Vgl. Teil C, Kapitel 3 e.
[21] Vgl. Teil C, Kapitel 5.
[22] Vgl. Teil D, Kapitel 4.
[23] Teil B, Kapitel 7.
[24] Teil C, Kapitel 5 a.E.
[25] Teil C, Kapitel 7.
[26] Teil D, Kapitel 3 g).
[27] Teil A, Kapitel 4 a).

storischen Rahmenbedingungen des Wiederaufbaus. Die Staatsform hatte gewechselt, das Justizpersonal war geblieben. Bei diesem aber genoß das RG kraft Ausbildung und Tradition ein hohes Ansehen, das sich auf dem Hintergrund der Rechtsprechung des Volksgerichtshofes und der Sondergerichte eher noch erhöhte. Darüberhinaus darf man die politischen Dimensionen der Anknüpfung an das RG nicht übersehen. Die Bundesrepublik als Rechtsnachfolgerin des Deutschen Reiches suchte bewußt die Tradition der "unverdächtigen" Institutionen des Reiches fortzusetzen; man wollte sich vom Nationalsozialismus nicht alle - positiv besetzten - deutschen Traditionen nehmen lassen.

Daneben gibt es allerdings auch inhaltliche Gründe für das Überwiegen der Kontinuität. Wenn man der Annahme beitritt, daß es durchlaufende Entwicklungstendenzen der neueren Strafrechtsprechung gibt, die der Nationalsozialismus nicht erfunden, wohl aber verstärkt hat, bildet dies eine schlüssige Erklärung der Kontinuität. Diese Entwicklungstendenzen waren eben nicht an den Nationalsozialismus gebunden, so daß sie in der Bundesrepublik ohne große Probleme fortgeführt werden konnten. Dies zeigt sich für die sozialrechtliche Tendenz deutlich in der Rechtsprechung des Bundesverfassungsgerichts zu der aus dem Sozialstaatsprinzip folgenden Gebundenheit und Bezogenheit des Individuums gegenüber der Gemeinschaft[28]. Von daher ist es konsequent, wenn der BGH die Rechtsprechung des RG, die unter Berücksichtigung dieser sozialrechtlichen Tendenz zu Rechtsprechungsänderungen geführt hatte, fortsetzt. Aber auch Materialisierung und Subjektivierung finden ihre Fortsetzung. Der Grund hierfür ist in der Ausdehnung und Flexibilität zu sehen, die die Strafrechtsprechung des RG im Dritten Reich erreicht hatte, und die auch den Richtern des BGH nicht unrecht war. Die Orientierung am subjektiv als gerecht empfundenen Ergebnis war Leitmotiv des RG im Dritten Reich, und diese Orientierung war auch für die höchstrichterliche Strafrechtsprechung ab 1950 nicht ehrenrührig. Im Gegenteil. Die Flexibilität, die die Auslegung einzelner Tatbestände unter dem späten RG erhalten hatte, war für die Praxis von großem Vorteil. Der Gesichtspunkt, daß auch die Beschränkung der Strafrechtsprechung durch restriktive Auslegung und Bevorzugung objektiver Entscheidungskriterien eine Freiheitsgewährleistung sein könne, die man hier aufs Spiel setzte, war in den 50er Jahren nicht sonderlich aktuell. Das RG hatte in einem bis dahin nicht gekannten Ausmaß nach Strafwürdigkeitsgesichtspunkten judiziert, und der BGH konnte der Verlockung, sich wenigstens im Prinzip diese Freiräume der richterlichen Entscheidungsfindung offen zu halten, nicht widerstehen. Die anti-liberale Geisteshaltung war nicht gemeinsam mit dem Dritten Reich untergegangen. Es wäre bei der Personalkontinuität der Justiz von Drittem Reich zur Bundesrepublik auch ein Wunder gewesen.

---

[28] Vgl. Teil B, Kapitel 3 a. E.

Entscheidungsregister

1. Reichsgericht

a) Amtliche Sammlung

2. Bundesgerichtshof

a) Amtliche Sammlung

b) GA

c) MDR

d) NJW

www.ingramcontent.com/pod-product-compliance
Lightning Source LLC
LaVergne TN
LVHW010549300926
849162LV00002B/283